노주집

이 책은 2019 · 2020년도 정부(교육부)의 재원으로 한국고전번역원의 지원을 받아
수행된 '권역별거점연구소협동번역사업'의 결과물임.

This work was supported by Institute for the Translation of Korean Classics-Grant funded by the Korean Government.

한국고전번역원 한국문집번역총서 / 성신여자대학교 고전연구소 · (사)해동경사연구소

노주집 2

老洲集

오희상 지음
吳熙常

김창효
연석환 옮김

일러두기

1. 이 책의 번역 대본은 한국고전번역원에서 간행한 한국문집총간 제280집에 실린《노주집(老洲集)》으로 하였다. 번역 대본의 원문 텍스트와 원문 이미지는 한국고전종합DB(http://db.itkc.or.kr)에서 확인할 수 있다.
2. 내용이 간단한 역주는 간주(間註)로, 긴 역주는 각주(脚註)로 처리하였다.
3. 한자는 필요한 경우 이해를 돕기 위하여 넣었으며, 운문(韻文)은 원문을 병기하였다.
4. 맞춤법과 띄어쓰기는 한글 맞춤법과 표준어 규정을 따랐다.
5. 이 책에서 사용한 부호는 다음과 같다.
   ( ) : 번역문과 음이 같은 한자를 묶는다.
   〔 〕: 번역문과 뜻은 같으나 음이 다른 한자를 묶는다.
   " " : 대화 등의 인용문을 묶는다.
   ' ' : " " 안의 재인용 또는 강조 문구를 묶는다.
   「 」: ' ' 안의 재인용을 묶는다.
   『 』: 「 」 안의 재인용을 묶는다.
   《 》: 책명 및 각주의 전거(典據)를 묶는다.
   〈 〉: 책의 편명 및 운문·산문의 제목을 묶는다.

차례

노주집 제6권

서書

노주집 제7권

서書

노주집 제8권

서書

노주집

제5권

書서

풍서 이공 민보[1] 께 올림

上豐墅李公 敏輔

이 중춘(仲春)에 존체(尊體)가 만안(萬安)하십니까? 끊임없이 사모하는 저의 마음을 감당할 길이 없습니다. 지난번에 저의 본생(本生) 선인(先人)의 묘도문(墓道文)[2]을 외람되이 저의 간절한 마음을 아뢰어 다행히 승낙을 받았으니, 가슴속에 새겨진 감사함을 어느 날인들 잊겠습니까. 다만 지극한 애통으로 마음을 태우느라 글자를 엮어 행장을 지을 여유를 갖지 못하다가 지금에서야 비로소 그 대강을 이루어 번거롭게 아뢰니, 엎드려 바라건대 굽어살펴서 조속히 아름다운 은혜를 내려주십시오.

삼가 생각하건대 선인이 사도(斯道)에 대해서 학문은 성현(聖賢)을 기약하였으나 뜻은 더욱 겸손하였고, 공력은 이미 많이 쌓였으나 자취는 더욱 숨겼습니다. 세상에서 선인을 칭찬하는 자들은 다만 바깥으로 드러나 가릴 수 없는 한두 가지 언행만 알고, 덕업(德業)의 전체에 대해서는 비슷한 것도 아는 자가 없습니다.

아! 예로부터 스스로 수행하면서 남이 알아주기를 바라는 것을 부끄러워한 자가 참으로 있기는 하였으나, 만약 내면에서부터 외면에 이르

1 풍서(豐墅)……민보(敏輔) : 풍서는 이민보(1720~1799)의 호로, 자는 백눌(伯訥), 또 다른 호는 상와(常窩), 본관은 연안(延安)이다.

2 본생(本生)……묘도문(墓道文) : 본생 선인(先人)은 저자의 생부(生父)인 오재순(吳載純, 1727~1792)으로, 이민보가 지은 묘도문은 《풍서집》 권10의 〈판서오공묘지명(判書吳公墓誌銘)〉이다.

기까지 진실로 한 터럭만큼도 외물을 따라 남이 알아주기를 바라는 뜻이 없어서 자신의 수행을 감추고 또 감추어 이미 생전에도 숨긴 데다 거의 사후까지도 아울러 숨기려고 한다면, 이것이 어찌 억지로 힘써서 될 수 있는 것이겠습니까.

그러므로 저희들이 본래 감히 남에게 장황하게 과시하여 선인의 지극한 뜻을 해칠 수는 없지만, 또한 차마 끝내 숨기고 드러내지 않을 수가 없어 그 내용을 묘표에 간략히 써서 백대(百代) 뒤의 사람들로 하여금 선인께서 이와 같은 공부를 하여 이와 같은 성덕(成德)이 있었음을 알게 하려고 하였습니다. 그러나 이 세상을 둘러봄에 실로 이것을 말할 만한 사람이 없으니, 하물며 이 일을 부탁할 수 있는 분은 더 말할 것이 있겠습니까.

삼가 하집사(下執事)[3]께서는 삼달존(三達尊)[4]을 모두 소유하고 계시고 문장이 매우 훌륭하시어 우뚝하게 한 세상의 영광전(靈光殿)[5]이 되셨습니다. 더구나 하집사께서 유학(儒學)을 사랑하고 좋아함은 전

3 하집사(下執事) : 본래 측근에서 신변의 일을 처리하는 사람을 이르는데, 옛날에는 상대방을 직접 호칭하는 것을 결례로 생각하여 '하집사' 또는 '좌우(左右)'라고 써서 공경하는 뜻을 표시하였다. 여기서는 이민보를 존칭한 것이다.

4 삼달존(三達尊) : 천하 사람이 공통적으로 존중해야 할 덕목이라는 뜻으로, 《맹자》 〈공손추 하(公孫丑下)〉에 "천하에 달존(達尊)이 세 가지가 있으니, 관작(官爵)과 연치(年齒)와 덕망(德望)이 그것이다."라고 보인다.

5 영광전(靈光殿) : 한(漢)나라 때의 궁궐 이름으로, 마지막 남은 원로 석학(碩學)이나 절의가 있는 사람을 뜻한다. 영광전은 한나라 경제(景帝)의 아들 노공왕(魯恭王)이 세운 궁전으로 산동(山東) 곡부현(曲阜縣) 동쪽에 있었는데, 한나라 중기에 도적떼에 의하여 수도 장안(長安)의 미앙궁(未央宮)과 건장궁(建章宮) 등은 다 불탔으나 영광전만은 그대로 보존되었던 데서 유래한 것이다. 《藝文類聚 卷62 居處部二 宮》

수받은 것이 있어서이니,[6] 반드시 명(名)과 실(實)을 자세히 살펴 숨겨진 것을 드러내고 그윽한 내용을 밝혀 말하여 당대 사람들을 믿게 하고 후대에 전해지게 하실 수 있습니다. 증자고(曾子固)가 "사심(私心)에 치우치지 않고 미혹되지 않으면 공정하고 올바른 것이다."라고 말한 것[7]이 어찌 하집사의 임무가 아니겠습니까.

그리고 또 일찍이 살펴보건대 선인이 하집사께 공경을 다하고 예를 높인 것이 다만 척당(戚黨)의 존속(尊屬)[8]이어서일 뿐만이 아니라 실로 평소 사모하는 마음이 있었기 때문이니, 이는 더더욱 저희들이 하집사의 글을 얻기를 원하고 다른 데서 구하려 하지 않는 까닭입니다.

아, 저희들이 죄를 쌓아 재앙을 초래하여 갑자기 화를 당한 탓에 끝내 아름다운 가르침을 받아 그 실마리를 번창시키지 못하였고, 마침내 몇 줄의 문자를 가지고 글을 써주시는 은혜를 받아 하늘에 사무치는 애통함을 조금이나마 위로해 보고자 하니, 심정이 매우 슬프고 마음이 몹시 괴롭습니다.

6 하집사께서……있어서이니 : 이민보가 우의정을 지낸 5대조 월사(月沙) 이정귀(李廷龜, 1564~1635), 대제학을 지낸 고조 이명한(李明漢, 1595~1645), 부제학을 지낸 증조 이단상(李端相, 1628~1669), 이조 참판을 지낸 조부 이희조(李喜朝, 1655~1724)가 있는 명문가의 후손으로서 훌륭한 가풍을 전수받았기 때문에 이렇게 말한 것이다.

7 증자고(曾子固)가……것 : 자고는 당송팔대가(唐宋八大家)의 한 사람인 송(宋)나라 증공(曾鞏, 1019~1083)의 자로, 인용한 내용은 《당송팔대가문초(唐宋八大家文鈔)》 권99 〈구양사인에게 부친 편지〔寄歐陽舍人書〕〉에 보인다.

8 척당(戚黨)의 존속(尊屬) : 성(姓)이 다른 일가친척을 이르는바, 오재순의 부인이 연안 이씨(延安李氏) 이천보(李天輔, 1698~1761)의 딸인데, 이천보와 이민보가 고조인 이명한(李明漢)에서 갈라져 나온 후손이기 때문에 이렇게 칭한 것이다.

부디 하집사께서는 불쌍히 여기고 재량하셔서 자식이 못났다 하여 그 아비의 좋은 점을 버리지 말아 주십시오. 천만번 피눈물을 흘리며 매우 간절하게 빕니다. 예를 갖추지 못하고 이만 줄입니다.

제헌 심공 정진[9] 께 올림

上霽軒沈公 定鎭

제가 어려서부터 방종하여 이미 《소학(小學)》을 제대로 배우지 못하였고, 자라서 부끄러움을 알았으나 또 일 푼도 보전하지 못하였으니, 돌아보건대 어찌 감히 대번에 명리(名理 성리(性理))를 말하겠습니까. 다만 아침저녁으로 외고 읽는 즈음에 한두 가지 마음에 이해되는 것이 없지는 않았으나 평소 기억력이 부족하여 매번 잊어버릴까 근심하였고 잊어버리면 도로 뜻을 이해하지 못하였습니다.

그러므로 혹 종이에 써서 애오라지 자신을 살피는 자료로 삼았는데, 뜻밖에 형께서 자주 부지런히 찾아주셨습니다. 비록 감히 요청하신 명을 어길 수는 없으나 스스로 생각하건대 단지 천루(淺陋)하고 문리(文理)가 순하지 못하여 높은 안목을 번거롭게 해드리지 못할 뿐만 아니라 실로 안으로 쌓아두기만 하고 표출하지 말라[10]는 고인(古人)의 가르침을 범하니, 온 마음이 부끄럽고 죄송하여 제 자신이 용서되지 않았습니다.

9 제헌(霽軒)……정진(定鎭) : 제헌은 심정진(沈定鎭, 1725~1786)의 호로 자는 일지(一志), 본관은 청송(靑松)이다.

10 안으로……말라 : 20대의 젊은 나이에 경계해야 할 덕목을 이르는바, 이 내용은 《예기(禮記)》 〈내칙(內則)〉에 "스무 살이 되거든 관례(冠禮)를 하여 비로소 예(禮)를 배우며, 갖옷과 비단옷을 입으며, 우(禹)의 음악인 대하(大夏)에 따라 춤을 추며, 효도와 공경을 돈독히 행하며, 배우기를 널리 하고 가르치지 않으며, 안에 아름다움을 쌓아두고 표출하지 않는다.〔內而不出.〕"라고 보인다.

그런데 집으로 돌아가신 뒤에 마침내 첨지(籤紙)를 이용하여 매우 친절하게 정성을 쏟아서 깊은 뜻을 분명히 드러내어 더불어 반복하여 토론할 만한 자처럼 대해 주셨습니다. 이미 버리지 않는 은덕에 감사하였고, 게다가 다행히 지론(至論)을 듣고서 강습(講習)에 도움을 받아 저의 몽매함을 깨우칠 수 있었습니다.

그러나 '허령(虛靈)과 기질(氣質)'의 설의 경우 오늘날의 논하는 자들은 둘로 나누는 것이 싫으면 합하여 하나로 만들어서 거의 구별이 없게 하고, 구별이 없는 것이 싫으면 지나치게 분석하여 거의 둘로 나누니,[11] 매번 이것에 대해 쟁론을 하나 마땅함을 잃음은 똑같습니다. 요컨대 똑같은 기(氣)이더라도 본래 본말(本末)의 차이가 있으므로 각각의 지두(地頭)에 따라 달리 보아야 함을 반드시 알아야 합니다. 그렇게 하면 마침내 관통할 수 있어서 한쪽에 막히지 않을 것입니다.

삼가 생각하건대 훌륭하신 첨지(籤紙) 중에 혹 이 뜻이 부족한 듯하니, 다시 일전어(一轉語)[12]를 보충해 넣는 것이 어떻겠습니까? 감히 아껴주시는 마음을 믿고서 외람되게도 두서없이 말씀드리니, 실로 황공한 마음을 감당하지 못하겠습니다.

11 허령(虛靈)과……나누니 : 허령은 허령불매(虛靈不昧)한 마음, 또는 허령통철(虛靈洞徹)한 마음의 본체를 가리키며, 기질(氣質)은 태어날 때 받은 기품(氣稟)으로 청(淸)·탁(濁), 수(粹)·박(駁)의 차이가 있는바, 허령과 기질은 모두 기(氣)에 속하지만 허령은 본(本)이고 기질은 말(末)이어서 두 가지를 완전히 분리해도 안 되고 두 가지를 합하여 하나로 만들어도 안 됨을 말한 것이다.

12 일전어(一轉語) : 원래는 선가(禪家)에서 쓰는 말로, 미혹에서 벗어나 깨달음을 얻을 수 있게 하는 한마디 말을 이른다.

근재 박공 윤원[13] 에게 답함

答近齋朴公 胤源

저의 비루한 원고를 외람되이 가져다 보아주시니, 한창 두려움과 부끄러움이 간절하였습니다. 그런데 뜻밖에 장문의 편지를 내려주어 과분하게 아끼고 장려해주셨고, 마침내 내(內)·외(外)와 경(輕)·중(重)의 구분을 가지고 가르쳐 주셨습니다.[14] 가르쳐 주신 말씀이 정녕하고 간절해서 반드시 저를 이끌어 도(道)에 나아가게 하고자 하셨습니다. 제가 비록 심히 우둔하나 감히 감격하고 분발하여 거룩한 뜻의 만 분의 일이나마 받들 방법을 생각하지 않겠습니까.

이어서 생각하건대 저는 타고난 기질이 매우 박(薄)해서 어렸을 때부터 병을 잘 앓았고, 또 남과 교유할 만한 기능이 없어서 문 닫고 칩거만 하였으니, 바로 우물 안 개구리와 같습니다. 오직 집안에 거처할 때에 일이 없으므로 자못 옛 전적(典籍)을 탐색해서 반고(班固)의 《한서(漢書)》, 사마천(司馬遷)의 《사기(史記)》, 좌구명(左丘明)의

13 근재(近齋)……윤원(胤源) : 근재는 박윤원(朴胤源, 1734~1799)의 호로, 자는 영숙(永叔), 본관은 반남(潘南)이다.

14 장문의……가르쳐주셨습니다 : 《근재집(近齋集)》 권13 〈오사경에게 줌〔與吳士敬〕〉에 박윤원이 오희상이 보낸 서문에 대하여 '논의가 평정하고 문자가 고아하고 간결하다.〔議論平正, 文字雅潔.〕'고 칭찬하고, 본(本)·말(末)과 경(輕)·중(重)의 구분을 가지고 조언한 내용이 보인다. 내(內)와 본(本)은 중(重)한 것으로, 자신의 덕성을 함양하는 공부인 '위기지학(爲己之學)'을 가리키고, 외(外)와 말(末)은 경(輕)한 것으로 남이 알아주기를 바라는 공부인 '위인지학(爲人之學)'을 말한다.

《춘추좌씨전(春秋左氏傳)》 및 모곤(茅坤)이 발췌한 《당송팔대가문초(唐宋八大家文鈔)》를 깊이 연구하였습니다. 그래서 옛사람의 글 짓는 규범을 대략 엿보고 마침내 애호(愛好)하는 마음을 갖고서 때때로 모방하여 글을 짓기도 하였습니다.

다만 재주가 원래 둔하여 매우 어려워하였고, 어려워함으로 인하여 싫어하는 마음이 생겼습니다. 그리하여 마음이 외물에 사역당하는 것이 부끄러울 만한 것이고 문자 외에도 절로 무한히 즐거운 경지가 있다는 것을 점점 깨달았습니다. 그러나 이미 어렸을 때 교양으로 바로잡지 못하여 참으로 근거하여 근기(根基)로 삼을 만한 《소학》 공부가 없으니, 오직 이치를 밝혀서 뜻을 견고히 하여야 거의 한 치라도 진보할 수 있는 방도를 만들 것입니다.

그러나 저는 삼가 생각하건대 이 일에는 지극히 어려우면서도 지극히 쉬운 것이 존재하고, 지극히 쉬우면서도 지극히 어려운 것이 존재한다고 여깁니다. 왜냐하면 하늘이 나에게 부여해준 것이 크고도 중하니, 저버리지 않고자 한다면 이것이 지극히 어려운 것입니다. 그리고 나의 성품에 고유한 것이 아님이 없으니, 지극히 쉽다고 이를 수 있는 것입니다. 그리고 구하는 것이 멀리 있지 않고 실행하는 것이 나에게 달려 있으니, 이것이 지극히 쉬운 것입니다. 그러나 의리는 끝이 없고 옆으로 갈라지는 길이 여러 가지여서 털끝만큼이라도 잘못하면 남과 북처럼 멀리 갈라지니, 또 이것을 지극히 어렵다고 말하지 않을 수 없습니다. 그러므로 어찌 사사로운 지혜와 편견(偏見)을 가지고서 잠깐 사이에 터득하여 잃지 않을 수 있겠습니까.

이에 선각자들의 훌륭한 말씀을 들어서 길을 잃은 자의 지남철(指南鐵)로 삼을 것을 생각했으나 얻지 못하였습니다. 그런데 이제 다행히 집사(執事)께 좋은 기회를 얻었습니다. 이에 감히 저의 정성을 다 펼쳐서 아름다운 가르침을 우러러 청합니다. 만일 큰 은덕을 베풀어 매우 몽매하다고 해서 끝내 버리지 않으신다면, 원컨대 마음을 미루어 잘 유도하고 도야하여 성취시켜서 저로 하여금 성현의 문정(門庭)을 잃지 아니하여 끝내 성립하는 바가 있게 해주십시오. 처분을 천만 번 공경히 기다립니다.

근재 박공께 올림
上近齋朴公

《맹자》의 '심조지이도장(深造之以道章)'[15]은 '지(知)'를 위주로 말하였으나 모름지기 '지'와 '행(行)'을 같이 보아야 비로소 원만하고 통창합니다. 이 장에서 긴중(緊重)한 것은 실로 자득하는 데에 달려있고, 자득의 효과는 또 좌우로 도(道)의 근원을 만나는 데에 달려있습니다. 자득은 '지'의 시작이고 거처함에 편안함은 '지'의 완성이며, 힘입음이 깊음은 '행'의 점진적인 과정이고 근원을 만남은 '행'의 종결이니, 조리가 있어 문란하지 않습니다. 제 소견이 바로 이와 같은데, 지난번에 뵙고 여쭐 적에 문제를 제기하기만 하고 다 말씀해주시지 않아서 구체적으로 짚어주는 가르침을 분명히 받지 못하였으므로 다시 저의 소견을 편 것입니다.

15 심조지이도장(深造之以道章) : 《맹자》 〈이루 하(離婁下)〉에 "군자가 깊이 나아가기를 도로써 함은 자득하려고 해서이니,〔君子深造之以道, 欲其自得之也〕 자득하면 거처함에 편안하고 거처함에 편안하면 힘입는 것이 깊고 힘입는 것이 깊으면 좌우에서 취하여 씀에 그 근원을 만나게 된다. 그러므로 군자는 자득하려 하는 것이다."라고 한 장을 가리킨다.

근재 박공께 답함

答近齋朴公

문 저희 집은 장사(葬事)를 지낼지 말지 아직 결정하지 못했습니다. 지금 《상례보편(喪禮補編)》[16]에 실린 선대왕(先大王)의 전교(傳教)를 살펴보건대 "국가의 예법에 국상(國喪) 중에 사가(私家)의 장사를 금하는 사례가 없고, 도리상 또한 달을 넘겨서는 안 되니, 공제(公除)[17]의 전후를 막론하고 장사는 행하도록 허락한다."라고 하셨습니다.

이것으로 보건대 비록 대상(大喪)의 인산(因山)[18]을 아직 정하기 전이라 하더라도 의심할 것 없이 사가의 장사를 행하는 것이 마땅한데, 지금 논의하는 자들이 모두 온당치 못하다고 하는 것은 《상례보편》에서 전수받은 것을 미처 상고(詳考)하지 못했기 때문인 듯합니다. 종전의 선현들이 비록 인산을 정하기 전에 사가의 장사를 행하기 어렵다는 말씀을 하였으나, 그 뒤에 수교(受教)가 있었다면 조정의 법령을 따라야 합니다. 어떻게 생각하시는지요?

답 폄장(窆葬 장사)은 흉례(凶禮)와 관련 있으니, 이미 제향을 올리

16 상례보편(喪禮補編) : 《국조상례보편(國朝喪禮補編)》으로, 영조 34년(1758)에 홍계희(洪啓禧) 등이 왕명을 받고《국조오례의(國朝五禮儀)》의 상례에 관한 부분을 보충하고 개편하여 완성한 책이다.

17 공제(公除) : 임금의 국상(國喪)을 당하여 일정 기간 공무(公務)를 중지하고 조의를 표하다가 그 기간이 지나 상복을 벗는 것을 이른다.

18 인산(因山) : 조선시대 국장을 이르는 말로, 태상왕과 그 비(妃), 왕과 왕비, 왕세자와 그 빈(嬪), 왕세손과 그 빈의 장례를 이른다.

는 길례(吉禮)와 차이가 있습니다. 더군다나 가벼운 일을 먼저 하는 의리가 있으니, 국상의 인산(因山) 전에 사가(私家)의 장사를 지내는 것은 예전(禮典)으로 헤아려보면 불가함이 없을 듯합니다. 다만 인산을 아직 정하지 않았을 때는 사가의 장사를 지내기 어렵다는 선배들의 논의가 있었으니, 비록 정밀한 의리가 어디에 있는지는 알지 못하겠으나, 삼가 생각하건대 아마도 장지(葬地)를 살피기 위해 말한 것인 듯합니다.

인산이 정해지기 전에 사가에서 장지를 미리 차지하는 것은 온당치 못하니, 국혼(國婚)이 있을 때 간택이 끝나지 않았으며 사가에서 혼례를 치를 수 없는 것과 같은 점이 있어서 이러한 논의가 있게 된 것은 아닌지요? 알 수 없습니다. 근래 논의하는 자들의 말도 따로 상고한 바는 없고 단지 선배들의 논의를 인습한 듯합니다.

그러나 행할 만한 문적(文蹟)을 보지 못했다면 마음에 의심이 없을 수 없는데, 지금 《상례보편》을 고찰해보니 사가의 장사를 허락한다는 수교(受敎)가 있습니다. 이것을 가지고 근거를 삼으면 충분하니, 거의 의심할 것 없이 거행할 수 있습니다. 다만 발인(發靷)과 반우(返虞)의 절차는 되도록 간략함을 따라서 평소와 다름을 보이는 것이 마땅할 듯합니다.

근재 박공께 답함

答近齋朴公

지난번에 상(上)께서 후원(後苑)에서 꽃을 구경하고 고기를 낚는 연회를 베푸실 적에, 가인(家人)의 예(禮)로 각신(閣臣) 및 그 아우와 자식, 조카를 부르셔서 모두 편복(便服) 차림으로 들어가 참여하게 하셨는데, 저도 부르시는 가운데에 들어있었습니다.[19] 각신은 상(上)을 조석(朝夕)으로 좌우에서 모시는 자인데 가인(家人)으로 대우하시니, 진실로 거룩한 뜻입니다. 그러나 그의 자제(子弟)의 경우는 일반 선비일 뿐입니다.

삼가 맹자(孟子)의 이른바 "가서 부역하는 것은 의리이지만, 가서 만나보는 것은 의리가 아니다."[20]라는 것이 고금의 바꿀 수 없는 의리라 생각하여 마침내 병으로 사양하고 나아가지 않았고, 상께서도 다시

19 상(上)께서……있었습니다 : 각신(閣臣)은 규장각의 관원을 말하는바, 1792(정조16) 3월 21일에 정조가 규장각의 여러 신하들을 불러 내원에서 꽃을 구경하고 낚시를 하는 잔치를 베풀면서 "내가 규장각을 설치한 이래로 이 직책에 있는 모든 사람들을 집안사람처럼 보았으니, 오늘의 모임에도 집안사람의 준례를 적용하여야 할 것인바, 각신(閣臣)의 자제들 모두 이 자리에 참석함을 허여한다."라고 보이는데, 이때 오희상의 생부인 오재순이 규장각의 제거(提擧)였으므로 오희상도 참석 대상에 들어간 것이다. 《正祖實錄 16年 3月 21日》

20 가서……아니다 : 이 내용은 《맹자》 〈만장 하(萬章下)〉에 "만장이 '서인(庶人)이 군주가 자신을 불러 부역을 시키면 가서 부역을 하고, 군주가 그를 만나 보고자 하여 부르면 가서 만나보지 않는 것은 어째서입니까?' 하고 묻자, 맹자가 대답하였다. '가서 부역하는 것은 의(義)요, 가서 만나 보는 것은 의가 아니기 때문이다.'"라고 보인다.

부르지 않으시어 저의 작은 신조를 지킬 수 있었습니다.

그런데 그 후에 사람들이 비방하면서 말하기를 "우리나라는 열국(列國)이 있던 춘추 전국 시대(春秋戰國時代)와는 달라서 대대로 나라의 녹(祿)을 받는 집안의 후예는 국가에 대해 은의(恩義)가 깊어서 이미 가인(家人)과 다름이 없다. 또 각신은 상께서 대우하는 바가 더욱 특별하시니, 가인의 예(禮)로 부르시는데 그 자제가 나아가지 않는 것은 한갓 스스로를 중하게 여길 줄만 알고 분의(分義)의 중함은 생각하지 않는 것이다."라고 하였습니다.

저는 아는 바가 없어서 일을 대처할 적에 사리를 분간 못하고 헤맵니다. 더구나 지난번 상의 부르심은 뜻밖에 일어난 일이어서 꼼꼼히 강구하지 못하고 한때의 의견으로 결정하여 곧바로 행하였으니, 어찌 감히 마땅한 도리임을 자신할 수 있겠습니까. 그러나 '사(士)'는 벼슬하지 않은 사람의 칭호이니, 벼슬하지 않으면서 군상(君上)을 뵙는 것은 진실로 예에 없는 것입니다. 비록 소명(召命)이 있더라도 예의를 돌아보지 않고 함부로 나아가는 것은 방범(防範)[21]을 넘어서는 것이니, 방범이 한 번 무너지면 그치는 바가 없을 것입니다. 이는 바로 이른바 "나아가는 것이 불공(不恭)이 되고, 나아가지 않는 것이 공(恭)이 된다."[22]는 것입니다.

21 방범(防範) : 미리 방비(防備)하는 법도나 계책을 이르는 말인데, 여기서는 예법(禮法)이란 뜻으로 쓰였다.

22 나아가는……된다 : 조경(趙璥, 1727～1787)이 올린 상소에 "선정신(先正臣) 이황(李滉)이 말하기를 '신하가 임금을 섬기는 도리는 나아갈 만하면 나아가는 것이 공(恭)이 되나, 나아갈 만하지 않으면 나아가지 않음이 공(恭)이 되고 나아가는 것이 불공(不恭)이 된다.〔人臣事君, 可進則以進爲恭, 不可進則以不進爲恭, 而進爲不恭.〕'

아! 윗사람이 여러 아랫사람을 부리는 경우와 아랫사람이 이익을 탐하여 달려가는 경우에는 '분의(分義)' 두 글자가 번번이 화병(話柄 화두(話頭))이 되었습니다. 그러므로 옛사람은 '분의'를 말하는 것을 달가워하지 않았습니다. 그런데 수십 년 이래로 분의(分義)의 설(說)이 점차 성행하여 사대부의 진퇴의 절도(節度)가 따라서 비루해졌으니, 평소 이 점을 개탄하였습니다.

저는 참으로 보잘것없어 사자(士子)의 수(數)에 들어갈 수 없음은 진실로 더 말할 것이 없습니다. 그러나 만약 지금 세상의 선비들이 모두 자신을 중히 하는 의리를 알아서 시론(時論)에 의해 변하지 않는다면 세도(世道)가 거의 바르게 될 것입니다. 마침 하문하심으로 인하여 그런대로 이렇게 속마음을 우러러 피력합니다. 그러나 제 자신의 일을 옳다고 여기는 듯하니, 매우 부끄럽습니다.

했습니다."라고 보인다.《荷棲集 卷4 辭副提學疏》

근재 박공께 답함

答近齋朴公

지난번에 속리산(俗離山) 산중으로 행차하셨다는 말씀을 들었는데, 삼가 정신을 기쁘게 하고 회포를 펼 뿐만 아니라 참으로 흐르는 물과 우뚝한 산의 묘리(妙理)에 초연히 자득함이 있으셨으리라 생각합니다. 몸을 일으켜 뒤따라가지 못한 것을 한스럽게 여깁니다. 다만 스스로 우러러 사모하며 멀리서 그리워할 뿐이었는데, 갑자기 삼가 보내주신 편지를 받고서 비로소 신의 도움으로 편안하게 돌아와서 체후가 만강(萬康)하심을 알게 되었으니, 저의 위로되는 마음을 형용할 수 없습니다. 다만 생각하건대 우환으로 인하여 심란하실 것이니, 염려되는 마음 그지없습니다.

척질(戚姪)[23]은 어머니의 병환이 지금까지 계속 낫지 않아 마음을 애태우며 날짜를 보내느라 학업을 오랫동안 하지 못하여 허물과 부끄러움만 쌓이고 있습니다. 이와 같은 상태로 끝날까 몹시 걱정스러우니, 어찌하면 좋겠습니까. 스스로 생각하건대 평소에 근거하여 바탕으로 삼을 만한 각고(刻苦)의 공부가 일체 없으므로 비록 약간의 공부로 소득이 있더라도 곧 새어 나가 버리고 간직된 것이 전혀 없습니다.

이 때문에 도를 향하여 공부한 지 10여 년 동안 단지 지리멸렬(支離滅裂)하고 구태의연(舊態依然)하여 옛 수준을 벗어나지 못하니, 예컨

23 척질(戚姪) : 척당(戚黨) 사이에 조카뻘 되는 사람의 자칭인바, 오희상 자신을 가리키는데, 박윤원과는 먼 친족 관계로 연결되기 때문에 이렇게 칭한 것으로 보인다.

대 고인(古人)의 이른바 "우유(優遊 자득하여 여유롭게 지냄)", "관유(寬裕 마음이 관대하고 느긋함)"는 모두 본령(本領)[24]이 있는 자를 위해 말한 것입니다. 저로 말하면 이미 이 본령이 없으니, 한갓 이대로 공부하려고 한다면 끝내 일을 이루지 못할까 두렵습니다.

모름지기 도(道)를 보고서도 아직 보지 못한 것처럼 하고[25] 발분망식(發憤忘食)하는[26] 등의 생각을 가져다 마음속에 단단히 보존하여 이미 고질이 된 폐단의 바탕을 수습하여야만 뜻을 거의 꿋꿋이 세울 수 있을 것입니다. 그런데 이러한 뜻을 또한 오래도록 유지하지 못하여 결국 허언(虛言)이 되고 마니, 진실로 두려울 만합니다.

마침 번뇌가 지극함으로 인하여 감히 이렇게 우러러 아뢰니, 불쌍히 여겨서 약석(藥石)과 같은 가르침을 통렬히 더해주어 저로 하여금 받들어 명심하게 해주시기를 바랍니다. 격식을 갖추지 못하고 이만 줄입니다.

24 본령(本領) : 마음이 정(靜)할 때에 미리 함양(涵養)하여 밖으로 치달리지 않게 하는 것을 이르는바, 보통 '본령 공부'라고 칭한다.

25 도(道)를……하고 : 도가 이미 지극한 경지에 이르고서도 오히려 만족하지 않음을 이르는바, 《맹자》 〈이루 하(離婁下)〉에 보인다.

26 발분망식(發憤忘食)하는 : 무엇을 할 때 끼니를 잊을 정도로 열중한다는 뜻으로, 《논어》 〈술이(述而)〉에 보인다.

근재 박공에게 올림
上近齋朴公

금일 이후로 집사의 집안이 궁액지친(宮掖之親)이 되었습니다.[27] 옛사람이 "척리(戚里)[28]의 어짊이 나라의 복이다."라고 하였으니, 삼가 공을 위해 기뻐합니다. 십 년 동안 이웃하여 살면서 출입하며 감화되었는데 이제부터 자주 만나 뵙는 것은 혹 형적(形迹)에 구애됨이 없지 않을 것이니, 제 마음이 서글프지 않을 수 없습니다.

그러나 저의 보잘것없는 정성을 말씀드리지 않을 수 없으므로 감히 《대역(大易)》에 이른바 "두려워하여 마치고 시작하면 그 요결(要結)은 허물이 없을 것이다."[29]는 구절을 외워서 올립니다.

27 집사의……되었습니다 : '궁액(宮掖)'은 왕궁(王宮) 안의 비빈(妃嬪)이 거주하는 곳을 가리는바, 박윤원의 아우인 박준원(朴準源)의 셋째 딸이 1787년(정조11) 정조의 후궁으로 들어가 수빈(綏嬪)에 봉해졌기 때문에 이렇게 말한 것이다.

28 척리(戚里) : 왕실의 외척을 말한다. 본래 중국 장안의 마을 이름인데, 한(漢)나라 때에 내척과 외척이 많이 살았으므로 전하여 외척을 가리키는 말이 되었다.

29 두려워하여……것이다 : 이 내용은 《주역》 〈계사전 하(繫辭傳下)〉 11장에 "역(易)이 일어남은 은(殷)나라 말기와 주(周)나라의 덕(德)이 성할 때일 것이다. 문왕(文王)과 주왕(紂王)의 일을 당했을 것이므로 그 말이 위태롭다. 위태롭게 여기는 자를 평안하게 하고 쉽게 여기는 자를 기울어지게 하였으니, 역(易)의 도(道)가 매우 커서 온갖 일을 폐하지 않으나 두려워하여 마치고 시작하면 그 요결(要結)은 허물이 없을 것이다."라고 보인다.

중주[30] 이공 직보 께 올림
上中洲李公 直輔

지난번에 댁을 찾아가 뵙고서 도의(道義)의 여광(餘光)을 보고 느낀 것이 이미 얕지 않았습니다. 또 다행히 어리석다고 버리지 않으시고 마음을 다해 부지런하고 정성스럽게 가르쳐 기어이 감화를 받을 수 있는 말석에 거두어주려 하셨습니다. 이렇게 덕의(德意)가 높고 두터우시니, 제 마음의 감동을 어떻게 말로 형용할 수 있겠습니까.

다만 어버이로부터 떠나 있는 날이 길어진 탓에 오래도록 머물며 곁에서 모시고서 자애로운 가르침을 끝까지 받지 못한 것이 한스럽습니다. 절을 하고 떠나온 지 어느덧 한 달이 지났는데 삼가 도체(道體)가 강녕하시길 바랍니다. 저의 사모하는 마음에 끊이지 않는 그리움을 이기지 못합니다. 저는 돌아와 노친을 모신 뒤로 우환과 병이 끊이지 않아 구구하게 기송(記誦)의 학업 또한 그대로 방치하여 거의 이 마음을 유지할 수 없으니, 저는 절로 부끄럽고 한탄스럽습니다.

지난번에 보내주신 편지의 '응정(凝定 안정(安定))' 두 글자는 실로 비루한 저의 좋은 약이 됨을 알겠으니, 스스로 종신토록 수용할 만합니다. 다만 저는 자질이 혼약(昏弱)하여 평소 성찰하고 점검하는 공부가 없으니, 실로 거룩한 뜻을 받들 수 없을 듯합니다. 그렇지만 또한 어찌

30 중주(中洲) : 이직보(李直輔, 1738~1811)의 호로, 자는 유종(維宗), 또 다른 호는 돈암(遯菴), 시호는 문경(文敬), 본관은 연안(延安)이며, 월사(月沙) 이정귀(李廷龜)의 후손이다.

감히 제 자신의 한계를 이와 같이 지을 수 있겠습니까. 삼가 가슴에 새겨서 가르쳐주시는 은혜에 부응할 바를 생각해야 할 것입니다. 혹시라도 이로 인하여 기질의 병통을 조금이라도 교정할 수 있다면 이는 은혜를 크게 받은 것입니다. 부디 계속해서 가르침을 베풀어 저로 하여금 마침내 들음이 있게 해주시기를 바랍니다.

민침랑(閔寢郎)[31]은 제가 만나기를 매우 간절히 원했던 사람인데 감사하게도 부지런하게 미리 주선해 주셔서 교분을 논할 수 있게 됐으니, 과루(寡陋)한 저의 다행스러움이 예사로운 것에 비할 바가 아닙니다. 다만 작별한 후로 소식이 막혀서 몹시도 안타까우니, 어떻게 하면 인리(仁里)에 찾아가서[32] 사우(師友)의 유익함을 가까이하여 이 숙원을 위로하겠습니까. 다만 간절히 풍도를 우러르고 사모할 뿐입니다. 드릴 말씀은 천만 가지이지만 이만 줄입니다.

31 민침랑(閔寢郎) : 침랑은 능참봉(陵參奉)을 가리키는바, 계해년(1803, 순조3)에 원릉참봉(元陵參奉)에 제수된 민치복(閔致福, 1766~1814)을 이른다. 민치복은 자가 원리(元履), 호가 확재(擴齋), 본관은 여흥(驪興)으로, 지암(止庵) 김양행(金亮行)과 이직보의 문인이다. 오희상이 쓴 묘지명이 있다. 《老洲集 卷16 擴齋閔公墓誌銘》

32 인리(仁里)에 찾아가서 : '인리'는 《논어》 〈이인(里仁)〉에 공자가 "마을이 인후(仁厚)한 것이 아름다우니, 살 곳을 가려서 인(仁)한 곳에 살지 않으면 어떻게 지혜롭다 하겠는가."라고 한 데서 온 것으로, 남의 마을을 높여 이르는 말인바, 당시에 이직보와 민치복이 모두 여주(驪州)의 같은 고을에 살고 있었기 때문에 찾아가려고 한 것이다.

중주 이공께 올림

上中洲李公

저는 아룁니다. 선형(先兄)[33]의 묘소의 풀이 아직 묵지도 않았을 적에[34] 맏형수 유인(孺人)께서 갑자기 또 따라 돌아가셨으니, 옛 슬픔과 새로운 슬픔이 가슴속에 가득하여 찢어질 듯 아픕니다.

선형은 큰 뜻을 가졌으나 일찍 세상을 떠나 적막하게 전해진 것이 없으므로 지금 막 언행을 기술하여 후인들로 하여금 선형이 어질었지만 수(壽)를 다하지 못하였음을 알게 하고 또 이로써 뒤에 죽는 저의 슬픔을 위로하기를 도모하였습니다. 다만 저는 나이가 선형에 비해 20살 가까이 적고 또 견식이 어둡고 부족하여 참으로 비슷하게라도 묘사할 방법이 없으니, 삼가 스스로 굽어보나 우러러보나 몹시 애통한데, 하소연할 곳이 없습니다.

일찍이 선형은 세상 사람들 중에 사귄 분이 없어서 오직 집사께만 마음으로 교분을 맺었는데 두 분 모두 허심탄회하게 교유하셨으니, 서로 깊이 알아주고 중하게 기대함이 대체로 평범한 교제에 비할 바가

33 선형(先兄) : 오윤상(吳允常, 1746~1783)으로, 자는 사집(士執), 호는 영재(寗齋)이다. 부인은 광산 김씨(光山金氏) 김상성(金相聖)의 딸인데, 남편의 상중에 종사(從死)하였다.

34 묘소의……적에 : 묘소의 풀이 묵지 않았다는 것은 풀이 난 지 1년이 지나지 않았다는 말로, 안장한 지 1년이 채 지나지 않았다는 뜻이다. 《예기》 〈단궁 상(檀弓上)〉에 "붕우의 무덤에 묵은 풀이 있으면 곡을 하지 않는다.〔朋友之墓, 有宿草而不哭焉.〕"라고 보인다.

아닙니다. 연래(年來)에 비록 멀리 떨어져 서로 만나지 못했으나 평소에 항상 마음에 연연하고 그리워하여 잊지 못하는 것은 오직 집사 한 분뿐이셨습니다. 매번 낙산(駱山)에서 노닐었던 즐거움[35]을 말씀하시고 "내가 이때에 서로 발명한 것이 가장 많다."라고 하셨으니, 이로써 우리 형의 처음과 끝을 아는 분으로는 집사만한 분이 없다는 것을 알았습니다.

아! 선형은 이미 수명이 짧았고, 지업(志業)은 시행하여 드러난 것이 없어서 마음속에 쌓여 있었으니, 오직 마음을 아는 분만이 선형을 잘 아는 것입니다. 혹여 집사의 글을 얻어서 선형의 어진 행적을 기술한다면 산 자의 마음에 다행일 뿐만 아니라 길이 서거한 선형의 영혼을 거의 위로할 수 있을 것입니다. 또한 어찌 이뿐이겠습니까. 후세에 전하여 믿게 할 수 있음도 의심할 것이 없습니다.

아! 제가 이미 일찍 선형을 잃었으니, 보답하여 끝없는 애통함을 조금이나마 풀 수 있는 방법은 오직 선형의 덕행을 기록하는 한 가지 일[36]뿐입니다. 그러므로 밤낮으로 마음속에 맺혀 잊지 못하는 일이 이것뿐이어서 거의 밥 먹는 것도 잊고 잠도 이루지 못하고 있습니다.

삼가 바라건대 옛날의 두터운 정의(情誼)를 생각하고 저의 괴로운 심정을 가련히 여겨 특별히 허락을 내려주시어 저의 지극한 뜻을 저버

35 낙산(駱山)에서……즐거움 : 낙산은 서울의 종로구와 성북구 사이에 있는 얕은 산으로 도성의 동쪽 성곽과 접한 곳인바, 이직보와 오윤상이 이곳에서 만나 종유했던 것을 가리키는 것으로 보이는데, 전말은 자세하지 않다.

36 덕행을……일 : 죽은 사람의 가장(家狀), 행장(行狀) 등을 짓는 일을 말하는데, 이직보가 지은 오윤상의 묘지명이 전하는바, 여기서는 묘지명을 가리킨다. 《장서각한국학자료센터, 拓印本寧齋吳公墓誌銘》

리지 마십시오.

장사 지내는 일이 급하여 몸소 찾아뵐 길이 없으므로 감히 명령을 전하는 자를 통해 글을 먼저 올리니, 조만간 일이 안정되면 삼가 마땅히 한 번 문하에 나아가 직접 뵙고 말씀드리겠습니다.

중주 이공께 올림
上中洲李公

지난번 직접 말을 몰고 조정에 나갔을 적에 여러 번 만나 가르침을 받았으나 매번 가르침을 차분하게 받지 못하였으니, 깨끗하고 참된 곳에서 모시지 못한 것이 한스럽습니다. 엎드려 생각하건대 근래 가뭄에 도체(道體)가 만안(萬安)하십니까. 저의 앙모하는 마음은 그지없습니다.

척손(戚孫)[37]은 우환과 병이 근래 더욱 연이어져 애간장이 타고 있었는데, 의외의 복직(復職)을 하였습니다. 비록 이미 머리를 조아려 은혜로운 명령에 숙배(肅拜)하였으나 실로 더욱 본심(本心)을 잃을까 염려되어 부끄럽고 두려운 마음이 들어 제 자신을 거의 용서할 수 없으니, 어찌한단 말입니까.

선형의 유사(遺事)는 삼가 한 본을 옮겨 베껴서 올립니다. 부탁드린 행장(行狀)은 지난번에 거룩한 승낙을 받고서 슬픔과 감사가 지극하니, 어찌 또 외람되이 귀찮게 할 수 있겠습니까. 다만 생각하건대 묘도(墓道)의 묘지명(墓誌銘)이 아직까지도 없으니, 만일 아름답고 은혜로운 묘지명을 빨리 내려주신다면 유명(幽明) 간으로 은혜를 받는 것이

37 척손(戚孫) : 오희상의 생모인 연안 이씨는 영의정을 지낸 이천보(李天輔, 1698~1761)의 따님이다. 이직보(李直輔)와 이천보는 고조인 이명한(李明漢, 1595~1645)에서 갈라져 나온 후손이고 같은 항렬이므로 오희상의 입장에서 자신을 이렇게 표현한 것이다.

마땅히 어떠하겠습니까.

이 세상을 살펴보건대 실로 선형을 다소나마 아는 분이 거의 없습니다. 만약 집사의 문자를 얻지 못한다면 장차 이대로 끝날 것이니, 이것은 불초(不肖)한 아우가 능히 뒤에 죽는 자의 책임을 다하지 못해서 선형의 순후(淳厚)한 덕과 깊은 식견을 천고의 후대에 아득히 없어지게 하는 것입니다. 구구한 저는 이 때문에 밤낮으로 애통해하는 것입니다.

처음에는 봄 사이 영남(嶺南)으로 가는 길에 여주(驪州)를 지나는 길을 택하여 몸소 배알할 계책을 세웠었는데, 근일에 관직에 얽매여서 이 계책을 이룰 수 없게 되었습니다. 이에 감히 결례를 무릅쓰고 또다시 번거롭게 아뢰니, 엎드려 바라건대 저의 괴로운 심정을 굽어살펴 주십시오.

중주 이공께 올림

上中洲李公

삼가 듣건대 어르신께서 근래 여주(驪州)에 돌아오셨다고 하더군요. 엎드려 생각하건대 이 청명한 가을에 편안히 지내시는 기거(起居)가 초연(超然)하여 도체(道體)가 편안하시며 심신(心身)과 이목(耳目)의 건강이 예전에 비해 한결같이 더 좋으시리라 생각합니다. 양강(楊江 양평(陽平) 앞의 한강)에서 뵌 지 어느덧 1년이 지났으니, 우러러 그리워하는 마음이 밤낮으로 간절합니다.

보여주신 선형(先兄)의 유지(幽誌)[38]를 손을 씻고 받들어 읽어보니, 문장이 간결하고 의미가 깊고 중하여 감추어진 선형의 덕행을 드러내셨는데, 내용과 형식이 모두 지극하였습니다. 저의 슬픔을 위로하는 데에서 그치지 않고 이것을 가지고 돌아가 저승에 계신 선형을 뵐 수 있게 되었으니, 감격스러운 마음에 저도 모르게 눈물이 쏟아졌습니다.

대체(大體)가 이미 완성되었으니, 어찌 감히 다시 번거롭게 아뢸 것이 있겠습니까. 그러나 지난번에 "기탄없이 반복해서 나에게 가르침을 달라."는 말씀으로 저를 유도하여 더 말하도록 하시니, 매우 성대한 뜻입니다. 다만 이 가운데 혹 한두 가지 의견을 나눌 만한 것이 없지

38 선형의 유지(幽誌) : 오희상의 〈연보〉에 을축년(1805, 순조5) 8월에 오희상이 양근(楊根)의 이직보를 찾아뵙고 형 오윤상의 묘지문(墓誌文)을 받은 기록이 보인다. 당시 이직보는 양근 군수(楊根郡守)로 있는 큰아들 이교원(李敎源, 1777~?)의 군재(郡齋)에서 지내고 있었다. 《老洲集 卷27 附錄》

않을 것인데, 글을 보는 저의 안목이 부족해서 끝내 찾아내지 못했습니다. 그래서 삼가 친구인 민원리(閔元履 민치복(閔致福))와 함께 의견을 나누어 바로잡고서 이렇게 첨지(籤紙)로 여쭙니다. 게다가 민원리가 이번 길에 문하(門下)를 방문할 계획이라 하니, 말씀드릴 적에 틀림없이 곡절을 자세히 아뢸 것입니다. 유의하여 채택해서 끝까지 아름다운 은혜를 베풀어주실 것을 천만번 간절히 바랍니다.

저는 근년 이래로 우환과 병이 이어진 탓에 지기(志氣)가 꺾이고 흩어져 일상의 언행에 허물과 후회가 산처럼 쌓였습니다. 선형의 가르침 한 가닥이 오직 제 몸에 달려있는데 저의 비루함이 이와 같으니, 이것을 생각하면 슬프고 두렵습니다. 선형을 생각하시는 바로써 끝내 저를 멀리하여 버리지 않으시고 때마다 경계와 가르침을 내려 바로잡아 수시기를 삼가 문하께 바랍니다. 나머지는 도를 위해 때에 따라 더욱 보중하시기를 축원할 뿐입니다.

국리 최형 성태 에게 답함
答菊里崔兄 成泰

신민(臣民)들이 미천한 몸으로 먼저 죽지 못하고 묘도(墓道)가 영원히 닫혔으니,[39] 애통한 마음은 모두가 똑같습니다. 일전에 인편을 통해 보내주신 편지를 받고서 삼가 극심한 섣달 추위에 고요히 지내시는 체후(體候)가 편안하심을 알았습니다. 여러 해 동안 가르침이 막혔던 차에 위로됨이 참으로 큽니다.

척제(戚弟)인 제가 애초부터 과거(科擧)와 벼슬길에서 머뭇거렸던 것은 감히 스스로 학업에 매진하려는 뜻이 있어서 그리하였던 것이 아니고, 다만 성질이 본래 졸렬하고 엉성하여 나태한 습관을 이루었기 때문입니다. 세상에 쓰이고 일을 이루는 것을 스스로 하지 못한다고 여기므로 비록 음관(蔭官)의 말직(末職)에 발을 들여놓고자 해도 이룰 가망이 없었습니다. 이 때문에 반평생 동안 두문불출하면서 남들이 저를 아는 것을 두려워하듯이 살았으니, 아는 사람은 저의 사정을 딱하게 여기고 모르는 사람은 저의 행적을 꾸짖었습니다. 그러나 저를 알아주거나 꾸짖는 것을 아득한 저 하늘에 내맡겨 두고서 외부로부터 이르는 영욕을 가지고 저의 졸렬한 계책을 바꾸는 일이 없게 하고자 하였습니다.

뜻밖에 지난번에 외람되이 벼슬을 천거 받아 동궁(東宮)의 직함에

39 묘도가……닫혔으니 : 순조 즉위년(1800) 11월에 정조의 장례가 거행된 사실을 가리킨다.

응한 것[40]은 실로 매우 부득이한 점이 있어서였는데, 본심을 잃어 마음 속에 부끄러움이 남아 있었습니다. 그런데 이번의 견복(甄復)[41]은 초원(初元)의 은혜로운 제수여서[42] 또 처음 제수된 관직과 차이가 있었습니다. 이 때문에 비록 잠시 출사(出仕)하여 사은(謝恩)하는 정성을 다소 폈으나, 그대로 직책을 수행하는 것은 또한 억지로 할 수 없는 점이 있었습니다. 그래서 이제 막 정병(呈病)[43]을 하여 체직되었습니다. 이는 사사로운 분수에는 비록 다행한 일이지만 사방에서 이르는 분분한 비난과 꾸짖음을 감당할 수가 없으니, 서로 아껴주는 자가 없음을 스스로 슬퍼할 뿐입니다.

이러한 즈음에 총애하는 말씀을 하여 지나친 칭찬을 해주시니, 매우 감격스러운 마음을 무어라 표현해야 할지 모르겠습니다. 다만 아직도 저의 이 실상을 다 알지 못하셔서 말씀하신 뜻이 지나치게 성대하시니, 감당하지 못함이 부끄럽습니다. 붓을 잡고서 이러한 내용을 다듬지도 않고 다 써서 올리니, 외람되고 번거로운 일을 끼쳐드려 죄송합니다. 이만 줄입니다.

40 뜻밖에……것 : 정조 23년(1799) 11월 이조 판서 서용보(徐龍輔)의 천거로 오희상이 정조 24년 1월에 익위사 세마(翊衛司洗馬)에 제수된 일을 가리킨다.

41 견복(甄復) : 퇴임자 중에서 적합한 사람을 골라 거듭 관직에 복귀하게 하는 것이다.

42 초원(初元)의……제수여서 : '초원'은 옛날 제왕들이 원년(元年)을 바꾼 데서 온 말로 순조 즉위년(1800)을 이르는바, 오희상이 10월에 장악원 주부(掌樂院主簿)가 되고 11월에 한성부 주부(漢城府主簿)가 된 일을 가리킨다.

43 정병(呈病) : 병을 이유로 사직을 청원하는 문서를 올리는 것을 이른다.

국리 최형에게 답함
答菊里崔兄

지난번에 성리설(性理說)을 하문하셨으나 오랫동안 답장하지 못했는데, 이는 제가 감히 게으름을 피운 것이 아닙니다. 스스로 돌아보건대 근래 어버이를 섬기고 몸을 단속하는 것에 많이 소홀하였으니, 어느 겨를에 대번에 성리(性理)에 관해서 구차히 우러러 대답하겠습니까. 이는 또한 성실한 도리가 아닙니다. 그러므로 우물쭈물 머뭇거리며 감히 말씀드리지 못했습니다. 이번에 연이어 보내주신 편지에 가르치고 꾸짖는 말씀이 모두 지극하시니, 저의 죄를 잘 알았습니다. 죄송한 마음을 어찌 말로 다 표현하겠습니까.

삼가 생각하건대 인물성동이(人物性同異)에 대한 논쟁은 이미 남북으로 크게 갈렸습니다.[44] 피차가 각기 인용하여 근거하는 바가 있으나 모두 주부자(朱夫子)의 말씀이니, 대번에 궁구하여 바로잡기 어렵다는 것이 진실로 말씀하신 바와 같습니다. 그러나 구구한 저는 삼가 일찍이 "주자(朱子)는 큰 바다이니, 마치 좁은 식견으로 자세히 이해하여 통할

44 인물성동이(人物性同異)에……갈렸습니다 : 인물성동이에 대한 논쟁은 성리학에서 인간의 성(性)과 인간을 제외한 물건의 성이 같은가 다른가에 관한 논쟁을 말한다. 동론(同論)을 주장한 이간(李柬)과 이론(異論)을 주장한 한원진(韓元震) 사이의 논변이 중심이 되었는데, 동론의 지지자들은 대부분 낙하(洛下 지금의 서울 지방)에 살고 있었으므로 낙학(洛學) 또는 낙론(洛論)이라 불리고, 이론의 지지자들은 모두 호서(湖西 지금의 충청도 지방)에 살고 있었으므로 호학(湖學) 또는 호론(湖論)이라 불렸는바, 이를 두고 남북으로 크게 갈라졌다고 말한 것이다.

수 없는 것과 같다."라고 생각하였습니다. 한번 주자의 스승인 연평(延平)과 제자인 면재(勉齋)의 설[45]을 가져다 참고해본다면, 따라야 할 것과 말아야 할 것에 대해 거의 헷갈리지 않을 것입니다. 주자가 위로는 연평을 계승하고 아래로는 면재에게 전수하였는데, 두 현인이 사람과 동물의 성(性)이 같다고 논한 것이 분명하고 명백해서 손바닥을 보듯 훤히 비교할 수 있습니다.

계승하고 전수한 자리에서 의논이 마침내 이와 같다면 주자의 뜻은 많은 논설을 할 필요도 없이 미루어 주장하신 바를 알 수 있습니다. 또 주자의 설이 곳에 따라 뜻을 달리하고 물음에 따라 답을 달리해서 비록 때때로 말씀에 변화가 있어 서로 모순되는 듯하나, 만일 말씀한 지점을 분별해서 각기 그 뜻의 귀결되는 바를 구한다면 또한 어찌 자세히 이해하여 통할 이치가 없겠습니까.

다만 사람들이 각자 선입된 주견을 바탕에 깔고서 살펴보기 때문에 자기의 뜻으로 작자의 의도를 헤아리지 못하고[46] 도리어 작자의 의도를

45 연평(延平)……설 : 연평은 주자의 스승인 이통(李侗, 1093~1163)의 호이고, 면재(勉齋)는 주자의 제자인 황간(黃幹, 1152~1221)의 호인바, 이통의 설은 주자가 편찬한 《연평답문(延平答問)》에서 확인할 수 있고, 황간의 설은 그의 문집인 《면재집》에서 확인할 수 있다. 이통은 자가 원중(愿中), 시호가 문정(文靖)으로, 명도(明道) 정이(程顥)와 이천(伊川) 정이(程頤)의 학문이 주자에게 이어지는 교량적 역할을 하였다. 황간은 자가 직경(直卿)으로, 어려서부터 주자를 사사하여 끝까지 스승으로 섬겼고, 뒤에 주자의 사위가 되었으며, 마침내 주자의 학통을 계승하였다.

46 자기의……못하고 : 시문(詩文)을 볼 때 글 표현에 집착하여 작자의 의도를 제대로 파악하지 못함을 이르는바, 《맹자》 〈만장 상(萬章上)〉의 "시를 해설하는 사람은 글자로써 구절을 해치지 말며, 구절로써 본래의 뜻을 해치지 말고, 보는 자의 뜻으로 작자의 의도를 헤아려야만 시를 알 수 있다.〔說詩者, 不以文害辭, 不以辭害志, 以意逆

가지고 자기의 뜻을 헤아립니다. 이 때문에 의견이 분분하게 나뉘어 하나로 정해지지 못해서 성현의 참된 말씀으로 하여금 도리어 막히고 어지럽게 하였으니, 통탄(痛歎)함을 이길 수 있겠습니까.

주자가 "우리는 강학할 때에 위로는 성현(聖賢)에게 죄를 얻지 말고 가운데로는 자신을 그르치지 말고 아래로는 후학들에게 해가 되지 말게 하고자 해야 한다."[47]라고 하셨으니, 일찍이 이 말씀을 여러 번 반복하여 두려워하지 않은 적이 없습니다. 이 때문에 가령 한두 가지 모색(摸索)하는 견해가 있더라도 이미 자신할 수 없다면 진실로 감히 쉽게 입 밖으로 내지 못합니다.

그런데 이번에 누차 하문해주시니, 끝내 저버릴 수 없어 파계(破戒)하고 저의 생각을 말씀드렸습니다. 그러나 양가(兩家)[48]의 잘잘못을 말씀하신 데 대해서는 또한 감히 깊이 말씀드리지 못하고 단지 평소 추측하던 방법으로 삼가 대답하였으니, 어리석은 저의 마음을 굽어살펴 주시기 바랍니다.

志, 是爲得之.]"라는 말을 원용한 것이다.

47 우리들은……한다 : 이 내용은 《주자어류》 권107 〈잡기언행(雜記言行)〉에 보인다.

48 양가(兩家) : 인성(人性)과 물성(物性)이 같다고 주장하는 낙론(洛論)의 학파와, 인성과 물성이 다르다는 호론(湖論)의 학파를 가리킨다.

국리 최형에게 답함

答菊里崔兄

물으신 진남당(陳南塘)의 〈숙흥야매잠(夙興夜寐箴)〉[49]은 내용이 정밀하고 간절하며 완벽하여 참으로 자세히 체행하고 완상하기에 좋습니다. 다만 노소재(盧蘇齋)가 장(章)을 나누고 주해한 것[50]이 과연 저자의 뜻에 맞는지는 모르겠고, 퇴계(退溪)의 〈숙흥야매잠도(夙興夜寐箴圖)〉에서 나누어 7장으로 만든 것[51]이 아마도 조금 나을 듯합니다. 첫 번째 장의 "차분하게 정돈한다.〔澹整.〕", "묵묵히 기억한다.〔默識.〕"는 두 글[52]의 뜻은 이 편의 요점이니, 아래의 허다한 공부가 모두

49 진남당(陳南塘)의 숙흥야매잠(夙興夜寐箴) : 남당은 송대(宋代)의 학자 진백(陳柏)의 호로 자는 무경(茂卿)이다. 〈숙흥야매잠〉은 스스로를 경계하기 위해 지은 것인데, 4언의 운문(韻文) 형식으로 총 208자로 이루어져 있다. 주자의 〈경재잠(敬齋箴)〉과 서로 표리(表裏)를 이룬다고 평가받는다.

50 노소재(盧蘇齋)가……것 : 소재는 노수신(盧守愼, 1515~1590)의 호로, 진도(珍島)에서 귀양살이를 하던 중 진백의 〈숙흥야매잠〉에 주해하여 《숙흥야매잠주해(夙興夜寐箴註解)》를 편찬하였고, 1568년 선조에게 진헌(進獻)하여 왕명으로 교서관(校書館)에서 간행하였다.

51 퇴계(退溪)의 것 : 퇴계 이황(李滉)이 1568년에 선조가 성군이 되기를 바라는 뜻에서 제왕의 도에 관한 학문의 요체를 도식으로 설명하여 상소하였는바, 이것이 《성학십도(聖學十圖)》인데, 〈숙흥야매잠도(夙興夜寐箴圖)〉도 그 안에 실려있다. 〈숙흥야매잠도〉는 경(敬)을 바탕에 두고 숙오(夙寤), 신흥(晨興), 독서(讀書), 응사(應事), 일건(日乾), 석척(夕惕), 겸숙야(兼夙夜) 일곱 장으로 나누어져 있다.

52 첫 번째……글 : 《숙흥야매잠》의 첫 번째 장은 다음과 같다. "닭이 울어 잠이 깨면 사려(思慮)가 점차 치달리니, 어찌 그 사이에서 차분하게 정돈하지 않을 수 있겠는가.

여기에서 나옵니다.

모든 사람이 아침과 낮에 하는 행위가 모두 일찍 잠에서 깬 때에 근본합니다. 그러므로 2장의 "근본이 섰다.〔本旣立.〕"는 것은 바로 차분하게 정돈하고 묵묵히 알아서 마음이 선 것을 가리킨 것인데, 노소재의 주에는 오직 '묵식(默識)'을 들어 근본으로 삼았으니, 한쪽으로 치우친 듯합니다.

끝장의 "생각이 여기에 있다.〔念玆在玆.〕"를 노소재의 주에 "'자(玆)'자는 윗글을 전체적으로 지칭한 것이다."라고 하였으니, 이 한 장을 요약한 말입니다. '자(玆)'자는 바로 앞 구의 "정(貞)하면 원(元)을 회복한다."[53]를 가리킨 것입니다. 이 뜻은 "낮과 밤이 끊임없이 순환한다."는 말과 같으니, 모름지기 정(貞)·원(元)의 뜻을 생각하여 조금이라도 끊김이 있게 해서는 안 됩니다. 만약 노소재의 주대로 본다면 너무 범연(泛然)하여 맛이 적습니다.

지난 허물을 반성하기도 하고 새로 배운 것을 생각해서 차례로 조리를 세워 또렷하게 묵묵히 기억해야 한다.〔鷄鳴而寤, 思慮漸馳, 盍於其間, 澹以整之. 或省舊愆, 或紬新得. 次第條理, 瞭然默識.〕"

53 정(貞)하면……회복한다 : 자정이 지나면 다시 날이 시작된다는 뜻으로, 원형이정(元亨利貞)을 주야에 배속시키면 자시(子時) 후반부터 축시(丑時)·인시(寅時)·묘시(卯時)는 원(元), 묘시(卯時) 후반부터 진시(辰時)·사시(巳時)·오시(午時)까지는 형(亨), 오시(五侍) 후반부터 미시(未時)·신시(申時)·유시(酉時)까지는 이(利), 유시(酉時) 후반부터 술시(戌時)·해시(亥時)·자시까지는 정(貞)이다. 그리하여 정이 다하면 다시 원이 되므로 말한 것이다. 이는 마치 원(元)·형(亨)·이(利)·정(貞)을 춘·하·추·동의 사시(四時)에 배합할 경우 정인 겨울이 다하면 다시 원인 봄이 되는 것과 같은 이치이다.

김장 기성 에게 답함

答金丈 箕成

문 조조(朝祖)[54] 때에 사당(祠堂)에 고하는 말이 없으니, 의심스럽습니다.

답 고복(皐復)[55]의 초기에 이미 조묘(祖廟)에 죽었음을 고했다면 조조(朝祖) 때에 고사(告辭)가 없는 것이 슬퍼서 겨를이 없는 의리에 마땅할 것입니다.

문 《상례비요(喪禮備要)》의 '부제(祔祭)' 조(條)에 조묘(祖廟)의 출주고사(出主告辭)[56]가 없는 것은 의심스럽습니다.

답 조묘에 부제할 적에 출주고사가 없는 것은 진실로 의심스럽습니다. 곰곰이 생각하건대 옛날에는 해당 감실(龕室)[57]의 안에서 일을 행하였기 때문에 자연히 신주(神主)를 꺼내는〔出主〕 한 절차가 없었으니, 《상례비요》에서 이를 빼놓은 것은 아마도 이 때문일 것입니다.

54 조조(朝祖) : 발인하여 떠나는 혼령이 사당의 조상에게 작별을 올리는 의식을 말한다.

55 고복(皐復) : 사람이 죽은 뒤 지붕 위에 올라가 죽은 사람의 영혼을 부르는 일로 '초혼(招魂)'이라고도 한다.

56 출주고사(出主告辭) : 기제(忌祭)에 사당에서 제청(祭廳)으로 신주를 옮기기 전에 제사를 위해 신주를 꺼낸다고 아뢰는 일이나 그런 내용의 축문이다.

57 감실(龕室) : 사당 안에 신주를 모셔 두는 작은 장(欌)을 말한다. 4대를 봉사할 경우 네 개의 감실을 설치하여 4대 고조비(四代考祖妣)의 신주를 봉안한다.

후래에 인가(人家)에서 출주(出主)하여 제사를 행할 적에도 이것을 하지 않음은 잘못을 인습하여 그러한 것이 아니겠습니까. 아무런 고유(告由)가 없어서는 안 될 것입니다.

문 무릇 조문(弔問)에 장자(長子)로서 주인(主人 상주(喪主))이 된 자가 손님에게 절을 하면 여러 자식이 절하지 않음은 경(經)에 근거할 만한 것이 있습니까? 만약 주인이 자리에 있지 않다면 여러 자식 역시 손님에게 절할 수 없습니까?

답 주인이 손님에게 절함에 뭇 자식들이 절하지 않음은, 곧 《예기(禮記)》〈단궁(檀弓)〉에서 "계상(稽顙)[58]만 하고 절하지 않는다."라고 하였으니, 아직 후사가 되지 않은 자의 예입니다. 상주가 자리에 있으면 뭇 자식들은 감히 상주의 예를 해서는 안 되는 것이 당연하지만 주인이 만약 그 자리에 없어 뭇 자식들이 빈객과 예를 행해야 하는 경우에는 사빈(謝賓)의 예절도 빠트릴 수 없으니, 상주의 자리를 피해 절하는 것이 아마도 예의 절문(節文)에 합당할 듯합니다.

58 계상(稽顙) : 무릎을 꿇은 뒤 손을 바닥에 짚고 머리를 숙여 이마가 바닥에 닿도록 하는 예절이다.

최참판 광태[59] 에게 답함

答崔參判 光泰

근래 국가의 상중(喪中)에 사가(私家)의 담제(禫祭)를 폐해야 한다는 것으로 의논이 분분(紛紛)한데, 대개 두 가지 설이 있습니다. 하나는 "임금의 상 또한 중(重)하니, 중한 상에는 담제를 행할 수 없다."는 것이고, 또 다른 하나는 "담제는 복을 바꾸는 제사이니, 바꿀 복이 없다면 제사 또한 폐해야 한다."는 것이니, 저는 이 두 가지 설에 모두 의심이 없지 못합니다.

임금의 상이 비록 중하지만 방상(方喪)[60]입니다. 주자가 일찍이 말씀하기를 "어찌 반드시 거적자리에서 자고 흙덩이를 베며, 피눈물로 삼년을 보낸 뒤에야 방상(方喪)이라고 할 수 있겠는가."[61]라고 하셨으니, 이것을 가지고 본다면 비록 벼슬자리에 올라 상복을 입은 자라 하더라도 끝내 사가(私家)의 상례와는 차이가 있으니, 어찌 담제를 폐할 수 있겠습니까. 예컨대 "사가의 상에 후상(後喪) 중에는 전상(前

59 최참판(崔參判) 광태(光泰) : 공조 참판을 지낸 최광태(1744~?)로, 자는 사룡(士龍), 본관은 전주(全州)이다. 최식(崔寔)의 증손인데, 최식은 오재순의 외조(外祖)인바, 최광태와 오희상은 친척이 된다.

60 방상(方喪) : 부모의 상과 마찬가지로 거상(居喪)하는 것으로, 《예기》 〈단궁(檀弓)〉에 "군주를 섬기되 면전에서 직간함은 있고 은미하게 간함은 없으며, 좌우로 나아가 봉양하되 일정한 방소가 있으며, 부지런히 일하여 죽음에 이르며, 상을 부모의 삼년상에 견준다.〔方喪三年.〕"라고 보인다.

61 어찌……있겠는가 : 이 내용은 《주자대전》 권69 〈군신복의(君臣服議)〉에 보인다.

喪)의 담제를 행하지 않는다."는 것과 같습니다. 게다가 상중에 담제를 폐하는 것은 곧 흉례(凶禮) 중에 길례(吉禮)를 행할 수 없다는 뜻이니, 그렇다면 국가의 상에 이미 길제(吉祭)를 행하였는데 유독 담제에 대해서만 폐하는 것은 하자(瑕疵)가 있는 것이 아니겠습니까.

담제는 진실로 복(服)을 바꾸는 제사입니다. 그러나 효자(孝子)의 마음에는 매번 천시(天時)와 인사(人事)가 바뀔 때마다 추모하는 마음이 간절하므로 이에 제품(祭品)을 올려 제사하는 예(禮)가 있는 것이니, 이 뜻은 소상(小祥)과 담제가 다름이 없습니다. 초상으로부터 27개월이 지나면 상기(喪期)가 이미 끝납니다. 귀신이 된 것이 점점 오래될수록 안으로는 슬픔이 줄어들고 밖으로는 복(服)이 바뀌니, 이때에 효자의 마음이 어찌 차마 아무것도 모른 체하고 제사하지 않을 수 있겠습니까.

"담담하게 평안하다.〔澹澹然平安.〕"[62]고 한 것은 장차 길(吉)에 나아가 보통 사람과 같아짐을 이르는 것입니다. 온 나라가 흰 삼베옷을 입는 때에는 바꿀 만한 길(吉)이 없으므로 백립(白笠)을 쓰고 흰 도포〔白袍〕를 입습니다. 이것이 당시 평상인의 옷이니, 어찌 반드시 길(吉)을 빌린 뒤에야 비로소 '변(變)'이라고 하겠습니까.

부모를 여윈 사람이 비로소 평상인(平常人)이 입는 복(服)을 입는 것이 곧 '변(變)'입니다. 옷은 바꾸고 관(冠)은 바꾸지 않는 경우는 비록 구차스러운 점이 있으나 이 또한 시세(時勢)가 그렇게 만든 것이니,

62 담담하게 평안하다 : 담제(禫祭) 때가 되면 슬픈 마음이 거의 사라져 마음이 편안해진다는 의미로, 《의례주소(儀禮注疏)》 〈사우례(士虞禮)〉에 "담(禫)이란 말은 담담하게 평안하다는 뜻이다.〔禫之言, 澹澹然平安意也.〕"라고 보인다.

당시의 예를 따르는 것이 무방할 듯합니다. 대체가 이미 맞다면 어찌 이런 것을 급급하게 여길 것이 있겠습니까.

"무인(武人)의 직령(直領)은 바꿀 만한 복(服)이 없다."는 것은 진실로 성대한 가르침과 같습니다. 《의례(儀禮)》 〈상복(喪服)〉에 소상(小祥)에 쓰는 갓은 모두 베의 승수(升數)를 가지고 절도로 삼으니, 이 또한 옷의 거칠고 가늚을 가지고 절도로 삼으면 혹 불가함이 없을 듯합니다. 우암(尤菴 송시열(宋時烈))께서 사상(私喪)과 국상(國喪)의 갓을 나누어 둘로 만든 것은 진실로 이해할 수 없으나, 반드시 흑(黑)·백(白)의 차이가 없다면 아마도 정(精 고운 것)·추(粗 거친 것)로 구별을 삼은 것인 듯합니다.

최참판에게 답함

答崔參判

예절을 간절히 하문하시므로 함부로 경솔하게 대답했었는데, 답장을 받고서 제 생각을 채택해주심을 알게 되었으니, 저를 버리지 않으시는 거룩한 뜻에 참으로 감사합니다.

도포를 가지고 옷을 바꾸어 입는 예절로 삼는 것은 저의 생각도 본래 이와 같았습니다. 지난번에 임득여(任得汝)[63]가 물어왔으므로 그에게 답하기를 "담제(禫祭)를 지낼 때는 도포 차림으로 제사를 받들었다가 제사를 마치면 다시 직령(直領)을 입는데, 길제(吉祭)가 되면 다시 도포 차림으로 제사를 행하고 이어 다시 평상의 길복(吉服)으로 입습니다. 운운" 하였습니다.

지난번 제 편지에서 말한 '백포(白袍)'는 곧 도포를 가리킨 것인데 미처 곡절을 상세히 말씀드리지 못했습니다. 지금 보내주신 편지에서 하신 말씀이 저의 얕은 소견과 매우 부합하니, 어찌 다시 의논할 것이 있겠습니까. 천시(天時)와 인사(人事)에 대한 설(說)의 경우 담제에 변제(變除)가 중요하지 않다고 말한 것이 아닙니다. 근일의 의논은 혹은 담제가 연제(練祭), 상제(祥祭)와는 차이가 있어 변복(變服)하는 제사에 불과하니, 폐지할 수 있는 의리가 있다고 합니다. 그러므로 저는 다만 효자(孝子)의 마음을 미루어 "진실로 변동하여 행할 수 있다

63 임득여(任得汝) : 득여는 임로(任魯, 1755~1828)의 자로, 호는 영서거사(穎西居士), 본관은 풍천(豊川)이다.

면 삼년상을 마치는 제사를 가볍게 폐지해서는 안 된다."고 말한 것입니다.

자식이 부모의 삼년상에 거상(居喪)할 적에 시절에 따라 경물(景物)을 볼 때마다 부모를 그리는 마음이 들지 않음이 없는데, 경물에 작은 변화가 있게 되면 번번이 두렵고 놀라운 마음이 일어 제수를 올리고 슬피 하소연하는 일을 생각하니, 이것이 제사가 실정과 형식에 합당하게 만들어진 까닭입니다.

가령 대상(大祥)을 지내는 달에 담제를 행하더라도 열흘이 지나면 어찌 천시(天時)가 변한 것이 아니겠습니까. 대상제를 마쳤으면 어찌 인사(人事)가 변한 것이 아니겠습니까. 그렇다면 어찌 굳이 한 달을 건너뛴 뒤에야 비로소 '변(變)'이라 할 것이 있겠습니까. 담제를 지내는 월수는 정현(鄭玄)과 왕숙(王肅)의 논의가 다른데[64] 각각 의거한 바가 있어 예가(禮家)의 중대한 안건(案件)이 되었습니다. 그러나 《예기》〈단궁(檀弓)〉의 소(疏)를 보면 정현의 설이 절(節)마다 옳아서 가부(可否)를 쉽게 알 수 있습니다.

주부자(朱夫子)가 예는 후한 쪽을 따라야 한다 하여 정현을 따랐으나 왕숙의 설을 옳게 여기신 것은 끝내 정밀한 의리의 소재(所在)를 알지 못하겠으니, 이에 대해 일찍이 유의하여 간파하셨는지요? 한마디 말씀으로 저를 크게 깨우쳐주시기를 바랍니다.

64 담제를……다른데 : 정현(鄭玄)은 25월에 대상을 치르고 27월에 담제를 지내야 한다고 하였고, 왕숙(王肅)은 25월에 대상을 치르고 그달에 담제를 치러야 한다고 주장하였다.

최참판에게 답함

答崔參判

문 담제(禫祭)가 마침 삭일(朔日 음력 초하룻날)을 만나면, 참례(參禮)[65]는 "하루에 두 번 제사 지내지 않는다."는 글을 적용하여 그만두는 것이 마땅합니까?

답 선배들은 시제(時祭)와 참례를 거듭 행함은 인정하지 않고 기제(忌祭)와 참례를 함께 행함은 인정하였습니다. 삼가 생각하건대 시제는 그날 여러 사당에 함께 제사 지내니, 참례를 행할 것이 없습니다. 기제는 한 신위(神位)에만 제사 지내고 제사 지내는 뜻도 본래 똑같지 않으며 또 시제와는 차이가 있으니, 주자(朱子)의 "크고 작은 제사를 함께 행한다."는 가르침에 근거하여 담제를 파한 뒤에 묘중(廟中)에 신주를 다시 봉안하여 여러 신위와 함께 다시 참례를 행하는 것은 아마도 근거가 없지 않을 듯합니다.

65 참례(參禮) : 《가례(家禮)》 〈통례(通禮)〉에 규정되어 있는바, 설날과 동지 또는 초하루와 보름에 사당에 참알(參謁)하는 예이다.

이참판 채[66] 에게 답함

答李參判 采

《사례편람(四禮便覽)》을 교정하는 일[67]에 대해 간곡한 부탁을 누차 받았는데, 그 말씀이 지극히 간절하시니 감히 끝내 사양하지는 못하였습니다. 하지만 스스로 견문이 좁음을 알고 있으며 예에 대해서는 더더욱 평소에 아는 것이 없습니다. 게다가 우환과 질병으로 여유가 부족하여 처음부터 이해하지 못하고 단지 보이는 것에 따라 지적하여 첨지(籤紙)를 붙여 올리니, 첨지의 내용은 절목의 문구(文句) 사이의 자잘한 정오(正誤)에 지나지 않습니다. 진실로 이 마음을 바쳐 성대한 뜻을 충분히 받들지 못하였으므로, 저로 하여금 두려워 땀을 흘리게 합니다.

다만 생각하건대 이 책의 간행은 진실로 예교(禮敎)에 보탬이 있으니, 먼저 보기를 바라지 않는 사람이 없습니다. 그러나 돌아보건대 이 책은 미처 자세히 정리되지 못하여 아직 논의해야 할 대목이 많으니, 속히 인쇄하는 것을 다행으로 여겨서 후인의 비판을 초래해서는

66 이참판(李參判) 채(采) : 호조 참판을 지낸 이채(李采, 1745~1820)로, 자는 계량(季亮), 호는 화천(華泉), 본관은 우봉(牛峯), 시호는 문경(文敬)이다. 도암(陶菴) 이재(李縡, 1680~1746)의 손자이다.

67 사례편람(四禮便覽)을……일 : 《사례편람》은 도암 이재가 주자의 《가례》를 바탕으로 일상에서 관·혼·상·제의 사례(四禮)를 행하는 데에 편의를 주기 위해 편찬한 책인데, 실제 간행은 이재의 사후에 수정·보완 과정을 거쳐 증손 이광정(李光正)이 수원 유수(水原留守)로 재직하던 1844년(헌종10)에 이루어졌다.

안 됩니다. 비록 시일을 다소 오래 지체하더라도 다시 사우(士友) 중에서 예를 아는 사람과 함께 처음부터 살펴보고서 바로바로 수정하고 윤색하여 제대로 완본(完本)을 이룬 뒤에 비로소 간행하는 것이, 선생께서 당시에 후인을 기다리고자 하신 뜻일 듯합니다. 어떠실지 모르겠습니다.

이참판에게 줌
與李參判

《율곡전서(栗谷全書)》를 개칭하자는 의논[68]은 처음 석담서원(石潭書院)의 이생(李生)을 통해 들었으나 그 정밀한 의리의 소재(所在)는 삼가 깨닫지 못하겠습니다. 스스로 생각해보건대 보잘것없는 저는 천루(淺陋)하여 충고하거나 끼어들어 의논할 수 없으니, 그동안 하문하신 것에 대해 감히 대번에 의견을 드러내어 대답할 계획을 할 수 없습니다.

그런데 지난번에 만나 보았을 적에 지극히 간곡한 당부로 가부(可否)를 이야기하도록 인도하셨습니다. 이와 같은데도 또 한결같이 머뭇거리며 바로 말하지 않으면 이는 지극한 뜻을 저버리는 것입니다. 이에 감히 분수에 넘치고 망령됨을 헤아리지 않고 집사에게 사사로이 저의 생각을 드러내니, 이는 감히 제 소견을 자신하여 꼭 받아들여지기를 기필하는 것이 아니고 그저 저의 성의(誠意)를 바쳤던 것일 뿐이었습니다.

68 율곡전서(栗谷全書)를……의논 : 율곡의 문집은 제일 처음 1611년(광해군3)에 해주에서 목판으로 발간하였는데, 이때의 《율곡집》은 시집 1권과 문집 9권으로 된 적은 분량이었다. 이후 여러 번의 편집을 거쳐 이채의 조부인 도암 이재가 23권 38책의 활자본으로 만들며 《율곡전서》라고 하였다. 이것이 오래되어 닳게 되니 이채가 다시 판각하는 일을 주관하였는데 이때 이도중(李度中)이라는 사람이 《송자대전(宋子大全)》의 예를 따라 《이자전서(李子全書)》로 개칭해야 한다고 주장하자, 이채는 사우(士友)들에게 그에 대한 의견을 물었다.

삼가 일찍이 이 책을 편집하며 여러 자료를 모으신 것이 이미 문정공(文正公 이재(李縡)) 노선생(老先生)의 손에서 나와 체재가 엄중하고 의례(義例)가 정밀하고 합당합니다. 국조의 여러 선정(先正)의 문집을 두루 뽑아 보아도 이보다 더 나은 것이 있지 않으니, 진실로 대현(大賢)이 할 수 있는 것이요, 후인(後人)이 미칠 수 있는 것이 아닙니다.

제목의 '집(集)'을 '전서(全書)'로 고치는 문제에 대한 저의 의견은 다음과 같습니다. 옛 분들은 일을 계획할 적에 오로지 진실 된 도리에 힘을 썼으니, 아마도 '집'은 낮고 '전서'는 높은 것으로 여겨 이에 대해 급급하게 서로 비교해 보고서 드높이고 존숭하는 데 뜻을 두지는 않은 것 같습니다. 《율곡전서》라는 제목은 《이정전서(二程全書)》를 가져다 모방하였는데, 《이정전서》는 곧 사실을 기록한 책에 대한 칭호에 지나지 않으니, 이것으로써 나머지를 미루어 알 수 있습니다. -원래 책의 범례에 "시문(詩文)의 속집(續集)과 외집(外集) 4개를 합쳐 하나로 만들고 또 《이정전서》의 《역전(易傳)》의 예를 따라 선생이 지은 《성학집요(聖學輯要)》, 《격몽요결(擊蒙要訣)》 같은 여러 책을 아울러 수록하여 이름을 《전서》로 고쳤다."는 말이 있습니다.-

지금에 이르러 중간(重刊)하려는 뜻은 다른 것이 없고 다만 널리 전포(傳布)하여 오래도록 전하려는 계획일 뿐이니, 다만 선배들이 이루어놓은 본(本)을 번각(飜刻)하기만 하고 후인들이 손을 대지 않는다면 사체(事體)에 맞을 것입니다. 더구나 집사께서 마침 이 일을 맡으셨으니, 더욱 예로부터 써오던 것을 삼가 지켜서 어기지도 않고 잊지도 않아서[69] 혹 어그러짐이 없게 하는 것이 실로 선인(先人)을 계승하는

69 예로부터……않아서 : 이 내용은 《논어》 〈선진(先進)〉에 노(魯)나라 사람이 장부(長府)라는 창고를 짓자, 민자건(閔子騫)이 "옛 일을 그대로 따르는 것이 어떤가? 꼭

아름다운 일이 될 것이니, 어느 누가 트집을 잡겠습니까.

만약에 "'이자(李子)'라는 칭호는 문정공께서 미처 하실 겨를이 없었던 것이니, 지금 추칭(追稱)함이 선조의 뜻을 계승하는 도[70]에 방해되지 않는다."고 말한다면 이 말이 옳은 듯합니다. 그러나 율옹(栗翁 이이(李珥))께서 율옹이 되심은 실로 구구한 호칭 사이에 있지 않으니, 비록 '자(子)' 자로 일컫는다고 하더라도 율옹의 신상(身上)에 있어 털끝만큼도 더할 수가 없고, 비록 '자(子)' 자로 일컫지 않는다고 하더라도 후학이 스승을 높이는 정성이 또한 줄어들지 않습니다.

대저 스승을 높이고 도(道)를 호위함은 본래 명(名)과 실(實), 본(本)과 말(末)의 차이가 있습니다. 그 도를 체득(體得)하고 그 마음을 이해함은 실(實)이며 본(本)이고, 그 사람을 높이고 음성과 용모를 사모함은 명(名)이며 말(末)이니, 본이 있으면 말이 존재하고 실이 있으면 명이 따릅니다.

그러나 진실로 선(先)・후(後)와 경(輕)・중(重)의 구분에 대해 강구하지 않는다면 점점 말이 본을 이기고 명이 실을 없애는 데 이르지 않을 자가 드물 것입니다. 더구나 지금은 현인(賢人)의 유택(遺澤)이 점차 멀어지면서 습속이 나빠져 실질(實質)이 없어지고 거짓이 불어나

다시 지어야 하는가?〔仍舊貫如之何? 何必改作?〕"라고 하였는데, 공자가 "저 사람은 말을 하지 않을지언정 말하면 반드시 이치에 맞는다."고 한 것과 《시경》 〈대아(大雅) 가락(假樂)〉에 "어기지도 않고 잊지도 아니하여 옛 법을 따른다.〔不愆不忘, 率由舊章.〕"라고 한 데서 온 것이다.

70 뜻을……도 : 이 내용은 《중용장구》 제19장에 공자가 "효란 것은 어버이의 뜻을 잘 계승하며, 어버이의 일을 잘 따라 행하는 것일 뿐이다.〔夫孝者, 善繼人之志, 善述人之事者也.〕"라고 한 데서 온 것이다.

고 있습니다. 돌아보건대 율옹의 도가 식멸(熄滅)되지 않은 것이 별로 없으니, 아! 위태롭습니다.

우리 중에 이 일에 뜻을 둔 자는 참으로 이를 두려워하여 서로 닦고 가르쳐서 한만(閑漫)한 기운이 끼어들지 않게 하고, 근본을 돈독하게 하며 실제를 힘쓰는 것에 정신을 모아서 학문의 일맥(一脉)을 유지하고 부지(扶持)하여 땅에 떨어지지 않게 해야 합니다. 어찌 먼저 더욱 문식(文飾)하는 말단[71]을 따라 그것을 매우 중요한 것으로 여겨 치우침을 바로잡고 폐단을 보수할 방법을 생각하지 않고 도리어 유속(流俗)의 비판을 취한단 말입니까.

가령 "'자(子)' 자는 유가(儒家)에서 스승을 크게 높일 때 쓰는 칭호이니, 율곡에게 그만둘 수 없는 것이다."라고 한다면 이 또한 헤아려야 할 점이 있습니다. 특별한 칭호를 덧붙이는 것을 어찌 구차히 할 수 있겠습니까. 반드시 후세에 문정공과 같은 분이 나와서 남긴 전통을 이어받고 사도(斯道)를 크게 밝히기를 기다린 뒤에 '이자(李子)'라는 칭호를 덧붙인다면 귀신에게 질정하여도 의심이 없고 백세를 기다려도 의혹되지 않을 것입니다.[72] 지금 저 한두 후학의 한때 의견을 가지고 갑자기 '자(子)'라는 칭호를 더해서 조금도 신중히 하지 않는다면 또한 너무 경박하고 설만(褻慢)하지 않겠습니까.

71 더욱……말단 : 제도는 검소하고 질박한 것을 근본으로 삼는데, 후대로 갈수록 전대의 제도와 문물을 더욱 꾸미기 때문에 이렇게 말한 것이다. 《文選 卷8 羽獵賦》

72 귀신에게……것입니다 : 이 내용은 《중용장구》 제29장에 "군자의 도는 자기 몸에 근본하여 백성들에게 징험하고, 삼왕에게 상고해도 오류가 없고, 천지에 세워 놓아도 어긋나지 않고, 귀신에게 질정하여도 의심이 없고, 백세토록 성인을 기다려도 의혹되지 않는다."라고 보인다.

아! 많고 많은 우리 후생들이 똑같이 율옹의 망극한 은혜를 받아 지금에 이르도록 사라지지 않았으니, 무릇 천양(闡揚)하고 숭보(崇報)하는 도리에 있어 누구인들 자기의 분수를 다 바칠 생각을 하지 않겠습니까. 하지만 똑같게 하기 어려운 것이 사람들의 의견이니, 의논에 차이가 있음은 사람의 얼굴이 각기 다른 것과 같음을 괴이하게 여길 것이 없습니다. 그러나 이미 일가(一家)의 사사로움이 아니요 공공(公共)의 도리에 관계된다면 꼭 저편과 이편으로 나누어 간격을 만들 것이 없고, 중론(衆論)의 극치를 취하여 옳은 것을 찾아 나아가야 합니다.

설령 제 말이 받아들여지지 않는다 하더라도, 실로 다행스러운 일에 깊이 참여하는 것은 구구한 저의 바람이었습니다. 다만 혼약(昏弱)하고 식견이 없어 말조심을 경계로 삼아야 하는데, 간곡히 하문해주신 정성에 감격하여 가슴속에 쌓인 것을 제재하지 않고 모두 드러내었으니, 매우 부끄럽습니다.

이참의 소 에게 답함[73]

答李參議 素

"사는 한 달을 넘긴다.〔士, 踰月.〕"는 제도[74]가 비록 고례(古禮)라고 하더라도 주자(朱子)가 이미 대부(大夫)와 사(士)를 구별하지 않고 3개월 만에 장사 지내는 것으로 《가례(家禮)》에 실어놓았습니다. 그러므로 비록 근세에 예를 잘 아는 자라도 한 달을 넘기는 제도를 인용하여 그 어버이를 장사 지낸다는 것을 듣지 못하였고, 오직 처자(妻子) 이하의 상에 간혹 이것을 인용하여 증거로 삼는 자가 있으니, 어찌 심히 모순되는 것이 아니겠습니까.

장기(葬期)가 존(尊)·비(卑)와 귀(貴)·천(賤)에 따라 늦추거나 앞당기는 차이가 있는 것에 대해 주석가(註釋家)가 비록 "원근(遠近)의 사람들이 달려와 장례에 모이고 장례 도구를 마련해야 하기 때문이다."라고 말하였으나, 의(義)를 가지고 보면 3개월은 3년의 작은 숫자이고 시(時)를 가지고 보면 3개월에 천시(天時)가 한 번 변하니, 이 3개월에 이르러 죽은 이를 장사 지내는 것이 시기가 거의 적당할 것입

73 이참의(李參議)……답함 : 이소(李素)가 1801년(순조1)에 형조 참의 벼슬을 하였는바, 이 편지는 그 무렵에 지어진 것으로 보인다. 《承政院日記 純祖 1年 3月 29日》 이소는 선조의 열두째 왕자인 인흥군(仁興君) 이영(李瑛)의 5세손이다.

74 사(士)는……제도 : 달을 넘겨 장사 지내는 예를 말한다. 《춘추좌씨전》 은공(隱公) 원년에 "대부는 죽은 지 석 달 만에 장사를 지내니, 이는 동료 관원들이 오기를 기다리는 것이다. 사(士)는 달을 넘겨서 장사를 지내니, 이는 친척들이 모이기를 기다리는 것이다.〔士踰月, 外姻至.〕"라고 보인다.

니다. 《가례》에 대부와 사(士)를 구별하지 않고 한결같이 3개월로 기재한 것은 다만 송(宋)나라 때의 국제(國制)여서일 뿐만 아니라 이것 때문이기도 하였을 것입니다.

이제 이미 한결같이 성주(成周)의 제도[75]를 따라 장사 지내지 못하였다면 마땅히 《가례》를 정법(正法)으로 삼아야 하는데, 만일 일의 형편에 구애되어 장례를 늦추어 3개월을 기다릴 수 없다면 갈장(渴葬)으로 논하는 것이 옳고, 굳이 "한 달을 넘긴다."는 제도를 구차히 끌어올 필요가 없습니다. 이미 갈장으로 단정하였다면 우제(虞祭)는 마땅히 빨리 지내야 할 것이고, 졸곡(卒哭)은 늦추어 3개월을 기다려야 합니다. 사계(沙溪 김장생(金長生))가 동춘(同春 송준길(宋浚吉))의 물음에 답하실 적에 〈상복소기(喪服小記)〉를 인용한 글[76]이 《예의유집(禮疑類

75 성주(成周)의 제도 : 고대 서주(西周) 시대에 만들어진 예제(禮制)를 가리키는바, 《예기》 〈명당위(明堂位)〉에 "주공이 예법을 제정하고 음악을 지으며 도량형을 반포하자 천하가 크게 복종하였다.〔周公制禮作樂, 頒度量 而天下大服.〕"라고 하였는바, 전설에 의하면 주공이 《주례(周禮)》를 만들었다고 한다. 성주는 서주(西周)의 동도(東都)인 낙읍(洛邑)으로, 주공(周公)이 이곳을 경영하였기 때문에 전하여 주공이 성왕(成王)을 보좌했던 시기를 가리키거나 서주의 별칭으로 쓰인다.

76 사계(沙溪)가……글 : 《사계전서(沙溪全書)》 권40 〈의례문해(疑禮問解) 상례(喪禮)〉의 "갈장(渴葬)을 하는 경우에 우제(虞祭)는 빨리 지내고 졸곡(卒哭)은 반드시 3개월이 되기를 기다려서 지낸다."라는 내용에 대해, 송준길이 "미처 기일이 되기 전에 장사를 지내는 경우에도 우제와 졸곡을 역시 일반적인 예에 의거하여 지낸다면 온당치 못한 뜻은 없습니까?"라고 묻자, 김장생이 "예경(禮經)에서 상고해볼 수 있네."라고 하고서 《예기》 〈상복소기(喪服小記)〉의 "부장(赴葬)을 하는 경우에는 우제도 빨리 지낸다. 그러나 3개월 지난 뒤에 졸곡제를 지낸다.〔報葬者, 報虞, 三月而後卒哭.〕"는 내용에 달린 다음의 주를 인용하였다. "'보(報)'는 '부(赴)'로 훈독(訓讀)하는데, 급하고 빠르다는 뜻이다. 집안이 가난하거나 혹은 다른 연고가 있어서 3개월이 되기를 기다리지

輯)》[77]에 실려 있으니, 취하여 상고할 만합니다. 도암(陶菴 이재(李縡))의 설은 삼가 일찍이 의심스러워 감히 믿을 수 없는 점이 있었습니다.

못하고 죽은 뒤에 곧바로 장사 지내는 것이다. 이미 빨리 장사를 지냈으면 우제도 역시 빨리 지내는데, 우제는 귀신을 편안하게 하는 것이므로 뒤에 지내서는 안 된다. 그러나 오직 졸곡만은 반드시 3개월이 지나기를 기다려서 지내야 한다."

77 예의유집(禮疑類輯) : 박성원(朴聖源, 1697~1767)이 우리나라 제현의 예설(禮說)을 종류별로 나누고 묶어 편집한 책이다. 박성원은 자가 사수(士洙), 호가 겸재(謙齋), 본관은 밀양(密陽)으로, 이재(李縡)의 문하에서 수학하였다.

이형 도실 청[78] 에게 답함

答李兄道實 青

문 시제(時祭)와 기제(忌祭)에 삼헌(三獻)을 올릴 적에 각각 산적(散炙)을 올리는 절차가 있는데, 우제(虞祭)로부터 대상제(大祥祭)와 담제(禫祭)까지는 산적을 모두 한 쟁반에 합하여 올려서 각각의 그릇을 쓰지 않는 것은 무슨 의의입니까?

답 매번 술잔을 올릴 때마다 간(肝)을 올리는 것은 고례(古禮)를 따른 것입니다.[79] 《상례비요(喪禮備要)》의 "우제(虞祭) 때 찬을 올릴 적에는 다만 산적을 한 쟁반에 갖춘다.〔虞祭進饌, 止具炙一盤.〕"라는 것은 진실로 무슨 뜻인지 모르겠습니다. 비록 삼년상이라도 제사에 이미 삼헌(三獻)의 예를 갖추었다면 간을 올리는 예는 마땅히 다를 것이 없어야 합니다. 지금 한 쟁반만을 사용하여 잔에 술을 따르는 자리 앞에 올리는 것은 아마도 잘못 살펴본 것을 후인들이 인습하여 고치지 않은 것인 듯합니다.

78 이형(李兄) 도실(道實) 청(青) : 도실은 이청(1748~?)의 자로, 바로 앞 편지에 보이는 이소(李素)의 친형이다. 갑오년(1774, 영조50) 식년시에 합격하고, 공릉참봉(恭陵參奉)을 지냈다.

79 간(肝)을……것입니다 : 간은 소의 간으로 초헌에 올리는 것인바, 《의례》 〈사우례(士虞禮)〉에 "빈객 가운데 연장자가 주인을 따라 적간을 올린다. 간은 조(俎)에 세로로 두며, 소금은 오른편에 둔다.〔賓長以肝從, 實于俎, 縮, 右鹽.〕"라고 보인다.

이형 도실에게 답함
答李兄道實

문 담제(禫祭)의 달에 길제(吉祭)를 행하는 자는 과거에 응시할 수 있습니까? 《미호집(渼湖集)》에 어떤 사람의 질문에 답하기를 "담제 지내는 달에 과거에 응시하는 것에 대해 물으셨는데, 비록 '담제 지내는 달'이라 하더라도 이미 길제를 행하였으면 복침(復寢) 이후로는 모든 일이 길(吉)을 회복하지 않음이 없으니, 과거에 응시하는 일에 대해서만 어찌 유독 그렇지 않겠습니까."라고 하였으니,[80] 이것을 근거로 삼아도 되겠습니까?

답 미호(渼湖)의 설은 삼가 감히 믿을 수 없는 점이 있습니다. 《의례(儀禮)》 〈사우례(士虞禮)〉의 기(記)에 "대상제를 지낸 다음, 달을 건너뛰어 담제를 지낸다. 이달에 길제를 지내는데 오히려 배향하지는 않는다."라고 하였는데, 주(註)에 "여전히 배향하지 않는 것은 슬픔이 아직 가시지 않아서이다.〔猶未配, 哀未忘也.〕"라고 하였으니,[81] 이를 근거한다면 슬픔이 아직 가시지 않았는데 곧장 가서 과거에 응시하여 영화(榮華)를 구하는 것이 어찌 마음에 유쾌하겠습니까. 또 이로써

80 미호집(渼湖集)에……하였으니 : 《미호집》은 미호 김원행(金元行)의 문집으로, 인용한 내용은 담월(禫月)에 과거에 응시하는 문제에 관한 질문에 답한 것인바, 제8권의 〈강중홍에게 답함〔答康仲鴻〕〉에 보인다. 복침(復寢)은 평소 부인(婦人)과의 잠자리를 회복한다는 뜻으로, 상기(喪期)를 마치지 않았으면 복침하지 않는다.

81 주(註)에……하였으니 : 인용한 것은 《의례》 〈사우례(士虞禮)〉 기(記)의 내용에 대한 정현(鄭玄)의 주에 보인다. 《儀禮註疏 卷13》

미루어본다면 비록 복침하는 절차라도 또한 달을 넘기기를 천천히 기다리는 것이 아마도 완곡하여 예의 바름을 얻는 것일 듯합니다. 어리석은 저의 생각은 이와 같으니, 과연 어떠한지 모르겠습니다.

민지평 이현[82] 에게 답함

答閔持平 彛顯

지난해 겨울에 거룩한 편지를 한동안 격조(隔阻)한 뒤에 받았습니다. 편지를 펼쳐 반복하여 읽었는데, 위로되고 기쁜 마음이 어찌 직접 말씀을 듣는 것과 달랐겠습니까. 그런데도 답장을 지체하다가 마침내 1년이라는 긴 시간을 넘겼으니, 어떻게 의(義)를 사모하는 저의 마음을 드러낼 수 있겠습니까. 엉성하고 태만한 죄를 스스로 용서할 수 없습니다. 중춘(仲春)에도 아직 날씨가 찹니다. 엎드려 생각하건대 기거가 더욱 평안하시고 전심치지(專心致志)하는 학문에 신의 도움이 있습니까?

저는 우환과 질병이 이어진 탓에 의지가 저상(沮喪)되니, 매번 자신을 살펴봄에 한갓 부끄럽고 서글픈 마음이 더할 뿐입니다. 다만 생각하건대 구구한 저는 감히 스스로 재능을 자랑하는 일을 부끄러워하여 깊이 은둔하고 멀리 떠나간 옛사람의 유풍(遺風)을 모방하려는 것이 아닙니다. 다만 가문(家門)에는 번성함을 두려워해야 하는 경계가 있고 몸에는 조그마한 재능도 없으며, 또 과문(科文)을 익힐 겨를이 없어서 곤궁하고 위축된 채로 그럭저럭 세월을 보면서 굳센 의지를 가지고

82 민지평(閔持平) 이현(彛顯) : 지평 벼슬을 지낸 민이현(1750~1793)으로, 1784년(정조8)과 1786년(정조10)에 지평(持平)에 제수되고 1787년(정조11)에 장령(掌令)에 제수된 기록에 의거하건대, 이 편지는 지평에 제수된 이후에 지어진 것으로 보인다. 《承政院日記 正祖 8年 7月 2日, 10年 1月 17日, 11年 1月 17日》 민이현은 자가 공저(公著), 호가 관생와(觀生窩), 본관은 여흥(驪興)이다.

과거에 응시하지 못했습니다.

이 때문에 마침내 세상에서 버림받는 사람이 되는 것을 달게 여겼으니, 저를 아는 사람은 저의 실정을 가엽게 여기고 알지 못하는 사람은 저의 행적을 비방합니다. 그러나 분수에 따라 자신의 행실을 닦아서 큰 과실을 면하려는 뜻은 또한 일찍이 다소나마 가지고 있었으나 능히 실행으로 옮기지는 못했습니다. 그래서 항상 사우(士友)들에게 버림받을까 염려하였는데 집사께서는 이러한 점을 살피지 못하시고 마침내 저를 이끌어서 도야(陶冶)하는 말석(末席)에 두고자 하셨습니다.

그리하여 정중하게 기대하고 면려하며 말씀하신 뜻이 간절하여 마치 저와 더불어 도에 나아갈 만한 것처럼 하셨습니다. 알지 못하겠습니다. 어리석고 고루하여 못난 제가 어떻게 현자(賢者)에게 이러한 대우를 얻는단 말입니까. 감격스러운 나머지 부끄럽고 슬픈 마음을 감당할 수가 없습니다. 혹시라도 끝까지 버리지 않으시고 때때로 덕을 진전하고 학업을 닦는 절도(節度)로 이끌어 깨우쳐주어서 저로 하여금 아름다운 은혜를 끝까지 받게 하신다면 참으로 큰 다행일 것입니다.

그동안 집사께서 경연(經筵)과 서연(書筵)의 명에 영광스럽게 응하시어[83] 성상의 돌봐주심이 특별하고 사림(士林)들이 모두 기뻐하고 있습니다. 다만 이처럼 무식한 저는 이미 우러러 도움 드릴 만한 것이 없으니, 여러 사람을 따라 축하드리는 말을 올릴 수밖에 없었습니다. 그런데 보내주신 편지에 진실한 마음으로 교유하는 뜻이 아니라고 책

83 경연(經筵)과……응시하시어 : 삼사(三司)의 직책에 제수되면 자동적으로 경연관(經筵官)이 되며 또한 서연관(書筵官)으로 선발되었던 것으로 보인다. 《承政院日記 正祖 8年 7月 2日, 11日》

망하시니, 부끄럽고 두려운 마음 어찌 끝이 있겠습니까.

그러나 후대로 내려와 근세부터 사문(斯文)의 운수(運數)가 또한 비색(否塞)해졌습니다. 이러한 때에 책임이 큰 위치에 있으시니, 어찌 집사를 위하여 근심하지 않을 수 있겠습니까. 그러나 출처(出處)의 의리는 옛사람이 말한 "차갑고 따뜻함은 자기 자신이 절로 안다."[84]는 것입니다. 의리를 분명하게 살피는 집사께서는 자신을 헤아려보고 때를 헤아려봄에 반드시 이루어놓은 계획이 있으실 것이니, 어찌 지식이 얕고 누추한 저의 말을 필요로 하시겠습니까. 우리 도(道)를 주장하여 발휘하고 천명(闡明)하여 거의 실추된 전통을 사라지지 않게 하는 일을 현철한 어른께 크게 바라지 않을 수 없습니다.

편지를 통해 제가 지은 선형(先兄)의 문자[85]를 요구하셨는데 만일 현재 지어놓은 본(本)이 있다면 제가 감히 시간을 내어 보여드리고서 교정을 부탁하지 않겠습니까. 그러나 스스로 돌아보건대 문장이 졸렬하고 지식이 몽매한데다 형을 잃은 정리(情理)가 절박하여 미쳐 글을 짓지 못하였습니다. 학식이 조금 진전되어 약간이라도 자신할 수 있게 된 이후에 비로소 글을 지으려고 했었는데, 지금의 형편으로 보면 그렇게 할 수 있는 날이 없을 듯하니, 더더욱 슬퍼집니다.

벗 권흥지(權興之)[86]가 죽고 이미 한번 제사를 지냈습니다. 이 친구

84 차갑고……안다 : 이 내용은 스스로의 뜻에 따라 일을 결정함을 말한 것으로, 수(隋)·당(唐) 시기의 고승인 몽산(蒙山) 도명 선사(道明禪師)의 "예컨대 사람이 물을 마심에 차갑고 따뜻함은 절로 아는 것이다.〔如人飮水, 冷煖自知.〕"라는 말을 원용한 것이다.《五燈會元 卷2 袁州蒙山道明禪師》

85 제가……문자 : 선형(先兄)은 1783년(정조7)에 별세한 오희상의 형인 오윤상(吳允常, 1746~1783)으로, 오희상이 지은 오윤상의 행장이나 묘도문자를 가리킨다.

는 젊은 나이에 도에 뜻을 두어 조행(操行)이 매우 진실하고 재능과 도량이 편벽되지 않았습니다. 이런 인물은 사우들 가운데에서 실로 얻기가 쉽지 않습니다. 또 서로 알아줌이 가장 깊어서 계발시키는 유익함이 참으로 많았는데, 지금 이러한 친구를 잃으니, 다만 죽은 자를 위하여 애통해할 뿐만이 아니고 이 몸이 쓸쓸해진 것을 스스로 서글퍼하여 세월이 지날수록 더욱더 잊지 못합니다. 죽은 사람이 평소 집사에 대해 그리워하고 사모했던 마음이 적지 않았으므로 이렇게 언급하는 것입니다.

천만 가지의 많은 말들은 편지로 다할 수가 없고, 다만 도를 위하여 몸을 보중(保重)하셔서 우러르는 저의 마음에 부응해주시기 바랍니다.

86 권홍지(權興之) : 홍지는 권중업(權中業, ?~?)의 자인데, 인물 정보는 자세하지 않다. 오희상이 쓴 편지 6편과 제문 1편이 있다. 《老洲集 卷7, 卷14》

이형 일휴 원명[87] 에게 답함
答李兄一休 源明

문 성복(成服)할 때에 교대(絞帶)는 네 가닥의 삼으로 꼰 노끈을 세 겹 포갠 것을 착용하고 수질(首絰)은 두 가닥의 삼을 서로 꼰 것을 착용하였다가, 연제(練祭)에 이르면 교대를 베로 만든 띠로 바꾸고 수질을 네 가닥의 삼으로 꼰 노끈을 세 겹 포갠 것을 착용하는 것은 어째서입니까? 녹문(鹿門)[88]은 연복(練服)의 경우 가장자리를 꿰매는 것이 마땅하다고 하니, 이 말에 대해 어떻게 생각합니까?

답 네 가닥의 삼으로 꼰 노끈을 세 겹 포갠 것은 다소 꾸미는 의미가 있습니다. 그러므로 연제(練祭) 때 두르는 질(絰)은 성복할 때의 교대와 비교해보면 또한 점차적으로 줄이는 뜻이 있습니다. 녹문이 연복의 경우 가장자리를 꿰매야 한다고 주장한 것은 《의례(儀禮)》의 "대공포(大功布)"[89]라는 글 때문인 듯합니다.

87 이형(李兄)……원명(源明) : 일휴(一休)는 이원명(1751~?)의 자로, 본관은 한산(韓山)이다.

88 녹문(鹿門) : 임성주(任聖周, 1711~1788)의 호로, 자는 중사(仲思), 본관은 풍천(豐川)이다.

89 대공포(大功布) : 《의례주소(儀禮注疏)》 〈상복(喪服)〉에 "대공포는 최(衰)와 상(裳), 모마(牡麻)로 만든 질에 수복(受服)이 없다.〔大功布, 衰裳, 牡麻絰, 無受者.〕"라고 하였는데, 정현의 주에 "대공포란 다듬는 공력을 거칠게 한 것을 말한다.〔大功布者, 其鍛治之功, 麤沽之.〕"라고 보인다. '수복(受服)'은 상례에 일정한 기간이 지나면 슬픔을 줄여 나가는 절차에 따라 상복을 거친 것에서 점차 고운 것으로 바꾸어 새로 지어 입는 것을 말한다.

그렇지만 삼가 생각하건대 가장자리를 꿰맴과 꿰매지 않음은 바로 자최(齊衰)와 참최(斬衰)의 큰 분별이니, "공최(功衰)[90] 운운"은 승수(升數)를 가리킨 것이지 가장자리를 꿰매는 것을 가리킨 것이 아닙니다. 비록 복(服)으로 슬픔을 나타내기 때문에 슬픔이 마음에서 줄어들면 외부의 복도 변하지만, 참최의 큰 슬픔을 어찌 기한이 지나 슬픔이 줄어들었다고 하여 대번에 대공복(大功服)과 똑같이 할 수 있겠습니까.

상복을 참최복에서 가장자리를 꿰맨 것으로 바꾸는 것과 띠를 삼에서 베로 바꾸는 것은 경문(經文)에 명시된 글이 없습니다. 당초에 가공언(賈公彦)은 《의례의소(儀禮義疏)》[91]에서 두찬(杜撰)[92]을 하였고 면재(勉齋)가 또 《의례의소》의 말을 따라 《의례상복도식(儀禮喪服圖式)》[93]을 저술했지만, 《가례(家禮)》에도 그러한 말이 없으니, 주자의

90 공최(功衰) : 삼년상을 당하여 연제(練祭)가 지난 뒤에 입는 참최복(斬衰服)으로, 여기에 사용되는 마포(麻布)의 승수(升數)가 대공복을 만드는 데 사용하는 마포와 같기 때문에 이렇게 칭한다. 《禮記 服問》

91 가공언(賈公彦)의 의례의소(儀禮義疏) : 가공언은 당(唐)나라의 학자로 고종(高宗, 650~665) 연간에 태학박사와 홍문관 학사를 지냈고, 예학(禮學)에 정통하였다. 《의례》에 달린 정현의 주에 대해 가공언이 해설한 것이《의례의소》이다.

92 두찬(杜撰) : 시문(詩文)이나 저술에 전고(典故) 없는 말을 자기 마음대로 기술하는 것을 이르는데, 전하여 사실무근의 말을 지어냄을 이르기도 한다. 송(宋)나라 때 두묵(杜默)이 거의 율(律)에 맞지 않는 시를 지었던 것에 연유하여 격에 맞지 않는 것을 두찬이라 했다고도 하고, 도가(道家)의 5천여 서적 중 《도덕경(道德經)》 2권을 빼고 나면 모두 두광정(杜光庭)이 허탄(虛誕)한 내용으로 지은 것이라는 설에 연유하여 두찬이라 했다고도 한다.

93 면재(勉齋)가……저술했지만 : 면재는 송(宋)나라의 학자인 황간(黃榦, 1152~1221)의 호이고, 《의례상복도식(儀禮喪服圖式)》은 상복 제도와 상복 복식에 관하여

뜻을 알 수 있습니다. 그런데 《상례비요(喪禮備要)》에서 《의례상복도식》을 끌어다 채록한 것은 평소 의심이 없을 수 없습니다.

문 상장(喪杖)은 병든 몸을 부축하는 것이니, 장례의 이전과 이후에 차이가 없는 듯합니다. 그런데 장례를 치르기 전에 제수(祭需)를 올릴 때는 상장을 짚다가 장례를 치른 뒤에는 상장을 짚지 않는 것은 어쩌면 슬픔이 줄어들어 그러한 것입니까? 아니면 별도로 뜻이 있는 것입니까?

답 《예기》 〈상대기(喪大記)〉에 "빈소에 곡을 할 때는 상장을 짚고, 영구(靈柩)에 곡을 할 때는 상장을 모아놓는다."라고 하였는데, 정현(鄭玄)의 주에 "빈소에 곡을 함은 이미 도빈(塗殯)[94]한 것을 이르고, 영구에 곡을 함은 계빈(啓殯)한 뒤를 이른다."라고 하였습니다. 그렇다면 도빈을 한 뒤에는 시신의 널을 보지 못하기 때문에 상장을 짚는 것이고, 계빈을 한 뒤에는 시신의 널을 보기 때문에 상장을 거두는 것입니다. 상장을 거두거나 거두지 않는 것은 시신의 널을 보거나 보지 않는 것을 가지고 슬픔과 공경을 때에 따라 달리하는 것입니다.

도와 표로 설명한 책으로, 황간이 당초 주자의 유훈(遺訓)을 받아 집필하였지만 완성하기 전에 별세함으로써 그의 집우(執友)인 양복(楊復)이 마무리하여 《의례경전통해속(儀禮經傳通解續)》으로 묶어 최종적으로 주자의 《의례경전통해》에 편입시켰다. 황간은 자가 직경(直卿)으로, 주자의 제자이자 사위인데, 주자가 위독했을 때 자신의 저서를 모두 그에게 남겨 학문을 잇도록 했다.

94 도빈(塗殯) : 소렴과 대렴을 마친 이후에 시신을 관에 넣은 다음 구덩이를 파서 관을 안치하고, 그 위에 빈틈없이 흙을 발라 장사를 치를 때까지 안전하게 보관하는 것이다.

이로 미루어 보건대 장례를 치르기 전에 제수를 올릴 때에는 집사자(執事者)가 당(堂) 위에서 일을 행하고 상주(喪主)는 당 아래에 자리하기 때문에 상장을 짚는 것입니다. 그리고 장례를 치른 뒤에는 상주가 당에 올라 제수를 올리는 데에 참여하기 때문에 상장을 짚지 않는 것입니다. 영좌(靈座)의 앞에서 공경을 다하는 것은 시신의 널을 보는 것과 다름이 없기 때문입니다. 아침저녁으로 곡함에 이르러서는 비록 장례를 치른 뒤라도 당 아래에 자리하니, 그렇다면 상장을 짚을 수 있습니다.

이사득 희관[95] 에게 답함

答李士得 羲觀

‘부재모상(父在母喪)’[96]의 경우 길복을 회복하는 시기를, 동춘(同春 송준길(宋浚吉))은 “다음 달 초하루에 있어야 한다.”라고 하였고 -27개월의 다음 달을 가리키니, 곧 길제를 지내야 하는 달입니다.- 우옹(尤翁 송시열(宋時烈))은 “이달 -또한 길제를 지내야 하는 달을 가리킵니다.- 상순의 정일(丁日)이나 해일(亥日) 중에 하루를 택하여 평상을 회복하는 시기로 삼아야 한다.”라고 하였습니다.

저는 종전에 우옹의 설이 참으로 완곡하다고 생각했었는데 근래에 생각해보니, 심제(心制)[97]의 복색(服色)은 비록 말할 만한 변제(變制)가 없지만 삼년상을 마친 뒤에 의관을 바꾸는 것은 또한 사소한 일이 아닙니다. 비록 “제사 지내는 날에 간략히 심상(心喪)과 같이 해야 한다.”[98]라고는 하지만 실제로는 절도(節度)가 없어서 거의 평상복

95 이사득(李士得) 희관(羲觀) : 사득은 이희관(李羲觀, 1753～?)의 자로, 본관은 한산(韓山)이다.

96 부재모상(父在母喪) : 아버지는 살아 있고 어머니가 먼저 죽은 상사(喪事)를 이른다. 본래 자식이 어머니의 상에 삼년복을 입지만, 이 경우에는 아버지가 상주가 되므로 자식은 기년복으로 낮춰서 입는다.

97 심제(心制) : 심상(心喪)과 같은 말로, 상복 제도에서 원래 정해진 복보다 낮추어 입을 경우에 그 복을 벗은 뒤에도 남은 기간 상인(喪人)처럼 근신하는 일을 의미한다. 부재모상(父在母喪)의 경우는 아들이 상주가 아니고 남편이 상주이기 때문에 기년(朞年) 만에 복을 벗는 것이 예제(禮制)이나, 아들은 복을 벗은 뒤에도 남은 기간 어머니를 위해 슬퍼하며 복을 입었을 때와 똑같이 근신하는 것이다.

을 무시로 바꾸어 입는 것과 같아 끝내 매우 절도가 없는 듯합니다. 이것을 가지고 말한다면 동춘당 어른의 설 또한 생각해볼 만하고 사리에 순할 듯합니다.

심제가 끝나는 것을 반드시 연장하여 길제의 달까지 가는 것은 고례(古禮)의 "달을 넘긴다."라는 글을 취한 것이니, 다음 달 초하루가 곧 한 달을 넘기는 것이 됩니다. 이날 복을 바꾸고 삭참(朔參)을 행하면 절도가 없는 가운데 절도의 의의를 다소나마 붙여두었다고 말할 수 있습니다.

복침(復寢 아내와 잠자리를 회복함)하고 음악을 듣는 일은 각자 본인의 마음으로 헤아림에 달려있으므로 약간 날짜를 늦추어 일찍 하거나 늦게 하는 것이 불가함이 되지 않으니, 이 또한 스스로 곡진한 효성을 다하는 것입니다.

98 제사 지내는……한다 : 이 내용은 《송자대전(宋子大全)》 권80 〈윤여량에게 답함〔答尹汝良〕〉에 보인다.

이사득에게 답함

答李士得

문 기년상(朞年喪)을 치를 적에는 상주가 제사를 행하는 시기에 탈복(脫服)해도 됩니까?

답 기년에 궤연(几筵)을 철거하는 상을 사계(沙溪 김장생(金長生))는 기제(忌祭)로 여겨서 기제의 축문을 썼습니다. 제가 생각하건대 이미 기제의 축문을 썼다면 제례 또한 한결같이 기제를 기준으로 삼아야 하니, 상주가 제사 때 탈복하는 것은 너무 크게 어긋나는 듯합니다. 만약 그날 새벽 제찬을 진설하기 전에 곡을 하고 나서 상복을 벗고 제사를 지내는 것이 아마도 마땅할 듯합니다. 그러나 옛것을 상고할 수 없으니, 저의 억측하는 견해를 어찌 채택할 수 있겠습니까.

이사득에게 줌

與李士得

어젯밤 진솔하게 찾아주어 밝은 달을 마주하고 흉금을 터놓으셨으니, 이렇게 써주신 마음에 참으로 감사합니다. 삼가 생각하건대 요즘 지내시는 생활이 더욱 좋으신지요? 저는 비루하여 사귀는 이가 적은데 오직 노형께서 저를 아껴주시어 어린 시절에 담소하고 노닐 때부터 밝게 수양하고 일찍 학문을 깨우치신 것을 엿볼 수 있었으니, 뛰어난 식견과 확고한 의지가 거의 지금 세상의 사람이 아니었습니다. 마음속에 고이 간직하고 있으니, 어느 날인들 잊겠습니까.[99]

근자에 조정의 과거(科擧)에 이름을 올리고서 곧바로 경연(經筵)에 처하여 장도(長途)의 벼슬길을 빠른 말을 타고 시작하셨는데, 평소 배운 것은 오늘날에 쓰기 위한 것입니다. 저는 노형이 틀림없이 쇠퇴하는 세속의 격랑(激浪) 속에서 속류의 추세에 휩쓸리지 않을 것임을 알지만 일의 변화는 끝이 없고 험난한 길은 끝까지 가기 어려우니, 속으로 근심하지 않을 수 없습니다.

그러나 벼슬과 배움은 똑같은 이치이니 본래 두 가지가 아니고, 배움은 또 노형께서 종신토록 하셔야 할 일입니다. 바라건대 이미 배웠다고

99 마음속에……있겠습니까 : 이 내용은 《시경》 〈소아(小雅) 습상(隰桑)〉의 마지막 장에 "마음으로 사랑하니, 어찌 말하지 않으랴. 마음속에 고이 간직하고 있으니, 어느 날인들 잊으리오.〔心乎愛矣, 遐不謂矣? 中心藏之, 何日忘之?〕"라고 보이는데, 〈습상〉은 군자를 만난 즐거움을 노래한 시인바, 이것을 인용하여 이희관의 군자다운 풍모를 칭찬한 것이다.

생각하지 마시고 학문에 더욱 힘써 그 밭에 물을 대주고 뿌리를 배양해서 벼슬살이에 이용할 수 있는 것으로 하여금 나날이 더욱 심후하고 견고하게 하신다면 벼슬살이의 도가 거의 이루어질 것입니다.

이어 또 생각해보건대 우리 조선조에서 나라를 세운 규범은 유교를 가장 중시하여 조종조(祖宗朝)의 성대한 시절에 이름나고 어진 신하들이 유자(儒者)의 법문(法門)을 높이고 따르지 않는 분이 없었습니다. 그리하여 임금님에게 위임을 받아 밤낮으로 수고롭게 일을 하느라 비록 학문에 공을 들이지는 못하나, 마음속으로는 자신을 수양하는 뜻을 잊은 적이 없고 밖으로는 사우(師友)의 도움을 끊지 않았습니다. 돌아보건대 몸을 편안히 하고〔安身〕 명을 세우는 것〔立命〕[100]이 오로지 영화로운 명예나 재리(財利), 녹봉을 구함에만 있지 않았으므로 은거하는 것과 벼슬하는 것이 기맥이 서로 관통하여 출처(出處)[101]와 의론이 번번이 서로 들어맞았습니다. 이 때문에 성취한 것이 비록 크고 작은 차이가 있더라도 조정에서의 말과 행실은 요컨대 모두 본말을 갖추어서 후세에 알려질 만했습니다.

그런데 세교(世敎)가 쇠해진 뒤로부터 벼슬과 학문이 두 갈래로 나뉘어 단절되어 통하지 않아서 벼슬하는 자들은 옛 도를 배워 관직에 들어가는 의리가 없고 배우는 자들은 어려서 배워 커서 행하려는 뜻[102]

100 명을……것 : 이 말은 《맹자》 〈진심 상(盡心上)〉에 보이는데, 주자의 주에 "'명을 세움'은 하늘이 부여해 준 것을 온전히 보존하여 인위로 해치지 않음을 이른다.〔立命, 謂全其天之所付, 不以人爲害之.〕"라고 설명하였다.

101 출처(出處) : 도(道)를 펼 만하면 조정에 나아가 벼슬하고 그렇지 못하면 물러나 은거함을 이른다.

102 어려서……뜻 : 이 내용은 《맹자》 〈양혜왕 하(梁惠王下)〉의 "사람이 어려서 배

이 없어서, 각자 매진하는 것이 연(燕)나라와 월(越)나라의 거리처럼 멀 뿐만이 아닙니다. 그러니 냉담함과 분주함[103]의 형세가 현격하게 차이 나서 결국 많은 쪽이 이기게 됩니다.

더구나 영리(榮利)가 사람을 부리는 것이 물이 큰 골짜기에 쏟아지는 형세와 같습니다. 그리하여 온 세상 사람이 그리로 달려가는데도 머리를 돌리고 발을 멈추는 사람이 하나도 없으므로 점차 근래에 이르러서는 순전히 명리(名利)의 세계가 되었습니다.

'학(學)'이라는 한 글자가 마침내 기피하는 조목과 쓸데없는 일이 되어버려 선(善)한 민이(民彝)와 물칙(物則),[104] 중(重)한 삼강(三綱)과 오전(五典 오륜(五倫))을 거의 강론하지 않아 어둠 속으로 실추시켜 버렸으니, 어찌 오랑캐나 금수가 되지 않을 수 있겠습니까. 무릇 지금 사람들이 모두 그 안에 갇혀있어서 명철한 자도 어리석지 않은 이가 없으므로[105] 서로 따라 빠지면서도 스스로 알지 못하니, 지금의 도를

우는 것은 장성하여 실행하고자 해서이다.〔夫人幼而學之, 壯而欲行之.〕"라는 구절을 원용한 것이다.

103 냉담함과……분주함 : '냉담함'은 경서(經書) 공부에 대한 차분한 관심을 비유하고, '분주함'은 벼슬길에 대한 뜨거운 관심을 비유하는바, 주자가 "사서는 시끄럽고 분주하고, 경서는 차갑고 담담하다.〔史書鬧熱, 經書冷淡.〕"라고 한 데서 유래한 말이다. 《朱子大全 卷33 答呂伯恭》

104 민이(民彝)와 물칙(物則) : 사람의 도리와 사물의 법칙을 말하는바, 《시경》 〈대아(大雅) 증민(蒸民)〉의 "하늘이 뭇 백성을 내었으니 사물이 있으면 법칙이 있네. 사람이 떳떳한 본성을 갖고 있는지라 이 아름다운 덕을 좋아하네.〔天生蒸民, 有物有則. 民之秉彝, 好是懿德.〕"라는 구절을 원용한 것이다.

105 명철한……없으므로 : 당시의 명철한 사람들도 세태에 현혹되고 휩쓸림을 이르는바, 《시경》 〈대아(大雅) 억(抑)〉에 "사람이 또한 말하기를 현철한 사람치고 어리석

따르면서 지금의 풍속을 바꾸지 못한다면 비록 성인(聖人)이 윗자리에 계시더라도 또한 어떻게 할 수가 없습니다.

아! 노형께서 이미 인군(人君)의 본조(本朝)에서 벼슬하고 있으니 만일 세도(世道)를 바로잡을 뜻이 없다면 그만이지만 만약 있다면 반드시 벼슬과 학문의 기미에 착안해서 솔선하여 반성하고 부지런히 힘써서 세상의 표준이 되어 개혁할 것을 생각하십시오. 또 경서(經書)를 끼고 임금을 계도하는 경연(經筵)에서 이것을 제목으로 삼아 통렬히 아뢰어 성상의 마음을 다시 돌아오게 하신다면, 세도에 보탬이 됨이 어찌 적겠습니까.

돌아보건대 반평생 동안 칩거하였으나 제 일신도 다스릴 수 없었으니, 오히려 무슨 당세를 바로잡을 뜻이 있겠습니까. 다만 세도의 성쇠에 삼가 속을 애태우며 잊어버릴 수 없는 점이 있어서 붓을 잡고 저도 모르게 외람되이 많은 말을 하였습니다. 그러나 노형이 아니라면 또한 어찌 이런 광망(狂妄)한 짓을 할 수 있겠습니까. 부디 제 우매함을 양찰해 주시고 편지는 다른 사람에게 보이지 마시기를 바랍니다. 이만 줄입니다.

지 않은 이가 없다 하니, 서인(庶人)들의 어리석음은 기질의 병통 때문이지만 명철한 사람의 어리석음은 이 상도(常道)에 어긋나는 것이네.〔人亦有言, 靡哲不愚, 庶人之愚, 亦職維疾, 哲人之愚, 亦維斯戾.〕"라고 보인다.

이사득에게 답함

答李士得

근자에 성지(聖旨 임금의 뜻)에 응해서 봉사(封事)를 올리는 자들은 마땅히 임금의 마음을 바로잡는 것을 위주로 하여야 할 것입니다.

그 밖에 세 가지 내용이 있으니, 화려한 문식을 제거하여 질박한 행실을 소중히 여기고, 협의를 타파하여 언로(言路)를 열고, 임시방편을 제거하여 장구히 할 것을 힘써야 합니다. 이 세 가지 말고는 비록 분분하게 법제(法制)를 변경하는 것과 군대와 백성의 병폐를 가지고 말하더라도 모두 근본적인 해결책은 강구하지 않고 미봉책(彌縫策)을 쓰는 것이 될 수밖에 없습니다.

권경지 중집[106] 에게 답함
答權敬之 中緝

지난번 황강(黃江)[107]에 갔을 적에 명성이 높은 우리 형의 집과 매우 가까이 있었는데 끝내 한 번도 만나지 못하고 돌아오니, 서글픈 생각이 지극하여 저도 모르게 머리를 자주 돌렸습니다. 그런데 이달 11일과 18일에 보내주신 두 통의 편지를 받고서 더위가 시작되는 이때 기거(起居)가 매우 평안하심을 자세히 알았으니, 펼쳐보고서 위로되는 마음이 끝이 없어 만나서 정담을 나눈 듯하였습니다.

편지를 받아봄에 저를 비루하게 여기지 않고 매번 장려하는 말씀을 더해주시니, 우리 형이 몸을 낮추어 저를 상대해주시는 간곡한 정에 깊이 감사합니다. 그러나 스스로 겸사로 하신 말씀에는 번번이 퇴탁(退托 물러나 칭탁함)하는 뜻을 보존하셨으니, 어쩌면 남에게 기대함은 그리도 후하고 자신이 직접 하려는 의지는 약하십니까. 사람들이 항상 말하기를 "과거와 벼슬길에 종사하는 자들은 학문하지 못한다."라고 하는데, 이것은 도(道)가 있는 자들의 말이 아니니, 어찌 말할 만하겠

106 권경지(權敬之) 중집(中緝) : 경지는 권중집(1753~1814)의 자로, 본관은 안동(安東)이다. 수암(遂菴) 권상하(權尙夏)의 현손이고 권제응(權濟應)의 아들이며, 오희상의 처남이다. 오희상이 지은 묘갈명이 있다. 《老洲集 卷17 郡守權公墓碣銘》

107 황강(黃江) : 충북 제천시 한수면 황강리(黃江里) 앞을 지나는 남한강을 지칭하는바, 황강리에 1726년(영조2) 지방 유림의 공의로 송시열·권상하·한원진(韓元震)·권황(權煌)의 학문과 덕행을 추모하기 위해 창건한 황강서원이 있었다. 권중집의 묘소가 여기에서 가까운 청풍(淸風)에 있고 권중집의 고조인 권상하가 청풍에서 살았다.

습니까.

일찍이 듣건대 존선조(尊先祖)이신 선산(善山) 공[108]께서 조정에서 벼슬하실 적에 스스로 수행하는 공부가 처음부터 벼슬살이 때문에 조금도 해이하지 않으셨으니, 그 당시 사우(師友)들이 '강문(江門)의 신독재(愼獨齋)'[109]라고 칭했다고 합니다. 지금 고명하신 형을 위하여 생각해보건대 어찌 굳이 과거 공부를 포기하여 여러 친구를 버리고 세속을 초탈한 뒤에야 학문을 하시겠습니까.

오직 내(內)·외(外)의 구분을 밝혀서 외물을 가지고 내면을 사역시키지 않으며, 또 옛사람이 출사하여 군주를 섬겼던 것이 단지 자기 몸을 영화롭게 하고 이롭게 할 뿐만이 아니었다는 것을 이해하신다면, 과거에 응시하는 것과 스스로 수행하는 것 두 가지에 그 도리를 다하여 선조의 아름다움을 거의 뒤따를 수 있으실 것입니다. 이렇게 하시면 어찌 아름답지 않겠습니까.

108 존선조(尊先祖)이신 선산(善山) 공 : 존선조는 권중집의 증조인 권욱(權煜, 1658~1717)으로, 선산 부사(善山府使)를 지냈기 때문에 이렇게 칭한 것이다. 권욱은 자가 유회(幼晦), 호가 초당(草堂)으로, 덕행과 학문이 모두 뛰어나 송시열에게 지우(知遇)를 받았고, 부친인 권상하도 자신보다 일찍 세상을 떠난 권욱을 위해 행록(行錄)을 지어 그의 학덕을 드러내며 '지기(知己)'라고 표현하였다. 《寒水齋文集 卷34 亡子府使【煜】行錄》《陶谷集 卷13 善山府使權公墓碣銘》

109 강문(江門)의 신독재(愼獨齋) : '강문'은 충청도 청풍(淸風)의 황강(黃江) 가의 한수재(寒水齋)에서 살았던 권상하(權尙夏)를 칭한 것이고, '신독재'는 김집(金集, 1574~1656)의 호이다. 김집은 이이(李珥)의 학문과 송익필(宋翼弼)의 예학(禮學), 그리고 아버지 김장생(金長生)의 학문을 이어받았으며, 그 학문을 송시열에게 전해주어 기호학파를 형성하는 데 중요한 역할을 하였는바, 부친 권상하의 학문을 이어받았던 권욱을 김장생의 학문을 이어받았던 김집에 비견한 것이다.

아! 근래 선배들이 다 돌아가시고 후생 중에도 훌륭한 생각을 간직한 자가 없어서 학문하는 종자가 점점 끊기고 있으니, 이것을 생각하면 참으로 고통스럽습니다. 이러한 때에 우리 중에 고명한 형처럼 아름다운 자질을 가진 사람이 가학(家學)을 계승하여 쇠퇴하는 세태 가운데에 꼿꼿이 서서 한 맥을 보존하셔야 하는데, 어찌 너무 지나치게 겸양하셔서 옛사람의 자포자기(自暴自棄)한다[110]는 비난을 초래하시는 것입니까? 감히 돈독하게 사랑해주시는 것을 믿고서 이처럼 심중(心中)을 다 피력하였으니, 부디 살펴주시기 바랍니다.

저는 일간에 응접하는 것이 세속의 사람과 세속의 일을 벗어나지 못해서 생각이 그리로 치달려 마음을 다잡을 수가 없습니다. 때로는 옛 책을 취하여 가까이 하여 대략이나마 당장의 마음을 유지하는 방편으로 삼고 있으나 또한 능히 꾸준하게 하질 못하니, 어찌하겠습니까. 가슴속의 많은 생각을 편지로 다 말할 수가 없습니다. 두루 헤아려주시기 바랍니다.

110 자포자기(自暴自棄)한다 : '자포'는 말할 때에 도덕과 예의를 부정함을 이르고, '자기'는 자신은 도덕과 인의(仁義)를 행할 수 없다고 체념함을 이른다. 《孟子 離婁上》

권경지에게 줌

與權敬之

지난번에 보내주신 답장을 받고 지금까지 위로되고 감사합니다. 그 사이 겨울이 되어 한기(寒氣)가 생겼으니, 삼가 고요한 가운데 기미(氣味)가 좋으며 산재(山齋)의 긴긴밤에 촛불을 잡는 정도(程度)[111]가 참으로 흥취가 깊으시겠지요? 우러러 그리워하는 저의 마음을 감당하지 못하겠습니다. 저는 우환과 병이 서로 이어지고 혼미하고 나태함이 날로 더해지므로 때때로 책상 위의 먼지 쌓인 책을 털고 보더라도 생각이 집중되지 못하니, 자책하고 탄식한들 어찌하겠습니까.

선친의 시고(詩稿)를 가려 뽑고 산삭(刪削)하는 일은 만일 스스로 정성을 다할 수 있다면 의리상 감히 수고로움을 꺼리지 말아야 하니, 어찌 자주 가르쳐주시기를 기다리겠습니까. 하지만 스스로 헤아려보건대 평소 성률(聲律)에 어두워 소경이 색을 구별하는 것과 다름이 없습니다. 그런데도 능하지 못한 것을 억지로 힘써 손 가는 대로 수정한다면, 경망(輕妄)스러워 일을 그르치는 염려가 있을 뿐만 아니니, 일을 불성실하게 함이 이보다 더 심한 것이 없습니다. 그러므로 잠깐 착수하였다가 도로 그만두었으니, 혹 형이 살펴주신다면 그 실정을 밝게 아실 수 있을 것입니다.

111 촛불을……정도(程度) : 노년이 되어서도 열심히 공부하는 정도를 말하는바, 춘추시대 진(晉)나라 사광(師曠)이 "어려서 학문을 좋아하는 것은 해가 돋아날 때의 햇빛과 같고, 장성하여 학문을 좋아하는 것은 해가 중천에 있을 때의 햇빛과 같으며, 늙어서 학문을 좋아하는 것은 촛불의 빛과 같다."고 한 데서 유래한 것이다. 《說苑 建本》

편지 끝에 가르쳐 깨우쳐주신 많은 말씀은 저의 깊은 고질병에 절실한 것입니다. 돌아보건대 이 몸이 반평생을 살아왔으나 일찍이 벗에게 깨우침을 한 번도 받은 적이 없었는데, 지금 마침내 노형(老兄)에게 얻고 나서야 비로소 서로 아껴주는 사람이 없지 않다는 것을 알았습니다. 편지를 보고 감탄하여 망연자실하였으니, 지금부터 계속해서 잘못을 고쳐주고 미치지 못하는 점을 권면하여 끝까지 아름다운 은혜를 내려주시기를 노형께 깊이 바랍니다.

아드님[112]의 타고난 자질은 화락하고 명랑하여 완연히 선조(先祖)의 전형(典型)이 있으니, 오래 볼수록 더욱더 아낄 만함을 알겠습니다. 다만 지취(志趣)가 높지 못하고 마음이 넓지 못한 것은 곧 사람들과 떨어져 쓸쓸히 지내며 사우(師友)의 도움이 없기 때문이니, 이대로 가면 작은 성취에 안주하여 진보하지 않으려는 병통이 생길까 염려됩니다. 반드시 이 소년 시절에 격려하고 발양시킨다면 대성(大成)을 기약할 수 있습니다. 이러한 뜻을 이미 그에게 말해주었는데, 과연 깊이 살피는지 알지 못하겠습니다.

그간에 《대학》 한 책을 함께 상량(商量)하였으나 아직 거칠고 간략한 수준을 면치 못하였습니다. 게다가 작고 누추한 집 안에서는 참으로 조용히 속마음을 터놓을 기회를 얻기가 어려운데, 가령 속마음을 터놓더라도 식견이 얕은 제가 어찌 남을 깊이 이해시킬 수 있겠습니까. 끝내 간곡한 부탁을 저버리게 될까 두려우니, 이 때문에 마음이 쓰입니다. 이만 줄입니다.

112 아드님 : 권중집의 아들 권돈인(權敦仁, 1783～1859)으로, 자는 경희(景羲), 호는 이재(彝齋), 우랑(又閬) 등이다. 《노주집》 제11권에 권돈인에게 보낸 편지가 다섯 편 실려 있다.

권경지에게 답함

答權敬之

지난번 영남 가는 길에서 사흘간 나란히 말을 몰고 갈 적에 훌륭한 가르침을 다정스럽게 받았습니다. 더구나 높은 산에 걸린 구름과 솔바람 소리가 모두 흉금을 터놓도록 도왔으니, 돌아와서도 그리운 마음에 몇 번이나 꿈에 나타났습니다. 이러한 때에 보내주신 편지를 받고서 새해를 맞아 기거가 더욱 좋다는 것을 삼가 알게 되었으니, 구구한 제 마음이 크게 위로되어 다른 날에 비할 바가 아닙니다.

저는 어버이 곁을 떠나 그리운 마음을 새해에 더욱 견디기 어려운데 오랫동안 앓던 감기가 담현증(痰眩症)으로 이어져 몸져누워 회복될 기미가 없으니, 답답할 뿐입니다. 이러한 때에 동궁(東宮)의 직함에 얽매이게 되었으니, 지극히 황공한 마음에 몸 둘 바를 모르겠습니다.

거취(去就)상 처음에는 즉시 체차(遞差)를 청하는 글을 올릴 생각이었습니다. 그러나 어버이의 가르침에 한 번 은명(恩命)에 사은하라는 뜻이 있었고, 또 생각해보건대 옛사람 중에도 임금을 간절히 앙모(仰慕)하는 세신(世臣)의 의리로써 한 번 사은하고 떠났던 분들이 있었습니다.

그러므로 장차 한 번 머리를 조아려 사은하고 체차를 청할 계획인데, 과연 근거 없이 행하는 지경에는 이르지 않을지 모르겠습니다. 다만 모든 일을 머뭇거리며 천천히 하려고 하면 결국에는 수습하기 어려우니, 이 점이 염려됩니다.

말씀한 우계(牛溪 성혼(成渾))의 출처에 대해서는 저도 모르게 놀랍고 부끄러웠습니다. 스스로 돌아보건대 저는 옛사람에 비교함을 감당할 수 없습니다. 처지가 마침 서로 비슷하지만 어찌 곧바로 망령되이 모방하고서 의심하지 않을 수 있겠습니까. 다만 스스로 자기 분수와 시의(時義)를 헤아려서 마음에 편안하게 여기는 것을 택하여 대처할 뿐입니다.

근래의 풍속은 조금이라도 남의 거취와 관계되면 말하지 않는 것을 하나의 법도로 삼는데, 노형은 이렇게 세세히 의견을 피력해 보여주시니, 참으로 저를 깊이 아껴주는 분이 아니라면 어찌 이런 말씀을 하시겠습니까. 바라건대 앞으로도 계속해서 가르침을 아끼지 말고 저로 하여금 험난한 길에서 헤매지 않도록 해주시는 것이 어떻겠습니까? 하고픈 말은 많지만 이만 줄입니다.

권경지에게 답함

答權敬之

문 정자(程子)께서 "사람의 정(情) 가운데 발하기는 쉽고 억제하기는 어렵기로는 노여움이 유독 심하니, 우선 노여울 때에 급히 노여움을 잊고 도리의 옳고 그름을 살펴보아야 한다.〔人之情易發而難制者, 惟怒爲甚, 第能於怒時, 遽忘其怒而觀理之是非.〕"라고 하셨습니다.[113] 제가 일찍이 생각해보건대 '망(忘 잊다)' 한 글자는 가장 실행하기 어렵고 오직 '인(忍 참다)' 자는 조금 쉽습니다. 노기(怒氣)가 막 발할 적에 참으면 진정시키는 공효가 있으니, 발하기 시작하는 노기를 잠시 참으면 기(氣)가 조금 진정되어 이치가 곧바로 분명해질 것입니다.

답 '잊는 것〔忘〕'과 '참는 것〔忍〕'은 서로 반대가 됩니다. 잊으면 마음이 비어 이치의 옳고 그름을 알 수 있습니다. 그러나 참으면 비록 한때에 억누르는 것일지라도 처음부터 끝까지 감정이 마음에 붙어있음을 용납해서 마음이 이미 치우쳐 있으니, 어떻게 옳고 그름을 올바르게 볼 수 있겠습니까.

무릇 사람의 기쁨과 노여움은 매번 남과 나를 구분하는 데에서 생겨나는데 각각 제대로 살필 수 없게 가리는 바가 있으니, 노여움이 막 발할 적에 대번에 가리는 바가 있음을 깨닫고서 이치로 다스려 점차 심기(心氣)를 평온하게 하면 노여움을 잊을 수 있고 이치가 더욱 분명

113 정자(程子)께서……하셨습니다 : 정자는 명도(明道) 정호(程顥)로, 인용한 내용은 횡거(橫渠) 장재(張載)에게 한 말에 보인다. 《心經附註 卷1》

해집니다.

그러나 만약 외면에서 힘써 제어한다면 비록 갑자기 발하는 맹렬한 기세를 줄일 수는 있지만 감정의 씨앗은 여전히 그대로 마음속에 남아 있으니, 도리어 증세가 겉으로 드러나지 않는 병이 되지 않겠습니까. 또 이치로 다스려 이겨서 잊기는 쉬우나 힘으로 제어하여 참는 것은 더욱더 큰 어려움이 될 듯합니다.

권경지에게 답함
答權敬之

경은 온갖 사특함을 이기니〔敬勝百邪〕,[114] 마치 햇빛에 눈이 녹는 것과 같으므로 경이 확립되기만 하면 사특함이 곧장 저절로 물러납니다. '승(勝)'은 "이쪽에서 저쪽을 이기려고 교전하여 승부를 결정짓는다. 〔以此勝彼, 交戰決勝負.〕"라고 할 때의 '승'이 아닌데, 보내주신 편지에서 사(邪)가 물러난 전(前)과 후(後)로 나누어 말씀한 것은 '승'자를 심층적으로 보신 것 같습니다.

경(敬)에 너무 구속되어선 안 된다는 것은 진실로 형의 거룩한 말씀대로입니다만, 우리처럼 본령(本領)이 없어 심하게 방만한 자들은 똑같은 예(例)로 논할 수 없을 듯합니다. 오히려 구속이 엄하지 못한 병통이 있으니, 구속이 엄하면 혹 일을 이룰 수도 있을 것입니다.

고요히 앉아 정신을 집중하는 것에서 평소 형의 공부하는 절도(節度)를 볼 수 있으니, 흠탄(欽歎)을 금치 못하겠습니다. 저는 또한 일찍이 십 수 년 전에 《연평답문(延平答問)》을 보고 "고요히 앉아 마음을 맑게 하고 천리(天理)를 체인(體認)한다."[115]는 말씀을 매우 좋아하였

114 경(敬)은……이기니 : 명도 정호의 말로, 《근사록(近思錄)》 권4 〈존양(存養)〉 38장에 보인다.

115 고요히……체인(體認)한다 : 이 내용은 《연평답문(延平答問)》 계미년(1163) 조에 보이는데, 연평(延平) 이통(李侗)이 유평보(劉平甫)에게 보낸 편지의 내용이다. 여기서의 '체인'은 깊이 생각하여 헤아린다는 뜻이다. 《연평답문》에는 주자(朱子)가 스승인 이통과 주고받은 문답과 스승의 설(說)들이 실려있다.

으니, 비록 하루의 공력도 쏟지는 못했으나 늘 마음속에 있는 바입니다. 그러므로 그런대로 이렇게 외워 아뢰는 것입니다. 이 말은 한갓 고요히 앉아 정신을 집중하기만 하는 것에 비하면 '체인(體認)' 한 가지 일이 있어서 실질적이고 헛되지 않으니, 만일 이 말에서 공력을 얻는다면 함양하는 공부에 거의 실마리를 갖추게 될 것입니다. 이러한 저의 뜻이 어떠할지 모르겠습니다. 다시 가르쳐주시기를 바랍니다.

권경지에게 줌
與權敬之

'의(義)'와 '명(命)'에 대한 말씀은 제 마음에 매우 부합합니다. 맹자(孟子)께서 "요절하거나 장수함에 의심하지 않아서 몸을 닦아 천명(天命)을 기다림이 명(命)을 세우는 것이다."[116]라고 하셨습니다. 만일 요절하거나 장수함에 의심하지 않을 줄만 알고 몸을 닦아 천명을 기다리는 일이 없다면 명을 세울 수 없어 노장(老莊 노자(老子)와 장자(莊子))의 견해에 가까울 것이니, 주자(朱子)의 이른바 "방탕하여 법도가 없어서 지(智)가 될 수 없다."[117]는 것이 바로 이것을 말씀한 것입니다. 그러나 지난번 세 사람이 만났을 적에 택우(宅友)[118]와 말을 주고받은

116 요절하거나……것이다 : 이 내용은 《맹자》 〈진심 상(盡心上)〉 1장에 "심(心)을 다하는 자는 성(性)을 아니, 성(性)을 알면 하늘을 알게 된다. 심(心)을 보존하여 성(性)을 기름은 하늘을 섬기는 것이요, 요절하거나 장수함에 의심하지 않아서 몸을 닦아 천명(天命)을 기다림은 명(命)을 세우는 것이다.〔殀壽不貳, 修身以俟之, 所以立命也.〕"라고 보인다.

117 방탕하여……없다 : 이 내용은 《맹자》 〈진심 상〉 1장에 대한 주자의 주에 "하늘을 알아 요수(夭壽)로써 의심하지 않음은 지(智)가 극진한 것이고 하늘을 섬겨 자신을 닦으며 천명을 기다림은 인(仁)이 지극한 것이니, 지(智)가 극진하지 못함이 있으면 진실로 인(仁)을 행할 바를 알지 못한다. 그러나 지(智)만 하고 인(仁)을 하지 못한다면 또한 장차 방탕하여 법도가 없어서 지(智)가 될 수 없을 것이다.〔然智而不仁, 則亦將流蕩不法, 而不足以爲智矣.〕"라고 보인다.

118 택우(宅友) : 자가 정택(正宅)인 김기서(金基敍, 1765~?)를 이렇게 칭한 것으로, 호는 구우(邱隅), 본관은 청풍(淸風)이다.

것은 이 때문이 아니었습니다.

제 생각에 "나라에 몸을 바치기로 결심한다."라는 말은 진실로 "사생(死生)과 화복(禍福)을 마음 밖의 한쪽에 내버려 두어야만 가는 곳마다 분수를 다할 수 있다."라는 것일 뿐이니, 이는 곧 마음을 세우는 시초로써 말한 것이지 일에 나아가 말한 것은 아닙니다.

택우의 '지명(知命)'에 대한 답은, 아마도 저의 말뜻을 깊이 알지 못하였으므로 답과 물음이 서로 맞지 않았던 것 같습니다. 그 당시에는 깨우침을 주는 한마디 말로 서로 논란(論難)하고자 했지만 그러지 못하였는데, 지금 형의 거룩한 말씀이 여기에 미치시니, 한번 다시 모우(某友)에게 물어서 부디 그의 답장을 저에게 보여주시기 바랍니다. 어떻습니까?

권경지에게 답함

答權敬之

말씀한 "기질을 변화시킨다.〔變化氣質〕"는 것은 곧 우리 유가(儒家)의 '정법안장(正法眼藏)'[119]인데, 진실로 이것을 모두 통투(通透)할 수 있다면 어찌 성현의 경지에 미치기 어려움을 근심하겠습니까. 그렇지만 기질을 변화시키는 공부는 응당 내면과 외면의 공부를 서로 극진히 하여 한쪽이라도 폐해서는 안 되니, 예컨대 〈고요(皐陶)〉의 '구덕(九德)'[120]은 내면을 미루어 외면으로 나아가는 공부이고, 〈옥조(玉藻)〉의 '구용(九容)'[121]은 외면을 단속해서 안으로 단속해 들어가는 공부입니다.

119 정법안장(正法眼藏) : 원래 불가(佛家)의 말로 부처가 깨달은 최고의 묘리를 가리는데, 여기서는 학문의 핵심이자 정수(精髓)라는 의미로 쓰였다.

120 고요(皐陶)의 구덕(九德) : 《서경》 〈고요모(皐陶謨)〉의 "너그러우면서도 씩씩하며, 부드러우면서도 꼿꼿하며, 삼가면서도 공손하며, 다스리면서도 공경하며, 숙달하면서도 굳세며, 곧으면서도 온화하며, 간략하면서도 모나며, 굳세면서도 독실하며, 강하면서도 의를 좋아한다.〔寬而栗, 柔而立, 愿而恭, 亂而敬, 擾而毅, 直而溫, 簡而廉, 剛而塞, 彊而義.〕"라는 아홉 가지 덕을 가리킨다.

121 옥조(玉藻)의 구용(九容) : 《예기》 〈옥조(玉藻)〉의 "발모양은 무게가 있어야 하고, 손모양은 공손해야 하고, 눈의 모양은 단정해야 하고, 입의 모양은 조용해야 하고, 목소리의 모양은 고요해야 하고, 머리 모양은 곧아야 하고, 기상의 모양은 엄숙해야 하고, 서 있는 모양은 덕스러워야 하고, 얼굴빛은 장엄해야 한다.〔足容重, 手容恭, 目容端, 口容止, 聲容靜, 頭容直, 氣容肅, 立容德, 色容莊.〕"라는 아홉 가지 모습을 가리킨다.

또 '징질(懲窒)',[122] '한존(閑存)'[123]이라는 것은 정(情)과 의(義)의 사이에서 공력을 들이는 것이고, '제외(制外)',[124] '발금(發禁)'[125]이라고 하는 것은 언(言)과 동(動)의 사이에서 공력을 들이는 것입니다. 예로부터 성현이 학문을 논하실 적에 반드시 내(內)·외(外)를 서로 닦게 하였으니, 이와 같지 않으면 한쪽에 빠져 극복(克復)[126]의 공을 다할 수 없습니다.

직경(直卿)이 이른바 "성정(性情)상에 공력을 들인다."는 것[127]은 그

122 징질(懲窒) : '징분질욕(懲忿窒慾)'의 줄임말로, 《주역》 〈손괘(損卦) 상(象)〉의 "산 아래에 못이 있는 것이 손(損)이다. 군자는 이것을 보고서 분노를 다스리고 욕심을 막는다.〔山下有澤, 損, 君子以, 懲忿窒欲.〕"에서 온 말이다.

123 한존(閑存) : '한사존성(閑邪存誠)'의 줄임말로, 《주역》 〈건괘(乾卦) 문언(文言)〉의 "사특함을 막아 그 성을 보존한다.〔閑邪存其誠.〕"에서 온 말이다.

124 제외(制外) : 정이(程頤)의 〈시잠(視箴)〉에 "물건이 눈앞을 가리면 마음이 옮겨가니 밖에서 제어하여 안을 편안하게 해야 한다. 자기의 사욕을 이겨 예로 돌아가면, 오래되면 성실해질 것이다.〔蔽交於前, 其中則遷, 制之於外, 以安其內, 克己復禮, 久而誠矣.〕"라고 보인다.

125 발금(發禁) : 정이의 〈언잠(言箴)〉에 "사람의 마음이 움직이는 것은 말을 인하여 나타나니, 말을 할 때 조급하고 경망함을 금해야 마음이 이에 고요해지고 전일해진다.〔人心之動, 因言以宣, 發禁躁妄, 乃斯靜專.〕"라고 보인다.

126 극복(克復) : '극기복례(克己復禮)'의 줄임말로, 자신의 사욕을 이겨 예(禮)로 돌아가는 것을 말한다. 《論語 顔淵》

127 직경(直卿)이……것 : 직경은 주자의 제자이자 사위인 황간(黃榦, 1152~1221)의 자인데, 인용한 내용은 황간의 문집에는 보이지 않고, 《주자어류(朱子語類)》 권93 〈공맹주정장자(孔孟周程張子)〉에 다음과 같이 보인다. "이휘(李煇)가 '안자(顔子)의 학문은 성정(性情)상에서 공부를 하는 것보다 앞서는 것이 없겠지요?'라고 묻자, 주자가 다음과 같이 대답하였다. '그렇네. 일반 사람이 학문하는 것도 모름지기 성정상에서 공부하는 것을 우선으로 삼아야 하네. 성정상에서 공부하는 것뿐만 아니라 움직이고

담론을 상세히 듣지 못해서 비록 억측하여 판단하기는 어렵지만, 혹 내면을 급하게 여기는 뜻에서 나왔다면 여전히 한쪽에 치우침을 면치 못할 것입니다. 그리고 노형이 "기질을 변화시키는 것을 성정(性情)에 모두 포함시킨다."라고 한 것은 단지 밖을 빠뜨리는 뜻이 있을 뿐만이 아니고 정체(靜體)도 침범하니, 어찌 더욱 막아서 물리치는 것이 되지 않겠습니까.

배우는 자의 자신을 닦는 공부가 존양(存養)과 성찰(省察)을 벗어나지 않습니다. 상대해서 말해보면 존양은 정(靜)할 때의 공부가 되고 성찰은 동(動)할 때의 공부가 되니, 이 구분이 어지러워서는 안 됩니다. 본(本)·말(末)로써 말해보면 존양은 정(靜)을 주로 하면서 동(動)을 포함하니, 순서를 소홀히 해서는 안 됩니다. 공효를 거둘 때에 이르러서는 존양 공부가 익숙하면 성찰 공부가 치밀하고 성찰 공부가 치밀하면 존양 공부가 견고하니, 이는 서로 필요로 하는 형세인 것입니다. 지금 저 정체(靜體)의 자리에서는 실로 잘잘못을 말할 것이 없습니다. 그렇다면 기질을 바로잡는 공부는 마땅히 성찰에 속하여 동할 때의 공부가 되겠지만 동할 때에도 안팎이 있으니, 안이라고 해서 이를 정할 때의 공부라고 해서는 안 됩니다.

삼가 상세히 살펴보건대 형의 거룩한 말씀은 '기질(氣質)' 두 글자에 대해 아직도 미처 연구하고 헤아리지 못하신 부분이 있습니다. 그러므로 기질을 변화시키는 공부를 체(體)에까지 미루어 가신 것인데, 아마도 올바른 견해의 누(累)가 될 듯하니, 더 헤아려서 다시 말씀해주십시오.

앉고 설 때도 공부를 해야 하네.'〔曰: 然. 凡人爲學, 亦須先於性情上着工夫. 非獨於性情上着工夫, 行步坐立, 亦當着工夫.〕"라고 보인다.

권경지에게 답함

答權敬之

노형이 말씀한 '명덕(明德)'에 대한 정의(正義)는, 다른 데서 구할 필요가 없고 《대학장구(大學章句)》를 살펴보면 이미 분명하게 알 수 있습니다. 《대학장구》의 '명덕자(明德者)'로부터 '복기초야(復其初也)'까지의 처음과 끝 68자[128]는 명백하고 정절(精切)하여 미진한 것이 없어서 저로 하여금 손금을 보는 것처럼 쉽게 알도록 하였습니다.

"'명덕(明德)'은 사람이 하늘에서 얻은 것으로, 허령하고 어둡지 않아 중리(衆理 많은 이치)를 갖추고 만사(萬事)에 응하는 것이다."라고 한 것은 사람의 마음(心)의 본체가 본래 선(善)하여 부족하거나 간격이 없음을 설명한 것이고, "다만 -'단(但)'자는 단지 다른 것이 없다는 말입니다.- 기품(氣稟)에 구애되고 인욕(人慾)에 가려지면 어두울 때가 있다."라고 한 것은 뭇사람들이 명덕을 잃는 까닭이 '기품'과 '인욕' 이 두 가지 때문임을 설명한 것입니다. 그리고 "그러나 본체의 밝음은 일찍이

128 대학장구의……68자 : 주자가 《대학장구》에서 《대학》의 '재명명덕(在明明德)'을 설명하면서, "명덕(明德)은 사람이 하늘에서 얻은 것으로, 허령하고 어둡지 아니하여 중리를 갖추고 만사에 응하는 것이다. 다만 기품에 구애되고 인욕에 가려지면 어두울 때가 있으나 본체의 밝음은 일찍이 그치지 않는다. 그러므로 배우는 자가 마땅히 발하는 바를 인하여 마침내 밝혀서 처음을 회복하는 것이다.〔明德者, 人之所得乎天, 而虛靈不昧, 以具衆理而應萬事者也. 但爲氣稟所拘, 人欲所蔽, 則有時而昏. 然其本體之明, 則有未嘗息者, 故學者當因其所發而遂明之, 以復其初也.〕"라고 한 68자를 가리킨다.

그친 적이 없다."라고 한 것은 비록 지극히 어둡고 막힌 자라도 끝내 명덕이 어두울 수 없음을 설명한 것이고, "발하는 바를 인하여 마침내 밝혀서 처음을 회복한다."라고 한 것은 명덕을 밝히는 단서와 회복하는 방법을 보여준 것인데, 또 처음의 본명(本明 본체의 밝음)을 벗어나지 않습니다.

"어두울 때가 있다.〔有時而昏.〕"라는 것을 -만약 본체에 탁(濁)과 악(惡)의 씨앗이 있다면 '유시(有時)'자를 놓을 수 없습니다.- "일찍이 그치지 않는다."라는 것에 상대하여 말하였으니, '유시(有時)'가 원래부터 있는 것이 아님을 안다면 '일찍이 그치지 않음'이 '본명(本明)'이 됨을 알 수 있습니다. 그리고 '처음'과 '발하는 바'가 절로 서로 창도하고 응하니, '처음'이 본체가 됨을 안다면 '발하는 바'가 발한 뒤에 비로소 선악(善惡)으로 말할 수 있는 것이 됨을 알 수 있습니다.

그러므로 《대학혹문(大學或問)》에 이 뜻을 일깨워준 것이 더욱 자세합니다. 그런데 '본(本)'과 '체(體)' 두 글자에 실로 정밀한 뜻이 있으니, '본체'는 곧 명덕이고 '명덕'은 곧 본체여서 두 가지가 있는 것이 아닙니다. '본'은 본연(本然)의 '본'이고 '체'는 전체(全體) -전체(全體)와 대용(大用)의 본체(本體)입니다.- 의 '체'이니, '본연의 전체〔本然之全體〕'라는 말과 같습니다. 이는 허령하고 통철하여 온갖 이치가 모두 구비된 것에서 말한 것이니, 사람이 만물보다 신령하고 귀한 까닭이 여기에 있어서 성인과 범인의 차이가 있지 않고 옛날과 지금의 간격이 있지 않습니다. 만약 노형의 말씀대로라면 교화할 수 있는 '탁(濁 혼탁함)'이 있고 변화할 수 있는 '박(駁 잡박함)'이 있어서 곧 본체가 아니게 됩니다. 그래서 이른바 '명덕'이 이름과 실제가 부합하지 않게 되니, '명덕'이라는 명칭은 허구(虛構)의 아름다운 칭호에 지나지 않는 것입니다.

또 변화하게 하는 것은, 반드시 이 밝은 본체에 근거해서 기질에 구애된 것을 변화하여 끝내 순수한 것에 이르게 하는 것인데, 지금 "본체상에 이미 섞임이 없을 수 없다."라고 말한다면 무엇에 근거하여 손을 쓸 수 있겠습니까. 설령 변화한다 하더라도 이른바 '명덕'이 장차 사람에 따라 분수(分數)가 있는 물건이 되고 -오직 허령하고 통철하기 때문에 도리어 온갖 이치가 모두 구비되고, 온갖 이치가 모두 구비되었기 때문에 도리어 또 찬란하게 조리가 있으니, 이것이 심(心)과 성(性)이 사라지고 합하는 묘리(妙理)입니다. 허령함에 만약 분수가 있다면 찬란한 것이 어찌 따라서 분수가 있지 않을 수 있겠습니까.- 변화하게 하는 것도 장차 분수의 많고 적음에 따라 면면(面面)이 똑같지 않아서 등급이 천백 가지가 될 것이니, 이른바 "사람은 모두 요순(堯舜)처럼 될 수 있다."[129]라는 말을 또 어떻게 말하겠습니까.

보내신 편지에서 또 "마음과 기질이 본령(本領)을 품부 받음이 똑같다. 운운"이라고 하신 것 이하의 한 단락은 실로 훌륭한 견해의 명체(命蔕 요점)가 있으니, 청컨대 이에 대하여 저의 어리석은 생각을 다 피력하여 견해에 부합하기를 구해도 되겠습니까?

기(氣)는 양(陽)이고 질(質)은 음(陰)이며 마음은 바로 기의 신령스러운 곳이니, 마음은 이치의 배필이 되고 기의 장수가 됩니다. 비록 기질(氣質)과 똑같이 기(氣)이지만 정(精)과 추(粗), 본(本)과 말(末)

129 사람은……있다 : 이 내용은 《맹자》 〈고자 하(告子下)〉에 "조(曹)나라 군주의 아우 조교(曹交)가 물었다. '사람은 모두 요순(堯舜)처럼 될 수 있다 하니, 사실입니까?' 맹자께서 말씀하셨다. '그렇다.'〔曹交問曰: 人皆可以爲堯舜, 有諸? 孟子曰: 然.〕"라고 보인다.

이 크게 차이가 나서 똑같지 않습니다. 그 체(體)는 담일(湛一)[130]하고 허명(虛明)함이 이치와 차이가 없고 그 용(用)은 운용하고 조작함이 기질과 통하니, 시(始)와 종(終)을 들어서 발용(發用)을 말하여야 비로소 고르지 못함을 알 수 있습니다.

본체를 가지고 마음의 정상(精爽)을 말하면 어진 사람과 어리석은 사람이 똑같아서 애당초 남고 부족함과 강하고 약함의 차이가 없으니, 어찌 기질을 변화시키는 힘으로 더하거나 더는 것이 가능하다고 할 수 있겠습니까. 사람이 태어날 적에 형기(形氣)를 가지고 있지 않은 사람이 없습니다. 형체는 밖에서 정해지고 기는 안에서 운용되어 순환하여 유행해서 한순간도 정체(停滯)함이 없고, 신명(神明)이 그 가운데에 담겨 있으므로 지극히 묘하고 지극히 은미하여 그 끝을 살필 수가 없습니다. -'신명'과 '기질'은 애당초 두 기(氣)가 아니고, 기질에 나아가서 본래의 신령스러움을 집어내어 이름한 것입니다. '기'라는 것은 본(本)이 있고 말(末)이 있어서 비록 지극히 거친 '기'라도 그 근본은 정(精)하지 않음이 없으니, 이것은 사람만 그런 것이 아니고 물건도 그렇습니다.- 그 동(動)함에 미쳐서는 기질이 분분하게 뒤섞이고 동요하고 치달려 와서 그 청(淸)과 탁(濁), 수(粹)와 박(駁)이 각각 기기(氣機)를 만나서 만 가지로 무궁하게 변화합니다. 이에 기기를 탄 신명이 나가고 들어오고 오르고 내림에 자연히 선(善)·악(惡)의 구별이 없지 않습니다.

130 담일(湛一) : 횡거(橫渠) 장재(張載)가 "'담일'은 기(氣)의 근본이고, '공취(攻取)'는 기의 욕구이다."라고 하였는데, 주자가 해석하기를 "'담일'이란 외물에 감촉하기 전의 담연(湛然)하고 순일(純一)한 상태이니, 이것이 기의 근본이다."라고 하였다. 《正蒙 誠明》

선한 것은 기질이 청수(淸粹)하여 마음에 얽매인 바가 없어서 발함이 이치에 맞고, 악한 것은 기질이 탁박(濁駁)하여 마음이 가려진 바가 있어서 발함이 이치에 맞지 않는 것입니다. 그러므로 선하기도 하고 악하기도 하여 고르지 않은 것은 바로 기질이 그렇게 만든 것이니, 결코 신명의 본체가 이와 같은 것이 아닙니다. 그렇다면 고명(高明)이 말씀한 '본령(本領)의 선(善)과 악(惡)을 받음'이라는 것은 바로 혼백(魂魄)과 오장(五臟)과 백해(百骸)의 기(氣)에서 논할 수 있는 것입니다. 기질을 변화(變化)시키는 공부도 달리 구할 것이 없습니다. 실로 이 마음이 중심을 주재하여 탁(濁)과 악(惡)에 어두워지지 않아서 기질을 조정하고 발휘시켜 탁한 것을 맑게 하고 악한 것을 아름답게 만들어 애초의 본연(本然)을 회복해서 요(堯)임금도 되고 순(舜)임금도 되는 것이니, 이치를 속일 수 없습니다.

율곡(栗谷)께서 이른바 "방촌(方寸)이 허명(虛明)하여 기질을 변화시킨다."[131]라는 것은 바로 이것을 말씀한 것입니다. 이 때문에 예로부터 성현(聖賢)이 학문을 논하실 적에 존양(存養)과 성찰(省察)을 벗어나지 않았으니, 정(靜)의 체(體)가 있는 자리에는 이것을 보존하고 길러서 바른 본심(本心)을 잃지 않게 하여 대본(大本)[132]을 세우기를

131 방촌(方寸)이……변화시킨다 : 이 내용은 《율곡전서》 권21 〈성학집요(聖學輯要) 수기 제2중(修己第二中) 교기질장(矯氣質章)〉에 보인다.

132 대본(大本) : 큰 근본이라는 뜻으로 하늘로부터 타고난 선한 본성(本性)을 가리키는바, 《중용장구》 제1장의 "희로애락(喜怒哀樂)의 감정이 아직 발하지 않은 것을 '중(中)'이라 하고, 발하여 모두 절도에 맞는 것을 '화(和)'라고 하니, '중'이라는 것은 천하의 큰 근본이요, '화'라는 것은 천하의 공통된 도이다.〔中也者, 天下之大本也; 和也者, 天下之達道也.〕"라는 것에 대한 주자의 주에 보인다.

구해야 할 것이고, 동(動)하여 쓰는 즈음에는 꼼꼼히 살펴서 사사로운 기질과 물욕(物慾)을 능히 다스려서 달도(達道)[133]를 행하기를 구해야 합니다. -존양 공부가 엄격하면 성찰 공부가 더욱 정밀해지고 성찰 공부가 치밀해지면 존양 공부가 더욱 견고해집니다. 그런데 만약 성찰만 힘쓰고 존양을 소홀히 한다면 마음이 혼매하고 뒤섞여서 살핌이 정밀하게 될 수 없고, 존양만 힘쓰고 성찰을 소홀히 하면 진(眞 진리)과 망(妄 허망함)이 서로 뒤섞여서 보존됨이 순수할 수 없게 됩니다.- 그래서 체(體)와 용(用)을 서로 포함하고 본(本)과 말(末)을 교대로 닦는 것을 한 가지도 폐해서는 안 되는 것입니다. 경계의 구분이 분명하고 공부하는 차례가 질서정연하니, 서로 문란하게 해서는 안 됩니다.

지금 고명(高明)께서 동(動)과 정(靜)을 구분하지 않고 교유(矯揉)하고 극치(克治)하는 공부를 가지고서 반드시 체(體)상으로 미루어 가고자 하는 것은 다른 이유가 없고 이미 탁하고 악한 종자를 본체에 끼워 넣으셨기 때문입니다. 그러므로 말씀하신 것이 자연 이와 같지 않을 수 없는 것입니다. 이는 제가 말한바 "'심(心)'자를 한 번 잘못 보면 끝내 성현이 학문을 논한 본지(本旨)까지 아울러 매몰시킬까 염려된다."는 것이니, 어찌 작은 문제이겠습니까.

대저 독서하는 법은 먼저 경문(經文)을 탐구하고 그 다음에 주석을 탐구하여 마음을 비우고 기(氣)를 평안히 하여 반복해서 살피고 연구하는 것입니다. 그리하여 성현께서 하신 말씀의 뜻을 보고서 이해하고 침잠(沈潛)하고자 한 뒤에 비로소 선유(先儒)들의 허다한 설들을 가지고 그 득실을 참고하고 증험하는 것입니다. 이렇게 해야 요체를 알아 본·말의 순서를 잃지 않았다고 이를 수 있습니다.

133 달도(達道) : 누구나 공통적으로 행하는 도로, 오륜(五倫)을 가리킨다.

지금 사람들은 이렇게 하지 않고 책을 펴기 전에 이미 선입견을 두어 마음속으로 고집합니다. 그러므로 당장 올바른 뜻에 대해서 머리 숙여 자세히 보지 않고서 선배의 설을 취사(取捨)할 적에 상황을 분별하지 않고 득실을 논하지 않습니다. 그리하여 만일 자기 의견과 맞으면 마음대로 가져다 떠받들어 높이고 천착하여 깊게 하니, 비록 우연히 바른 뜻을 잃지 않는다 하더라도 귀하게 여길 것이 못 됩니다. 더구나 진리를 버리고 정도(正道)를 잃은 경우에 있어서이겠습니까.

제가 참으로 감히 이것을 가지고서 고명(高明)한 노형을 나무라는 것이 아닙니다. 무릇 사도(斯道)에 뜻을 두어 명리(名理 성리(性理))를 가지고 자신을 아끼는 사람은 모두 경계(警戒)할 줄을 알아야 할 것입니다. 다만 지금 법문(法門)[134]이 쇠퇴하여 심성론(心性論)이 분열된 지가 오래되었습니다. 스스로 돌아보건대 저는 식견이 얕고 비루하여 아는 것이 없는데, 비록 밤낮으로 기억하고 외우다가 혹 모호한 곳에 한두 가지 의심스러운 것이 있더라도 또한 감히 다른 사람에게 입을 열고 말하지 못하였으니, 삼가 10여 년 동안 경계(警戒)하고 지키는 것을 미혹되게 하였습니다.

근래에 감사하게도 노형이 저를 비루하게 여기지 않고 반복하여 정성스럽게 단서를 일으켜 질문해서 반드시 저의 몽매함을 일깨워 옛것을 버리고 새것에 나아가게 하고자 하시지만, 제가 이렇게 미혹되고 막힘이 심하여 끝내 의혹을 제거하지 못하는 것을 어찌하겠습니까.

134 법문(法門) : 원래 불교용어로 부처의 교법(教法)을 중생(衆生)을 열반(涅槃)에 들게 하는 문이라고 비유하는 말인데, 여기서는 성인(聖人)의 법에 들어가는 문을 가리켰다.

이것이 참으로 부끄러워할 만합니다. 그러나 의견이 일치하지 않는 것이 있음을 이유로 외면할 수가 없어서 마음을 피력하여 우러러 질문하는 것입니다. 구구한 저는 평소 의리의 공평함을 다소나마 알고 있어 고집하고 기필하는 마음[135]을 둘 수 없으니, 바라건대 모름지기 하나하나 자세히 궁구하여 통렬히 가르쳐주십시오.

또 바라건대 서로 함께 제가(諸家)의 설을 쓸어버려 조금도 남게 하지 말고, 다만 《대학장구》와 《대학혹문》을 가지고 마음을 깨끗이 하고 종사(從事)하여 깊이 생각하고 헤아리고자 합니다. 이렇게 하면 거의 꼭 맞지는 않더라도 큰 차이는 없게 될 것이고,[136] 기상(氣象)과 의사(意思)가 또한 관대하고 공평하며 평탄해질 것입니다. 궁금합니다. 이 뜻이 어떻습니까? 말이 번다하고 외람되니 황공하기 그지없으나, 만약 노형이 아니라면 또한 어찌 감히 함부로 말할 수 있겠습니까. 부디 묵묵히 헤아려주십시오.

135 고집하고……마음 : 원문의 '고(固)'는 기필함이고 '필(必)'은 집착함인바, 《논어》 〈자한(子罕)〉에 "공자는 네 가지가 없으셨으니, 사사로운 생각과 기필함과 집착함과 이기적인 마음이 없었다.〔子絶四, 毋意、毋必、毋固、毋我.〕"라고 보인다.

136 꼭……것이고 : 이 내용은 《대학》 9장의 "《서경》 〈강고(康誥)〉에 '갓난아이〔赤子〕를 보호하듯 하라.' 하였으니, 마음에 진실로 구한다면 비록 꼭 맞지는 않더라도 큰 차이는 없을 것이다.〔心誠求之, 雖不中不遠矣.〕 자식 기르는 법을 배운 뒤에 시집가는 자는 있지 않다."라는 구절을 원용한 것이다.

권경지에게 답함

答權敬之

마음의 본체는 하나일 뿐이나 그 용(用)은 무궁무진합니다. 발동하는 곳에서 말하면 어찌 두 가지 마음뿐이겠습니까. 비록 천만 가지 마음이라 하더라도 가능합니다. 이른바 '인심(人心)'과 '도심(道心)'으로 말하면 '혹원(或原)'과 '혹생(或生)'의 차이 때문에 이 두 가지의 명칭이 있는 것이나[137] 이것은 모두 발동한 뒤를 따라 말한 것일 뿐입니다. 만일 보내주신 편지에서 말씀하신 것과 같다면 이 또한 두 가지 마음이 되는 혐의가 있지 않겠습니까.

정자(程子)가 "마음은 하나인데 본체〔體〕를 가리켜 말한 것이 있고 용(用)을 가리켜 말한 것이 있다."라고 하셨으니, 마음은 본래 하나의 마음이나 체(體)·용(用)과 동(動)·정(靜)의 구분이 있어서 가리킨 바에 따라 다르게 보지 않을 수 없습니다. 그러나 근본이 하나가 되는 데에는 무방하니, 마음이 감동하기 전에는 진체(眞體)의 근본은 담일(湛一)할 뿐입니다. 신령스럽고 밝으며 활발하게 변화하여 이치와 부

137 인심(人心)……것이나 : 이 내용은 《중용장구》 서문(序文)에서 주자가 순(舜) 임금의 "인심은 위태롭고 도심은 은미하니, 정하고 한결같이 하여야 진실로 그 중을 잡을 수 있다.〔人心惟危, 道心惟微, 惟精惟一, 允執厥中.〕"라는 말을 부연 설명하면서 "마음의 허령지각은 하나일 뿐인데 인심과 도심의 다름이 있다고 한 것은, 혹은 형기(形氣)의 사사로움에서 생기고 혹은 성명(性命)의 바름에서 근원하여 지각하는 것이 똑같지 않기 때문이다.〔心之虛靈知覺, 一而已矣, 而以爲有人心道心之異者, 則以其或生於形氣之私, 或原於性命之正, 而所以爲知覺者不同.〕"라고 한 것을 가리킨다.

합해서 방촌(方寸 마음)의 안에 지극하니, 처음에 감응(感應)하는 묘리(妙理)를 다만 능히 알고 깨달아 -기뻐할 만하거나 화낼 만한 일을 보면 기뻐할 만하거나 화낼 만한 것임을 깨닫고, 굶주림과 추위를 만나면 먹고 싶고 입고 싶은 것임을 아니, 이는 성인과 범인이 똑같은 점입니다.- 거울이 사물을 비추는 것과 같아서 외물이 형체에 접촉하여 마음을 움직이면 정신이 은미한 것에 감동하여 기(機)를 타고 발현됩니다. 그러므로 막 접촉할 때에 만일 기질이 매우 맑고 순수하여 구애되지 않아서 발현함이 번번이 절도에 맞는 성인(聖人)이 아니면 모두 저절로 허다한 차이가 있게 됩니다.

목기(木氣)를 많이 타고난 사람은 기뻐할 만한 일을 보면 느낌이 기뻐하는 데에 치우치고, 금기(金氣)를 많이 타고난 사람은 화낼 만한 일을 보면 느낌이 화내는 데에 치우칩니다.[138] 식욕(食慾)과 색욕(色慾)에 이르러서도 그렇지 않음이 없어서 각각 오장(五臟)의 기운의 남거나 부족함에 따라 느낌이 깊거나 얕게 되니, 이것은 바로 기질이 용사(用事)하여 운용(運用)하는 곳에 갖가지로 드러나 그 형상이 천태만상인 것입니다. 이에 마음이 물속에 가라앉듯 깜깜하게 어둡기도 하고 하늘 높이 날듯 제멋대로이기도 해서[139] 그 변동함이 무상(無常)

138 목기(木氣)를……치우칩니다 : 사람은 누구나 태어날 적에는 음양(陰陽)과 오행(五行)의 바른 기운을 품부 받지만 보통 사람들은 태어나는 과정에서 그 기운을 고르게 품부 받지 못하고 어느 한쪽으로 치우쳐 품부 받는데, 이 가운데 목기를 많이 타고난 사람은 측은지심(惻隱之心)의 인(仁)이 많고 금기(金氣)를 많이 타고난 사람은 수오지심(羞惡之心)의 의(義)가 많아서 한쪽은 기쁨에, 한쪽은 노여움에 치우치는 것이다. 《朱子語類 卷4 性理一》 오행인 '금(金)·목(木)·수(水)·화(火)·토(土)'를 오상(五常)에 대입하면 차례대로 '의(義)·인(仁)·지(智)·예(禮)·신(信)'이 된다.

139 마음이……해서 : 이 내용은 《장자(莊子)》 〈재유(在宥)〉의 "멈추어 있으면 깊은 못처럼 고요하지만 움직이기 시작하면 하늘에 매달려 있게 되며, 성을 냈다 뽐냈다

하므로 비로소 악으로 흘러가서 다시는 진체(眞體)의 본색이 없게 되는 것입니다. 이는 주자(朱子)가 이른바 "마음은 본래 선하지만 또한 흘러서 악에 빠질 수도 있다."[140]는 것입니다. 그러므로 마음을 믿을 수 없는 것은, 시(始)・종(終)과 진(眞)・망(妄)이 있어서 끝내 정의(情意)도 없고 조작(造作)도 없어 절로 치우치지도 않고 바뀌지도 않는 체(體)가 있는 본성과는 똑같지 않기 때문입니다.

모든 물건이 거친 것은 강하고 정밀한 것은 약합니다. 그러므로 이(理)가 기(氣)와 상대하면 이(理)가 약하고 기가 강하며, 마음이 기질과 상대하면 마음이 약하고 기질이 강합니다. 맹자(孟子)가 "넘어지고 달리는 것은 기(氣)이지만 도리어 마음을 동요시킨다."[141]라고 하셨으니, 마음과 기가 서로 이기고 지는 것을 여기에서 그 한 가지 단서를 볼 수 있습니다. 그러므로 기질은 비록 마음의 병졸이지만 마음이 주재(主宰)를 잃으면 도리어 기질에 동요됩니다. 비유하자면 장수가 한번 장수 된 도리를 잃으면 부하들을 통솔하고 호령하지 못하여 많음과 적음, 강함과 약함이 서로 대적할 수 없는 것처럼 되어 도리어 병졸에

하여 잡아매어 둘 수가 없다. 이것이 바로 사람의 마음이다.〔其居也, 淵而靜; 其動也, 懸而天, 僨驕而不可係者, 其惟人心乎!〕"라는 구절을 원용한 것이다.

140 마음은……있다 : 이 내용은 《주자대전》 권45 〈유성지에게 답함〔答游誠之〕〉에 "마음의 체(體)는 진실로 본디 고요하지만 또한 움직이지 않을 수 없는 것입니다. 마음의 용(用)은 본디 진실로 선(善)하지만 또한 흘러서 선하지 않은 데로 들어갈 수 있습니다.〔心體固本靜, 然亦不能不動. 其用固本善, 然亦能流而入於不善.〕"라고 보인다.

141 넘어지고……동요시킨다 : 이 내용은 《맹자》 〈공손추 상(公孫丑上)〉 호연장(浩然章)에 "뜻이 전일(專一)해지면 기(氣)가 움직이고 기가 전일해지면 뜻이 움직인다. 이제 넘어지고 달리는 것은 기이지만 도리어 마음을 동요시킨다.〔今夫蹶者趨者是氣也, 而反動其心.〕"라고 보인다.

게 부림을 당해서 못하는 짓이 없게 되는 것과 같으니, 이는 이치의 형세상 필연적인 것입니다. -한 마음의 기는 비록 본체이지만 작고 약하며, 백체(百體)의 기는 비록 말단이지만 많고 강합니다.- 이 때문에 배우는 자가 진실로 마음을 잡는 기미와 놓아버리는 기미[142]를 잘 살펴 공경하여 지켜서 마음의 담일(湛一)한 진체(眞體)로 하여금 우뚝하게 항상 한 몸의 주인이 되게 한다면, 기질이 명령을 따르고 법도를 따라서 저절로 작용하여 근심이 되지 못할 것입니다. 그러므로 "천군(天君)이 태연해져서 온몸이 그 명령을 따른다."[143]라고 한 것입니다.

142 마음을……기미 : 이 내용은 《맹자》 〈고자 상〉에 "공자가 말씀하셨다. '잡으면 보존되고 놓으면 도망가서 들어오고 나감에 일정한 때가 없어 그 향방을 알 수 없는 것은, 오직 사람의 마음을 이른다.'〔孔子曰: 操則存, 舍則亡, 出入無時, 莫知其鄕, 惟心之謂與.〕"라는 구절에서 온 것이다.

143 천군(天君)이……따른다 : 천군은 몸을 주재(主宰)할 수 있는 본연의 마음을 일컫는바, 이 내용은 송나라 범준(范浚)의 〈심잠(心箴)〉에 보인다.

권경지에게 답함
答權敬之

저는 비루하고 배운 것이 없어 심성론(心性論)의 깊은 뜻을 조금도 엿본 것이 없는데 지난번 우연히 노형께서 물어주셨을 적에 경솔히 대답하였으니, 이미 참람하고 망령됨을 스스로 알았습니다. 그러나 이미 시작한 문제이니, 또한 끝까지 다 말하지 않고 그쳐서는 안 됩니다. 그러므로 옛날에 들었던 것들을 주워 모아 나열해서 뜻이 부합하기를 바랐습니다. 공연한 짓이 아니라고 생각했는데, 한 번씩 왕복하고서 두세 번에 이르도록 의견이 합치할 기약이 없을 뿐만이 아니라 한쪽은 동(東)으로 가고 한쪽은 서(西)로 가서 더욱더 서로 어긋남을 보았으니, 이는 아마도 제 편협한 소견으로 끝내 도(道)를 들을 수 없었기 때문일 것입니다.

노형의 간곡하게 가르쳐주신 정성을 저버려 비록 매우 송구하나 구차하게 노형의 의견에 동의하는 것도 정직한 도리가 아닙니다. 그러니 차라리 명도(明道) 선생의 "성선(性善)을 알아서 충신(忠信)을 근본으로 삼는다."는 가르침[144]을 삼가 지켜서 우선 입으로 말을 내뱉는 것을 참고 내면에서 더욱 구해야 할 것입니다. 조만간에 만약 간절히 알려고 노력한 끝에 한 번 깨닫는다면 응당 다시 생각을 터놓아 질정할 것이

144 명도(明道)……가르침 : 《근사록》 권2 〈위학(爲學)〉에 명도 정호(程顥)가 "성선을 알고 충신을 근본으로 삼는 것이 바로 큰 것을 먼저 세우는 것이다.〔知性善, 以忠信爲本, 此先立其大者.〕"라고 한 것을 가리킨다.

니, 이렇게 하면 행여 피차간이 함께 유익하여 혹 서로 의문이 확 풀려 의견이 합치될 가망이 있겠지요.

또 삼가 보내주신 편지를 살펴보건대 제 편지 내용을 자세히 살펴보시지 않아 변박(辨駁)한 내용이 대부분 맞지 않으므로 왕왕 상대방이 낮에 대해 이야기하는 것을 보고서 반드시 밤을 가지고 반대로 변박하는 것과 흡사한 경우가 있으니, 현자(賢者)도 오히려 선입견으로 일을 해칠 수밖에 없는 것이 아니겠습니까. 이를 미루어 돌이켜보건대 비록 스스로 뜻을 겸손히 하고 기운을 누그러뜨렸다고 하더라도 고명한 논의의 본말을 궁구해보면, 또 어찌 과연 가려진 바가 없어서 본의(本意)를 하나하나 이해하여 잘못이 없다고 장담하겠습니까.

아! 붕우가 서로 강론함은 장차 절차탁마(切磋琢磨)하여 옳음을 구하려고 해서이니, 혹시라도 이기려는 마음을 가지고 시작해서 말재주로 상대방의 말을 방어하여 말류(末流)를 찾고 그림자를 좇아 단지 쓸데없는 논쟁을 이룬다면, 이는 정자(程子)가 이르신바 "더욱 사람을 경박하게 만든다."라는 것입니다.[145] 혹시라도 또 이와 같이 지나치게 말하여 서로 온화한 기운을 잃게 된다면 일찍이 지난날의 선배들에게 유감이 없을 수 없는 것입니다. 지금 어찌 다시 그 전철을 밟을 수 있겠습니까. 사전에 미리 경계함을 서로 권면하지 않아서는 안 됩니다.

노형의 거처에서 멀지 않은 곳에 있는 전씨(田氏)의 동산이 정원과

145 정자께서……것입니다 : 《근사록》 권11 〈교학(敎學)〉에서 이천(伊川) 정이(程頤)가 "글을 설명하는 것이 반드시 옛사람의 뜻이 아닐 것이다. 글을 설명함은 더욱 사람을 경박하게 만드니[說書必非古意. 轉使人薄.], 배우는 자가 모름지기 마음을 가라앉히고 생각을 쌓아서 우유(優游)하고 함양(涵養)하여 스스로 터득하도록 해야 한다."라고 한 것을 가리킨다.

숲이 울창하여 그윽하고 조용해서 사랑할 만하니, 또한 한 번 올라가 보셨는지요? 근래 우환과 잡된 일로 심기가 편안하지 못하므로 며칠 내로 한 번 그곳에 이르러 근심을 털어내고자 하니, 혹 지팡이 짚고 나막신 신고서 함께 가서 한나절 동안 담소를 나눌 수 있겠습니까? 마음에 맞는 곳이 꼭 멀리 있을 필요는 없습니다. 이만 줄입니다.

권경지에게 답하다
答權敬之

문 《가례(家禮)》의 〈혼례(昏禮)〉 장에 '주인(主人)'을 분명히 지적한 것이 없으니, 〈관례(冠禮)〉 장과 참고해 보아야 합니까? 《가례》에 "만약 종자(宗子)가 아니면 반드시 고조(高祖)를 이은 종자가 주관하여야 하고, 종자가 사고가 있으면 차종자(次宗子)에게 명하거나 그 아버지가 스스로 주관한다."[146]라고 해서 유독 별자(別子)를 이은 대종(大宗)[147]에게 미치지 않은 것은 어째서입니까?

답 "관례를 주관함과 혼례를 주관함을 참고해서 본다."라는 것은 훌륭하신 말씀이 옳은 듯합니다. 《의례(儀禮)》 〈사관례(士冠禮)〉에 "사당문에서 점을 친다."라고 하였는데, 그 주에 "사당은 '아버지 사당〔禰廟〕'을 이른다."라고 하였고, -진씨(陳氏)의 《예서(禮書)》에 이르기를 "점치는 것을 반드시 사당에서 함은 높은 분을 높이는 것이고, 반드시 아버지 사당에서 하는 것은 친한 분을 친히 여기는 것이다."라고 하였습니다.-[148] 《의례》 〈사혼례(士昏

146 만약……주관한다 : 이 내용은 《가례》 권2 〈관례(冠禮) 관(冠)〉의 "3일 전에 주인이 사당에 고한다.〔前期三日, 主人告於祠堂.〕"에 대한 주석에 보인다.

147 별자(別子)를……대종(大宗) : 별자는 고대 종법(宗法) 제도에서 제후(諸侯)의 적장자(嫡長子) 이외의 아들로, 별자를 계승한 후손이 백세(百世)토록 체천(遞遷)하지 않는 대종(大宗)이 된다. 《禮記 大傳》 예컨대 조선조 태종(太宗)의 아들 중에 세종(世宗)은 왕통(王統)을 이었고 양녕대군(讓寧大君)이나 효령대군(孝寧大君)은 별자가 되어 백세를 내려가도 옮기지 않는바, 이를 불조묘(不祧廟) 또는 불천위(不遷位)라 하며, 그 아래는 고조까지만 사당에 모시고 5대가 되면 체천하여 신주(神主)를 매안(埋安)하였다.

禮)〉의 기(記)에 "아버지 사당에서 명을 받는다."라고 하였으니, 옛날에는 관례와 혼례의 행사를 모두 아버지 사당을 위주로 하였습니다.

또 《의례》 〈사관례〉의 '주인(主人)'에 대한 주에 "주인은 장차 관례할 자의 부형(父兄)이다."라고 하였으니, 사당이 이미 아버지 사당이고 주인이 또 부형이라면 아버지 사당을 이은 자가 자기 아들과 아우의 관례와 혼례를 치를 적에 자신이 스스로 주인이 됨을 알 수 있습니다. 그런데 《가례》에 이르러 고조를 이은 종자가 주관하는 것으로 결단한 것은 바로 선조를 높이고 종통을 소중히 여기는 의리입니다. 별자(別子)를 이은 대종(大宗)에게 미치지 않는 것에 대해서는 《의례》의 소(疏)에 "천자와 제후는 모두 시조(始祖)의 사당에서 관례를 한다."라고 하였으니, 별자를 이은 대종은 '시조'라는 혐의가 있습니다. 그러므로 《가례》에서 거론하지 않은 것은 아마도 이 때문인 듯합니다.

148 진씨(陳氏)의……하였습니다 : 진씨는 북송(北宋)의 학자인 진상도(陳祥道, 1053~1093)로, 인용한 내용은 《예서(禮書)》 권64 〈사관서일지의(士冠筮日之儀)〉에 보인다. 진상도는 자가 용지(用之) 또는 우지(祐之)로, 일생동안 삼례(三禮)인 《주례(周禮)》, 《의례(儀禮)》, 《예기(禮記)》를 연구하였다.

권경지에게 답함
答權敬之

문 제가 막 고조(高祖)의 신주〔祠板〕를 받들고 있는데 제 아내와 자부(子婦)를 임시로 동벽(東壁)에 부식(祔食)하였습니다. 만약 시향(時享)[149]을 행할 경우 "최장방(最長房)의 아내를 고조에게 부식한다."는 것은 우옹(尤翁 송시열(宋時烈))의 정론이 있으나, 5대 손부(孫婦)에 이르러서는 소목(昭穆)이 이미 달라서 부식할 수가 없습니다. 그러므로 망령되이 생각하건대 고유(告由)와 축문(祝文)은 체제가 본래 다르니, 자부의 신위에 초헌(初獻)할 때에 "운운"이라 고하고 술잔을 올리는 등의 예절을 한결같이 부식과 같이 하면 사감(四龕)[150]에 부식하는 등의 혐의가 없고 또한 시어머니 자리에 구애됨이 없겠습니까?

답 무릇 제사를 성대히 지냄과 줄여서 지냄은 축문의 유무(有無)에 달려있으니, 비록 고사(告辭)를 가지고 지내더라도 제찬(祭饌)을 올리고 술잔을 올릴 즈음에 고유함은 끝내 '축문이 있다.'는 혐의가 있습

149 시향(時享) : 사시제(四時祭)를 가리킨 것으로, 옛날 중춘(仲春)인 2월, 중하(仲夏)인 5월, 중추(仲秋)인 8월, 중동(仲冬)인 11월〔동짓달〕에 적당한 날을 가려 4대 이내의 선조를 모아 성대하게 제사하였다. 지금 세속에서 말하는 '시향'은 5대조 이상의 세일제(歲一祭)를 가리키는바, 세일제는 먼 조상에게 1년에 한 번 묘소에서 지내는 제사이다.

150 사감(四龕) : 사당 안에 설치한 사대(四代)의 감실(龕室)을 이르는바, 《가례》 〈통례(通禮) 사당(祠堂)〉에 "사당 안에 네 개의 감실을 만들어 선대의 신주를 봉안한다.〔爲四龕以奉先世神主.〕"라고 보인다.

니다. 그리고 한 사당에서 제사를 지내면서 별도로 고하는 것은 또 낮은 분이 높은 분에게 통솔된다는 의리에 구애될 듯하니, 저의 어리석은 소견에는 끝내 불안한 것으로 느껴집니다.

대저 부묘(祔廟)와 부식(祔食)은 본래 일관된 일입니다. 5대 손부(孫婦)를 임시로 부식하는 것은, 이미 부위(祔位)는 정감(正龕)[151]과 달라서 '5세'라는 혐의가 없으니, 제사 때에 "임시로 부식(祔食)한다."는 뜻을 가지고 원래의 축문에 별도로 글을 만들어서 제사하는 것이 -아버지 사당을 이은 집안에 아내 신주를 임시로 아버지 사당에 부쳤다가 제사 때에 원래 축문에다 글을 지어 넣고서 부식하니, 이 또한 두루 근거할 수 있을 것입니다.- 예에 크게 어긋나게 되지 않을 듯한데, 다시 예를 아는 자에게 물어서 결단하시기를 바랍니다.

151 정감(正龕) : 가묘의 제도상 감실을 3칸으로 짓는바, 가운데 칸이 정감이 된다.

권경지에게 답함
答權敬之

지난번 말씀한 예(禮)의 의문점에 대해 경솔히 대답하였는데, 욕되게도 내려주신 편지에 반복해서 하나하나 자세히 분석해주시니, 비로소 저의 좁은 식견이 매우 잘못되었다는 것을 깨달았습니다. 그러나 제가 또한 어찌 소(昭)와 목(穆)을 어지럽혀서는 안 된다는 것을 알지 못하겠습니까. 다만 상제(喪祭)의 예에 존귀함이 비천함을 거느리는 의리 또한 가볍지 않고 중합니다.

영자부(令子婦 상대방의 자부)는 이미 정위(正位)가 아니고 또 반열에 부묘(祔廟)할 자리가 없습니다. 그런데 지금 일이 있어서 한 사당에 별도로 고하고 제사 지내는 것은 비록 '고사(告辭)'라고 하더라도 제수를 올린 뒤와 전헌(奠獻)하는 즈음에 고사를 읽는다면 어찌 축문을 따로 한다는 혐의가 없겠습니까. 또 시향(時享)은 협제(祫祭)[152]하는 것입니다. 모든 부위(祔位)를 그 반열에 따라 부사(祔祀)하는 것은 필경 존귀한 분이 비천한 자를 거느리는 의리이니, 하나의 사당과 한 때의 제사에 각각 고하고 제사 지내어 존위(尊位 높은 신위)에 소속시키지 않는 것은 정위입니까? 부위입니까? 정위도 아니고 부위도 아니면서 별도로 고하는 것은 비록 하나의 사당 안에 있더라도 각기 제사하여 서로 관계하지 않으니, 합제(合祭)의 의리가 어디에 있습니까?

노형의 말씀에 이른바 "일이 있으면 별도로 고한다."는 것은 곧 추증

152 협제(祫祭) : 여러 선조를 합하여 제사함을 이른다.

(追贈)을 고하거나 천묘(遷墓)를 고하는 것과 같은 따위이니, 여러 신위에는 일이 없고 해당 신위에만 일이 있으면 별도로 고할 뿐입니다. 그렇지 않다면 대체로 존위를 위주로 하는데, 하물며 성대한 제사인 시향(時享)에 있어서이겠습니까.

여러 사당〔群廟〕의 당좌(當座 신주의 자리)가 소(昭)와 목(穆)으로 차례하고 공축(工祝 축관(祝官))이 일을 받들어 예의가 질서정연하므로 이때를 당하여 만일 고할 만한 일이 있다면 마땅히 존위에 고해야 하니, 어찌 갑자기 비위(卑位 낮은 신위)에 고할 수 있겠습니까. 그러므로 비록 일이 있어 고하는 의식을 기준으로 삼더라도 원래의 축문에 조어(措語)하여 고하는 것이 아마 이치상 순할 듯합니다.

조어(措語)는 원래 축문의 "부식(祔食)한다."는 말 아래에 "오대손부 모봉 모씨를 임시로 종식한다. 운운〔五代孫婦某封某氏, 權爲從食云云.〕"이라는 내용으로 이어야 합니다. '종식'은 '부식'이라고 하는 것과는 조금 달라 존자(尊者)를 따라 먹는 것에 불과하니, 후세에 이른바 "종향(從享)"이 여기에 해당합니다. 이와 같다면 아마 소(昭)·목(穆)의 예(禮)에 구애되지 않을 듯하고 존귀한 분이 비천한 자를 거느리는 의리 또한 그 사이에서 행해져 제사의 체단(體段 체제)이 비로소 맞게 될 것입니다. 그러나 상고한 것이 없는 저의 억설(臆說)이니, 끝내 거룩한 의견에 부합하지 않을까 염려됩니다.

권경지에게 답함
答權敬之

소식이 뜸하여 몹시 그리워하였는데 보내준 편지를 받고 삼가 무더운 요즘 정사를 돌보시는 기거(起居)가 더욱 진중함을 알았으니, 위로되고 기쁜 마음이 지극하여 직접 가르침을 듣는 것과 다름이 없었습니다. 저는 크게 병치레한 뒤로 정신과 심사가 병든 노인의 모습과 흡사하고, 이어 심신이 더욱 해이해져 수습할 수 없으니, 결국 이렇게 살다가 이 생을 헛되이 저버릴까 염려할 뿐입니다.

편지에서 말씀하신 것은 자세히 알았습니다. 노형은 오랫동안 글을 읽었으니, 하나의 작은 현(縣)을 다스리는 데 무슨 어려움이 있으시겠습니까. 듣건대 수령이 자주 교체되고 폐단이 쌓인 곳을 맡게 되어 관심을 기울여 정돈해서 바로잡기 시작하였으나 도리어 원망과 비방이 일어났다고 하니, 이는 이른바 "백성은 성공을 함께 즐길 수는 있고, 시작을 함께 도모할 수는 없다."[153]는 것입니다. 진실로 자신의 조치가 합당하여 그것을 엄중하게 지킨다면 이러한 소란은 마침내 저절로 가라앉을 것이니, 어찌 개의할 것이 있겠습니까. 그러나 정사는 속히 이루려고만 하고 점진적으로 하려고 함이 없어서는 안 되니, 반드시

153 백성은……없다 : 진(秦)나라의 상앙(商鞅)이 법을 변경하려 하였으나 사람들이 좋아하지 않자, 효공(孝公)을 설득하면서 "백성은 시작을 함께 도모할 수는 없고 성공을 함께 즐길 수는 있습니다.〔夫民, 不可與慮始, 而可與樂成.〕"라고 한 데서 온 말이다. 《資治通鑑 卷2 周紀二 顯王》

먼저 바른 도리에 입각하여 몸소 솔선하고 시간을 두고 천천히 시행하여 관리와 백성이 서로 믿기를 기다려야 합니다. 그런 뒤에 자신이 하고자 하는 것을 한다면 거의 다소의 어그러짐이 없어서 비로소 패연(沛然)히 시행될 것입니다.

삼가 보건대 노형은 일을 시행함에 굳세고 결단함은 충분하지만 포용하고 인내함은 부족하여 폭발함이 때때로 일에 해를 끼치시니, 오늘날 원망과 비방이 일어남은 일을 점진적으로 하지 않으셨던 것이 빌미가 된 것이 아니겠습니까. 공자께서 "만약 나를 써 주는 자가 있다면 1년만이라도 괜찮을 것이니, 3년이면 이루어짐이 있을 것이다."[154] 라고 하셨습니다. 1년과 3년 사이에 다스리는 방법이 저절로 순서와 분별이 있으면 조리가 정연해질 것이니, 차례를 뛰어넘어서는 안 됩니다. 만약 그렇지 않다면, 지나가면 교화가 되고 마음에 두면 신묘해지는[155] 공자와 같은 성인께서 어찌 1년과 3년을 기다려야 더불어 공을 이룰 수 있는 다스림이 있으셨겠습니까.

깊이 인정해 주시는 은혜를 입었기 때문에 어리석은 저의 정성을 함부로 바쳤으니, 만약 받아들여 주신다면 잘 다스리기를 구하는 데 행여 도움이 될 것입니다. 제 생각이 어떠한지요? 이밖에 시절 따라 몸을 잘 보중하시기를 바랍니다. 이만 줄입니다.

154 만약……것이다 : 이 내용은《논어》〈자로(子路)〉에 보인다.

155 지나가면……신묘해지는 : 이 내용은《맹자》〈진심 상(盡心上)〉에 "군자는 지나는 곳마다 교화되고 마음을 두는 곳마다 신묘해진다.〔夫君子所過者化, 所存者神.〕 위와 아래로 천지와 흐름을 같이하나니, 그 작용이 어찌 세상을 조금 도울 뿐이라 하겠는가."라고 보인다.

사람들이 항상 말하기를 "정사를 할 적에 원망을 받는 것은 당연하니, 원망을 받지 않으면 일을 이루지 못한다."라고 하니, 이는 곧 신불해(申不害), 상앙(商鞅)[156]과 같은 자들의 공(功)을 따지고 이익을 도모하는 말입니다. 예로부터 성현이 어찌 일찍이 이러한 양상이 있었겠습니까. 무릇 물건이 제자리를 얻지 못하면 원망하니, 원망은 어지러워지는 길입니다. 그러므로 성인(聖人)의 다스림은 만물로 하여금 각각 제자리를 얻게 할 뿐이었으니, 나라에 있어서도 원망이 없고 집안에 있어서도 원망이 없는 것[157]이 바로 제가(齊家)·치국(治國)의 증험이고, 인(仁)과 지(智)의 부절(符節)입니다. 설사 일을 처리할 때 혹 어쩔 수 없이 원망을 받게 되는 경우가 있더라도 어찌 이것을 정사의 본령(本領)이라 할 수 있겠습니까.

156 신불해(申不害)……상앙(商鞅) : 신불해와 상앙은 모두 법가(法家)의 중요한 인물로, 덕정(德政)을 중시하지 않고 법과 술수에 의해서 정사를 시행하였다.

157 나라에……것 : 이 내용은《논어》〈안연(顏淵)〉에 "중궁(仲弓)이 인(仁)에 대하여 묻자, 공자께서 답하였다. '문을 나갈 때는 큰손님을 뵙는 듯하며, 백성에게 일을 시킬 때는 큰 제사를 받들 듯이 공경하고, 자신이 하고자 하지 않는 것은 남에게 베풀지 말아야 한다. 이렇게 하면 나라에 있어서도 원망함이 없으며 집안에 있어서도 원망함이 없을 것이다.〔在邦無怨, 在家無怨.〕'"라고 보인다.

권경지에게 답함
答權敬之

성사(聖嗣)[158]가 탄생하심에 축하하고 기뻐하는 마음이 두루 간절하니, 장횡거(張橫渠)가 기뻐하여 잠을 못 이루었다는 것[159]이 참으로 제 마음을 먼저 안 것입니다.

인편을 통해 온 편지를 엎드려 받고서 삼가 서리 내리는 늦가을에 백성을 다스리는 동정(動靜)이 차례로 바뀌는 계절 따라 더욱 진중함을 알게 되었으니, 구구한 저는 위로되는 마음을 감당하지 못하겠습니다. 다만 흉년이 들어 백성들이 근심하고 있는데 시역(試役 과거 시험관)까지 겸하여 담당하시니, 삼가 생각하건대 정신이 수고로우실 것입니다. 이 때문에 삼가 염려스럽습니다.

저는 병든 몸이 추운 날씨를 당하여 더욱 피곤하고 초췌합니다. 무엇보다 가래가 심장과 폐(肺)를 막아 눈이 침침하고 정신이 어지러워 늘 술에 취한 사람처럼 지내니, 비록 다소 옛 학업을 찾아 조금이라도 제 자신을 유지할 계책으로 삼고자 하나, 게으름과 병이 이어져 학업에

158 성사(聖嗣) : 순조의 아들인 효명세자(孝明世子, 1809~1830)를 가리킨다.

159 장횡거(張橫渠)가……것 : 횡거는 북송의 문신이자 학자인 장재(張載)의 호로, 《이정유서(二程遺書)》 권3 〈사현도기억평일어(謝顯道記憶平日語)〉에 "장자후(張子厚)는 황자(皇子)가 탄생했다는 소식을 듣고 기뻐함이 지극하였으며, 굶어죽은 시체를 보고는 음식을 먹을 적에 곧 입맛이 없었다.〔張子厚, 聞生皇子, 喜甚, 見餓莩者, 食便不美.〕"라고 하였는바, '기뻐함이 지극하였다.'는 것을 오희상이 이렇게 표현한 것으로 보인다. '자후(子厚)'는 장재의 자이다.

집중할 수가 없습니다. 이 때문에 일깨워주는 훌륭한 벗을 가까이할 것을 생각하였으나 그렇게 하지 못하니, 천 리 밖에서 그리워하는 마음이 집사(執事)에게 있지 않은 적이 없는 것은 멀리 떨어져 있는 사람의 회포일 뿐만이 아닙니다.

현감에 제수된[160] 지가 이미 오래되었습니다. 알지 못하겠습니다. 아전들이 위엄을 두려워하고 백성들이 은혜에 감사하여 정사가 이루어지고 일이 간편해져 틀림없이 소나무와 계수나무 아래에서 독서하는 흥취[161]가 있으시겠지요? 일찍이 퇴계(退溪)의 편지를 보니, 벼슬하러 가는 사람을 축하하며 "근래에 벗들이 차츰차츰 모두 이 길을 따라 떠나니, 이것은 녹은(祿隱)을 하려는 계책입니다. 도리어 이 길 하나가 매우 좋다는 것을 깨달았으나, 학업이 닦이지 않아 끝내 비루하게 되어 다시는 바로잡을 기회가 없을까 염려됩니다."[162]라고 하셨습니다. 집사께서 처음으로 서울 관서의 출퇴근하는 직책을 맡았을 적에 옛날의 서책을 여러 번 송독(誦讀)하여 끊임없이 반복하셨던 것을 제가 본디 알고 있습니다. 집사께서 지금 현감이 되었으니, 어찌 갑자기 스스로

160 현감에 제수된 : 1808년(순조8)에 권중집이 송화 현감(松禾縣監)에 제수된 것을 말한다.

161 소나무와……흥취 : 송화현은 황해도의 비교적 작고 한적한 고을인바 공무를 잘 처리하여 여가가 있을 것이므로 독서하기에 좋으리라는 말이다. 한유(韓愈)의 시 〈현재독서(縣齋讀書)〉에 "산수 좋은 고을에 원으로 나가 소나무와 계수나무 숲에서 독서한다.〔出宰山水縣, 讀書松桂林.〕"라고 한 데서 온 말이다. 《韓昌黎集 卷4》

162 근래에……염려된다 : 이 내용은 《퇴계집》 권14 〈답남시보(答南時甫)〉에 보인다. '녹은(祿隱)'은 집이 가난하여 벼슬살이를 하지만 부귀영달에 욕심내지 않고 은거한 것이나 다름없이 생활함을 이른다.

태만하여 평상시의 태도를 바꾸시겠습니까. 그렇다면 학업이 닦이지 않는 것은 근심할 바가 아니니, 퇴계의 이른바 "녹은"의 실제를 아마도 고명(高明)께서 가지고 있으실 것입니다.

그러나 무릇 사무(事務)에 응할 적에 이 마음이 함께 휩쓸려가기가 쉬운 데다, 집사는 관직을 맡을 때부터 크고 작은 일을 막론하고 반드시 모든 일을 정돈하고자 하셨습니다. 그러므로 일에 꽉 매이는 병통이 없지 못하니, 이와 같으실 때에는 비록 서책을 가까이하더라도 의리와 의미가 스며들 길이 없어 공효를 보기 어려우실까 염려됩니다. 모름지기 저녁이 되어 쉬실 때에 고요히 앉아 마음을 깨끗이 해서 아침과 낮의 언행을 일체 놓아두어 마음을 청한(淸閑)하고 유쾌하게 하십시오. 그리하여 서서히 성현의 글을 가져다 반복해서 실마리를 찾고 완미하여 마음속으로 깊이 이해해야 합니다. 이렇게 하시면 자연히 마음으로 터득하고 정신으로 이해하여 비로소 효력을 얻을 수 있고 일을 처리할 때 다시 절로 도움이 있으실 것입니다.

삼가 생각하건대 평소의 공부에 성취한 절도(節度)가 있을 것이니, 어찌 행실이 미치지 못하는 저의 말을 필요로 하시겠습니까. 하지만 말해주기를 바라시는 뜻에 감동하여 그런대로 다시 함부로 말씀드리니, 매우 부끄럽고 두렵습니다. 이만 줄입니다.

권경지에게 답함

答權敬之

운평(雲坪)[163]의 문집은 연전에 우연히 한번 대략 읽어보았는데 대부분이 거친 마음의 객기(客氣)에서 나온 것이어서 유가(儒家)의 문장 법도가 전혀 없었습니다. 또 전배(前輩)를 뛰어넘으려고 하는 뜻이 가슴속에 들어있어 시종(始終)으로 빌미가 되었으니, 금년 봄에 연좌된 것 또한 다만 이로 말미암은 것입니다. 그렇지만 만약 사옹(沙翁 김장생(金長生))을 욕보였다고 곧바로 단정한다면 저 사람도 그 죄에 심복하지 않을 것입니다. 대저 사람을 논할 때에는 마땅히 그 정상(情狀)을 살펴야 하니, 만약 풍병(風病)을 앓아 실성(失性)하지 않았다면 우옹(尤翁 송시열)의 후손으로서 어찌 갑자기 이러한 지경에 이르겠습니까.

이른바 "주자(朱子)는 70세에 요절했다."[164]고 한 것의 경우 저 사람이 인용한 것이 기벽(奇僻)하여 스스로 불경의 죄과에 빠졌으니, 이로 보나 저로 보나 어찌 죄가 없을 수 있겠습니까. 그러나 그의 글을 내치고 그 판각(板刻)을 부수는 것은 참으로 옳다 하더라도 삭일(削逸)[165]

163 운평(雲坪) : 송능상(宋能相, 1710~1758)의 호로, 자는 사능(士能), 사홍(士弘) 등이고, 본관은 은진(恩津)으로 우암 송시열의 증손이다.

164 주자(朱子)는……요절했다 : 이 내용은 《운평집(雲坪集)》 권9 〈제목주의(題木主議)〉에 보인다.

165 삭일(削逸) : 과거에 오르지 않은 산림(山林)의 명망 있는 학자를 유일(遺逸)로 불러서 기용하였다가 나중에 사유(事由)가 있어서 유일의 대우를 삭탈하는 것을 말한다.

을 하는 것은 바로 죽은 뒤에 내리는 한 법률이니, 너무 지나치지 않습니까.

대저 사문(斯文)의 시비(是非)는 마땅히 사론(士論)을 위주로 따져야 하니, 대번에 조정에까지 받들어 올릴 일이 아닐 듯합니다. 다만 근래 사림(士林)이 쇠퇴하여 크고 작은 의논에 대해 사리를 헤아려 맞게 처리하는 것이 없어 과(過)와 불급(不及)의 사이에서 절충하지 못해서 사람들이 각각 자기 의견대로 주장합니다. 이번 일은 다만 그 중 한 가지일 뿐이니, 저로 하여금 탄식하게 합니다.

권경지에게 답함

答權敬之

근일에 과거(科擧)의 폐단을 바로잡을 수 없음은 실로 말씀하신 바와 같으니, 지금의 도(道)를 따라서 지금의 풍속을 바꾸지 않는다면 지난번 상신(相臣)의 차자(箚子)에 이른바 "나라가 반드시 망할 것이다."라고 한 것[166]은 실로 지나친 말이 아닙니다.

아직도 기억하건대 제가 아이였을 때 부형(父兄)과 장자(長者)들이 다음과 같이 말씀하시는 것을 들었습니다. "진실로 조정 인물들의 좋고 나쁨을 알고자 한다면 응당 먼저 그 입신(立身)이 어떠하였는지를 살펴야 한다. 만약 처음 과거에 합격하였을 적에 일호(一毫)라도 부정이 있었다면 비록 수많은 훌륭함과 능력을 갖추었다 해도 그 사람됨을 알 수 있다." 저는 매양 이 말씀을 가지고 자식들에게 얘기하여 득실(得失)의 사이에 경계할 바가 있음을 알게 하였습니다. 그러나 그들은 눈앞의 풍기(風氣)에 익숙해져서 믿지 못하는 듯합니다. 그곳의 젊은 이들의 경우 사는 곳이 경화(京華)의 어지럽고 시끄러운 장소가 아니고 또 문정(門庭)[167]에서 몸소 이끌어주는 가르침이 있으니, 분위기가 어찌 갑자기 이곳과 같은 지경에 이르겠습니까.

166 상신(相臣)의……것 : 상신은 좌의정 김재찬(金載瓚, 1746~1827)을 가리키고, 올린 차자의 내용은 《승정원일기(承政院日記)》 순조 9년 11월 16일 기사에 "지금 나라를 반드시 망하게 할 것은 과거입니다.〔今之國必亡者, 科擧也.〕"라고 보인다.

167 문정(門庭) : 상대방의 가정에 대한 존칭이다.

권경지에게 답하다
答權敬之

물어주신 '관례(冠禮)의 기물(器物)과 의복(衣服)'은 처음 씌울 때는 치포건(緇布巾)과 심의(深衣)로 하고, 두 번째 씌울 때는 복두(幞頭)와 난삼(襴衫)으로 하고, 세 번째 씌울 때는 초립(草笠)과 도포(道袍)로 하는 것이 곧 근세에 통행하는 규례인데, 선배들 또한 고치지 않았습니다. 그러나 어리석은 제 소견으로는 삼가 세 번째에 쓰는 초립은 끝내 흡족하지 못한 점이 있다고 생각합니다.

《예기》〈교특생(郊特牲)〉에 "세 차례 관을 쓸 때, 쓸 때마다 더 높은 관을 쓰는 것은 점차 뜻을 높여 가야 함을 가르치는 것이다.〔三加彌尊, 諭其志也.〕"라고 하였는데, 이를 해석한 자가 "처음에 쓰는 치포건은 근본을 잊지 않는다는 뜻이며, 두 번째 쓰는 피변(皮弁)은 조복(朝服)이며, 세 번째 쓰는 작변(爵弁)은 제복(祭服)이니, 근본을 잊지 않은 뒤에야 군주를 잘 섬길 수 있고 군주를 잘 섬길 수 있은 뒤에야 신(神)을 잘 섬길 수 있다."[168]라고 하였습니다. 지금 치포건과 심의는 옛 제도이고, 복두는 비록 옛 변제(弁制)가 아니더라도 송(宋)·명(明) 시대의 남은 제도인데, 초립에 이르러서는 풍속의 제도 가운데 가장 천한 것에 불과하여 애당초 아무런 의의(意義)가 없습니다. 하물며 만든

168 처음에……있다 : 이 내용은 북송(北宋)의 학자인 진상도(陳祥道, 1053~1093)가 한 말로, 진상도의 《예서(禮書)》 권64 〈관(冠)〉에 보이는데, 노주가 《예기》의 어떤 주석서에서 이 내용을 본 것인지는 자세하지 않다.

모양이 지극히 경박하여 진실로 창우(倡優), 액례(掖隷), 사복시(司僕寺)의 시양(廝養 마부)이 착용하는 것이니, 비록 평상시에 사용하더라도 이미 바르지 않습니다. 그러니 더욱더 어찌 예의(禮儀)를 종사하는 자리에 마땅한 것이겠습니까. 이러고서도 어찌 뜻을 높여감을 말할 수 있겠습니까.

지난번 제 자식이 관례를 행할 때 한두 분의 장로들과 의논하여 세 번째 관을 쓸 때 금관 조복(金冠朝服)을 사용하였으니, 조복을 사용한 것은 상의 하상(上衣下裳)의 제도여서 여전히 취할 만한 옛 뜻이 있어서였고 -고례에서는 세 번째 관을 쓸 때 작변(爵弁)과 훈상(纁裳)을 사용하였습니다.- 또 난삼의 뒤에 조복으로 이은 것은 바로 더욱 높아지는 뜻에 부합하기 때문이었습니다. 그 뒤에 명문 집안에서 그 자제의 관례를 치를 적에 혹 제 소견이 취할 만한 점이 있다고 하여 행한 경우가 있었으니, 노형의 뜻은 어떠하신지 궁금합니다.

권경지에게 답함

答權敬之

지난번에 일이 있어 서쪽의 해서(海西)로 외출했다가 돌아왔을 적에 노형의 편지가 책상에 올려 져 있었으나, 인편이 이미 출발해서 답장할 길이 없어 다만 스스로 서글퍼하였습니다. 그런데 뜻밖에 뱃사공이 와서 먼 곳에서 보낸 노형의 안부 편지를 전해주었습니다. 그리하여 서리 내리는 가을에 지내시는 동정(動靜)이 맑고 건강하며, 진세(塵世)를 초탈하여 못가에는 갈대가 있고 바위에는 단풍이 있어 가는 곳마다 깊은 정취(情趣)가 없는 곳이 없음을 삼가 알았으니, 마음이 위로될 뿐만 아니라 뒤이어 부럽기까지 합니다.

제가 견복(甄復)된 것[169]은 지극히 뜻밖입니다. 스스로 돌아보건대 일생 동안 칩복(蟄伏)을 해서 일체의 세상 인연을 전혀 마음속에 두지 않았습니다. 지난번에 잠시 벼슬길에 올라서 능력이 되는지 시험하고 그만두었던 것은 고상(高尙)한 자리를 차지하려고 한 것이 아니고, 진실로 어려움을 보고서 후퇴한 것입니다. 십 수 년 이래로 세상에서도 저를 관직에 제수하는 것을 의논하지 않으니, 삼가 이로부터 행여 우주

169 견복(甄復)된 것 : 견복은 퇴임자 중에서 적합한 사람을 골라 다시 관직에 복귀하게 함을 말하는바, 오희상이 경신년(1800, 순조1) 11월에 한성부 주부에 제수되었을 때 병장(病狀)을 올려 체차된 이후 10여년 만인 신미년(1811, 순조11) 8월에 돈령주부(敦寧主簿)에 제수되었으므로 이렇게 이른 것이다. 오희상은 이때 양부(養父)인 오재소(吳載紹, 1729~1811)의 봉양을 위해 관직에 나아갔다.《承政院日記 純祖卽位年 11月 8日, 11年 8月 13日》

의 큰 조화 속에서 서로 잊어 저절로 성명(性命)을 이룰 것이라고 생각하였습니다. 또 노형의 사랑하여 이끌어주시는 힘으로 큰 과오를 저지름을 면하여 여생을 마치고, 이러한 종적을 가지고 저세상으로 돌아가서 부형(父兄)과 사우(師友)를 만나보면 충분하다고 생각했으니, 돌아보건대 이 소원이 어찌 지나친 것이겠습니까. 그런데 갑자기 그 사이에 이러한 마귀의 장난이 있으니, 저로 하여금 자못 망연자실하게 합니다. 그러나 어버이의 연세가 더욱 높으셔서 뜻을 순종하는 것이 시급하니, 만일 저의 뜻을 곧바로 행하고자 하면 실로 마음에 편치 않은 점이 있습니다. 그러므로 제 스스로 차갑게 대할지 따뜻하게 대할지 대처하는 방법[170]은 제쳐두고 우선 마음에 편안한 바를 취하여 나아갔습니다.

향후의 이해(利害)는 다만 흘러가는 대로 내맡겨둘 뿐인데, 한번 출사한 뒤에 작게는 후회와 부끄러움이 있고 크게는 낭패가 있을 것임을 굳이 거북점과 《주역》 점을 치지 않더라도 알 수 있습니다. 친지(親知) 중에 오직 민원리(閔元履)[171]만이 나의 심정을 알므로 비록 벼슬을 그만두라고 권유하지는 못하였으나 마음속으로는 이것을 깊이 걱정하였습니다.

170 제 스스로……방법 : 자기의 일은 남의 말을 듣지 않고도 자기가 알아서 결단한다는 말로, 수당(隋唐) 시기의 고승인 몽산(蒙山) 도명 선사(道明禪師)의 "사람이 물을 마심에 차갑고 따뜻함은 절로 아는 것과 같다.〔如人飮水, 冷煖自知.〕"라는 말을 원용한 것이다. 《五燈會元 卷2 袁州蒙山道明禪師》

171 친지(親知)……민원리(閔元履) : '친지'는 친척이나 붕우를 의미하는데 여기서는 가까운 붕우를 가리키고, '원리'는 민치복(閔致福, 1766~1814)의 자인바, 오희상이 민치복과 학문적으로 교유가 돈독하였기 때문에 이렇게 말한 것이다. 민치복은 호가 확재(擴齋), 본관은 여흥(驪興)이다. 《老洲集 卷16 擴齋閔公墓誌銘》

저는 노형과 같은 분은 평소 오랫동안 교유한 친구이니 염려해주시는 바가 마땅히 민원리보다 못하지 않을 것이라고 생각했습니다. 그런데 이제 많은 가르침을 받아 봄에 대체로 저의 사정을 다 알지 못하고서 마침내 백성과 사직(社稷), 공업(功業)을 가지고 가르침을 주시니, 아! 서로를 알아주기 어려움이 이처럼 심합니다.

젊은 시절에도 스스로 벼슬하기 어려움을 분수로 여겼는데, 더구나 지금은 상을 당하고 질병을 앓은 뒤에 머리털이 성성해지고 정력이 소모되어 일개 텅 빈 껍데기일 뿐이니, 그런데 어찌 공업(功業)에 달려가는 것을 말할 수 있겠습니까. 그러나 이것은 오히려 중요성이 덜한 후면(後面)의 일에 속합니다. 당장에 남과 더불어 주선하는 것이 익숙하지 못해서 비록 일상적인 응접(應接)에서 정신과 체력을 배나 허비하더라도 어긋나거나 낭패를 볼까 근심하니, 어찌한단 말입니까. 이제 막 숙직하는 곳에서 돌아와 피곤하기 때문에 이만 줄입니다.

권경지에게 답함

答權敬之

하문하신 예절은 예의 지극한 변고에 관계되니, 평소 의문만 쌓은 채 해결하지 못했던 것입니다. 그러나 《예기》에 이르길 "예에는 오경(五經)이 있는데, 제사보다 중한 것이 없다.[172]"라고 하였습니다. 그러므로 부인이 제사를 주관하는 것을 예법에서 인정하지 않을 것입니다. 예컨대 이른바 "대공복(大功服)을 입는 자가 남의 상주 노릇을 하게 되었을 경우"[173]는 비록 상주를 가지고 말한 것이지만, 또한 제주(祭主)에도 미루어 알 수 있습니다. 남자 주인이 없어 이치가 궁하고 형세가 극에 달하여 부득이한 경우에는 혹 주원양(周元陽)의 《제록(祭錄)》을 인용하여 신주에 '현벽(顯辟)'이라 씁니다.[174] 그러나 선배들이

172 예에는……없다 : 이 내용은 《예기》 〈제통(祭統)〉에 "무릇 사람을 다스리는 도는 예보다 급한 것이 없다. 예에는 오경이 있는데, 제사보다 중요한 것이 없다.[凡治人之道, 莫急於禮. 禮有五經, 莫重於祭.]"라고 보인다. '오경'은 길례(吉禮), 흉례(凶禮), 군례(軍禮), 빈례(賓禮), 가례(嘉禮)를 가리키고, 제사는 길례에 해당한다.

173 대공복(大功服)을……경우 : 이 내용은 《예기》 〈상복소기(喪服小記)〉에 "대공복을 입는 자가 남의 상주 노릇을 하게 되었을 경우, 상가에 삼년복을 입는 사람이 있으면 반드시 그들을 위해서 소상(小祥)과 대상(大祥)의 두 제사를 지내야 한다."라고 보인다. 이는 망자(亡者)가 대공복을 입는 친족인데 상가에 자식이 어리거나 부인만 있을 경우 자신이 대신 상을 주관하여 그들을 위해 소상제와 대상제를 지내줌을 말한 것이다.

174 주원양(周元陽)의……씁니다 : 주원양은 당(唐)나라 여남(汝南) 사람이고, 《제록》은 그가 가례제의(家禮祭儀)에 관한 사항을 기록한 책인바, 이 책에서 "처가 남편의

또한 대부분 취하지 않았습니다.

우암(尤菴 송시열(宋時烈))과 동춘(同春 송준길(宋浚吉)) 두 선정(先正)의 의논으로 말하면, 우암은 전후(前後)로 세 가지 설을 말씀하셨습니다. 우암이 송기후(宋基厚)[175]와 민노봉(閔老峰)[176]의 질문에 답하신 편지에는 "지차(支次)가 대신 주인 노릇하는 것과 여자가 주인이 되는 것이 모두 불편하다." 하셨고, 김창석(金昌錫)[177]의 질문에 대해서는 "지차가 대신 주인 노릇해야 한다."라고 답하셨습니다. 동춘이 우재(迂齋)[178]의 질문에 답하실 적에는 "현벽(顯辟)의 설은 매우 부득이한 데서 나온 것입니다. 형이나 아우가 있다면 그들이 상사(喪事)를 맡고, 조부의 감실(龕室)에 부(祔)하는 것이 올바른 예에 맞는 것입니다."라고 하셨습니다.

연전에 저희 집안의 종자(宗子)가 후사(後嗣) 없이 죽자, 삼가 이에 근거하여 그의 아우로 하여금 신주에 '현형(顯兄)'이라 쓰게 하고 삼년상을 마치고서 우선 조부의 사당에 부(祔)하였다가, 《가례(家禮)》의

제사 때에 '주부(主婦) 모씨는 현벽모관봉시(顯辟某官封諡)를 제사합니다.' 한다."라고 보이는데, 그 주에 "'벽(辟)'은 법(法)이다. 남편은 처의 법이 된다."라고 하였다. 후세에 '벽(辟)'은 남편을 칭하는 명사가 되었다.

175 송기후(宋基厚) : 1621~1674. 자는 성백(誠伯), 호는 문도재(聞道齋), 본관은 은진(恩津)이다. 송시열의 당질이며 문인으로, 송준길 문하에도 있었다.

176 민노봉(閔老峰) : 노봉은 민정중(閔鼎重, 1628~1692)의 호로, 자는 대수(大受), 시호는 문충(文忠), 본관은 여흥(驪興)으로, 송시열의 문인이다.

177 김창석(金昌錫) : 자는 문중(文仲), 본관은 경주(慶州)이다. 송시열, 송준길과 교유한 김경여(金慶餘)의 손자이다.

178 우재(迂齋) : 이후원(李厚源, 1598~1660)의 호로, 자는 사심(士深), 시호는 충정(忠貞), 본관은 전주(全州)이다. 김장생(金長生)의 문인이며, 송준길과 교유하였다.

대상(大祥)을 치르고 난 뒤 길제(吉祭)를 지내기 전에 신주를 받드는 제도를 따라서 훗날 후사(後嗣)를 세우기를 기다려 전대(前代)까지 아울러 신주를 다시 쓰고서 협제(祫祭)를 지내고 체천(遞遷)하는 일을 행하도록 하였습니다. 이렇게 한 뒤에 모든 일이 다소 순리(順理)에 맞게 되었습니다.

대저 여자가 제사를 주관하는 것이 구애(拘礙)되는 것은 한두 가지가 아니지만 가장 크게 구애되는 것은 개제(改題)하면서 '현벽'과 '대구(大舅 시아버지)'라고 칭하는 것이니, 미루어 올라가 '증대구(曾大舅)'와 '고대구(高大舅)'라고 칭하면 오대구(五代舅)를 형편상 장차 체천해야 합니다. 이는 부녀자로서 대(代)를 이어 연속하여 소목(昭穆)을 체천하는 일을 행하는 것이니, 크게 도리에 맞지 않는 것이 어찌 다만 근거 없는 칭호뿐이겠습니까.

또 듣건대 이 집안에는 두 대에 걸쳐 과부가 있는데 시어머니가 제주(祭主)가 되었다고 합니다. 그래서 만일 시어머니가 별세하고 며느리가 주인 자리를 이으면 또 개제(改題)하고 체천하지 않을 수 없습니다. 이는 두 대를 연달아 부녀자가 대를 잇는 것이니, 더욱더 어찌 매우 난처하지 않겠습니까. 무릇 남자와 여자는 하늘과 땅으로 나누어진 큰 자리이고 지자(支子)와 적자(嫡子)는 종통(宗統)의 큰 구분이니, 큰 구분이 비록 엄하지만 큰 자리가 진실로 중하지 않겠습니까. 이것을 가지고 저 지자가 섭사(攝祀 대신 제사함)하는 것을 따져보면 오히려 변례(變禮) 중에 상례(常禮)라고 이를 수 있지만, 여자 주인이 대를 잇는 것은 실로 변례 중의 변례입니다. 망자(亡者)가 만약 여러 친족이 없다면 그만이나, 이미 여러 숙부가 있다면, 《예기》 〈분상(奔喪)〉의 "어버이가 같으면 장자(長者)가 주인이 된다."라는 글에 의거하여 여러 숙부 가운데 제일 장자가 임시로 섭사를 행하여 후사를 세우기를 기다리는 것이 '때에 따라 마땅함을 제정함'이 되기에 해될 것이 없을 듯합니다.

이는 예 가운데 상례(常禮)가 아니므로 선배들께서 하나로 확정한 의논이 없습니다. 수옹(遂翁 권상하(權尙夏))의 여러 설이 비록 '현벽'을 주장하였지만 아마도 남이 겪은 바를 따라서 묻는 대로 대답한 것인 듯합니다. 당시 만일 사람들 중에서 진실로 본말(本末)과 시종(始終)을 들어 물은 자가 있었다면 또한 여자 주인을 온당치 않다고 여기지 않으셨을 줄 어찌 알겠습니까.

유진사 헌주[179] 에게 답함

答兪進士 憲柱

여러 해 동안 집사(執事)의 높은 의리를 사모하였는데 일찍이 집사에게 사사로운 인사를 드리지 못하였습니다. 그런데 뜻밖에 먼저 영광스러운 안부 편지를 베풀어주고 선형(先兄)의 뇌사(誄詞)[180]까지 겸하여 주시니, 글이 매우 고상하고 뜻이 지극히 간곡하여 한탄하고 애석히 여김이 끝이 없으셨습니다.

아! 선형은 몸을 숨겨 행실을 닦다가 일찍 세상을 떠나서 세상에 장차 알아줄 사람이 없게 되었는데, 오직 집사께서는 이미 하루 동안의 만남이 없었는데도 살아서는 사랑하고 좋아하고 죽어서는 애도하는 마음을 다하시니, 만약 서로 깊이 감동함이 있지 않으시다면 어찌 이와 같겠습니까. 비록 타인이라 하더라도 오히려 이런 소식을 들으면 감격했을 터인데 하물며 아우인 저의 마음이겠습니까. 슬프고 감사한 마음이 지극하여 눈물이 흘러 얼굴을 적시는데, 어떻게 감사를 표해야 할지 모르겠습니다.

편지 끝에 가르쳐주신 말씀은 옛날의 도(道)이니, 저 같이 어리석고 못난 자가 감히 감당할 수 있는 것이 아닙니다. 어쩌면 저를 이끌어

179 유진사(兪進士) 헌주(憲柱) : 유헌주(1747~?)가 정유년(1777, 정조1) 식년시에 합격하여 진사가 되었기 때문에 이렇게 칭한 것이다. 유헌주는 자가 경여(擎汝), 본관이 기계(杞溪)이다.

180 선형(先兄)의 뇌사(誄詞) : 선형은 노주의 형인 오윤상(吳允常, 1746~1783)이고, 뇌사는 죽은 이를 애도하는 글로, 제문(祭文)을 가리킨다.

나아오게 하시려는 마음에 베풀 바를 가릴 겨를이 없어서 이러한 말씀을 해주신 것이 아닌지요? 그러나 제 스스로 사실을 드러내지 않는다면 집사께서 무슨 방법으로 저의 이러한 실상을 아시겠습니까.

저는 어려서는 재주가 없고 병을 자주 앓았으며, 자라서는 과거 공부를 익숙히 하지 못한 채 제멋대로 살아서 능히 남을 따라 과거에 응시하지 못하였습니다. 그리하여 나아가고 물러남에 의거할 것이 없고 문식〔文〕과 바탕〔質〕에 마땅한 것이 없으므로 다만 문을 닫고 혼자 지냈는데 어느새 흰머리가 성글어지니, 이는 실로 졸렬한 계책이요, 감히 스스로 도리라고 여길 수 있는 것이 아닙니다.

그런데 사람들 중에 저를 알지 못하는 자들은 혹 외람되이 '독서하는 선비'라고 지목하였습니다. 비유하건대 마치 기왓장과 조약돌이 못에 빠짐에 혹 진주라고 의심하고, 반딧불이 숲에 있음에 빛나고 괴이한 물건이라고 착각하는 것과 같으니, 이렇게 된 이유는 다름이 아니라 저의 옛 모습을 드러내지 않아서일 뿐입니다. 아마도 집사와 같이 현명한 분도 오히려 놓치고 빠트리는 것이 있어 이렇게 너그러운 가르침을 주신 것이 아닌지요? 반성해보건대 부끄럽고 두려워 몸 둘 바를 모르겠습니다. 비록 제가 감동하고 분발하여 더 노력하고자 하나 돌아보건대 정기(鼎器)가 이미 깨져[181] 하류(下流)에 처하는 것을 분수로 여기니, 원컨대 저를 군자의 대열에 끼워주지 마십시오.

제헌(霽軒)[182] 어른께서 별세한 지 어느덧 여러 해가 지났습니다.

181 정기(鼎器)가……깨져 : 정기는 원래 단약(丹藥)을 단련하는 그릇인데, 여기서는 육체를 비유하는바, 몸이 노쇠하여 쓸모없어졌다는 말이다.

182 제헌(霽軒) : 심정진(沈定鎭, 1725～1786)의 호로, 자는 일지(一志), 본관은 청

저는 어려서는 머리를 쓰다듬어주시는 사랑을 입었고 장성해서는 더욱 돈독한 사랑을 받았는데 이제는 끝났으니, 옛날 일을 추억할 때마다 서글픈 마음을 이길 수가 없습니다. 드릴 말씀은 매우 많지만 이만 줄입니다.

송(青松)이다.

노주집

제6권

書서

송중고[1] 후연 에게 줌
與宋仲高 厚淵

지난번 산 아래에서 우연히 만났을 적에 제게 여유가 없는 것은 아니었지만, 다만 마음이 황폐한 지가 오래되어 계발(啓發)해 주시는 이로움을 받아들이지 못하여 한바탕 좋은 이야기 거리가 되고 말았으니, 돌이켜 생각함에 매우 한스럽고 괴롭습니다.

엎드려 생각하건대 요즘 찬 서리 내리는 날씨에 백성을 다스리는 동정(動靜)이 더욱 가호를 받으시며, 공무(公務)의 여가(餘暇)에 다시 읽으시며 연구하시는 책은 무엇입니까? 이에 더하여 참으로 아름다운 흥취를 누리고 있습니까?

이곳에서 그대가 다스리는 군(郡)과의 거리가 다만 백 리[2]도 되지 않지만 만나 뵈올 길이 없고 단지 이 마음만이 왕래할 수 있음을 깨달았으니, 끊임없이 그리는 마음을 이기지 못하겠습니다.

저는 근간에 다시 서울로 올라갔다가 돌아와 부모를 뵌 지 겨우 열흘

1 송중고(宋仲高) : 송후연(宋厚淵, 1754~1802)으로 중고(仲高)는 그의 자이다. 호는 율수재(聿修齋), 본관은 은진(恩津)이며 지암(止菴) 김양행(金亮行)과 늑천(櫟泉) 송명흠(宋明欽)의 문하이다. 천거로 출사하여 선산 부사(善山府使) 등의 벼슬을 지냈다.

2 백 리 : 원문의 '용량(舂糧)'은 백 리 정도의 거리로 《장자(莊子)》 〈소요유(逍遙遊)〉에 "망창(莽蒼)을 가는 자는 세 끼 먹을 양식만 가지고 가도 배가 든든하지만, 백 리를 가는 자는 하루 동안 양식을 찧어야 하고, 천 리를 가는 자는 석 달 동안 양식을 모아야 한다.〔適莽蒼者, 三飡而反, 腹猶果然, 適百里者, 宿舂糧, 適千里者, 三月聚糧.〕"라는 구절에서 유래하였다.

이 지났습니다. 몸은 행역(行役)에 피로하고 정신은 우환(憂患)에 조락(凋落)하여 하나의 몸과 마음을 점검하지 못한 채, 어느덧 세월이 흘러 노년이 되었습니다. 스스로 돌아보건대 육체가 이미 훼손되어 학문이 진전될 가망이 없지만 그래도 종유(從遊)하는 자리에서 덕업(德業)이 이루어지는 것을 보길 원합니다. 이 마음에 연연하여 지우려 해도 할 수 없으니, 이것이 어찌 한갓 이에 의탁하여 자신을 영화롭게 하려는 것이겠습니까.

근래 우연히 왕신건(王新建)[3]의 책을 보고 학문이 바르지 않을 뿐만 아니라 또한 매우 거칠고 엉성하다는 것을 알 수 있었습니다. 다만 이 사람이 기백(氣魄)이 있고 언어에 힘이 있어 남을 감동시킬 수 있었기 때문에 한 학맥을 이루어 거의 천하를 바꿀 지경이었던 것입니다. 우리 유가(儒家)의 학문은, 본래 이러한 훌륭한 인물이 없으니, 이 때문에 쇠퇴하여 떨치지 못하는 것입니다. 바라건대 노형께서는 왕신건의 학문에 물들지 마시고 그의 장점을 옮겨 오신다면 어찌 우리 도(道)에 있어 다행이 되지 않겠습니까.

제 말이 비록 농담에 가까우나 진실로 세도와 인물에 대한 감회가 마음에 촉발하는 것이 있기에 애오라지 우리 형에게 말해보니, 살펴주시기 바랍니다. 나머지는 이만 줄입니다.

3 왕신건(王新建) : 명나라 중기의 대학자이자 문신인 왕수인(王守仁, 1472~1529)으로 신건백(新建伯)에 봉해졌기 때문에 이렇게 칭한 것이다. 자는 백안(伯安), 호는 양명(陽明), 시호는 문성(文成)이다. 홍치(弘治) 12년(1499) 진사시에 급제하고 벼슬이 남경 병부 상서(南京兵部尙書)에 이르렀다. 당대의 주류 학문인 주자학을 비판하고 육구연(陸九淵)의 심성론(心性論)을 계승하여 심즉리(心卽理), 지행합일(知行合一), 치량지(致良知)의 원리를 제창하여 양명학이란 새로운 유학을 창도하였는바, 이후 양명학은 동아시아 지성사에 심대한 영향을 끼쳤다.

김대백[4] 기풍 형에게 답함

答金兄大伯 基豐

문 천연두의 우환이 있는 중에는 대부분 제사를 지내지 않습니다. 족하께서는 일찍이 이 우환을 겪으셨는데, 이때에 제사를 중지하지 않았습니까? 만약 혹 이런 일을 겪지 않으셨다면 마땅히 어떻게 해야 됩니까? 제사를 지내지 않는 이유는 청결하게 재계(齋戒)할 수 없기 때문입니까? 아니면 구기(拘忌 금기(禁忌)) 때문에 그만두는 것일 뿐입니까?

답 천연두의 우환이 있는 중에 제사를 폐하는 것을 일찍이 속기(俗忌 속세에서 꺼려 행하지 않는 일)로 보아 온당치 못하다고 여겨, 지난번 집에 이러한 우환이 있을 적에 제사를 폐하지 않았습니다. 그런데 근래에 《근재집(近齋集)》을 보니 이에 대한 의논이 매우 상세한데, 상(喪)을 당한 것과 똑같은 예(例)로 보아 제사를 폐해야 한다고 하였으니,[5]

4 김대백(金大伯) : 김기풍(金基豐, 1754~1827)으로 대백은 자이며 본관은 청풍(淸風)이다. 1783년(정조7) 식년 진사시에 합격하고 벼슬이 충주 목사(忠州牧使)에 이르렀다.

5 근재집(近齋集)을……하였으니 : 《근재집》은 호가 근재(近齋)인 박윤원(朴胤源, 1734~1799)의 문집이다. 박윤원은 자가 영숙(永叔), 본관이 반남(潘南), 시호가 문헌(文獻)으로, 평생 벼슬에 나아가지 않고 성리학 연구에 전념하여, 농암(農巖) 김창협(金昌協)·도암(陶菴) 이재(李縡)·미호(渼湖) 김원행(金元行)의 학통을 계승하였다. 이 내용은 《근재집》 권24 〈태재록(汰哉錄)〉에 "남계가 또 논하기를 아이가 천연두에 걸렸을 때 제사를 그만둘 필요가 없다고 하는데, 이는 그렇지 않다. 천연두는 매우 불결한 병이니, 어떻게 무릅쓰고 제사를 행할 수 있겠는가. 또 병든 아이를 다른 곳에

제사는 청결함을 위주로 하는 의리 때문에 말한 것입니다.

천연두가 심한 경우에는 고약한 냄새와 더러움이 이보다 심한 것이 없으니, 이 논의는 참으로 마땅히 깊이 헤아려 보아야 합니다. 만약 방편(方便)을 세워 정결하게 할 방도가 없다면 제사를 중지하는 것이 옳지 않겠습니까.

옮겨두고서 행하면 된다고 하는데, 이는 또 매우 불편한 일이다. 환자를 데리고 나가 살 곳을 어찌 쉽게 빌릴 수 있겠는가. 모두 행하지 못할 듯하다.〔南溪又論小兒痘疹, 不必廢祭, 此亦未然. 痘疹甚是不潔之疾, 何可冒行. 且云病兒移置他所而行之, 此又難便. 出寓之所, 豈可易借. 恐皆行不得者也.〕"라고 보인다.

김대백 형에게 줌
答金兄大伯

무서리가 계절을 알리고 있는데, 기거를 더욱 보중(保重)하고 계시리라 공경히 생각합니다. 성곽 밖의 그윽한 감상은 모두 듣기에 좋을 만한 것들입니다. 우리들이 근래 진솔(眞率)하게 서로 만나고, 만날 때마다 높고 깊은 기개와 운치를 가지니, 노쇠한 때[6]에 득의(得意)의 일이라고 이를 만합니다. 다만 득의한 곳에서는 후회와 부끄러움이 생기기가 쉬우니, 이것을 되돌아보지 않을 수가 없습니다.

우리 세 사람은 다만 서로의 친한 정이 깊을 뿐 아니라 모두 친척이 되니, 자주 서로 찾아가고 초청하더라도 거의 허물과 후회가 없을 것입니다. 그러나 만약 이를 시초로 하여 차후 명승지를 뽑아 날짜를 정하여 다른 사람을 참여하게 한다면, 이는 우리들이 끝까지 약속을 지키는 뜻이 결코 아니니, 아량(雅量)이 있는 분께서는 어떻게 생각하시는지 모르겠습니다. 이만 줄입니다.

6 노쇠한 때 : 원문은 '衰慕'인데, 문맥에 의거하여 '衰暮'로 보고 번역하였다.

김숙도[7] 상임 에게 답함

答金叔道 相任

정성스런 가르침이 막힌 지가 어느덧 3년이 되었습니다. 산마루의 구름과 관문(關門)의 나무를 다만 멀리서 그리워할 뿐이었는데, 뜻밖에 손수 쓰신 편지를 멀리서 받아 안부(安否)를 물으신 외에도 너그러운 장려의 말씀이 편지 사이에 융숭하니, 감동하고 분발한 뒤에 부끄러움과 두려움이 이어집니다.

저는 근래에 초상(初喪)과 우환과 질병으로 뜻과 기개가 저상되고 흩어져 정력(精力)이 허약해졌습니다. 비록 젊었을 때의 감개(感慨)한 생각이 완전히 없어지지는 않아서 때로 혹 서책을 가까이하나, 근기(根基)가 제대로 확립되지 못했으니, 비유하면 물이 새는 그릇에 물을 받아서 물이 모이지 않는 것과 같습니다. 이러한 기량(技倆)으로 어떻게 붕우들이 서로를 위해주는 후의(厚意)를 받을 수 있겠습니까.

《주자대전차의(朱子大全箚疑)》[8]를 미처 자세히 수정하지 못하였는데, 당시 조정의 명령으로 그대로 간행되어 반포되니, 많은 선배들이

7 김숙도(金叔道) : 김상임(金相任, 1753~?)으로 숙도는 그의 자이고 본관은 광산(光山)이다. 1789년(정조13) 식년 진사시에 합격하고 의성 현감(義城縣監), 교하 군수(交河郡守) 등의 벼슬을 지냈다.

8 주자대전차의(朱子大全箚疑) : 우암 송시열이 《주자대전》 중에서 난해한 문자나 고사, 의문점 등을 뽑아 주석을 붙여 엮은 책이다. 우암이 김수흥(金壽興)·김수항(金壽恒) 등과 함께 편찬하였으나 완성하지 못하였는데, 그의 제자인 권상하(權尙夏)와 김수항의 아들인 김창협(金昌協) 등이 정리하여 정유자(丁酉字)로 간행하였다.

한(恨)으로 여겼습니다. 그러나 농암 어른의 《주자대전차의문목(朱子大全箚疑問目)》은 많은 것을 발명(發明)하여, 《주자대전차의》의 부족하고 잘못된 것을 보완할 수 있었습니다. 다만 세상에 보이는 이 책의 필사본이 매우 드물어서 보고자 하여도 볼 수가 없었습니다.

지난 번 한 사우(士友)의 집에서 이 책을 보고는 간절하게 필사(筆寫)하고 싶었으나, 민간(民間)에는 서수(書手 필경사(筆耕士))가 없어 이 일을 염두에 두지 못하였습니다. 그러다 마침 계용(季容)[9] 형을 만나 지나가는 말에 이것을 언급하자, 계용이 이르기를 노형께서 다스리는 고을에는 서리(書吏)가 많아 이 일을 이룰 수 있을 것이라고 하였습니다.

이에 이 책을 빌려 올리니, 부디 몇 본을 필사해서 아침저녁으로 깊이 연구하는 자료로 삼으시고, 한 권은 저에게 보내주시기 바라니, 이 일로 인하여 지우(知友)들에게 이 책이 유포된다면 다만 저 혼자만의 다행이 아닐 것입니다. 삼가 짐작하건대 노형께서도 필시 이 말을 즐겨 받아들이시리라고 여겨지기에, 이처럼 번거로움을 무릅쓰고 부탁드리는 것입니다.

이어 기억하건대, 연전에 영남지방에 나그네로 유람할 적에 이른바 《주서강록간보(朱書講錄刊補)》[10]라는 책을 보았습니다. 이것은 바로 영남 선비들이 만든 것이었는데, 그 내용이 지극히 정밀하고 해박하

9 계용(季容) : 김상휴(金相休, ?~1827)의 자이다. 호는 초천(蕉泉), 본관은 광주(廣州)로 1803년(순조3) 증광 문과에 급제하고 벼슬이 이조 판서에 이르렀다. 이 간찰의 당사자인 김상임의 아우이다.

10 주서강록간보(朱書講錄刊補) : 퇴계(退溪) 이황(李滉)이 편찬한 《주자서절요(朱子書節要)》의 이해를 돕기 위해 밀암(密庵) 이재(李栽)가 저술한 주해서(註解書)이다.

였습니다. 이와 같은 책을 얻기가 쉽지 않은데, 이 책을 보신 적이 있습니까?[11]

다만《주자서절요(朱子書節要)》에만 그쳤을 뿐이니, 만약《주자대전(朱子大全)》을 다 들어 주해하였다면 또한 잘못했다는 비난을 면할 수 있었을는지는 모르겠습니다. 나머지는 철에 맞춰 몸을 진중히 보중하시기를 바라며, 이만 줄입니다.

11 이……있습니까 : 간찰의 상대방인 김상임이 의성 현감((義城縣監))을 지냈기 때문에 이렇게 말한 것이다.

임득여[12] 노 에게 줌

與任得汝 魯

홀연히 가을이 되었습니다. 엎드려 생각하건대 무더위를 겪으면서 존체(尊體)는 무탈하시고 독서하는 기미(氣味)가 날마다 매우 좋으실 것입니다. 저는 병석에 누운 채 즐거울 일이 없어 오랫동안 문안도 올리지 못하고 다만 스스로 서글퍼하며 마음속으로 그리워할 뿐입니다.

저는 허약하고 파리한 몸이 기운이 없어 몸을 가누지 못한 채 마음 쓸 곳이 없었는데, 일간에 비로소 퇴도(退陶 이황)의 책을 가져다가 뜻 가는대로 펴 보았습니다. 퇴도의 글은 이전부터 볼 때마다 매우 좋았는데 지금에 더욱 재미가 있음을 알게 되었습니다.
학문을 논한 문장이 참되고 순수하며 온화하고 후덕하며, 먼저 그 말할 것을 실행하고 그 뒤에 말이 행동을 따르게 하여[13] 언어에서 취하여 공급하려는 뜻이 추호(秋毫)도 없습니다. 그의 책을 읽으면 사람으로 하여금 유연(油然)히 감발(感發)하는 곳이 있게 하니, 진실로 사람됨이 스스로를 수양하여 깊이 기르고 두터이 쌓은 분이 아니라면 어찌

12 임득여(任得汝) : 임노(任魯, 1755~1828)로 득여는 자이고 호는 영서거사(潁西居士), 본관은 풍천(豊川)으로 주기론(主氣論)을 주장한 녹문(鹿門) 임성주(任聖周)의 문인이다. 천거로 충원 현감(忠原縣監) 등을 역임하였다.

13 먼저……하여 : 이 내용은 군자(君子)에 대한 자공(子貢)의 질문에 공자(孔子)께서 "먼저 그 말할 것을 실행하고, 그 뒤에 말이 행동을 따르게 하는 것이다.〔先行其言, 而後從之.〕"라고 대답하신 구절을 줄여 원용한 것이다. 《論語 爲政》

이와 같을 수 있겠습니까. 농옹(農翁 농암 김창협)께서 "비단 우리 동방에 일찍이 없었던 분일뿐이 아니라 비록 중국에 있어서도 또한 많이 볼 수 없는 분이다."라고 하신 말이 진실로 과장된 것이 아닙니다.

후학들이 만약 자신을 맡겨 본받는다면 거의 참된 선비의 맥(脈)을 잃지 않을 것이요, 비록 성취를 이루지 못하더라도 그래도 병폐(病弊)는 있지 않을 것입니다. 같은 시대에 태어나 가까이에서 직접 훈도를 받아 박잡(駁雜)하고 어리석은 자질을 조금이나마 떨쳐버리지 못한 것이 한스럽습니다.

현자께서는 평소에 이미 익숙히 보셨을 것으로 생각되니, 경서(經書)를 연구하는 여가에 다시 이 책을 가져다가 실마리를 찾으신다면 이해하는 바가 어찌 저같이 황폐하여 기초적인 경지(境地)조차 없는 자에게 비하겠습니까. 부디 유념하시기 바랍니다. 나머지는 이만 줄입니다.

임득여에게 답함
答任得汝

문 사가(私家)에서 길제(吉祭)를 지낼 때에, 새 신주(神主)를 여전히 부위(祔位)에 두고 제사가 끝나기를 기다렸다가 올려 정위(正位)에 들입니다. 《상례비요(喪禮備要)》의 뜻이 이와 같은 듯한데, 부위(祔位)에는 축문(祝文)을 고하지 않는 것이 예(禮)이니, 새 신주에 또한 축문을 고하지 않습니까?

만약 '비록 부위에 있더라도 예(禮)는 마땅히 정위(正位)와 똑같이 해야 한다.'라고 한다면, 비록 하루사이에 우선 부위에 있더라도 정위의 예를 쓰는 것이 어떨지 모르겠습니다. 혹자는 말하기를 '오묘(五廟)가 되는 혐의가 있지만[14] 장차 체천(遞遷)할 즈음에 잠시 합향(合享)하는 것은 혐의가 없다.'라고 하니, 이 설이 어떻습니까?

답 《상례비요(喪禮備要)》의 글은 바로 사당 안에서 길제(吉祭)의 의식을 행하는 것입니다. 사당 안에 다만 4대의 감실(龕室)만이 설치되어 있고 다른 감실이 없다면, 제사를 지낼 때에 별도의 자리를 설치하여 새 신주를 내어 받들어 제사하고, 제사가 끝나면 비로소 오대조의 신위(神位)를 체천하여 소(昭)와 목(穆)을 번갈아 옮기고 새 신주를 올려 정위에 들여야 하니, 이것은 예(禮)의 뜻과 일의 형편상 부득불 이렇게 하여야 할 듯합니다.

14 오묘(五廟)가……있지만 : 오대조의 신주를 아직 체천(遞遷)하지 않았기 때문에 오묘(五廟)가 되는데, 오묘는 오직 제후(諸侯)만이 가능하므로 말한 것이다.

새 신주가 비록 잠시 부위에 있더라도 이미 정위인데, 어찌 축문이 없을 수 있겠습니까. 또 길제는 합향(合享)에 관계되고 체천의 예를 겸행하여 평상시의 시제(時祭)와는 차이가 있으니, 오묘가 되는 혐의에 이르지는 않을 듯합니다. 그렇다면 만약 정침으로 신주를 내어 제사할 적에 비록 정위에 나란히 배열하더라도 혹 크게 어긋남이 되지는 않을 것입니다. 천박한 소견(所見)이 이와 같으나 감히 옳다고 단언할 수는 없습니다.

임득여에게 답함
答任得汝

듣건대 이미 관직에 나아가셨다 하니, 백발에 오사모(烏紗帽 벼슬아치가 쓰는 모자)를 쓰는 것은 참으로 그대가 마땅하게 여기는 바는 아닐 것입니다. 그러나 인간 만사가 애오라지 인연을 따르는 것이니, 만약 이치로써 자신을 극복한다면 모든 곳이 즐거울 만한 곳이며, 모든 때가 공력을 쓰는 때입니다. 어찌 '계책이 잘못 되었다.〔失計.〕'는 두 글자를 항상 가슴속에 남겨두어 자신의 화평하고 편안한 몸을 손상시킬 것이 있겠습니까.

이는 바로 옛사람의 이른바 '한 덩어리의 사심(私心)을 쌓아두었다.'는 것이니,[15] 감히 이 말을 외워 경계드립니다.

15 옛사람의……것이니 : 옛사람은 주자의 스승인 연평(延平) 이동(李侗)을 이른다. 이동의 이 말은 주자가 찬한 《연평답문(延平答問)》에 보인다.

임득여에게 답함
答任得汝

'고(孤)'와 '애(哀)'라는 상주(喪主)에 대한 칭호는 고례(古禮)에 구분이 없었을 뿐 아니라, 또한 고애(孤哀)라고 아울러 칭한 글도 없습니다. 《의례》 〈사우기(士虞記)〉에는 '애자모(哀子某)', '애현상(哀顯相)'[16]이라 하였고, 《예기》 〈잡기(雜記)〉에는 "제사에는 효자(孝子), 효손(孝孫)이라 칭하고, 상중에는 애자(哀子), 애손(哀孫)이라 칭한다."고 하였으니, 이는 아버지와 어머니의 상을 구분하지 않고 말한 것입니다.

그런데 《개원례(開元禮)》[17]에 이르러 비로소 각각 나누어 칭하였는데, 사마온공(司馬溫公)의 《서의(書儀)》[18]에서 이를 취하였습니다. 주자께서 일찍이 말씀하시기를 "아버지의 상에는 고자(孤子)라 칭하고, 어머니의 상에는 애자(哀子)라고 칭하니, 온공이 칭한 바는 아마도 지금의 풍속을 따라 아버지와 어머니를 구별하여 뒤섞지 않고자 한

16 애현상(哀顯相) : 제사를 돕는 사람을 이른다.

17 개원례(開元禮) : 당(唐)나라 현종(玄宗) 개원(開元) 연간에 칙명에 의해 서견(徐堅), 소숭(蕭崇) 등이 150권으로 편찬한 《대당개원례(大唐開元禮)》를 말한다. 길례(吉禮), 빈례(賓禮), 가례(嘉禮), 군례(軍禮), 흉례(凶禮)의 다섯 가지로 분류되었다.

18 사마온공(司馬溫公)의 서의(書儀) : 사마온공은 북송(北宋)의 명재상인 사마광(司馬光)으로 그가 온국공(溫國公)에 봉해졌기 때문에 이렇게 칭한 것이다. 《서의》는 사마광(司馬光)이 지은 예서(禮書)로 모두 10권이다. 고례(古禮)를 근본으로 하고 당시의 행할 만한 것을 참작하여 만들었다. 표주(表奏)・공문(公文)・사서(私書)・가서(家書)의 서식(書式) 1권, 관의(冠儀) 1권, 혼의(婚儀) 2권, 상의(喪儀) 6권 등 도합 10권이다.

것이다."라고 하셨습니다. 《가례(家禮)》는 《서의》를 따랐고, 《상례비요(喪禮備要)》는 《가례》를 따라서 모두 이 의의를 취하였으니, '고'라 하고 '애'라고 하는 것은 바로 거상(居喪) 중에 칭하는 것이요, 그 처한 상황에 따라 칭호를 달리한 것입니다.

지금 오래된 예전의 상(喪)과 막 복을 입고 있는 새로운 상을 끌어다가 아울러 칭하는 것은 정(情)과 의의가 없을 뿐 아니라, 모르는 사람의 입장에서 본다면 이것이 아버지의 상을 입고 있는 것입니까? 어머니의 상을 입고 있는 것입니까? 그 뒤섞지 않고자 하는 뜻이 어디에 있습니까?

삼가 시험 삼아 생각해보건대 '구망(俱亡 모두 돌아가심)'이란 바로 병유상(幷有喪 상이 겹친 경우)을 생략한 글이요, 전상(前喪)과 후상(後喪)으로 돌아가신 것[19]이 아닙니다. 《가례》 제주축(題主祝)에 "어머니가 돌아가시면 애자라고 칭한다."는 한 구절이 충분히 분명한 증거가 될 만합니다. 그런데도 '고'와 '애'를 따지지 않고 이미 모두 상을 당했을 때의 칭호로 쓴다면 부모가 선후로 돌아가신 경우, 후상에 처해 있으면서 전상 때 칭했던 것을 아울러 쓰는 것이니, 이는 도리어 의의가 없습니다.

조부모가 선후로 돌아가신 경우, 혹 그 아버지가 살아 계시던 때에 상을 당해 자기 자신은 기년복(朞年服)을 입었는데, 이제 아버지가 돌아가신 뒤에 갑자기 일찍이 기년복을 입었던 상을 승중상(承重喪)으로 끌어와 '고애손(孤哀孫)'이라 칭하는 것은, 이것이 무슨 예(禮)의

19 전상(前喪)과……것 : 모두 돌아가셨으나 돌아가신 시기가 떨어져 있어 겹쳐서 상을 치루지 않은 것을 말한다.

뜻입니까?

지난번 제가 말한 것 가운데 '대효(大孝)와 지효(至孝)를 일례(一例)로 보아야 한다'[20]고 했던 것은 다만 부모를 분별하는 뜻이 같음을 말한 것이요, 절절이 전례(前例)에 비추어 보고자 했던 것이 아닙니다. 이미 부모의 상을 함께 입는다면 각각의 위장(慰狀)과 각각의 답장에 고애라고 아울러 칭하는 것이 어찌 어긋남에 이르겠습니까? 편지에서 말씀하신바 '한 분만의 상을 모신다는 혐의'에 이르러서는 이를 피하고자 한다면 도리어 병유상(幷有喪)의 혐의가 있게 되니, 과연 이 말이 어떨지 알지 못하겠습니다.

20 대효(大孝)와……한다 : 상주(喪主)에게 다른 사람이 조문차 보내는 글에 부친상의 경우 대효(大孝), 모친상의 경우 지효(至孝)라고 칭하는데, 대지효는 이를 고애자처럼 합칭한 말이므로 이렇게 말한 것이다.

임득여에게 줌
與任得汝

지난번에 만났을 적에 "인심(人心)이 절도에 맞는 것이 도심(道心)이고 도심이 절도에 맞지 않는 것이 인심이다."라고 가르침을 주셨는데, 저는 이에 대해 자못 마음속에 의심이 없지 못했습니다. 그러나 경황이 없어 미처 자세히 여쭈어 가르침을 구하지 못했으니, 돌이켜보니 한스럽습니다.

이로 인하여 생각해보니, 지난해 풍악산(楓嶽山)에 들어가 달이 밝은 밤에 절 누각에서 김계용(金季容)[21]과 이를 논하였습니다. 제가 "인심과 도심은 원래 형기(形氣)와 성명(性命)의 구분을 가지고 둘로 상대하여 말한 것이니, 인심이 도심의 명을 듣는 것과 도심이 바름을 잃은 것은, 비록 이(理)와 기(氣)가 서로 이기고 지는 것에서 말미암으나 이를 가지고 본래의 명목(名目)을 서로 바꾸어서는 안 된다."라고 하자, 계용이 "만일 이 말과 같다면 마음을 둘로 나눈다는 혐의가 있게 되니, 인심이 도심에게 명을 들으면 도심일 따름이다."라고 하여, 한참 변론하였으나 논의가 합치되지 못한 채 그만두었습니다.

지금 당신의 가르침을 미루어 헤아려보면 그 뜻이 대체로 계용의 소견과 흡사한 점이 있으니, 일찍이 그와 함께 이 뜻에 대해 강론(講論)하신 적이 있으신지 모르겠습니다.

삼가 자세히 살펴보건대 인심과 도심이라고 하는 것은 이 마음의

21 김계용(金季容) : 김상휴(金相休)로 자세한 것은 155쪽 주9 참조할 것.

체(體)와 용(用), 본(本)과 말(末)을 들어서 말한 것이 아닙니다. 순(舜)임금이 우(禹)에게 고하신 것은 다만 발동(發動)하는 곳에 나아가 위태롭고 은미한 기미를 가리켜 보여 그로 하여금 그 기미를 자세히 알아 정밀하고 한결같은 공부를 하게 한 것입니다.[22]

그러나 기(氣)는 강하고 이(理)는 약하여 강한 것이 항상 이기고 약한 것은 쉽게 집니다. 위태로움〔危〕과 은미함〔微〕이 실로 서로 관계가 되기 때문에 공부할 때에 반드시 위태로움을 편안하게 한 뒤에야 은미함이 비로소 드러날 수 있게 되니, 이것이 인심을 먼저 말하고 도심을 뒤에 말한 까닭입니다.

가령 계용의 말과 같다면 글을 쓴 선후가 이처럼 뒤바뀌어서는 안 될 듯합니다. 주자가 말씀하신 '혹원혹생(或原或生)'[23]은 또한 바로 마음이 발한 뒤에 거슬러 올라가 상대하여 설명한 것입니다. 공(公)과 사(私)의 구분 때문에 이런 위(危)와 미(微)라는 두 가지 체(體)가 있는 것이지, 미발(未發) 이전에 두 가지 묘맥(苗脈)이 함께 우뚝 대립

22 순(舜)임금이……것입니다 : 이 내용은 순임금이 우(禹)에게 제위(帝位)를 넘겨주면서 "인심은 위태롭고 도심은 은미하니 정밀하게 하고 한결같이 해야 진실로 그 중도를 잡을 것이다.〔人心惟危, 道心惟微, 惟精惟,一 允執厥中.〕"라고 한 것을 가리켜 말한 것이다. 《書經 大禹謨》

23 혹원혹생(或原或生) : 《중용장구(中庸章句)》 서문(序文)에서 주자가 순임금이 우(禹)에게 "인심은 위태롭고 도심은 은미하니, 정하고 한결같아야 진실로 그 중을 잡을 수 있다."라고 한 말에 대해 부연하면서 "마음의 허령지각(虛靈知覺)은 하나일 뿐인데, 인심과 도심의 다름이 있다고 한 것은, 혹은 형기지사(形氣之私)에서 나오고, 혹은 성명지정(性命之正)에서 근원하여, 지각을 한 것이 똑같지 않기 때문이다.〔心之虛靈知覺 一而已矣, 而以爲有人心道心之異者, 則以其或生於形氣之私, 或原於性命之正, 而所以爲知覺者不同.〕"라고 한 구절을 가리켜 말한 것이다.

하여 각각 따로 나온다고 말한 것은 아닙니다. 그러므로 이발(已發)의 입장에서 말한다면 어찌 두 마음일 뿐이겠습니까. 마음이 천백 가지라도 하나의 본체가 되는 데에는 아무 문제가 없습니다.

만일 두 마음을 만들고자 해서 청명(聽命 명령을 들음)의 전후(前後)로 끊어 나누어, 청명의 전을 인심이라 하고 청명의 후를 도심이라 하면, 이는 인심과 도심이 장차 전후의 물(物)이 되어 나란히 존재할 수 없을 것이니, 그렇다면 이는 인심 한쪽을 가져다가 모조리 악에 소속시켜 그 이름을 끊어버린 뒤에야 가할 것입니다.

그렇다면 "상지(上智)라도 인심이 없을 수 없다."[24]는 말을 어떻게 처리해야 합니까? 게다가 말씀하신 "도심으로 하여금 일신(一身)의 주장이 되게 하고 인심으로 하여금 항상 도심의 명령을 따르게 한다."[25]는 것은 단지 도심이 주인이 되고 인심이 손님이 되어 손님으로 하여금 주인의 명을 따르게 하려는 것일 따름이고, 공자의 '절사(絶四)'[26]와 같이 완전히 끊어 버리려는 것이 아닙니다.

순임금이 말씀하신 '위(危)' 자의 뜻과 주자의 '위태로운 인심이 편안해진다.'는 가르침[27]을 반복하여 깊이 음미해보면, 이는 경계시키려는

24 상지(上智)라도……없다 : 이 내용은 주자의 말씀으로, 《중용장구(中庸章句)》 서문(序文)에 보인다.

25 도심으로……한다 : 이 내용은 주자의 《중용장구(中庸章句)》 서문(序文)에 보인다.

26 공자의 절사(絶四) : 이 내용은 《논어》 〈자한(子罕)〉에 "공자는 네 가지가 완전히 없으셨으니, 사사로운 뜻이 없으셨으며 기필함이 없으셨으며 집착함이 없으셨으며 이기심이 없으셨다.〔子絶四, 毋意, 毋必, 毋固, 毋我.〕"라고 보인다.

27 주자의……가르침 : 이 내용은 주자의 《중용장구(中庸章句)》 서문(序文)에 "반드

뜻이지 끊으려고 하는 말이 아님을 알 수 있습니다. -또 '은미한 도심이 드러난다.'는 말과 끝까지 상대하여 말씀한 것을 보면 또한 그 이름을 끝내 없애려고 하지 않은 것임을 알 수 있습니다.-

그래서 저는 일찍이 "인심(人心)이 도리에 부합하는 것은 성명(性命)이 주재(主宰)가 되기 때문이지만, 필경 이는 도심의 명을 듣는 인심이며, 도심(道心)에 과(過)와 불급(不及)이 있는 것은 형기(形氣)가 도심을 가려서이지만 필경 이는 바름〔正〕을 잃은 도심이다."라고 생각하였습니다. 어째서이겠습니까? 명(名)과 실(實)이 뒤섞여서는 안 되기 때문입니다.

마땅히 먹을 때에 먹고 마땅히 입을 때에 입는데, 도심의 명(命)을 듣는다고 하여 이러한 마음을 도심이라고 부르면 바른 명칭이 아니요, 지나치게 공손한 예(禮)와 미치지 못하는 의(義)를 정(正)을 잃었다고 하여 이러한 마음을 인심이라고 부르면 이것이 어찌 또 바른 실제이겠습니까.

다만 상대하여 말하는 가운데, '곧바로 나오는 것〔直出〕'과 '옆으로 나온〔傍生〕 움'이 있어서 종(宗)과 얼(孽)의 구분이 있음을 주의 깊게 살핀다면, "정밀하게 살피고 한결같이 지키면 위태로운 인심이 편안해지고 은미한 도심이 드러난다."는 뜻이 절로 서로 발명되어 자연스럽게 이치가 순해지니, 굳이 괴롭게 지엽적인 것들을 찾을 필요가 없습니다.

시 도심으로 하여금 일신(一身)의 주장이 되게 하고 인심으로 하여금 항상 도심의 명령을 듣게 하면 위태로운 인심이 편안하게 되고 은미한 도심이 드러나게 되어 동정(動靜)과 말하고 행하는 것이 저절로 과(過)·불급(不及)의 잘못이 없어서 진실로 그 중도(中道)를 잡게 될 것이다.〔必使道心常爲一身之主, 而人心每聽命焉, 則危者安, 微者著, 而動靜云爲, 自無過不及之差矣.〕"라고 한 구절을 가리킨다.

일찍이 《곤지기(困知記)》[28]를 보니, 인심과 도심을 체(體)와 용(用)으로 보아 주자의 가르침과 다른 견해를 세워 매우 장황하게 말했으니, 이는 또한 다른 이유가 없습니다. 양쪽으로 상대하여 말하는 것을 혐의해서 한 가지로 만들고자 하여 말이 이와 같은 것입니다.

만약 지두(地頭)[29]를 돌아보지 않고 단지 '심(心)' 자 보기를 너무 중하게 한다면 추론(推論)이 이와 같이 지나치게 되는 것이 괴이하지 않으니, 이는 또 깊이 살피지 않으면 안 됩니다. 부디 다시 더 체인하고 연구하여 분석하여 가르침을 주심이 어떻겠습니까.

《중용장구(中庸章句)》 서문(序文)에 "지각(知覺)으로 삼은 것이 똑같지 않기 때문이다.〔所以爲知覺者不同.〕"라고 한 여덟 글자는, 인심과 도심의 구분을 가리켜 보여 줌이 단지 오동나무 잎을 가르는 것[30]과

28 곤지기(困知記) : 명나라 중기의 문신이자 성리학자인 나흠순(羅欽順, 1465~1547)이 지은 4권(卷)의 책으로, 그 내용은 대체적으로 주자학(朱子學)을 따르고 선학(禪學)을 배격하였으나, 기(氣)를 벗어나서 존재하는 이(理)는 없다는 일원기론(一元氣論)과, 인심을 이발의 정(情)으로 도심을 미발의 성(性)으로 주장하는 심성론(心性論)이 드러나 있다.

29 지두(地頭) : 지보(地步)와 같은 말로, 문맥에 따라 장소, 위치, 처지, 측면, 차원, 영역, 지경 등의 의미를 갖는다.

30 오동나무……것 : 분명하고 단호한 처지나 입장을 이르는 표현이다. 당(唐)나라 덕종(德宗) 때 반란을 일으켰던 절도사 이회광(李懷光)이 항복을 청하자 덕종이 이를 받아들이려 하였다. 이때 이필(李泌)이 오동나무 잎을 칼로 갈라서 올리고 "이회광은 폐하에게 있어 신하이니, 임금과 신하의 분수는 이 오동나무 잎처럼 분명합니다."라고 간하였는데, 뒤에 남송의 학자인 남헌(南軒) 장식(張栻)이 이를 원용하여 "군자가 마음 속의 허물을 깨달으면 통렬히 징계해서 끊기를 오동나무 잎을 가르듯이 하여야 한다.〔是以君子懼焉, 萌于中必覺, 覺則痛懲而絶之, 如分桐葉然.〕"라고 하였다. 《新唐書 卷139 李泌列傳》《心經附註 不遠復章》

같을 뿐이 아닙니다. 율옹(栗翁)의 "인심 또한 도심이 된다."는 말씀[31]은 크게 나누어 구별함이 없어서 후인(後人)의 의혹이 없지 못하지만, 그러나 율옹의 문집에 또 인심과 도심이 서로 종(終)과 시(始)가 되는 뜻을 자세히 논하였고, 그 아래에 바로 이어 말하기를, "사람의 마음은 그 나옴이 무궁하여 때에 따라 깨달으니, 처음의 지각(知覺)을 되돌려 마침내 뒤의 지각으로 삼는 것이 아니다."라고 하였으니,[32] 이 말씀을 보면 율옹의 뜻이 주자의 가르침과 일찍이 조금도 다르지 않음을 알 수 있습니다.

그렇다면 율옹이 말한 "인심 또한 도심이 된다."는 것 또한 서로 종과 시가 됨을 말한 것에 불과하고 곧바로 '명(命)을 듣는 인심'을 도심이라고 불러서 그 이름을 바꾼 것은 아닌 듯합니다. 이는 참으로 융통성을 발휘하여 보아야 하니, 너무 깊이 연구해서는 안 됩니다.

31 율옹의……말씀 : 율옹은 율곡(栗谷) 이이(李珥)를 높여 칭한 것이다. 율곡의 말씀은 《율곡전서(栗谷全書)》 권14 〈인심도심설(人心道心圖說)〉에 "도심은 다만 지킬 수 있으면 그만이지만 인심은 인욕으로 흐르기 쉬워서 선하지만 또한 위태롭기도 하니, 마음을 공부하는 자가 한 생각을 발함에 있어 도심이 되는 줄 알면 곧 확충시키고, 인심이 되는 줄 알면 곧 정밀하게 살펴서 반드시 도심으로써 절제하여, 인심이 항상 도심의 명령을 듣게 하면 인심 또한 도심이 될 것이다.〔道心只可守之而已, 人心易流於人欲. 故雖善亦危, 治心者, 於一念之發, 知其爲道心, 則擴而充之, 知其爲人心, 則精而察之, 必以道心節制, 而人心常聽命於道心, 則人心亦爲道心矣.〕"라고 한 말씀에서 일부 인용한 것이다.

32 율옹의……하였으니 : '인심과 도심이 서로 종(終)과 시(始)가 되는 뜻을 자세히 논한 부분'이 《율곡전서》 중의 어느 부분을 가리킨 것인지 자세하지 않으며 아래 율곡의 말 또한 《율곡전서》 전체에서 보이지 않는다.

임득여에게 줌

與任得汝

어제 임고(林皐 숲이 있는 언덕)에서 흉금을 터놓고 마주한 것은 이 아름다운 시절을 즐긴 것이요, 또 덧없는 인생에 운치 있는 일이 되기에 충분하였습니다. 다만 근간에 제 심지(心地)가 거칠고 구차하여 계발(啓發)해 주시는 이익을 받들지 못하여, 긴 시간 수답(酬答)한 것이 사사로운 이야기 아니면 농담이었을 뿐입니다. 이에 돌아오는 길에 말안장 위에서 〈동명(東銘)〉의 '오만함을 자라게 한다.'라는 구절을 묵묵히 외면서 송구해 하였습니다.[33]

이어 생각하건대 이 몸은 자질이 이미 가볍고 약하며 또 평소 장엄하게 경(敬)을 지키는 일단의 공부가 부족하여 일간의 말과 행동이 세속(世俗)을 좇아 구차하지 않음이 없습니다. 이 때문에 도(道)를 향하여 허다한 세월을 보냈으나 끝내 진보한 곳이 없고, 어느덧 치아와 머리털이 쇠하고 친구들이 다 세상을 떠나, 구구한 이 몸의 의상(意象 정서(情

33 동명(東銘)의……하였습니다 : 〈동명〉은 송나라의 학자인 횡거(橫渠) 장재(張載)가 지은 글로, 본래의 이름은 〈폄우(砭愚)〉이다. 이 글에 "혹자는 이르기를 마음에서 나온 것을 허물을 돌려 자기의 희롱이라 하고, 생각에 잘못된 것을 스스로 속여 자기의 진정에서 나온 것이라 하여, 자신에게서 나온 것을 경계할 줄 모르고, 도리어 자신에게서 나오지 않은 것에 허물을 돌려, 오만함을 자라게 하고 또 그름을 이루니, 지혜롭지 못함이 무엇이 이보다 심하겠는가.〔或者謂出於心者, 歸咎爲己戱, 失於思者, 自誣爲己誠, 不知戒其出汝者, 反歸咎其不出汝者, 長傲且遂非, 不知孰甚焉.〕"라고 하여 희롱하는 말과 희롱하는 행동에 대해 깊이 경계하였으므로 이렇게 말한 것이다.

緖))이 영락하고 실의에 빠짐[34]이 또 지난날에 비할 바가 아닙니다. 이러한 때에 노형과 같은 강보(彊輔)[35]에게 바라는 것이 어찌 얕겠습니까.

원컨대 한갓 관대하게만 대하지 마시고 마음을 미루어 공경과 방종 사이에서 경계하고 일깨워 주시어 마음이 통하는 벗들의 수치가 되는 일을 면하도록 해주시기를 바랍니다. 허물을 반성하고 지내던 차에 애오라지 한번 진실 된 마음을 펴니, 부디 잘 살펴 주시기 바랍니다.

34 영락하고 실의에 빠짐 : 원문의 '확락(濩落)'은 원래 '공허하고 쓸쓸하다.〔廓落〕'의 의미인데, 인신하여 '영락(零落)하여 뜻을 잃다.〔淪落失意.〕'는 의미로도 쓰인다. 당나라 한유가 지은 〈증서주족질(贈徐州族姪)〉 시에 "초라하게 있는 돈 다 써버리고 영락하여 문과 거리는 텅 비어 있네.〔蕭條資用盡, 濩落門巷空.〕"라는 용례가 보인다.

35 강보(彊輔) : 크게 도움을 주는 벗이나 당여(黨與)를 의미하는 것으로, 한(漢)나라 동방삭(東方朔)의 〈칠간(七諫)〉에 "말이 어눌함이여, 또 강보도 없구나.〔言語訥譅兮, 又無彊輔.〕"라고 보인다.

임득여에게 줌

與任得汝

저번에 보여주신 홍백응(洪伯應)[36]의 호연지기장(浩然之氣章)[37]에 대한 글의 뜻은, 당시 갑작스러워 잘잘못을 파악하지 못했었는데, 소매 속에 넣어 가지고 와서 다시 자세히 보니, 마땅히 잘 생각해 보아야 할 점이 있습니다. '부동심(不動心)'은 이루어진 효험의 전체를 가지고 말한 것이고 '그 의지를 잘 잡는다.〔持其志.〕'[38]라는 것은 공부의 일단으로 말한 것이니, 애당초 나란히 놓고 상대하여 말할 수 있는 것이 아닙니다.

편지에 말씀하기를 "《맹자집주(孟子集注)》에는 '그 마음을 굳게 지킨다.〔固守其心.〕'라고 하였고 《주자어류(朱子語類)》에는 '그 마음을 굳게 지닌다.〔堅持其心.〕'라고 하였으니, 그렇다면 부동심은 곧 뜻을 지키는 것이니, 그 귀결을 요약하면 뜻과 마음이 하나이다."라고 하신

36 홍백응 : 홍직필(洪直弼, 1776~1852)로 백응은 자이고, 호는 매산(梅山), 본관은 남양(南陽), 시호는 문경(文敬)이다. 과거에 나아가지 않고 성리학과 예학에 전념하여 명성이 높았는데 오희상과는 매우 친하게 지냈다. 산림(山林)으로 경연관, 대사헌 등 여러 벼슬에 제수되었으나 모두 나아가지 않았다.

37 호연지기장(浩然之氣章) : 《맹자》 〈공손추 상(公孫丑上)〉의 제2장으로 맹자가 제자인 공손추(公孫丑)와 부동심(不動心) 및 호연지기를 논한 내용이다.

38 그……잡는다 : 이 내용은 호연지기장에 "의지는 기(氣)의 장수이고 기는 몸에 꽉 차 있는 것이니, 의지가 최고이고 기가 그 다음이다. 그러므로 말하기를 '그 의지를 잘 잡고도 또 그 기를 포악하게 하지 말라.'고 한 것이다.〔夫志, 氣之帥也, 氣, 體之充也, 夫志至焉, 氣次焉. 故曰 '持其志, 無暴其氣.'〕"라고 보인다.

것은, 아마도 호연지기 장의 문의(文義)를 정밀히 살피지 못한 것인 듯합니다.

게다가 《맹자집주》에서 "그 마음을 굳게 지킨다."라고 말한 것은 바로 고자(告子)의 잘못을 지적한 것이고 부동심의 올바른 뜻을 가리켜 말한 것이 아니니, 더더욱 이를 끌어다가 마음과 뜻이 하나라고 해서는 안 됩니다.

구구한 제 소견으로는, 삼가 생각해보건대 '부동심'은 한 장의 강령이 되고 '지언(知言)'과 '양기(養氣)'는 지(知)와 행(行)으로 나뉘어, -지언은 격물궁리(格物窮理)이니, 《맹자혹문(孟子或問)》에 이른바 '그 앞을 연다.〔開其前.〕'는 것이고, 양기(養氣)와 거경(居敬)은 '의(義)를 모음〔執義〕'이니 《맹자혹문》에 이른바 '그 뒤를 배양한다.〔培其後.〕'는 것입니다.- 부동심의 절도가 되고, '지지(持志)'와 '무포기(無暴氣)'는 내와 외로 나뉘어, -지지(持志)는 희(喜)·노(怒)·애(哀)·락(樂)의 위에 나아가서 공력을 가하는 것이니, 《맹자혹문》에 이른바 '그 안을 곧게 한다.〔直其內.〕'는 것이고, 무포기(無暴氣)는 동작(動作)과 성색(聲色)의 위에 나아가 공력을 가하는 것이니 《맹자혹문》에 이른바 '밖을 막는다.〔防於外.〕'는 것입니다.- 의(義)를 축적하는 절도가 되는데, 모두 '양기(養氣)'에 속하니, '양기'와 '무포기'는 모두 똑같은 기(氣)이지만 약간 대소(大小)의 차이가 있습니다.

'양기'의 기(氣)는 체(體)를 들어 말한 것이고 '무포기'의 기(氣)는 다만 용(用)을 가리켜 말한 것입니다. 그 의(義)가 쌓여서 호연지기가 이미 이루어짐에 미쳐서는 순수한 이의(理義)의 기운이니, '지지(持志)'와 '무포기(無暴氣)'는 또 굳이 말할 것이 없습니다.

우암(尤菴)께서 일찍이 "호연지기 장이 가장 이해하기 어려운 장이다."라고 말씀하셨으니,[39] 문장은 생동하는 용(龍)의 기세가 있고 의리

(義理)는 지극히 정미하기 때문에 이렇게 말씀하신 것입니다.

심(心), 언(言), 기(氣), 지(志), 의(義), 축(縮), 직(直), 강대(剛大)라는 말들이 종횡으로 흩어져 나와 끊어질 듯 이어질 듯하여 그 끝을 헤아릴 수 없으니, 참으로 이해하기 어렵습니다. 그러나 강령이 있고 조리가 있어 본래 어지럽힐 수 없는 것이 있어서 맥락이 서로 관통하고 선후가 서로 응하니, 이 책을 읽는 자가 모름지기 먼저 강령과 조리를 가려 그 지취(旨趣)를 찾는다면 거의 이해할 수 있을 것입니다.

사사롭게 삼가 생각하여 헤아린 것이 이와 같지만 감히 오류가 없다고 자신할 수 없기에, 애오라지 한번 거론하여 여쭙고 비평과 가르침을 청하니, 부디 또 홍백응에게 편지를 보여 주어 한 마디 말로 답장해주시길 바랍니다.

39 우암께서……말씀하셨으니 : 우암은 송시열(宋時烈, 1607~1689)의 호이다. 우암의 말은 《송자대전(宋子大全) 부록(附錄)》 권16 〈어록(語錄) 박광일록(朴光一錄)〉에 보인다.

임득여에게 줌
與任得汝

사람이 하늘과 땅에 참여하여 삼재(三才)가 되는데, 하늘과 땅의 도(道)는 스스로 서지 못하여 반드시 사람을 필요로 하니, 무릇 하늘과 땅 사이를 지탱하여 하늘과 땅이 뒤집어지지 않고 전복(顚覆)되지 않게 하는 것이 사람입니다. 그런데 지금 근래의 인물을 한번 살펴보면, 하늘이 뒤집히지 않고 땅이 전복되지 않는 것이 또한 다행이라고 할 만합니다.

주자께서 "인재가 거의 없으니, 종이 앞에 엎드려 눈물만 줄줄 흘린다."라고 하신 말씀[40]을 읽을 때마다 여러 번 거듭하여 크게 탄식합니다. 그렇지만 인재는 거저 만들어지는 것이 아니요 반드시 교육을 통해 만들어집니다. 돌아보건대, 지금 위로 재상(宰相)으로부터 아래로 수령에 이르기까지 거의 대부분이 학교를 일으켜 인재를 교육하여 양성하는 것이 정치의 큰 근본이 됨을 알지 못하니, 인재가 없어서 세상이 혼탁해지는 것은 당연한 일입니다.

자유(子游)가 무성(武城)의 읍재가 되었을 적에 부자(夫子)께서 인재를 얻었는지를 물으셨으니,[41] 성인(聖人)께서 어진 인재를 구하는 일을 급하게 여겼음을 알 수 있습니다.

40 주자께서……말씀 : 주자의 이 말씀은 《회암집(晦菴集)》 권33 〈서(書) 답여백공(答呂伯恭)〉에 보인다.

41 자유(子游)가……물으셨으니 : 이 내용은 《논어》 〈옹야(雍也)〉에 보인다.

보은(報恩) 고을이 비록 작지만, 어찌 열 가구뿐인 작은 고을에도 있는 충신(忠信)한 자가 없겠습니까.[42] 게다가 옛날에는 대곡(大谷) 성 선생(成先生)[43]이 나오셨고, 근래에는 참봉(參奉) 김상진(金相進)[44]이 그 사이에서 나왔으니, 이 분들의 유풍(遺風)이 없어지지 않은 것이 아마도 있을 것입니다. 이미 은밀히 찾아서 얻은 인재가 있는지 모르겠습니다. 편지로 저에게 알려 주심이 어떻겠습니까?

42 어찌……없겠습니까 : 이 내용은 《논어》 〈공야장(公冶長)〉에 "열 가구 쯤 되는 작은 고을에도 반드시 나처럼 충신한 사람은 있겠지만, 나처럼 배우기를 좋아하는 사람은 없을 것이다.〔十室之邑, 必有忠信如丘者焉, 不如丘之好學也.〕"라고 하신 공자의 말씀을 원용한 것이다.

43 대곡(大谷) 성 선생(成先生) : 성운(成運, 1497년~1579)으로 대곡(大谷)은 그의 호이고 자는 건숙(健叔), 본관은 창녕(昌寧)이다. 1531년(중종26)에 진사시에 합격하였으나 1545년(명종 즉위년) 형(兄) 우(遇)가 을사사화로 화를 당하자 보은 속리산에 은거하였다. 명성이 알려져 조정에서 자주 불렀으나 나아가지 않고 서경덕(徐敬德)·조식(曺植)·이지함(李之菡) 등과 교유하며 학문에 정진하였다.

44 김상진(金相進) : 1736~1811. 자는 사달(士達), 호는 탁계(濯溪), 본관은 김해(金海)이다. 보은 출신으로 1755년(영조31) 생원시에 합격하였으나 이후 과거를 단념하고 은거하면서 주자학 연구에 전념하여 많은 저술을 남겼다.

임득여에게 답함

答任得汝

정성스런 가르침을 받지 못한 지가 어느덧 3년이 되었습니다. 외로이 서있는 시냇가와 언덕에 바람이 높이 불고 서리가 깨끗합니다. 벗들과 떨어져 홀로 지냄에 외로운 회포를 참으로 스스로 금치 못하고 있는데, 뜻밖에 높으신 분의 편지가 멀리에서 이르니, 받들어 읽고는 위로됨이 끝이 없어 손에서 편지를 놓지 못했습니다. 더구나 정사(政事)를 다스리는 체후가 더위를 겪으면서도 강녕(康寧)하심을 앎에 있어서이겠습니까. 염려하신 극비(極備)의 재난[45]은 노년에 어쩔 수 없이 팔짱을 끼고 보시느라 마음고생이 많으실 것입니다.

저는 여름이 되어 자주 병이 들기에 의약(醫藥)을 접하기 쉬운 곳을 찾아 교외에 있는 종암동(鍾巖洞)으로 옮겨 거처하다가, 날씨가 서늘해지자 다시 옛 집으로 돌아왔는데, 왕래하는 중에 신경 쓰이는 일이 많아 만사(萬事)가 마음에 들어오지 않습니다. 스스로 가련하게 여긴들 어찌하겠습니까.

근간에 거듭 재난(災難)이 들어 민심이 걱정하고 원망하고 있는데, 대소의 관료들이 직무를 게을리 하며 안일하게 지내면서 하늘의 위엄

45 극비(極備)의 재난 : 극비는 한 해 농사의 수확을 좌우하는 비〔雨〕·햇볕〔暘〕·더위〔燠〕·추위〔寒〕·바람〔風〕 등이 고르지 못하여 한 가지만 너무 많은 것을 이르고 반대로 한 가지만 너무 없는 것을 극무(極無)라 한다. 비가 너무 적으면〔극무〕 가뭄의 재난이 들고, 너무 많으면〔극비〕 홍수의 재난이 생긴다. 《서경(書經)》 〈홍범(洪範)〉에 "한 가지가 지극히 구비되어도 흉하며, 한 가지가 지극히 없어도 흉하다.〔一極備凶 一極無凶〕"라고 한 데서 유래하였다.

이 두려워할 만하다는 것을 알지 못하는 듯하니, 삼가 과부와 칠실(漆室)의 근심[46]을 이기지 못하여 거의 벽을 돌며 날을 새우곤 하였습니다. 저의 관직이 비록 간관(諫官)이지만 몸이 출사(出仕)하지 않았으니, 말을 낼 수가 없습니다.

마침 이 때에 소명(召命 임금이 신하를 부르는 명령)이 있어 사직(辭職)을 청하는 상소를 써서 올릴 즈음에 저의 구구한 마음에 자연 억누를 수 없는 점이 있기에 마침 사양하는 말 사이에 연계하여 대략 언급한 것이 있는데, 이는 다만 공허한 몇 마디의 말로서, 애당초 정사(政事)를 말하는 체통이 아니었습니다.

상소가 올라가자 성상께서 그 글을 읽어보시고 우악(優渥)한 비답을 내려주셨을 뿐 실제의 일에는 보탬이 없으니, 반성해 봄에 황송하고 부끄러워 후회하지 않을 수가 없습니다.

질문이 있으셨기에 부질없이 장황하게 말하오며, 그 나머지는 이만 줄입니다. 날씨가 추워지는데 더욱 체후를 보중(保重)하시어 간절한 저의 바람을 위로해 주시기를 바랍니다.

46 과부와 칠실(漆室)의 근심 : 분수에 지나친 근심을 비유하는 표현인데, 벼슬하지 않는 선비가 국사를 걱정하는 마음을 나타내는 겸사로 쓰인다. 과부의 근심은 《춘추좌씨전(春秋左氏傳)》 소공(昭公) 24년에 "과부가 베 짜는 북 실이 끊어질 것은 걱정하지 않고서 천자의 나라인 주(周)나라가 망할 것을 걱정한다는 말이 있는데, 이는 그 재앙이 자기에게도 미칠 것이라고 여겨서이다.〔嫠不恤其緯, 而憂宗周之隕, 爲將及焉.〕"라는 말에서 나왔다. 칠실의 근심은 칠실 고을 노처녀의 근심이라는 뜻으로 춘추 시대 노(魯)나라의 칠실이란 고을에 과년한 처녀가 자신이 시집가지 못하는 것은 걱정하지 않고 임금이 늙고 태자가 어린 것을 걱정하여 기둥에 기대어 울자, 이웃집 부인이 비웃으며 "이는 노나라 대부가 할 근심이니 그대가 무슨 상관인가?" 하였다는 고사에서 나왔다. 《列女傳 卷3 漆室女》

임득여에게 줌
與任得汝

월전(月前)에 은혜로이 보내주신 답장은 지금까지도 위로되어 손에서 놓지 않고 있습니다. 어느덧 한 해가 저물고 날씨가 추워지는데 기거(起居)가 다시 어떠하신지 모르겠습니다. 삼가 생각하건대 험난한 자취에도 마음이 형통(亨通)하여[47] 어둠으로 향하는 일[48]에 날로 더욱 힘쓰고 있을 터인데, 있는 곳이 멀어서 서여(緖餘)[49]를 받들어 벗들과

47 험난한……형통(亨通)하여 : 원문의 '감(坎)'은 구덩이로 험난함을 이르는데, 또한 《주역》의 괘(卦) 이름이기도 하다. 《주역》 〈감괘(坎卦)〉의 "습감(習坎)은 진실함이 있어 마음으로 형통하니, 행하면 공이 있으리라.〔習坎有孚, 維心,亨 行有尙.〕"라고 한 말을 인용한 것으로, 아무리 험난한 곳에 처하여도 마음이 성실하기 때문에 형통하다는 뜻이다. 편지 상대방인 임노(任魯)가 충원 현감(忠原縣監)으로 있을 때에 백성들을 괴롭히는 간악한 아전들과 토반(土班)들을 다스려 풍속을 바로잡았다가 뒤에 이들에게 무함을 받아 죄를 얻어 1822년(순조22) 진천(鎭川)으로 유배되었기 때문에 이렇게 말한 것이다.

48 어둠으로 향하는 일 : 세속을 떠나 마음을 편히 가지는 일이란 의미로 보인다. 원문의 향(向)은 향(嚮)과 통하는바. 《주역》 〈수괘(隨卦) 상전(象傳)〉에 "못 가운데에 우레가 있는 것이 수(隨)이니, 군자가 보고서 날이 어둠으로 향하거든 방안에 들어가 편안히 쉰다.〔澤中有雷隨, 君子以, 嚮晦入安息〕."라고 하였는데, 정이천은 《역전(易傳)》에서 "군자(君子)가 낮에는 스스로 힘쓰고 쉬지 않다가 날이 저물어 어두워지면 내실로 들어가 편안히 쉬어 그 몸을 편안히 한다."라고 풀이하였다.

49 서여(緖餘) : 실을 뽑아낸 누에고치에 남은 실오리를 이르는 말로, 주로 근본이 되는 사상이나 학설 이외의 여론(餘論)의 뜻으로 쓰이는데, 여기서는 일상의 가르침이란 의미로 쓰인 것으로 보인다.

떨어져 외로이 지내는 신세를 위로할 길이 없습니다. 멀리서 우러르며 잊지 못함은 다만 멀리 떨어져 생기는 회포일 뿐이 아닙니다.

호서(湖西)는 사대부들이 모여 사는 곳입니다. 노형께서 이미 도내(道內)에 유배 중이니, 근방(近方)의 사자(士子 벼슬을 하지 않은 선비)들 중에 혹 소식을 듣고 와서 가르침을 청하는[50] 이들이 있을 것이라고 생각하였습니다. 그런데 지금 보내주신 편지를 받고서 쓸쓸하게 홀로 계심을 알았으니, 자못 이 때문에 한탄하게 됩니다.

정재경(鄭在絅)[51] 군이 연전(年前)에 한 번 찾아왔었는데, 자질이 아름답고 학문에 뜻이 있어서 참으로 후배 중에 뛰어난 자였습니다. 다만 그 노친이 연로하고 집안이 가난하여 과거 공부에서 벗어나지 못하여 기로(岐路)에서 헤매고 있었습니다. 일찍이 찾아가 노형을 뵈었다고 들었으니, 만약 계속 만나고 계신다면 부디 대가(大家)께서 잘 이끌어 붙들어 일으켜 세우는 것이 어떻겠습니까?

구구한 이 몸은 후생(後生)을 이끌어주는 한 가지 일에 있어, 근고(近古 그리 오래되지 않은 옛날)의 유문(儒門)에 스승과 제자라고 칭하는 자들이 도리어 진실한 마음과 절실한 일이 없고 거의 대부분 가식적이었으며, 이 때문에 지금의 풍속이 더욱 야박해져서 진실한 마음으로 찾아오는 자가 전혀 없게 된 것에 대해, 일찍이 속으로 개연(慨然)한

50 가르침을 청하는 : 원문의 '고협(鼓篋)'은 북을 쳐서 선비를 모으고 책 상자를 열어서 책을 펴놓게 한다는 뜻으로, 학생들이 와서 수업을 받는 것을 말한다. 《예기》 〈학기(學記)〉에 "입학하여 북을 울리고 책 상자를 여는 것은 그 학업을 공손히 받기 위함이다.〔入學鼓篋, 孫其業也.〕"라는 구절에서 유래하였다.

51 정재경(鄭在絅) : 1782~? 자는 혜재(惠哉), 본관은 영일(迎日)이다. 1816년(순조16) 식년시 문과에 갑과 2위로 급제하고 벼슬이 수찬(修撰)에 이르렀다.

마음을 가지고 있었습니다. 혹여 이런 자가 있다고 하더라도, 제 자신이 진실로 이 폐습을 따르고 싶지 않아 일체 손을 저어 내쫓는 뜻을 가졌었습니다. 그런데 근간에 이 뜻이 너무 좁은 소견임을 깨달았으니, 가르침과 배움은 본래 인생에서 그만둘 수 없는 일입니다.

또 보건대 세상이 명예와 이익에 치닫는 폐해가 홍수와 맹수보다 심합니다. 이에 장차 인륜이 무너지고 끊어져 하늘과 땅의 자리가 뒤집히는 지경에 이를 것이니, 이는 다름이 아니라 바로 사우(師友)의 도(道)가 상실되었기 때문입니다. 이 때문에 스스로 문호를 세우고자 하는 것은 아니지만, 진실로 뜻이 있는 한두 명의 후생을 얻어 분수에 따라 가르치고 인도하여 평소 스승과 벗들에게 들은 것을 고해 주어 저들로 하여금 이것을 드러내지 않게 시키고 실추하지 않게 하여, 이미 끊어져버린 도의 한 가닥 맥을 보존하려고 하였습니다. 항상 이러한 뜻을 가졌었으나 또한 이렇게 하는 자가 아무도 없으니, 이 일은 참으로 고통스러울 만한 일입니다.

저는 겨울철이 된 이래로 하루도 병을 앓지 않은 날이 없어 병석에 누워 연명(延命)하고 있는데, 그 중에서 가장 괴로운 것이 치통(齒痛)으로 식사하기가 어려운 일입니다. 이에 더욱 기력이 쇠진되어 자연히 책과 날로 멀어져서 거의 스스로 편안히 지낼 수 없음을 느낍니다. 하고 싶은 말은 많으나, 이만 줄입니다.

임득여에게 답함
答任得汝

좋은 계절에 병이 들어 해산(海山 해주(海州))에서의 그윽한 기약을 헛되이 저버리고 문을 닫고 외로이 누운 채 의기소침하고 있었는데, 직접 쓰신 편지를 받으니 마음과 눈이 모두 열려 몸에 있던 묵은 고질병이 홀연히 사라졌습니다. 다만 갑작스럽게 추워진 날씨가 기거(起居)를 빈번히 해칠 것이니, 우러러 걱정스럽습니다.

저는 우연히 한 가지 병에 걸려 지금 20일이 되었고 근래에 또 인후통(咽喉痛)이 더해졌는데, 의원의 말이 증상이 결코 가볍지 않다고 하니, 지금 막 약을 먹고는 있지만 끝내 어떻게 될지 모르겠습니다.

지난번에 분수에 넘치는 영광스런 발탁이 있었으니, 성상을 기망한 죄가 날이 갈수록 더욱 커져만 갑니다. 병중에도 근심과 두려움을 느끼고 있으니, 병이 하나라도 더해지게 되면 두렵게도 스스로 보전하지 못할 듯합니다. 혹시라도 병이 더욱 악화되어 이와 같이 잘못된다면 실로 결말이 어찌 될지 알 수 없는데, 어쩌면 살아서 성상(聖上)의 정치에 누를 끼치고 사림(士林)에 수치를 끼치기 보다는 차라리 일찍 갑자기 죽는 것이 나을 것입니다.

대체로 우리 조정에서 유일(遺逸)[52]에게 내린 직책은 처음에 낭서

52 유일 : 등용(登用)되지 못하고 초야(草野)에 묻힌 어질고 선(善)한 선비를 말한다. 천재지변(天災地變)이 있으면 이들을 등용하지 않은 것이 화기(和氣)를 상(傷)하게 한 원인이 된다고 하여 도(道)에서 천거하여 서용(敍用)하기도 하였다.

(郎署)와 대성(臺省)[53]에 불과하였습니다. 그러나 도(道)를 묻고 말을 청할 때에 높이고 우대하는 예(禮)는 대관(大官)보다 더하였으니, 성대한 시대가 현인(賢人)을 숭상함에 있어 실제로써 하고 문식(文飾)으로 하지 않았음을 알 수 있습니다. 그런데 차례로 그 벼슬이 올라가더니, 갑자기 높고 현달한 자리에 오른 것이 우계(牛溪 성혼(成渾))로부터 시작되었습니다.

그러나 우계는 중간에 소명(召命)에 응하여 관직에 나아가 직책을 맡았지만, 이후의 유현(儒賢)들에 이르러는 은거하는 곳에서 노년(老年)을 마쳐 군부(君父)의 얼굴도 알지 못하면서 가만히 앉아 공고(公孤)[54]의 지위에 이른 분들이 많았는데, 이는 옛날에 있지 않은 것으로 후세에 법이 될 수 없는 것입니다.

젊었을 적에 한 두 명의 벗들과 이 일을 논하면 매양 개연(慨然)한 마음이었는데, 생각지도 못하게 지금 직접 그 상황을 겪게 되었습니다. 스스로를 돌아보면 고인들을 따르지 못하여, 거짓으로 세상을 속여 누추하고 어긋난 짓을 하는 것이 천만 가소롭습니다. 전후(前後)에 걸쳐 두루 찾아보아도 저와 같은 사람이 없으니, 이런데도 어찌 낭패

53 낭서(郎署)와 대성(臺省) : 낭서는 낭관(郎官)과 같은 말로 육조(六曹)의 정5품 정랑과 그를 보좌하는 정6품 좌랑을 합쳐 부르던 말이며 대성은 대간(臺諫)과 같은 말로 사헌부와 사간원을 아울러 이르는 말인데 여기서는 대간의 관직을 가리켰다.

54 공고(公孤) : 정승 등의 고관을 이르는 말로 본래 주나라의 관제(官制)인 삼공삼고(三公三孤)를 줄여 쓴 것이다. 삼공은 도(道)를 논하여 나라를 다스리고 음양을 조화시키는 삼정승(三政丞)을, 삼고는 삼공의 보좌관(輔佐官)으로 삼공을 도와 교화를 넓혀서 천지를 공경하며 그 이치를 밝히는 차석의 관직을 이르는바, 조선조에서는 좌·우찬성(贊成)과 참찬(參贊)을 가리켰다. 《書經 周官》

(狼狽)를 면할 수 있겠습니까.

생각하건대 노형께서 저를 간절하게 아껴주시는 것은 필시 저를 민망하게 여겨서일 것이니, 부디 마무리를 잘할 방도를 깊이 연구하여 가르침을 주시어 노년에 이에 의지할 수 있도록 해주시는 것이 어떻겠습니까? 이만 줄입니다.

임득여에게 줌
與任得汝

지난해 편지로 주고받은 인심(人心)과 도심(道心)에 관한 설은 그 뜻이 지극히 정미하고, 더구나 이 한 마디 말[55]은 천고에 성인(聖人)이 학문을 논한 종지(宗旨)로, 바로 정자(程子)께서 말씀하신바 '긴요한 곳은 해석이 같지 않아서는 안 된다'는 것입니다.[56] 그런데도 여전히 서로의 주장이 이처럼 어긋나니, 구구한 제가 논한 바가 체인(體認)하여 자득(自得)한 것이 아니요 추측하여 억지로 탐색해낸 말에 불과함을 참으로 알겠습니다. 말이 자세하지 못한 것은 인심과 도심의 같고 다른 사이를 제대로 분석해 내지 못하여 그러한 것입니다. 평상시에도 부끄러움과 한탄이 마음속에 오고갑니다.

근간에 우연히 《주자대전(朱子大全)》을 보다가 주자가 채계통(蔡季通)에게 답한 편지[57]를 찾았는데, 여기에 이르기를 "사람의 태어남은

55 이……말 : 순(舜)임금이 우(禹)에게 제위(帝位)를 선양(禪讓)하면서 "인심은 위태롭고 도심은 은미하니 정밀하게 하고 한결같이 해야 진실로 그 중도를 잡을 것이다.〔人心惟危, 道心惟微, 惟精惟一, 允執厥中.〕"라고 한 구절을 이른다. 《書經 大禹謨》

56 정자(程子)께서……것입니다 : 정자는 이천(伊川) 정이(程頤)를 이른다. 정자의 말은 《근사록(近思錄)》 권3 〈치지류(致知類)〉의 "경전을 해석할 적에 의견이 다른 것은 해로울 것이 없으나 다만 긴요한 부분에는 같지 않으면 안 된다.〔凡解經不同無害, 但緊要處不可不同耳.〕"라고 한 구절을 말한 것이다.

57 주자대전을……편지 : 채계통(蔡季通)은 채원정(蔡元定, 1135～1198)으로 계통은 그의 자이고 호는 서산(西山), 시호는 문절(文節)이다. 벼슬에 나가지 않고 학문과 강학에 몰두하다가 주자를 만나 문인이 되었는데 주자는 그의 학문이 높고 나이가 5세

성(性)과 기(氣)가 합쳐진 것일 뿐입니다. 그러나 그 합쳐진 데에 나아가 분석해보면 성은 이(理)를 위주로 하여 형(形)이 없고, 기는 형(形)을 위주로 하여 질(質)이 있습니다. 성은 이(理)를 위주로 하여 형이 없기 때문에 공변되어 선(善)하지 않음이 없으니, 그 발함은 모두 천리(天理)가 행하는 바입니다. 기는 형을 위주로 하여 질이 있기 때문에 사사로워 혹 선하지 않으니, 그 발함은 모두 인욕(人欲)이 행하는 바가 됩니다. 이것이 인심과 도심의 구별이 있는 까닭이니, 근본에서부터 이미 그러한 것이요 기가 하는 바가 지나침과 미치지 못함이 있은 뒤에 인욕(人欲)으로 흐르는 것이 아닙니다."라고 하였습니다.

또 이르기를 "《중용》 서문을 서술하면서, 그대가 편지에서 의심하신 것처럼, 참으로 곧바로 형기(形氣)에서 발한 것을 모두 불선(不善)이라고 여겨 청명(淸明)하고 순수(純粹)한 때가 있음을 용납할 수 없다고 말한 적이 없었습니다. 다만 여기서 말한 청명하고 순수한 것이 이미 형기의 우연한 상태에 속하니, 또한 다만 이(理)에서 떨어지지 않고 이(理)가 발휘되는 것을 도울 수 있을 뿐인데, 바로 이것을 도심으로 여겨 이에 의거하여 유정유일(惟精惟一)의 바탕으로 삼아서는 안 됩니다."[58]라고 하였습니다.

이를 보면 인심과 도심의 경계를 변별한 것이 흑백을 나누는 것처럼 분명한데, 이른바 '근본에서부터 이미 그러한 것이다.'는 것과 '바로 이것을 도심으로 여겨서는 안 된다.'는 구절은 더욱 직절(直截)하고

밖에 차이가 나지 않으므로 벗으로 대하였다. 이 편지는 《주자대전》 권44에 실려 있는데, 그 내용은 원작과 약간의 출입이 있다.

58 중용……됩니다 : 이 내용 또한 같은 편지에 있는 것인데, 원작 그대로이다.

명쾌하여, 《중용》 서문에서 미진했던 뜻을 남김없이 발명하였습니다. 다만 '근본' 두 글자는 응당 융통성 있게 보아야 하니, 미발(未發)의 원두(原頭 근원)를 가리킨 것이 아니고, 단지 이발(已發)의 초입에 나아가 혹은 성명지정(性命之正)에서 근원하고 혹은 형기지사(形氣之私)에서 나오는 것[59]을 가리켜 근본이라고 말한 것일 뿐입니다.

삼가 생각하건대 계통(季通)이 의심한 것이 바로 노형의 금일 소견과 비슷합니다. 그러므로 주 선생께서 이처럼 답하신 것입니다. 한번 이것을 외워 아뢰어 가르침을 구하니, 원컨대 다시 연구하고 조사하여 분석하여 보여주심이 어떻겠습니까?

59 혹은……것 : 원문은 '혹원혹생(或原或生)'인바, 자세한 내용은 166쪽 주23 참조.

윤효가 경증 에게 답함
答尹孝可 慶曾

서연(書筵)에서 강설(講說)했던 것을 부질없이 이렇게 모아 기록해 놓은 것은 다만 그날의 자취를 기억하여 조만간 향리(鄕里)에 살면서 스스로 때로 펼쳐 보아 견마(犬馬)가 주인을 그리는 정성[60]을 붙이려 해서였습니다. 그렇기 때문에 일찍이 한 번도 남에게 보여준 적이 없었는데, 노형(老兄)께서 동료(同僚)의 우의(友誼)로 이처럼 요청하시니, 감히 숨길 수가 없습니다. 그러나 헤아려보건대 그 당시 함께 주선(周旋)했을 즈음에 거의 다 남을 통하여 들으셨던 내용일 것입니다.

지난번 받들었던 훌륭한 말씀에 "그대가 강설하여 말한 뜻이 너무 높아서 보령(寶齡)이 어린 세자께는 적당한 것이 아니다."라고 하셨는데, 진실로 옳은 말입니다. 다만 저의 어리석은 소견에 삼가 생각하기를 "만일 일에 따라 진언(陳言)하여 권면하고자 한다면 진실로 단계를 뛰어넘어 말해서는 안 되니, 의당 현재 마땅히 해야 할 일을 가지고 말씀을 드려야 할 것이다. 그러나 경전(經傳)의 의리에 이르러는 모두가 성현의 가르침이며, 또 어린 나이의 지식과 견해는 먼저 들어가는 말이 위주가 되니,[61] 어찌 몸을 굽혀 따르고 말을 낮추어 할 수 있겠는

60 견마(犬馬)가……정성 : 신하가 군주를 그리워하는 정성을 비유하는 표현으로 겸사(謙辭)이다.

61 어린아이의……되니 : 이 내용은 양문공가훈(楊文公家訓)에 보이는 "어린이의 배움은 기억하고 외움에 그칠 것이 아니라, 그 양지(良知)와 양능(良能)을 길러야 하는데, 의당 먼저 들어가는 말이 위주가 된다.〔童穉之學, 不止記誦, 養其良知良能, 當以先

가. 글의 문의(文義)의 깊이에 따라 비록 원대한 것이라도 반복해서 간곡히 아뢰어 이해해 주시기를 바라야 하니, 지각과 생각이 막 열리는 때에 세자 저하로 하여금 일찍부터 가르침을 듣게 한다면 일후(日後)의 전학(典學 항상 학문에 힘씀)에 보탬이 되는 것이 어찌 적겠는가."라고 하였습니다.

노형 또한 일찍이 강석(講席)에 출입하였습니다. 세자 저하의 슬기로운 자질은 하늘이 내셨고 밝은 지혜가 일찍 성취되어 비록 나이가 어리시지만, 무릇 강관(講官)이 아뢰는 즈음에 정신을 집중하여 말하는 곳은 거의 모두 밝게 살펴 빠뜨림이 없어서 번번이 강관의 답변을 가납해주시어 뜻을 보여주시니, 어찌 말의 뜻을 이해하지 못하실 것이라고 억측하여 말하고자 하는 것을 다하지 않을 수 있겠습니까.

다만 천인성명(天人性命)[62]의 심오한 함의(含意)와 번다한 명물(名物)과 도수(度數)[63]는 이미 어린 나이에 연구해야 할 것들도 아니고 또 군주가 마땅히 힘써야 할 것도 아니니, 이러한 곳들은 생략해도 괜찮습니다. 그러므로 훈고(訓詁) 외에는 감히 두루 설명하고 아뢰지 않는 것입니다.

그러나 돌아보건대 지금 세자 저하를 어려서부터 가르치는 때에, 양방(兩坊)의 관원[64]의 경우 진실로 방정하고 박학한 인물을 뽑아 밤낮

入之言爲主.〕"라는 구절을 원용한 것이다. 《小學 嘉言》

62 천인성명(天人性命) : 천도(天道)와 인사(人事)의 관계, 인간의 본성과 운명에 관한 철학적 논의를 뜻한다.

63 명물(名物)과 도수(度數) : 명물은 각종 사물의 명칭과 특징을 가리키고, 도수는 예의에 따른 각종 법도(法度)와 예수(禮數)를 말한다.

64 양방(兩坊)의 관원 : 양방은 춘방(春坊)과 계방(桂坊) 즉 세자시강원(世子侍講

으로 세자 저하의 곁에 있게 하여야 하는데, 저처럼 녹록하고 불초한 자가 외람되이 곁에 섞여있으니, 이것이 부끄럽고 두려울 따름입니다.

院)과 세자익위사(世子翊衛司)를 말한다.

김계용[65] 상휴 에게 줌
與金季容 相休

어제 훌륭한 가르침을 받들었는데, 이때 말씀하시기를 "시기가 지나면 담제(禫祭)를 지내지 않는 것〔過時不禫〕은 대상(大祥)을 뒤로 물렸느냐의 여부를 논할 것 없이 반드시 대상 뒤에 다시 중월(中月 한 달을 사이하는 것)하는 것을 시기가 지난 것으로 삼는다."라고 하시고, 추복(追服)[66]하여 대상을 뒤로 물린 경우 담제를 지내는 사례를 인용하여 증명하셨습니다.

추복하여 대상을 뒤로 물린 경우는 바로 복을 입는 기간을 늘여 25개월을 채우지 않을 수 없습니다. 그렇다면 담제를 대상을 따라 뒤로 물려 행하여 27개월의 기한을 마치는 것은 예(禮)에 있어 당연하니, 이를 시기가 지난 것으로 논해서는 안 됩니다.

근간에 어떤 집에서 대상이 7월에 있어야 할 자가 국상(國喪)의 졸곡(卒哭)이 끝나기를 기다려 11월에 대상을 행한 것과 같은 경우는 27개월의 기한을 이미 넘은 것이니, 추복하여 대상을 뒤로 물린 경우와 차이가 있는 것이 아니겠습니까. 이는 때가 지나면 제사를 지내지 않는다는 글을 인용해도 될 듯합니다.

65 김계용 : 김상휴(金相休, ?~1827)로 계용(季容)은 자이고, 호는 초천(蕉泉), 본관은 광주(廣州)이다. 1803년(순조3) 증광 문과에 갑과로 급제하고 벼슬이 이조 판서에 이르렀다.

66 추복(追服) : 상(喪)을 당했을 때 부득이한 형편으로 집상(執喪)하지 못한 사람이 추후에 상복을 입고 복상(服喪)하는 것을 말한다. 태복(稅服)이라고도 한다.

《개원례(開元禮)》에 의하면, 부모의 상에 있어 만약 2년이 지난 뒤에 장례하는 경우라면 장례하는 다음 달에 소상(小祥)을 지내고 또 다음 달에 대상을 지내며, 대상을 지내고 곧바로 길제(吉祭)를 지내고 다시 담제를 지내지 않습니다. 이것이 참조가 될 만하지 않겠습니까? 다시 헤아려 가르침을 주시면 다행이겠습니다.

김계용에게 줌

與金季容

문과에 급제[67]하신 것은 삼가 조정(朝廷)을 위해서는 기쁜 일이지만 노형의 분수 상의 계책에 있어서는 영화(榮華)를 두려움으로 여겨야 하니, 서로 아끼는 마음에 노형을 위하여 우러러 염려하지 않을 수 없습니다. 고인(古人)의 말에 "이기심을 끊어내야 남을 이롭게 하는 일을 행할 수 있다."라고 하였으니,[68] 노형처럼 독서의 본령(本領)을 갖춘 분이 어찌 한 번 급제한 것을 가지고 스스로를 이롭게 하겠습니까.

이어 생각하건대, 일찍이 《정암집(靜菴集)》을 보았는데, 여기에 이르기를 "국가의 병통은 이(利)의 근원에 있다.〔國家病痛, 在於利源.〕"라고 하였습니다.[69] 이 여덟 글자는 참으로 사람의 피부에 침을 찌르는

67 문과에 급제 : 원문의 '대천(大闡)'은 크게 드러났다는 뜻으로 문과에 급제한 것을 가리킨다. 김상휴는 1803년(순조3) 증광 문과에 갑과로 급제하였다.

68 고인(古人)의……하였으니 : 고인은 원나라의 학자인 허겸(許謙, 1270~1337)을 이른다. 자는 익지(益之), 호는 백운산인(白雲山人)인데 동양(東陽) 팔화산(八華山)에 은거하였기에 동양 허씨라고도 칭한다. 허겸의 이 말은 허겸 자신이 찬한 《독사서총설(讀四書叢說)》 권3 〈독맹자총설 상(讀孟子叢說上)〉에 실려 있다.

69 정암집(靜菴集)을……하였습니다 : 《정암집》은 조선 중종(中宗) 때의 문신이자 학자인 조광조(趙光祖, 1482~1519)의 문집이다. 정암은 그의 호이고 자는 효직(孝直), 본관은 한양(漢陽), 시호는 문정(文正)이다. 1515년(중종10) 증광 문과에 급제하고 벼슬이 대사헌에 이르렀다. 김종직(金宗直)의 학통을 이은 사림파의 영수로서, 중종의 두터운 신임을 받고 급진적인 개혁을 추진하다가 훈구파(勳舊派) 남곤(南袞) 등이 일으킨 기묘사화(己卯士禍) 때 사사되었다. 조광조의 말은 《정암집》 권2 〈옥중공사(獄

듯한 아픔을 느끼게 하니, 이를 읽음에 저로 하여금 눈물을 흘리게 합니다.

만일 오늘날의 사대부들이 우선 자신의 몸을 편하게 하려고 스스로 도모하는 마음을 없앤다면 임금을 바르게 하고 일을 바로잡는 것에 있어 무슨 어려움이 있겠습니까. 그렇지만 세상을 두루 돌아보건대 과연 어떤 사람이 이것을 말할 만하겠습니까. 생각하면 괴롭고 괴롭습니다.

감히 저를 이해해 주실 것을 믿기에, 가슴속에 있는 생각을 붓 가는 대로 써서 토로하니, 말이 망령되고 외람된 것도 스스로 알지 못하겠습니다. 이제부터 한 사람은 침체되고 한 사람은 현달해져 지취(志趣)가 달라질 것이니, 비록 지난날의 약속을 다시 다져서 몇 년 전 해산(海山)에서 했던 것처럼 손을 잡고 산마루와 물가에서 질탕하게 놀려고 하여도, 쉽게 얻을 수 없을 것입니다. 서글픈 마음을 금할 수 없습니다.

中供辭)〉에 보인다.

김계용에게 줌
與金季容

강설(講說)을 이렇게 보여주시니, 저를 외면하지 않음에 참으로 감사한 마음입니다. 문장을 쓴 근거와 가리키는 뜻이 분명하고 유창하니, 잠깐 사이에 성상(聖上)께서 강설에 관심을 기울이시고 여러 차례 질문하시어 깊은 곳의 심오한 내용까지 물으신 것입니다. 장차 여기에서 임금을 바르게 하고 일을 바로잡는 노형의 책임이 시작될 것이니, 오랜 벗의 마음이 이를 듣고 어찌 기쁘지 않겠습니까.

그러나 평소 노형을 살펴보건대, 식견이 너무 넓고 말씀을 너무 잘해서, 사람들과 논설할 적에 강(江)을 기울이고 바다를 뒤엎는 듯이 도도합니다. 이것이 힘차게 펼쳐져 들을 만하지 않은 것은 아니지만, 때로는 이러한 장점이 도리어 곤궁한 바가 되어 매번 긴요하고 핵심적인 부분에 있어서는 정채(精采)가 없습니다.

편지에 있는 강설의 내용으로 말해 보면, 장성(長星)[70]이 출현한 부분은 그다지 긴요한 것이 아닌데도 말씀을 너무 많이 하였고, 군자와 소인의 구분과 같은 것은 치란(治亂)이 관계된 것으로 성상의 질문이 미쳤으니, 이로 인하여 납약자유(納約自牖)[71]하고 반복해서 군자가 나

70 장성(長星) : 꼬리가 긴 혜성(彗星)으로 예로부터 병란(兵亂)을 예고하는 요성(妖星)이라 하여 불길한 징조로 여겼다.《資治通鑑 卷14 漢紀》

71 납약자유(納約自牖) : 신하가 군주를 간하되, 반드시 군주가 잘 알 수 있는 것부터 시작하여 점진적으로 군주의 마음을 유도함을 이른다.《주역》감괘(坎卦) 육사(六四) 효사에 "맺음을 들이되 임금이 잘 아는 곳으로부터 하면 끝내 허물이 없으리라.〔納約自

아가면 소인이 물러나고 군자가 사라지면 소인이 불어나는 것의 기미를 아뢰었다면 행여 성상의 총명(聰明)을 열어 넓힐 수 있었을 것인데, 대답하여 아뢴 말이 너무 소략한 것이 아쉽습니다.

가령 성상의 덕을 권면할 적에 '옹폐(壅蔽)'와 '고식(姑息)'과 '예태(豫怠)'와 같은 것으로 제목을 삼은 것은 매우 좋으니, 노형의 고충이 어디에 있는지를 알 수 있습니다. 다만 이처럼 말을 쓴 것이 강력하지 못하면, 성상의 마음을 감동시킬 수 없을까 염려됩니다.

대저 강관(講官)이 성현(聖賢)들이 글로 써놓은 가르침을 가지고 성상을 도의(道義)로 인도할 적에 저절로 지극한 이치가 있게 되니, 전적으로 언어에만 맡겨서는 안 됩니다. 마땅히 '성(誠)은 말하기 이전에 있다.〔誠在言前.〕'[72]는 가르침을 힘써 행하여 말은 항상 부족하게 하고 뜻은 항상 유여(有餘)하게 하여, 요컨대 상하가 서로 믿는 것을 기약하여야 합니다.

또 모름지기 성상께서 진심(眞心)을 가지고 실익(實益)을 구하도록 인도해야 할 것이요, 훈고(訓詁)와 명물(名物) 사이에서 급급해서는 안 됩니다. 진서산(眞西山)[73]이 경서의 뜻을 해석할 때에는 모두 자세

牖, 終无咎.〕"라고 보인다.

72 성(誠)은……있다 : 이 내용은 송나라 대동(戴侗)이 지은 《육서고(六書故)》 권11 〈신조(信條)〉에 "성(誠)은 말하기 이전에 있고, 신(信)은 말한 이후에 있다.〔誠在言前信在言後.〕"라고 보인다.

73 진서산(眞西山) : 남송(南宋)의 학자이자 문신인 진덕수(眞德秀, 1178~1235)로 서산은 그의 호이고 자는 경원(景元)이다. 영종(寧宗) 경원(慶元) 5년(1199) 진사시에 급제하고 벼슬이 참지정사(參知政事)에 이르렀다. 주자학(朱子學)의 대가로 《심경(心經)》의 저자이다.

하고 주밀하게 하였으나, 그가 강설(講說)한 글을 보면 평소 경서의 뜻을 해석할 때와는 판연히 달라서 글 뜻의 잘잘못에 대해서는 바로 생략하고 다만 문장을 인용하여 선언(善言)을 아뢰는 것에 정성을 다하여 싫증을 내지 않고 간곡하게 아뢰기를 마지않았습니다.

이는 참으로 강관(講官)의 체통을 얻었다고 이를 만하니, 한가한 날에 한번 그의 문집을 가져다가 살펴보는 것이 어떻겠습니까? 응당 의사(意思)가 계발되는 것이 있을 것입니다.

군주의 덕이 성취되는 것이 마땅히 힘써야 할 급선무(急先務)가 됨은 어느 때인들 그렇지 않겠습니까마는, 오직 지금이 더욱 심합니다. 한 세상을 두루 둘러보아도 이러한 뜻을 간직한 자가 거의 없으니, 저로 하여금 크게 한탄하게 합니다. 밝게 살펴 주실 것을 우러러 믿기에 그저 광망(狂妄)된 말을 하였으니, 부디 저의 진실 된 마음을 양찰해 주시길 바랍니다.

김계용에게 답함
答金季容

상(喪)의 우환으로 황량한 산에 칩거하여 세상과 단절한 채로 지내고 있는데, 뜻밖에 대감께서 저를 기억해 주시고 멀리서 손수 쓰신 편지를 보내주셨습니다. 편지의 서폭(書幅)에 넘쳐나는 성심(誠心)이 지극히 곡진하고 정다우니, 높이 받들고 읽어 봄에 감사한 마음이 어찌 끝이 있겠습니까. 더하여 이번 늦더위에 정무(政務)를 보시는 대감의 체후가 신명(神明)의 도움으로 건강하고 보중하심을 삼가 알았으니, 애통한 마음에 더욱 위로가 되었습니다.

저는 구차히 목숨을 보존하고 근근이 살아가고 있습니다만 여름에서 가을로 바뀌는 절기에 상월(祥月 대상을 지내는 달)이 가까이 다가오니, 심정이 무너져 내림은 이미 말할 것이 없고, 앓고 있는 질병이 해를 넘겨서도 낫지 않아 영위(榮衛)[74]가 모두 손상되고 정신(精神)이 소진되었습니다. 귀신 되는 일을 날로 재촉함을 스스로 알지만 그저 천명(天命)에 맡겨둘 따름입니다. 다만 거상(居喪) 중에 상제(喪制)를 지키는 일에 전혀 마음을 다하지 못하니, 사는 것이 죽는 것만 못함을 더욱 스스로 슬퍼합니다.

편지 말미에 도움을 구하신 것은 과문(寡聞)한 자에게도 물어 보는

74 영위(榮衛) : 한의학 용어로, 영(榮)은 피〔血〕의 순환, 위(衛)는 기(氣)의 순환을 뜻한다. 피는 혈맥 안을 순환하면서 몸의 영양(營養)을 관장하고 기(氣)는 혈맥 밖을 순환하면서 몸을 호위(護衛)하는 작용을 맡는다.

지극한 뜻에서 나온 것임을 압니다. 그러나 구할 만한 곳을 제대로 택하지 못한 것이니, 귀머거리에게 청력(聽力)을 빌리는 격이라고 이를 만합니다. 돌아보건대 저는 평소에 세상일을 알지 못하고 살아가는 계책으로 삼은 두어(蠹魚)[75]에 있어서도 글자만 따라 책을 읽는 정도[76]에 불과하니, 오히려 무슨 말로 밝으신 질문에 우러러 답할 수 있겠습니까.

이어 생각하건대, 저는 집사와 교분을 맺은 것이 비록 늦었으나, 집사에 대해 거의 말채찍을 잡고자 하는 바람[77]이 있었습니다. 그런데 침체된 사람과 현달한 사람으로 나뉘어 취향이 달라짐에 미쳐 형적(形跡)에 구애되어 이에 서로 왕래하지 않아 서로 알고 지낸 적이 없는 자와 다른 점이 별로 없습니다. 그러나 세도와 인물에 대해 때로 촉발되는 감정이 있으면 집사께 마음이 달려가지 않을 수 없는 것은, 이는 진실로 집사가 독서인(讀書人 지식인)이기 때문입니다. 집사는 식견이 뛰어나고 사려가 원대하시니, 반드시 쇠퇴한 세상 속에서 보통 사람들처럼 변하고 바뀌지 않으실 것입니다.

행여 관직에 나아가서는 임금을 바로잡고 백성을 보호하며 물러나

75 두어(蠹魚) : 서적을 파먹는 좀 벌레인데, 서적을 뜻하기도 한다.

76 글자만……정도 : 원문의 '심수(尋數)'는 '심항수묵(尋行數墨)'을 줄여 쓴 말로 깊은 이치를 탐구하지 않고 글자만 따라 책을 읽는 것을 말한다.

77 말채찍을……바람 : 원문의 '집편(執鞭)'은 마부가 되어 말채찍을 잡고 기꺼이 그의 수레라도 끌고 싶을 정도로 상대방의 덕을 흠모한다는 말이다. 《사기》 권62 〈관안열전 찬(管晏列傳贊)〉에 "가령 안자가 지금 이 세상에 살아 있다면 내 비록 그를 위해 말채찍을 잡는다 하더라도 기쁜 마음으로 받들어 모시겠다.〔假令晏子而在, 余雖爲之執鞭, 所忻慕焉.〕"라는 사마천(司馬遷)의 말에서 유래하였다.

서는 명예와 절조를 갈고 닦아, 옛날 명석(名碩 널리 알려진 박학(博學)한 선비)들의 전형(典刑)이 땅에 떨어지지 않게 하여 세상이 이에 의지하게 되면, 어찌 다만 서로 아는 벗으로서 영화를 함께할 뿐이겠습니까.

고통스런 죄를 받는 몸은 자기 일은 말하되 남을 위해 논설하면 안 되는데,[78] 친하게 대해 주시는 뜻에 감사하여, 저도 모르게 흉중에 기대하는 바를 편지에 피력하여 이렇게 장황함에 이르렀으니, 도리어 매우 송구하고 부끄럽습니다.

78 고통스런……되는데 : 이 내용은 《예기》 〈잡기 하(雜記下)〉에 "부모의 삼년상에는, 자기 일은 말하되 남을 위해 논설하지 않고 대답은 하되 묻지 않는다.〔三年之喪, 言而不語, 對而不問.〕"라고 보인다. '고통스런 몸'은 부친상을 당한 상주가 위장(慰狀)에 답할 적에 쓰는 투식어인 '참혹한 벌에 고통스런 죄를 받다.〔酷罰罪苦.〕'를 줄여 쓴 것이다. 《상변통고(常變通攷) 권22 ○ 상례(喪禮) 서소식(書疏式) 부모상을 당해 남의 위문에 답하는 편지〔父母亡答人慰疏〕》

김계용에게 답함

答金季容

궁벽한 산에서 목석(木石)과 함께 지내는 중에[79] 귀한 편지가 멀리서 이르렀는데, 뜻이 정중하고 말씀이 간곡하고 정성스러워 직접 입으로 말씀해 주시는 것과 같을 뿐만이 아닙니다. 받들어 읽고 송연히 분발하게 되니, 무어라 말해야 할지 모르겠습니다.

재상(宰相)이 선비들에게 몸을 낮추지 않은 지가 오래되었습니다. 조정과 산야(山野)가 기맥이 통하지 않으니, 이 때문에 세도(世道)가 날로 낮은 데로 달려가는데도 이를 끌어 올릴 수가 없습니다. 지금 집사께서 저에게 베푸시는 것이 비록 잘못된 사람에게 베푸는 것이나, 그래도 군자의 흉중에 본래 한 개의 사(士) 자가 있음을 우러러 알 수 있습니다. 이 마음을 미루어 나가면 장차 천하에 써도 넉넉함을 볼 것이니, 어찌 마음에 감격하지 않을 수 있겠습니까.

이어 편지를 보고 혹한(酷寒)에 정사를 살피는 대감의 체후가 신명(神明)의 가호를 받아 더욱 보중하심을 삼가 알았으니, 우러러 그리워하는 제 마음에 크게 위로됩니다.

저는 재화(災禍)와 변고(變故)를 당하고도 죽지 않은 채 정신은 없어지고 정기(精氣)는 허탈해져서 다만 쇠잔한 몸뚱이를 보존하고 있을

79 궁벽한……중에 : 오희상은 1814년(순조14) 4월에 황해도 도사로 임명되었는데 같은 해 10월에 중풍(中風)을 앓아 직무를 수행하기 어렵다는 상소를 올리고 개차되어 낙향해 있었다.

뿐입니다.

원리(元履)의 죽음[80]은 아마도 우리 당(黨)의 명운(命運)과 관련된 듯합니다. 다만 그의 뜻과 사업이 민멸되어 한두 가지도 다 쓰지 못하였으니, 실로 천고의 한이 됩니다.

돌아보건대 저는 어려서부터 그와 서로 의지하여 골육(骨肉)의 친족과 다름없이 지냈는데, 이제는 끝났습니다. 막막하고 외롭고 쓸쓸해서 이 세상에 홀로 있음을 더욱 느끼는데, 이 삶도 물거품 같으니 슬퍼할 날이 또한 얼마나 되겠습니까.

삼가 헤아려보건대, 대감께서 거의 이 마음을 알아주시리라 여겨, 애오라지 말을 절제할 줄 모르고 이렇게 장황하게 늘어놓았습니다. 나머지는 이만 줄입니다.

80 원리(元履)의 죽음 : 원리는 민치복(閔致福 1776~1814)의 자이다. 호는 확재(擴齋), 본관은 여흥(驪興)으로 1789년(정조13) 사마시에 합격하고 벼슬이 남평 현감(南平縣監)에 이르렀다. 원문의 '불숙(不淑)'은 불행(不幸), 불선(不善)의 의미인데 죽음을 완곡하게 표현하는 말로 쓰인다. 제후의 죽음에 다른 나라의 사신들이 "우리 임금님께서 저를 보내 '어찌하여 이러한 불행을 당하였습니까?'라고 위로하게 하였습니다.〔寡君使某. 如何不淑?〕"라고 한 데서 유래하였다. 《禮記 雜記上》

이장경[81] 영재 에게 답함

答李長卿 寗載

문 하관(下棺)이 해시(亥時 밤 아홉 시부터 열한 시까지)에 있었다면 초우(初虞)[82]는 형편상 장차 다음날로 미뤄질 것이니, 장례와 초우를 다른 날에 하는 것은 예(禮)의 뜻에 어긋나지 않습니까? 또 만약 장례 지낸 다음날에 초우를 지낸다면 재우(再虞)[83]는 응당 어느 때에 지내야 합니까? 집에 도착한 날에 안신(安神)의 제사가 없어서는 안 되니, 비록 유일(柔日)이 아니더라도 그대로 재우를 행하는 것이 어떨지 모르겠습니다.

답 후세(後世)의 장례를 지내는 예법은 이미 일시(日時)를 가리니, 당일 중으로 우제를 지내는 예(禮)는 폐해진 것입니다. 당일 해시에 장례를 지낸 경우는 제주(題主)와 평토(平土)[84]가 다음날로 미뤄지는

81 이장경(李長卿) 영재(寗載) : 영재는 이름, 장경은 자로 보이나 인적 사항은 미상이다.

82 초우(初虞) : 세 번 있는 우제(虞祭) 중 첫 번째 제사로, 장례를 지낸 당일에 지낸다. 《상변통고(常變通攷)》 〈우제(虞祭)〉에 "장례 지낸 날, 한낮에 우제를 지낸다. 혹 묘소가 멀면 이날만 넘기지 않으면 된다. 만약 집과의 거리가 멀어서 하룻밤 이상을 묵어야 하면, 머무는 곳에서 초우(初虞)를 지낸다."라고 하였다.

83 재우(再虞) : 초우를 지낸 뒤, 일진에 을(乙)·정(丁)·기(己)·신(辛)·계(癸)가 든 유일(柔日)에 지내는 제사를 재우라 한다. 이어서 지내는 삼우(三虞)는 갑(甲)·병(丙)·무(戊)·경(庚)·임(壬)이 든 강일(剛日)에 지낸다. 강(剛)은 양(陽)으로 홀숫날을 가리키고 유(柔)는 음으로 짝수날을 가리킨다.

84 제주(題主)와 평토(平土) : 제주는 장례를 마치고 신주(神主)에 망자의 직함과

것이 형편상 당연합니다. 초우 또한 장차 이를 따라 물려 다음날에 지내야 하는데 하루에 두 번 제사를 지낼 수가 없으니, 재우는 집에 도착한 뒤에 유일(柔日)을 기다렸다가 지내는 것이 마땅할 듯합니다.

만약 혹 집에 돌아온 당일에 안신의 제사를 지내지 않는 것을 혐의한다면 우옹(尤翁)의 말씀 중에 이러한 의문을 깨뜨릴 만한 것이 있습니다.[85] 여기에 이르기를 "재우(再虞)는, 만약 돌아오는 도중에 유일(柔日)을 만났다면 응당 묵는 곳에서 지내야 하고, 집에 도착한 뒤에 강일(剛日)을 만나는 대로 삼우(三虞)를 행해야 하니, 집에 도착했는지를 가지고 결정해서는 안 됩니다. 세상의 풍속이 비록 혼령(魂靈)이 집으로 돌아온 날에 전혀 일이 없는 것을 혐의합니다만, 그러나 제주축(題主祝)[86]에 이미 이 뜻을 고하였으니, 일이 없는 것이라고 할 수 없습니다."라고 하였습니다.

이름을 쓰는 것을 이르고 평토는 관을 묻은 뒤에 땅을 평평하게 하는 것을 이른다.

85 우옹(尤翁)의……있습니다 : 우옹은 우암(尤菴) 송시열(宋時烈)을 높여 칭한 것이다. 우암의 말씀은 《송자대전(宋子大全)》 권63 〈답민지숙(答閔持叔)〉에 보인다.

86 제주축((題主祝)) : 장례 지내면서 신주(神主)에 글자를 쓴 뒤에 고유(告由)하는 축문을 말한다.

이장경에게 답함

答李長卿

문 면례(緬禮) 때에 복(服)을 입는 것[87]이 관(棺)을 다시 뵙기 때문이라면 마땅히 널을 꺼내는 날에 복을 입어야 하는데, 혹자는 이르기를, "무덤을 여는 날에 복을 입는다."라고 하니, 만일 전달에 무덤을 열었다면 어느 때에 복을 입습니까?

답 무덤을 이장(移葬)할 때 묘를 열고 널을 꺼내는 것은 시간이 서로 이어집니다. 그러므로 선배의 말씀 중에 묘를 열 때에 복을 입는다는 설이 있게 된 것입니다. 그러나 간혹 사세(事勢)에 구애되고 날짜에 연관되어 정해진 날보다 먼저 묘를 열기도 하지만, 이른바 묘를 연다는 것은 사초(莎草)한 한쪽을 제거하는 데에 불과하니, 그렇다면 복을 입는 것은 아마도 이때가 아닐 듯합니다. 마땅히 관이 땅 밖으로 나오는 날을 기다려야 할 것입니다.

87 면례(緬禮)……것 : 면례는 무덤을 옮길 때에 지내는 장례를 이르는데, 이때 석 달 동안 상복을 입는다.

이숙 조원 경혼[88]에게 줌

與李叔景混 肇源

그제 왕림해 주셨으니, 곡진(曲盡)한 후의(厚意)를 입었습니다. 산나물과 거친 술로 그런대로 영지(靈芝)의 고사(故事)[89]를 이었으니, 오늘날 사람들이 옛날 사람에 미치지 못함이 비록 크지만, 속세 밖의 적막한 물가에서 유연히 만났다가 담담하게 헤어지는 것으로 말하면 또한 일찍이 고금이 서로 부합(符合)되지 않음이 없습니다. 다만 서로 흰머리를 바라봄에 자못 가을빛과 함께 세월이 흘러가니, 저로 하여금 감개(感慨)하게 합니다.

88 이숙(李叔) 조원(肇源) 경혼(景混) : 이조원(李肇源, 1758~1832)으로 경혼은 그의 자이고, 호는 옥호(玉壺), 본관은 연안(延安)이다. 1792년(정조16) 식년 문과에 장원으로 급제하고 벼슬이 이조 판서에 이르렀다. 오희상의 외조부인 이천보(李天輔)와 8촌간인 이민보(李敏輔)의 아들이므로 이숙이라고 칭한 것이다.

89 영지(靈芝)의 고사(故事) : 영지는 양주(楊州)에 있는 연안 이씨의 세거지인 영지동(靈芝洞)을 이른 것으로 보이나 분명하지 않다. 이조원의 고조인 이단상(李端相)이 벼슬에서 물러나 은거하면서 후학들을 위해 강학하였던 곳이다.

이숙 경혼에게 답함
答李叔景混

지난번 현호(玄湖)[90]에서 돌아오니, 이때 마침 한밤중이라 강에 가득한 안개와 달이 시야에 온통 망망하여 신선(神仙)의 거룻배가 이른 곳을 알지 못하였으니, 비록 물길을 거슬러 올라가 따르고 싶었으나 따를 길이 없었습니다. 이에 강물 한가운데 두둥실 배를 띄워 놓고 홀로 〈겸가(蒹葭)〉 3장(章)[91]을 읊고 돌아왔습니다.

다음날 아침 서종(徐從)[92]을 통해서 대감께서 저의 누추한 정자 근처에 배를 대어 놓고 새벽까지 한껏 즐기셨다는 것을 비로소 알았으니, 어찌 뱃사공 한 명을 보내 알리지 않았습니까? 이는 제가 대감을 외면한 것이 아니라 대감께서 저를 외면한 것인 듯한데, 도리어 저를 꾸짖는 것은 어째서입니까? 원망하고 서글픈 마음이 오래도록 그치지 않습

90 현호(玄湖) : 지금의 마포구(麻浦區) 현석동(玄石洞) 일대 앞을 흐르는 한강을 이른 것으로 현강(玄江)이라고도 칭한다.

91 겸가(蒹葭) 3장(章) : 〈겸가〉는 《시경》 〈진풍(秦風)〉에 있는 편(篇)으로 모두 3장으로 이루어져 있는데 그 내용이 만나고 싶으나 만날 수 없어 그리워하는 마음을 나타낸 것이기 때문에 이렇게 말한 것이다. 참고로 〈겸가〉 첫 장은 아래와 같다. "갈대가 푸르고 푸른데, 흰 이슬이 서리가 되었네. 바로 저분이 물 저편에 있도다. 물길 거슬러 올라가려니, 험한 길이 멀기도 하네. 물길 따라 내려가려니 완연히 물 한가운데 있도다.〔蒹葭蒼蒼, 白露爲霜. 所謂伊人, 在水一方. 遡洄從之, 道阻且長. 遡游從之, 宛在水中央.〕"

92 서종(徐從) : 서씨 성을 가진 내외종(內外從)을 가리킨 것으로 보이나 분명하지 않다.

니다.

일전에 손녀(孫女)가 오는 길에 지난 19일 손수 쓰신 편지를 전해주었는데, 여기에 '영지로 돌아간 사람〔靈芝歸人〕'이라는 네 글자가 있으니, 제 마음이 표연(飄然)해졌습니다.

그간 여러 날이 지났는데 겨울 날씨에 추위를 조심해야 하니, 대감의 체후는 다시 어떠하십니까? 거문고와 서책을 가지런히 놓고 그 가운데에서 마음껏 노닐면서, 평소에 생겨난 속된 기운[93]을 거의 다 씻어 내어 영광과 치욕을 같이 여기고 득실(得失)을 하나로 여기는 즐거움을 깨달으셨는지요? 구구한 이 몸의 그리워하는 마음은 옛날에 비할 바가 아닙니다.

저는 곤궁하게 살며 늙고 병들어 쇠락한 몸으로 한결같이 나태하게 지내는데, 쏜살같은 세월을 돌아보니, 다만 금단(金丹)의 감회[94]만 더할 뿐입니다. 강호(江湖)의 흥(興)이 깨졌으니, 대감께서 조만간 벼슬

93 속된 기운 : 원문의 '훈혈(葷血)'은 훈채(葷菜)와 날고기라는 의미인데, 속된 기운을 비유하기도 한다. 《구당서(舊唐書)》 〈왕유전(王維傳)〉에 "부처를 신봉하여 항상 소식(素食)을 하였고 훈채(葷菜)와 고기를 먹지 않았다.〔奉佛, 居常蔬食, 不茹葷血.〕"라고 한 데서 유래하였다.

94 금단(金丹)의 감회 : 오랜 세월을 기다렸으나 어떤 일에 있어 효험을 거두지 못하는 데에 대한 감회를 말한 것이다. 주자가 젊었을 때 운당포(篔簹浦)라는 곳을 지나다가 벽에 적혀 있는 시에 "휘황찬란한 영지는 일 년에 세 번이나 꽃이 피네. 나는 유독 무엇을 하였는가. 뜻이 있었으나 이루지 못하였네.〔煌煌靈芝, 一年三秀. 予獨何爲, 有志不就.〕"라는 구절을 보았는데, 40년 뒤에 다시 그곳을 지나다가 보니 그 구절이 보이지 않았다. 이에 "덧없이 빠른 백 년 인생 그 얼마나 되는가. 영지가 세 번 꽃핌 무엇을 위함인가. 금단은 나이 늦도록 소식이 없으니 운당포 벽 위의 시를 거듭 탄식하노라.〔鼎鼎百年能幾何, 靈芝三秀欲何爲. 金丹歲晩無消息, 重歎篔簹壁上詩.〕"라고 읊으면서 탄식한 고사에서 유래하였다. 《朱子大全 卷84 題袁機仲所校參同契後》

을 버리고 태극정(太極亭)에 용기 있게 걸음 하시어 이전의 치우친 행적을 보완하시기를 기다리고자 하는데, 대감의 뜻은 어떠하신지 모르겠습니다.

보내주신 안경(眼鏡)은 과연 눈에서 항상 가까이 두고 있으니, 이것 덕분에 책을 읽음에 공력이 덜 들게 될 것입니다. 내려주신 은혜가 매우 두터우니, 감히 이 지극한 보살핌을 잊을 수 있겠습니까.

이숙 경혼에게 답함

答李叔景混

지난번 강가의 누대에서 가랑비가 고요하게 내리는 중에 서로 마주보며 두 사람 모두 거의 떠날 일을 잊고자 하였습니다. 노년에 이런 일을 어찌 쉽게 얻을 수 있겠습니까. 다만 투할(投轄)의 고사[95]를 사용하여 돌아가는 배를 붙잡지 못한 것이 한스러울 뿐입니다. 멀리서 바라봄에 서글픈 시름이 거의 도도히 흐르는 물결처럼 길어졌습니다.

뜻밖에 훌륭하신 편지를 먼저 베푸시고 더하여 아름다운 시까지 배에 실어 보내 주셨는데, 시를 읊어봄에 원만한 격조(格調)와 깨끗한 운치(韻致)로, 이 사이의 경계와 마을을 한 폭의 그림처럼 잘 그려내셨습니다. 집의 벽에 높이 게시해서 길이 완상(玩賞)하겠습니다.

그때 대감께서 강가에 머물고 있음을 알고 있었으나 미치광이의 옛 태도를 벗어 버리지 못해서[96] 끝내 아득히 바라보이는 정도[97]의 땅에

95 투할(投轄)의 고사 : 투할은 수레의 굴대 빗장을 우물 속에 던진다는 뜻이다. 한(漢)나라 진준(陳遵)이 손님을 좋아하여 연회 때마다 손님 수레의 굴대 빗장을 빼 우물에 던져 손님들로 하여금 돌아가지 못하게 하였다는 데서 유래한 말이다. 《漢書 卷92 陳遵傳》

96 미치광이의……못해서 : 미치광이의 옛 태도〔狂奴舊態〕는 거리낌이 없고 얽매이지 않는 태도를 말한다. 후한(後漢)의 고사(高士)인 엄광(嚴光)은 어릴 때부터 광무제(光武帝) 유수(劉秀)와 친한 사이였는데, 유수가 황제가 되자 성명을 바꾸어 은둔하였다. 이에 유수가 그를 찾아내고 불러 관사에 머물게 하며 극진히 대우하였는데, 이때 사도(司徒)인 후패(侯霸)가 엄광과 평소 친분이 있었던 터라 사람을 시켜 서찰을 보내 초청하였다. 엄광은 그 서찰에 답장도 쓰지 않고 구두로 답하기를 "군방(君房) 족하.

나아가 인사하지 못하고 이어서 서로 멀리 떨어지게 되었으니, 사물의 이치에 통달한 분에게 비웃음을 당하지 않겠습니까. 웃을 만한 일입니다.

지위가 삼공(三公)에 이르렀으니 참으로 좋습니다. 인(仁)을 품고 의(義)를 보좌하여 천하가 기뻐하겠지만, 아부하여 황제의 뜻을 따르느라 허리와 목이 끊어지겠습니다.〔君房足下, 位至鼎足甚善. 懷仁輔義天下悅, 阿諛順旨要領絶.〕" 하였다. 군방은 후패의 자이다. 후패가 이 말을 적어서 광무제에게 보이니, 광무제가 웃으며 말하기를 "미치광이의 옛 태도이다."라고 하였다. 《後漢書 卷83 逸民列傳 嚴光》

97 아득히 바라보이는 정도 : 원문의 '망창(莽蒼)'은 아득히 바라보이는 곳으로 30리 내지 40리 정도 되는 거리를 이른다. 《장자(莊子)》 〈소요유(逍遙遊)〉에 보이는데 자세한 것은 149쪽 주2 참조할 것.

김성사 재원 에게 답함
答金聖四 在源

문 선조(先祖)의 부조지전(不祧之典)[98]에 대한 어명(御命)을 공경히 받들었는데, 신주(神主)를 매안(埋安)한 지가 이미 몇 년이 되어 마땅히 묘소 아래에서 다시 신주를 만들어야 하니, 이는 바로 변례(變禮)입니다. 혹자가 "제주(題主)[99]할 때 고유(告由)만 하는 것은 너무 소략한 듯하니, 먼저 초혼(招魂)[100]하는 것이 옳을 것이다."라고 하였습니다만, 유의(遺衣)[101] 또한 이미 매안하였습니다. 또 봉사손(奉祀孫)이 막 아버지의 상중(喪中)에 있어서 방제(傍題)[102]하는 한 가지의 일이

98 부조지전(不祧之典) : 나라에 큰 공훈이 있는 사람의 위패(位牌)를 옮기지 않고 사당에 영구히 모시도록 허용하는 조정의 특별한 은전(恩典)을 말한다.

99 제주(題主) : 신주에 망자의 직함과 관향 등을 쓰고, 그 옆에 주제자(主祭者)의 방제(旁題)를 쓰는 것을 말한다.

100 초혼(招魂) : 사람이 죽었을 때에 다시 살아 돌아오기를 기원하여 그의 혼을 부르는 의식을 말한다. 《의례》 〈사상례(士喪禮)〉에 "복(復)을 부르는 한 사람이 작변복(爵弁服)의 치마를 윗옷에 연결해서 왼쪽 어깨에 메고, 작변복의 옷깃을 자신의 허리띠 사이에 꽂는다. 동쪽 추녀의 앞에서 사다리를 타고 지붕으로 올라가 중앙까지 가서 북향하여 옷을 흔들면서 혼을 부르는데, '아무개는 돌아오라'라고 세 번을 외친 다음 옷을 앞으로 내려 보낸다.[復者一人, 以爵弁服, 簪裳于衣, 左何之, 扱領于帶. 升自前東榮, 中屋, 北面, 招以衣曰, '皐某復!' 三, 降衣于前.]"라고 보인다.

101 유의(遺衣) : 망자가 입고 있던 옷으로, 탈상 때까지 위패 옆에다 둔다.

102 방제(傍題) : 신주 하단의 왼쪽에 봉사자(奉祀者)의 이름을 쓰는 것으로, 예컨대 부친의 신주에는 '효자(孝子) 아무개', 조부의 신주에는 '효손(孝孫) 아무개'라고 적는다.

지극히 난처합니다. 가묘(家廟)의 신주를 고쳐 쓰기 전에 부조의 신주를 사당에 모시는 것도 미안할 듯하니, 삼년상 동안에 우선 임시로 별도의 사당에 봉안(奉安)하였다가, 길제(吉祭)를 기다려 신주를 받들어 사당에 모시는 것이 또한 권도(權道)를 따르는 하나의 방도가 될 수 있지 않겠습니까?

답 추후에 신주를 만들 경우 반드시 묘소 아래에서 만드는 것과 유의로 초혼하는 것에 대해서는 모두 선배들의 의논이 있습니다. 그러나 이는 애당초 신주를 만들지 않았다가 추후에 신주를 세우는 자를 위하여 마련된 의논입니다. 존형(尊兄)의 집안에서 만난 이번의 예(禮)는 이와 달라서 친진(親盡)[103]이 되어 신주를 매안했다가 이제 조정의 명령으로 부조(不祧)를 하게 되어서 다시 만드는 것인데, 5대가 지난 뒤에 초혼하는 것은 사리(事理)에 가깝지 않을 듯합니다.

신주는 죽은 신(神)이 의지하는 것인데, 정자(程子) 이전에는 신주가 없었습니다. 신도(神道)는 오묘하고 심원(深遠)하여 비록 헤아릴 수 없으나, 본래 사람과 신은 서로 함께하는 이치가 있습니다. 그러므로 옛날에는 비록 신주가 없었으나 제사를 지내면 신이 이르렀으니, 선유(先儒)께서 '조상의 정신(精神)이 곧 자신의 정신'이라고 말씀하신 것[104]이 바로 감응하는 묘리(妙理)를 말하는 것입니다. 그렇다면 초혼

103 친진(親盡) : 제사 지내는 대수(代數)가 다한 것을 말한다. 4대 봉사(奉祀)가 일반화된 조선조에서는 5대를 가리킨다. 친진이 되면 종묘(宗廟)에서는 신주(神主)를 영녕전(永寧殿)으로 옮기고, 사대부 집안의 가묘(家廟)에서는 제사 지낼 대수가 끝나지 않은 방손(傍孫)의 집으로 신주를 체천했다가 그 대수가 모두 끝나면 묘소에 매안하였다.

104 선유(先儒)께서……것 : 선유는 북송(北宋) 말의 도학자인 사량좌(謝良佐, 1050

의 한 가지 일 또한 군이 급급해 할 것이 없습니다.

사손(嗣孫)이 현재 아버지 상중에 있으면서 신주를 만들고 방제하는 것으로 말하면 더욱 변례 중의 큰 것에 관계됩니다. 경전에 근거할 만한 것이 없고 또 선배들이 의논한 것을 미처 보지 못하였으니, 그렇다면 가볍게 의논할 수 없을 듯하나, 또 별도의 사당에 임시로 모셨다가 길제를 기다렸다가 사당으로 들여 모시는 것은 또한 어찌 구차하고 간략하지 않겠습니까.

대저 부조는 국가의 전례(典禮)이고 상제(喪制 장례를 치르는 예제(禮制))는 예(禮)에 대한 법률입니다. 국가의 전례와 예에 대한 법률은 때에 따라 경중(輕重)이 변하니, 어명이 내렸는데 일을 지체하는 것은 비록 미안할 듯하나, 상(喪)이 아직 끝나지 않았는데 곧바로 대를 잇는 일을 행하는 것과 견주면 경중(輕重)이 현격합니다.

제 소견으로는 먼저 사유(事由)를 갖추어 부조하는 선조의 묘소에 고하고, 사손(嗣孫)이 아버지의 상을 마치기를 기다렸다가 신주를 만들어 방제하고 곧바로 사당에 모시는 것이 상도(常道)를 지켜 잘못을 적게 하는 방도가 될 듯합니다.

~1103)로 자는 현도(顯道), 시호는 문숙(文肅)인데, 채주(蔡州) 상채(上蔡) 사람이기 때문에 사상채라고도 칭한다. 이정(二程)의 문하에서 배워 유작(游酢), 여대림(呂大臨), 양시(楊時)와 함께 '정문사선생(程門四先生)'으로 일컬어졌으며 상채학파(上蔡學派)의 비조가 되었다. 사량좌의 말은 《상채어록(上蔡語錄)》 권1에 보인다.

이사실[105] 희온 에게 줌
與李士實 羲溫

노형께서 일찍이 이르시기를 "명나라 역사책은 선본(善本)이 없고 오직 오랑캐 군주 - 건륭제(乾隆帝)- 가 찬한 《명강목(明綱目)》[106]이 가장 훌륭하다."라고 하시고 이 책을 지난번에 빌려주셨는데, 근자에 또 이웃에게서 빌려 보았습니다.

이 책이 잘 갖추어졌다고 일컬어지지만, 당당한 중화(中華)의 역사를 만주(滿洲)의 추장으로 하여금 붓을 잡아 논찬하게 한 것은 이미 천하의 지극한 변고(變故)이니, 세세히 비평할 필요가 없습니다. 또 의례(義例)는 자양서법(紫陽書法)[107]의 격식을 따랐다고 스스로 말하지만 명나라가 미리 후사(後嗣)를 세우는 것을 심히 비난하였습니다. 미리 후사를 세우는 것은 예나 지금이나 통하는 보편적인 도리로 삼대(三代) 이후로 바뀌지 않은 것입니다. 태자를 미리 세우지 않는 것[108]은

105 이사실(李士實) : 이희온(李羲溫, 1760~?)으로 사실은 그의 자이고 본관은 한산(韓山)이다. 1801년(순조1) 증광 진사시에 합격하고, 벼슬이 동지돈녕부사(同知敦寧府事)에 이르렀다.

106 명강목(明綱目) : 청나라 건륭제(乾隆帝)가 명하여 편찬한 명(明)나라의 역사서로, 주자의 《자치통감강목(資治通鑑綱目)》을 본떠 만든 것이다.

107 자양서법(紫陽書法) : 주자가 《자치통감강목(資治通鑒綱目)》을 편찬하면서 사용한 서법(書法)으로, 춘추필법(春秋筆法)처럼 의리와 명분에 입각하여 포폄을 가하여 역사를 기술한 것이다. 자양은 주자의 별호로 주자의 부친 주송(朱松)이 자양산에서 독서하였는데, 뒤에 주자가 복건(福建)의 숭안(崇安)에 살면서 정사(精舍)의 이름을 자양서실(紫陽書室)이라고 한 데서 붙여진 이름이다.

바로 오직 저들 집안의 가법일 뿐인데, 도리어 감히 이것을 가지고 선왕(先王)의 상법(常法)을 비난하였으니, 무엄하게 의(義)를 어그러뜨린 것을 이 한 가지에서 증거를 댈 수 있습니다.

사실(事實)의 기재와 인물의 평가에 이르러는 오랑캐에 대해서는 상세히 기술하고 중국(中國)에 대해서는 간략히 써서 완전히 안과 밖의 형세를 뒤집었습니다. 이는 저들이 제멋대로 손을 놀린 것이니, 또한 어찌 족히 돈사(惇史)[109]라고 하겠습니까.

아! 오랑캐의 운이 아직도 왕성하여 황하가 맑아질 기약[110]이 없으니, 이 책을 펼쳐 보는 즈음에 마음속의 감개를 이길 수 없습니다. 애오라지 이로 인하여 편지를 통해 한번 마음을 피력하는 것입니다.

108 태자를……것 : 청나라의 황위 후계자 선출 방식으로 후사를 미리 정하지 않고 선제(先帝)의 유조(遺詔)에 의해 후계자를 정하는 것을 이른다. 옹정제(雍正帝) 이후에는 더욱 발전되어, 후계자로 정한 황자의 이름이 봉인된 상자를 건청궁 '정대광명(正大光明)' 편액 뒤에 비치해 두고, 내무부(內務府)에 또 하나의 밀지(密旨)를 간직하게 하였다가 사후에 상자를 열고 밀지를 가져다가 두 개의 이름이 맞으면 그 황자를 다음 황위에 올렸는바, 이를 저위밀건법(儲位密建法)이라 한다.

109 돈사(惇史) : 돈후(敦厚)한 덕을 기록하여 후세의 모범이 되게 한 사서(史書)라는 뜻으로, 《예기》 〈내칙〉에 "노인을 봉양함에 있어, 오제(五帝)는 그들의 덕행을 모범으로 삼았고 삼왕(三王)은 그들이 좋은 말을 해 주기를 청하였다. 오제는 그들의 덕행을 모범으로 삼았으되 그들의 정신과 신체를 봉양할 뿐이었고 그들이 좋은 말을 해 주기를 청하지는 않았는데, 그들이 좋은 말을 해 주면 기록하여 돈사로 삼았다.〔凡養老, 五帝憲, 三王有乞言. 五帝憲, 養氣體而不乞言, 有善則記之爲惇史.〕"라고 보인다.

110 황하가 맑아질 기약 : 성인(聖人)의 출현을 이르는 말로 삼국시대 위(魏)나라 이강(李康)의 〈운명론(運命論)〉에 "황하가 맑아지면 성인이 출현한다.〔夫黃河淸而聖人生〕"라는 말이 나오는데, 그 주(註)에 "황하는 천 년에 한 번 맑아지는데, 그 상서(祥瑞)에 응하여 성인이 나온다고 세상에 전한다.〔世傳黃河千年一淸 淸則聖人生於此時也〕"라고 보인다. 《文選 卷53》

남우상[111] 공철 에게 답함

答南右相 公轍

바라보고 우러러 그리워하는 마음이 적지 않았는데 형적(形跡)에 얽매인 바가 있어 스스로 다가가지 못하던 중에 어느덧 노년(老年)이 되었으니, 어찌 시대를 함께한다고 말할 수 있겠습니까. 뜻밖에 균자(匀慈)[112]께서 먼저 손수 쓰신 편지를 보내주셨는데, 편지를 채운 내용이 극진하고 예의가 융숭하니, 높이 받들어 보고 위로를 받은 뒤에 저도 모르게 얼굴이 붉어지고 등에 땀이 났습니다. 근간에 바람과 비가 추위를 재촉하는데, 대감께서 절서(節序)에 따라 체후를 더욱 보중하고 계시리라 엎드려 생각합니다.

저는 실제(實際)도 없이 명성을 도둑질하여 당대 사람들을 크게 속였는데, 이것이 위로 성상(聖上)의 총명을 기만하기까지 하여 잘못된 은혜가 갑작스럽게 내려오게 되니, 황송하고 두렵고 부끄러워 몸 둘 바를 모르겠습니다. 창황하여 달아나 선영(先塋)에 몸을 숨긴 채 자신의 죄를 자책하여 용납할 곳을 모르는 듯하니, 어찌 남을 허물할 것이 있겠습니까.

그러나 한스러운 것은 구구한 이 몸이 합하(閤下)와 여러 대 동안

111 남우상 : 남공철(南公轍, 1760~1840)로 우상은 당시 우의정을 지냈기 때문에 이렇게 칭한 것이다. 자는 원평(元平), 호는 사영(思穎), 시호는 문헌(文獻), 본관은 의령(宜寧)이다. 1792년(정조16) 문과에 급제하고 대제학을 거쳐 영의정에 올랐다.

112 균자(匀慈) : 인후하고 자애로운 분이라는 뜻으로 제왕이나 정승에 대한 경칭이다. 균자(鈞慈)로도 표기한다.

맺은 돈독한 정의(情誼)가 있을 뿐만 아니고 젊었을 적에 또한 아랫자리에서 사사로이 합하와 인연을 맺은 적이 있으니, 저의 본말(本末)의 기량을 거의 잘 아실 터인데, 도리어 천거하시어 성조(聖朝 당대의 조정)에서 충은(充隱)[113]하였다는 비판을 불러온 것입니다. 이로써 장차 유선(儒選 유자(儒者)를 벼슬에 제수함)의 일이 더욱 가벼워지고 지사(志士)들이 저와 동반(同伴)이 되는 것을 부끄럽게 여기게 될 것입니다. 비색(否塞)한 운에 관계되어 의도하지 않았는데 절로 이렇게 된 것입니까? 스스로 슬퍼할 겨를이 없이 사문(斯文)이 날로 낮아짐을 슬퍼합니다.

쇠잔한 몸은 추위를 무릅쓰다 병을 더하여 다 떨어진 거적에서 거의 죽게 되어 답장을 지체하였으니, 저의 소홀함과 태만함이 매우 송구스럽습니다. 나머지 드릴 말씀은 부디 식사에 힘쓰시어 모두의 우러러보는 마음을 위로해주시길 엎드려 바랍니다.

113 충은(充隱) : 은사(隱士)가 아닌데도 은사로 추천하는 일 또는 추천된 거짓 은사를 이른다. 동진(東晉)의 권세가인 환현(桓玄)이 역대(歷代)에 모두 은사가 있었는데, 자신의 세대에만 없는 것을 유감으로 여겨 황보밀(皇甫謐)의 6세손을 불러 저작(著作)에 임명하고 아울러 자용(資用)까지 지급하고서는 그에게는 이것을 사양하고 받지 말게 한 다음 고사(高士)라고 일컬으니, 당시 사람들이 이를 충은이라고 불렀다. 《晉書 卷99 桓玄列傳》

심정이[114] 능정 에게 답함
答沈靜而 能定

문 무릇 돌아가신 부모님의 제사에 탁자를 함께하고 제찬을 합하는 것을 선유(先儒)들이 모두 비난하였습니다. 그러나 집안의 형편과 재력이 미치지 못하여, 이를 고쳐 예(禮)를 따르고자 하나 형편상 따를 길이 없으니, 어떻게 하면 좋을지 모르겠습니다.

답 제사에 부모의 탁자를 각각 설치하는 것은 《가례》의 글입니다. 이 때문에 대부분의 선배들이 탁자를 함께하는 것은 예(禮)가 아니라고 하였습니다. 그러나 고례(古禮)를 살펴보면 탁자를 함께하는 것도 근거가 없지 않습니다. 일찍이 《녹문집(鹿門集)》을 보니, 이 예(禮)에 대해 설명하면서 이르기를,

> "《예기》〈제통(祭統)〉에 '자리를 깔고 궤(几)를 함께 설치한다.'라고 하였는데, 그 소(疏)에 '사람이 살아있을 때에는 형체가 다르기 때문에 부부가 궤를 따로 하고, 죽으면 혼(魂)의 기운이 합하여 함께 이곳으로 돌아오기 때문에 부부가 궤를 함께하는 것이다.'라고 하였습니다. 이 때문에 《의례》〈소뢰(少牢)〉와 〈특생(特牲)〉에서 모두 시동(尸童) 하나, 궤(几) 하나, 자리 하나를 쓴다고 하였고, 또 말하기를, '사당에서 제사 지낼 적에 궤를 함께하는 것은 정기(精氣)가 합하기 때문이다.'라고 하였으니, -《주례(周禮)》 일도일궤(一敦一几)의 주

114 심정이(沈靜而) 능정(能定) : 심능정으로 정이는 자로 보인다. 1819년(순조19) 식년 생원시에 합격하고 함양 군수(咸陽郡守) 등을 지냈다.

(註)에 나옵니다.-[115] 이것은 실로 정밀한 의리와 오묘한 이치가, 이 가운데에 있는 것입니다. 지금 만약 각각 설치하여 제사를 지낸다면 궤를 함께하는 뜻이 어디에 있겠습니까. 응당 고례(古禮)를 따라 합하여 설치하는 것이 의심할 여지가 없습니다."

라고 하였으니,[116] 이 말이 참으로 생각해 볼 만합니다. 장횡거(張橫渠) 또한 이르기를, "제사 지낼 장소에 자리를 깔고 함께 쓸 궤 하나만 놓고 하나의 신위만 설치하는 것은 부부의 정기(精氣)가 합하기 때문이다."라고 하였습니다.[117]

115 주례(周禮)……나옴 : 이 내용은 《주례》 〈춘관(春官) 종백(宗伯)〉 사궤연(司几筵) 조에 보이는데, 저본의 '일도일궤(一敦一几)'는 원작에 '매도일궤(每敦一几)'로 되어 있다. 주(註)는 정현(鄭玄)의 주를 이른다. 매도일궤는 합장(合葬)할 때 관 하나마다 궤 하나를 설치한다는 뜻이다. 도(敦)는 도(燾)와 같은데, 덮는다는 뜻인 복(覆)으로, 관(棺)이 빈소(殯所)에 있을 적에 곽(槨)으로 관을 덮는 것을 이른다.

116 녹문집(鹿門集)을……하였으니 : 이 내용은 《녹문집》 권2 〈여미호김공(與渼湖金公)〉에 그대로 나온다. 녹문은 임성주(任聖周, 1711~1788)의 호이다. 자는 중사(仲思), 본관은 풍천(豐川)으로 도암(陶庵) 이재(李縡)의 문인이다. 1733년(영조9) 사마시에 합격하고, 잠시 벼슬에 나아갔다가 공주의 녹문(鹿門)에 은거하여 학문연구에 전념하였다. 이기설(理氣說)에 있어서는 낙론과 호론(湖論)을 모두 비판하고, 화담(花潭) 서경덕(徐敬德)의 기일원론(氣一元論)을 계승 발전시켜 기일분수설(氣一分殊說)을 주장하여 한 학맥(學脈)을 이루었다.

117 장횡거(張橫渠)……하였습니다 : 장횡거는 북송(北宋)의 학자인 장재(張載, 1020~1077)로 횡거는 그의 호이고 자는 자후(子厚), 시호는 명공(明公)이다. 인종(仁宗) 가우(嘉祐) 2년(1058) 진사시에 급제하고 숭문원 교서(崇文院校書) 등의 벼슬을 역임하였다. 학문으로 높은 명망을 얻어 명도(明道) 정호(程顥), 이천(伊川) 정이(程頤), 염계(濂溪) 주돈이(周敦頤), 강절(康節) 소옹(邵雍)과 함께 '북송오자(北宋五子)'로 칭해진다. 장횡거의 이 말은 《장자전서(張子全書)》 권8 〈제사(祭祀)〉에 보인다.

고대(古代)에는 제사에 시동(尸童)을 썼는데, 후세에는 시동을 폐하고 신주를 썼습니다. 돌아가신 부모님에게는 이미 각각 신주가 있으니, 《가례》에서 탁자를 각각 설치한다고 한 것은 아마도 이 때문인 듯합니다. 그러나 정기가 합한다는 의리가 어찌 시동과 신주가 다르겠습니까. 그렇다면 《국조오례의(國朝五禮儀)》[118]에 '부모님을 제사 지낼 적에 제찬은 합하고, 밥과 국, 술과 수저는 각각 진설해야 한다.'라고 한 구절을 따르는 것이, 고례의 남은 뜻을 다소나마 얻었다고 말해도 무방하지 않겠습니까?

문 시제(時祭)[119]를 지낼 때에 토신(土神)에게 제사하는 것은 무슨 예(禮)에서 시작되었습니까? 지난번에 들으니 고명께서는 다만 가을 제사에만 거행한다고 하니, 이는 또 무엇을 근거한 것입니까?

답 하문하신바 시제를 지낼 때에 저의 집안에서 토신에게 제사를 지낸 것은 따로 근거가 있는 것이 아니고, 바로 집안의 고사(故事)를 계승한 것입니다. 시제는 주자께서 예(禮)에 없는 것을 의(義)로 일으킨 것으로 사시(四時)에 모두 행하였는데, 율곡 어른께서 봄과 겨울에만 행하는 것이 마땅하다고 하셨으니, 주자께서 행하신 것에 비하면

118 국조오례의(國朝五禮儀) : 길례(吉禮), 가례(嘉禮), 빈례(賓禮), 군례(軍禮), 흉례(凶禮) 등 다섯 가지 예식에 관한 내용을 담은 책이다. 세종의 명을 받아 허조(許稠) 등이 편찬에 착수하여 세조 때 강희맹(姜希孟) 등이 수정 보완하였으며, 1474년(성종5)에 신숙주(申叔舟), 정척(鄭陟) 등이 완성하였다.

119 시제(時祭) : 사시제(四時祭)로, 매년 사계절의 가운데 달인 2월・5월・8월・11월의 삼순(三旬) 정일(丁日) 또는 해일(亥日)을 택하여 고조(高祖) 이하의 조상에게 드리는 제사를 이른다. 《家禮 卷5 祭禮》

이미 줄어든 것입니다.

지금 우리들은 이미 선조의 사당에 사시(四時)의 제향을 모두 거행하지 못하고 다만 봄과 가을에 두 번 제사를 지낼 뿐이니, 토신에게 1년에 1번 제사 지내는 것이 고례에 근거는 없으나, 간략하여 계속할 수 있는 도리로 삼아도 무방할 듯하니, 또한 폐하고 거행하지 않는 것보다 어찌 낫지 않겠습니까.

심정이에게 줌
與沈靜而

협제(祫祭)를 마치고 신주를 사당에 들이는 예(禮)를 임녹문(任鹿門)이 매우 강력히 주장하였으니,[120] 근세에 예를 독실하게 지키는 한 두 집안에서 또한 이것을 따르는 경우가 있습니다. 녹문이 고증한 바가 해박(該博)하지 않은 것은 아니지만 구구한 이 몸은 평소 이를 의심해서 감히 대번에 믿지 못하고 항상 한번 그가 고증한 여러 책들을 거슬러 올라가 그 잘잘못을 이해해 보고자 하였으나, 끝내 실제로 행하지는 못했습니다.

지금 보내오신 훌륭한 말씀을 보니, 노형께서 변론하고 분석한 내용이 구구절절 모두 이치에 맞으니, 녹문이 고증한 여러 설들이 또한 논란할 만한 하자가 많음을 비로소 알았습니다. 편지를 펴보고 해결하지 못한 의문들을 상쾌하게 풀 수 있었으니, 흠모하고 다행스러운 마음 이기지 못하겠습니다.

120 협제(祫祭)를……주장하였으니 : 이 내용은 국역《녹문집(鹿門集)》권7〈내형윤 판서에게 답한 글〔答內兄尹判書〕〉에 "길체(吉禘)를 지내고 빈궁(殯宮)에서 사당으로 신주를 들여오는 것이 선왕(先王)의 정례(正禮)입니다. 대상 뒤에 길제(吉祭)를 기다리지도 않고 곧장 부천(祔遷)을 행하는 것은 당송(唐宋)의 속제(俗制)입니다. 그런데《가례》가 비록 속례(俗禮)를 적용했다고는 하더라도, 선생(先生 주희(朱熹))이 만년에 이미 횡거(橫渠 장재(張載))의 설을 따라서 협제(祫祭)를 마치고 사당에 들이는 것으로 정례(正禮)를 삼았고 보면 대체(大體)가 이미 우뚝 확립되었으니, 후인은 단지 선생의 정론을 준행하여 저것을 버리고 이것을 취하기만 하면 될 것입니다."라고 보인다.

세속의 유자(儒者)들이 매번 《가례》라는 책이 《서의(書儀)》를 그대로 따랐다고 하여 번번이 이것을 구실로 삼아 대수롭지 않게 여기지만, 《의례(儀禮)》가 폐해져 《가례》가 지어진 것입니다.

그 제작(制作)의 대체(大體)를 주자께서 이미 손을 보아, 실정(實情)을 참작하여 옛날과 지금의 제도의 차이를 줄여 이 책의 내용이 절로 한 시대의 제도가 되었습니다. 그렇다면 비록 재차 수정(修正)하지 못하여 여전히 논란할 만한 점이 있다고 하더라도, 주자의 뒤에 태어나서 진실로 예(禮)를 배우고자 한다면 응당 이 책의 범위를 엄하게 지키고 이 책을 따르고 따르지 않을지를 정하는 즈음에 삼가고 조심해야 하니, 이것이 실로 잘못을 줄이는 방도가 됩니다. 만약 그 근본에 통달하지 못하고 오직 고례만을 숭상하여 임의로 취사(取捨)한다면 그 병폐를 장차 이루 다 말로 할 수 없을 것입니다.

선배들이 '《의례》를 참작하여 쓰라'고 말씀하신 것은, 《가례》에 명백하게 누락되었거나 잘못되어 고치지 않아서는 안 되는 것들과 절문(節文 예절에 관한 규칙이나 규범)의 사이에 바꾸어 행할 수 있는 것들을 가리킨 것이지, 크고 작은 일을 막론하고 사사건건 바꾸어 모든 것을 반드시 고례에 맞게 해야 마음이 유쾌하다고 한 것은 아닙니다. 더구나 사당에 신주를 들이는 것은 큰 예절이니, 이미 분명한 잘못이 아니라면 어찌 함부로 손을 대어 고치는 것을 가볍게 용납할 수 있겠습니까.

또 보건대 대상(大祥) 뒤에 궤연(几筵)을 철거하고 협제(祫祭)[121]를 마치고 신주를 사당에 들이는 것은 모두 주자의 설이 있으니, 《가례》의

121 협제(祫祭) : 삼년상이 끝난 뒤에 여러 조상의 신주를 한 사당에 모시고 행하는 제사를 말한다.

'대상(大祥)을 지내고 신주를 사당에 들인다.'는 글을 수정하지 못한 조목으로 대번에 돌려서는 안 될 듯합니다.

부(祔)와 체천(遞遷)[122]은 본래 두 가지 일입니다. 졸곡(卒哭)을 지내고 망자의 새 신주를 사당에 들여 할아버지 감실(龕室)에 합하여 두는데, 합한 뒤에 망자의 새 신주를 정침(正寢)으로 다시 모셔오는 것은 일제(日祭)[123]를 위해서인데, 대상(大祥)이 되어 일제를 그만두면 정침에서 일삼을 것이 없습니다. 이에 할아버지 감실에 들여 합하여 협제가 끝나기를 기다렸다가 옮기는 것이니, 이는 다만 예(禮)의 뜻이 곡진하여 점차적으로 진행하는 것일 뿐 아니라, 사리(事理) 또한 이와 같이 하지 않을 수 없는 것입니다.

만약 대상 뒤에 신주가 여전히 정침에 있다면 이는 일제를 위한 것입니까? 부묘(祔廟 신주를 사당에 모심)를 위한 것입니까? 명분과 실제에서 구해본다면 과연 무엇에 근거한 것입니까?

그러므로 일찍이 주자가 이계선(李繼善)에게 답한 편지에서 '대상을 지내고 나서 궤연을 철거하고 또 할아버지 감실에 신주를 함께 모신다.'라고 한 말[124]에 대하여, 사계(沙溪)는 "마음을 씀이 완곡(婉曲)하여

122 부(祔)와 체천(遞遷) : 부는 졸곡(卒哭)을 지낸 다음, 망자의 신주를 사당 안 할아버지의 감실에 같이 모심을 이른다. 체천은 제사를 지내는 봉사손(奉祀孫)에게 있어 대수가 다한 신주를 종인(宗人) 중에 대수가 아직 다하지 않은 최장방(最長房) 집으로 옮겨 놓는 것을 말하는데 여기서는 할아버지 감실에 함께 모시던 새 신주를, 협제 뒤에 감실을 새로 만들어 옮기는 것을 말한 것으로 보인다.

123 일제(日祭) : 매일 아침저녁으로 상식(上食)하는 것을 이른다. 주자가 "《국어》에 '일제'라는 말이 있는데, 이는 신주를 정침으로 옮긴 뒤에 그대로 날마다 상식하는 것이다.〔國語有日祭之文, 則是主復寢後猶日上食矣.〕"라고 하였다.《朱子大全 卷38》

후인(後人)들이 어길 수 없다."라고 하였습니다.[125] 사계 어른이 어찌 《춘추(春秋)》의 전(傳)의 설과 정자(程子)와 장자(張子)의 설[126]을 알지 못하였겠습니까. 그런데도 사계의 말이 마침내 이와 같았으니, 그렇

124 주자가……말 : 이 내용은 《회암집(晦菴集)》 권63 〈답이계선(答李繼善)〉에 "횡거가 말하기를 '삼년이 지난 뒤에 태묘에서 협제를 지낸다.'라고 하였다. 다만 대상(大祥)을 지낸 뒤에는 궤연을 철거하니, 그 신주(神主)를 조부의 사당에 부(祔)했다가, 협제가 끝난 뒤에 옮겨야 한다.〔橫渠說: "三年後祫祭於太廟." 但旣祥而撤几筵, 其主當祔于祖父之廟, 俟祫畢然後遷耳.〕"라고 보인다.

125 사계(沙溪)는……하였습니다 : 이 내용은 《동춘당선생별집(同春堂先生別集)》 권1 〈사우강론(師友講論) 상사계김선생(上沙溪金先生)〉에 보인다. 사계는 김장생(金長生, 1548~1631)의 호이고 자는 희원(希元), 본관은 광주(光州)로 유일(遺逸)로서 벼슬이 형조 참판에 이르렀다. 대부분 고향에 은둔하면서 학문과 후진양성에 전심하였는데, 우암 송시열, 동춘당 송준길 등 당대의 명사들을 길러 내었다.

126 춘추(春秋)의……설 : 《춘추(春秋)》의 전(傳)의 설은 《춘추좌씨전》 민공(閔公) 2년 "여름 5월 을유일에 장공에게 길체를 지냈다.〔夏五月乙酉, 吉禘於莊公.〕"라는 경문(經文)에 붙인 두예(杜預)의 주에 "삼년상을 마치면 망자의 신주를 종묘로 들이고, 종묘에 있던 먼 선조의 신주를 옮겨서 조묘(祧廟)로 들여야 한다. 이 때문에 대제를 지내어 소목을 살피는데, 이를 일러 체라고 한다. 장공의 상제가 아직 끝나지 않은 이때에 별도로 사당을 세우고 사당이 완성되자 길제를 지냈으며 또 태묘에서 제사를 행하지 않았기 때문에 상세히 써서 기롱하는 뜻을 보인 것이다.〔三年喪畢, 致新死者之主於廟, 廟之遠主當遷入祧. 因是大祭, 以審昭穆, 謂之禘. 莊公喪制未闋, 時別立廟, 廟成而吉祭, 又不於太廟. 故詳書以示譏.〕"라고 한 것을 말한 것이다. 정자(程子)의 설은 《장자전서(張子全書)》 권8 〈제사(祭祀)〉에 "상은 모름지기 3년이 되어 부묘(祔廟)를 하니, 만약 졸곡에 부제(祔祭)를 하면 3년에는 전혀 하는 일이 없다. 예에 졸곡에도 오히려 조석(朝夕)의 곡이 남아 있으니, 만약 빈궁에 제사가 없으면 어느 곳에서 곡하겠는가."라고 인용되어 있고 장자(張子)의 설은 같은 책 권8 〈상기(喪紀)〉에 "옛날에 군주가 죽으면 삼년상을 마치고 길체를 지낸 뒤에 부묘하는 것이니, 협제를 계기로 해서 조주는 협실에 모시고 신주는 마침내 빈궁에서 종묘로 들이는 것이다.〔古者君薨, 三年喪畢, 吉禘然后祔, 因其祫, 祧主藏于夾室, 新主遂自殯宮入于廟.〕"라고 보인다.

다면 사계 어른의 취사(取捨)에 본래 권도(權度)[127]가 있음을 알 수 있습니다.

아, 예(禮)를 어찌 쉽게 말할 수 있겠습니까. 제작(制作)과 산술(刪述)[128]은 본디 적임자가 있습니다. 사계 어른이 《상례비요(喪禮備要)》에 한두 구절의 《가례》의 문장을 그 위치를 바꾸어 실었으니, 비록 모두 잘잘못이 분명하나 본래 사계 어른이 아니면 또한 감히 할 수 없는 일입니다. 지금 시대의 사람이 만약 소소한 한 부분[129]을 가지고 대번에 삼례(三禮)[130]와 같은 옛 경서를 얽어 모아 각각 자신의 뜻대로 어렵지 않게 옮기고 고치고는 말하기를 "이것이 고례에서 말한 것이다."라고 한다면, 이는 사람마다 모두 제작과 강술에 참여하여 《가례》가 장차 조각나 불완전해지고 말 것이니, 이 지경에 이르면 녹문이 어떻게 후세에 그 책임을 피할 수 있겠습니까.

애석합니다. 추곡(楸谷) 송씨(宋氏) 어른[131]은 평소 예를 삼가 지켰

127 권도(權度) : 권은 무게를 다는 저울추, 도는 길이를 재는 자로, 사물을 헤아리는 기준이나 법도를 이른다.

128 제작(制作)과 산술(刪述) : 저본에는 '강술(剛述)'로 되어 있으나 의미가 통하지 않아 문맥을 감안하여 산술로 정정하였다. 제작은 예(禮)를 처음 만드는 것, 산술은 예(禮)에 대해 정리한 저술을 가리킨다.

129 소소한 한 부분 : 원문의 '일반(一斑)'은 표범 가죽의 한 점의 무늬라는 의미로 전체에 있어 작은 일부분이라는 뜻이다. 진(晉)나라 왕헌지(王獻之)가 어렸을 적에 자기 부친의 문생(門生)들끼리 노름하는 것을 구경하다가 훈수를 하자, 한 문생이 왕헌지를 보고 말하기를 "이 아이도 대롱 구멍으로 표범을 엿보아 때로 한 점의 무늬만을 볼 뿐이다.〔此郎亦管中窺豹, 時見一斑.〕"라고 한 고사에서 온 말로 주로 '규표일반(窺豹一斑)'으로 쓰인다. 《世說新語 方正》

130 삼례(三禮) : 《예기》, 《주례(周禮)》, 《의례(儀禮)》를 가리킨다.

으나 녹문이 세상에 살아 있는 날에 이를 간절히 바로잡지 못하고, 도리어 본받아 이를 행했단 말입니까? 삼가 근심으로 탄식하여 저도 모르게 마음을 기울여 다 피력하니, 참람하고 망령됨이 심합니다.

131 추곡(楸谷) 송씨(宋氏) 어른 : 추곡은 지금의 시흥시 화정동 가래울인데, 누구를 가리킨 것인지는 미상이다.

심정이에게 답함

答沈靜而

호연지기(浩然之氣)는 양성(養成)하는 입장에서 말한다면 도(道)와 기(氣)가 진실로 혼합(混合)되어 틈새가 없다고 말할 수 있으나 종(終)과 시(始)를 들어 말한다면 또한 어찌 혹시라도 차이가 없을 수 있겠습니까.

여자약(呂子約)[132]은 맹자께서 말씀하신 뜻을 연구하지 않고 도의(道義)를 주장하는데 급급하여 도(道)와 기(氣)를 합하여 하나로 만듦을 면치 못하였는데, 주자께서 마침내 한쪽으로 치우친 학설을 분석하여 그 잘못을 바로잡으셨으니, 여자약에게 답한 편지는 유숙문(劉叔文)에게 답한 편지와 뜻이 자못 같습니다.[133] -잘못을 바로잡은 뜻이 같음을

132 여자약(呂子約) : 송나라의 학자인 여조검(呂祖儉, 1137~1181)의 자이다. 호는 대우(大愚)이며 동래(東萊) 여조겸(呂祖謙)의 아우로 벼슬이 태부시승(大府寺丞)에 이르렀다.

133 여자약에게……같습니다 : 주자가 여자약(呂子約)에게 답한 편지는 《회암집(晦菴集)》 권48 〈서(書)〉에 보이는데, 여기에 "기는 형이하자(形而下者)요 도의는 형이상자(形而上者)이니, 두 가지가 비록 같지 않은 구분은 있으나, 기는 몸속에 있고 도의는 몸 밖에 있다고 말한 것은 아니다.〔氣形而下者也, 道義形而上者也, 雖其分之不同然, 非謂氣在身中而道義在皮外也.〕"라고 하였으며 유숙문(劉叔文)에게 답한 편지는 《회암집(晦菴集)》 권46 〈서(書)〉에 보이는데 여기에 "이른바 이(理)와 기(氣)는 결단코 두 가지 물건인데, 다만 물상(物上)에 있는 것으로 보면 두 물건이 혼륜(渾淪)하여 서로 떨어질 수가 없다.〔所謂理與氣, 此決是二物, 但在物上看, 則二物渾淪不可分開.〕"라고 하였으므로 이렇게 말한 것이다.

밀한 것이지 발한 지점이 같다고 한 것은 아닙니다.-

유숙문은 기를 이(理)로 잘못 인식하여 자못 경계가 없었기 때문에 이(理)와 기(氣)는 결단코 두 가지 물건이라고 답하셨습니다. 이(理)와 기가 도(道)와 기(器)의 구분이 있으나 일원(一原)의 입장에서 말하자면 어찌 두 가지가 있을 수 있겠습니까. 여기에 결(決) 자를 놓아 통렬하게 분변한 것은 진실로 정밀한 의리가 있는데, 명(明)나라의 학자들이 끝까지 자세히 연구하지 않고 곧바로 주자가 이기의 근원에 어둡다고 의심하였으니, 생각하지 못함이 심하다고 할 만합니다.

지금 여자약의 뜻에 애착이 있다고 편지에서 말씀하신 것은 합하는 것을 좋아하고 떨어지는 것을 싫어하여 끝내 주자의 말씀을 좋게 여기지 않아서 그런 것이 아닙니까? 예로부터 성현(聖賢)이 남들과 문답할 적에 대부분 그의 사람됨에 따라 치우친 것을 바로잡아 주고 모자란 것을 보완해 주는 권도(權度)를 두었으니, 이런 곳은 마땅히 세심하게 깊이 연구하여 통달해야 할 것이요, 대번에 자신의 뜻으로 옳다 그르다 해서는 안 될 것입니다.

심정이에게 답함
答沈靜而

문 "기(氣)와 도의(道義)를 분리해서 보기도 하고 합해서 보기도 해야 하니, 그러한 뒤에야 이 안(案)을 끝낼 수 있습니다."
답 호연지기(浩然之氣)를 양성하는 입장에서 말한다면 마땅히 합해서 보아야 하고, 주인과 손님의 향배(向背)의 입장에서 말한다면 마땅히 분리해서 보아야 합니다.

문 "도의와 배합하는 것은 그 기(氣)가 발출(發出)되기 전에 있습니까, 뒤에 있습니까?"
답 주자께서 말씀하시길, "이 기가 능히 도의에 배합된다."라고 하셨으니, 이는 발출의 전후를 막론하고 그 체단(體段 체재 또는 특성)이 도의에 배합될 수 있는 것입니다. 정직함으로써 기르고 의리를 축적하는 것이 호연지기를 기르는 절도인데, 이것들은 본래의 체단(體段)을 회복시킬 뿐입니다.

문 "제가 말한 바는"에서부터 "주리고 주리지 않음은 말할 수 있는 것입니까?"까지에 대해[134]

134 제가……대해 : 상대가 편지에 말한 부분이 너무 길어서 다 기술하지 않고 맨 앞의 구절과 마지막 구절만을 기술한 것이다. 원문은 "愚所云云【止】餒不餒之可言乎?"이다.

답 맹자가 호연지기를 발현(發現)해 내어 기(氣)에 나아가 이(理)를 설명하였으니, 주인과 손님의 향배와 조리(條理)의 합치고 나뉨은 어지럽힐 수 없는 점이 있습니다. 여자약(呂子約)은 이 점을 분명하게 알지 못하여 도의(道義)를 위주로 기를 말하고자 하여 도의와 기를 혼합하여 말하였습니다. 그러므로 주자께서 "만약 과연 이와 같다면, 맹자께서 하나의 '배(配)' 자를 놓아 도의와 기, 두 가지가 하나로 합한 본형(本形)을 분리시키지 않았을 것이고 또 기를 위주하여 이 두 가지의 손님과 주인의 상세(常勢 항상 일정한 형세)를 마땅히 전도시키지 않았을 것이다."라고 하였습니다.[135]

주자가 '본형'과 '상세'라고 하신 것은 모두 여자약의 소견을 따라 말씀한 것입니다. 만약 여기에 착안한다면, 여자약의 어긋나고 미혹된 근본과 주자가 이를 책망하여 타파하는 뜻이 절로 의심할 것이 없습니다. 만약 편지에서 말씀하신 것과 같다면 주자께서 변론한 뜻은 거의 병통이 되는 곳을 제대로 찌르지 못한 것이 될 것입니다.

문 "이 발(發) 자는 이 선생(李先生)의 하나로 합쳐서 나왔다는 말[136]

135 주자께서……하였습니다 : 이 내용은 《회암집(晦菴集)》 권48 〈답여자약(答呂子約)〉에 보이는데, 원작과는 약간의 출입이 있다.

136 이……말 : 이 선생(李先生)은 주자의 스승인 이동(李侗 1093~1163)으로 호는 연평(延平)이며 나종언(羅從彦, 1072~1135)에게 정명도(程明道)와 정이천(程伊川)의 학문을 배워 주자에게 전하여 주자학을 일으키는데 크게 공헌하였다. 그가 한 말은 《주자어류(朱子語類)》 권52 〈맹자(孟子)2 공손추 상(公孫丑上)〉에 "이 선생이 말하기를 '배(配)는 합하여 일어남이다.〔配是襯貼起來.〕'라고 하였고, 또 '친첩(襯貼)을 설명하자면 이는 두 물건인 기(氣)와 도의(道義)가 다만 하나로 합쳐져 나오는 것이다.〔若說道襯貼, 却是兩物氣與道義, 只是一滾發出來.〕' 하였다."라고 보인다.

을 따라"에서부터 "없애는 것이 어떻겠습니까?"에 대해.

답 이 선생이 말한 '합하여 일어난다.〔襯貼起來.〕'와 '하나로 합쳐서 나온다.〔一滾出來.〕'는 구절은 '배(配)'자의 뜻을 발명(發明)한 것인데, 핵심은 '합하여〔襯貼〕'와 '하나로 합쳐서〔一滾〕'에 있고, '일어난다.〔起來.〕'와 '나온다.〔出來.〕'는 구절 또한 이 호연지기가 힘이 있음을 형용한 것입니다. 지금 만약 '발하고 발하지 않고〔發未發〕'의 '발' 자와 같이 보아, 출래(出來)의 전후를 나누어 '발하기 전', '발한 후'라고 말한다면 글 뜻에 부합하지 않을 듯합니다.

또 '배' 자의 훈석(訓釋)을 보면 이미 '배합되었다.'라고 하고, 또 '도움이 된다.'라는 말을 더하였으니, '배합되었다.'는 것은 체단이 합함을 가리킨 것이고 '도움이 된다.'는 것은 행하는 것마다 도움이 됨을 가리킨 것입니다. 《집주(集註)》에서 "도의를 행하기를 용맹스럽고 결단성 있게 하여 의심하고 꺼리는 바가 없다."라고 한 것은 바로 '도움이 된다'.는 말을 풀이한 것입니다. 그러므로 '호연(浩然 넓고 성대한 모양)'이라고 말한 것과 같은 것은, 발하기 전과 후를 논할 것이 없이 본래의 체단이 이처럼 성대하지만 잘 못 기르면 주리게 되고 잘 기르면 그 본체를 회복할 뿐이라고 한 것입니다.

편지의 말씀을 삼가 자세히 살펴보건대, 의(義)를 축적하여 기(氣)를 기름은 기가 발하기 전에 소속시키고 호연(浩然)은 기가 발한 뒤에 소속시켜서, 떨어지고 합쳐지는 것이 이 지점에 있다고 말씀하셨는데, 이는 의(義)를 축적하여 기를 기르는 것은 떨어진 것이고 호연은 합쳐지는 것으로 여긴 것입니다. 그러나 의를 축적하는 것은 호연지기를 기르는 방법이니, 이를 호연과 상대하여 떨어졌다고 말해서는 안 되고 호연은 이 기의 체단을 가리킨 것이니, 도의와 기가 합하였다고 말하는 것은 가하지만 기가 발한 뒤에만 치우쳐 속한다고 한다면 옳지 않을 것입니다.

문 "주자의 경우는"에서부터 "이러한 갈등이 있습니다."까지에 대해.
답 주자께서 또한 일찍이 말하기를 '다만 심(心)과 기(氣)는 하나로 합한다고 말할 수 있을 뿐이다'[137]라고 하였으니, 하나로 합하는 묘함을 주자는 일찍이 하찮게 보지 않았습니다. 그러나 다만 맹자의 본지(本旨)는 기(氣)를 위주로 하여 이(理)를 설명하였기 때문에《집주(集註)》에서 처음부터 끝까지 분별하여 말하였으니, 이것이 바로 경서를 풀이하는 체제입니다.

"만일 이 호연지기가 없으면 한때에 행하는 바가 비록 반드시 도의(道義)에서 나오지 않는 것은 아니나, 그 몸이 충만하지 못한 바가 있으면"[138]운운 하셨으니, 이는 또한 발용처(發用處)에 나아가 도(道)와 기(氣)와 체(體)를 분별하여 말씀하여 서로 돕는 뜻을 나타낸 것입니다.

그런데 여자약(呂子約)은 "도와 의가 없으면 이 기가 시들게 된다.〔無道義則此氣便餒.〕"[139]라고 말하였으니, 이는 도와 기가 짝하여 돕는

137 다만……뿐이다 : 이 말의 출처는 분명하지 않다. 주자가 찬한《연평답문(延平答問)》에 "기(氣)를 기름은 대개 마음과 기가 합한다고 말할 수 있다.〔養氣大概, 是要得心與氣合.〕"라고 보이는데, 이는 주자의 스승인 연평 이동의 말이다.

138 만일……있으면 : 이 내용은《맹자집주(孟子集註)》〈공손추 상(公孫丑上)〉 2장에 그대로 보인다.

139 도와……된다 :《맹자》〈공손추 상(公孫丑上)〉 2장 원문의 "무시뇌야(無是餒也)"를 해석함에 있어 주자는 시(是)를 호연지기로, 뇌(餒)의 주체를 사람의 몸으로

묘함을 알지 못하였을 뿐만 아니라, 또한 기와 체의 구분을 알지 못하여 단지 흐릿하고 모호해서 피차(彼此)와 향배(向背)가 전혀 없으니,[140] 주자가 이 때문에 준엄하게 배척하여 조금도 너그럽게 봐주지 않은 것입니다.

편지에서 발하기 전과 발한 후를 가지고 둘로 나누고 하나로 합함을 구별하여 그 득실을 정하신 것은 정밀한 듯하여 기뻐할 만한 것이지만, 저는 우매하여 끝내 의문이 풀리지 않습니다. 감히 묻건대, 발하기 전은 '미발(未發)'이고 발한 후는 '이발(已發)'입니까? 아니면 둘로 나눈 것은 체(體)가 되고 하나로 합한 것은 용(用)이 되는 것입니까? 또 여자약이 나누고 합한 것이 비록 제자리를 잃었으나 그 중 절반은 얻고 절반은 잃었다고 하여도 무방합니까?

원컨대 이에 대해 다시 일전어(一轉語)[141]를 내려 주어 저의 의혹을 풀어주시는 것이 어떻겠습니까. 지난날 조국진(趙國珍)[142]이 의심을

보아 "이 호연지기가 없으면 몸이 굶주리게 된다."라고 풀이하였는데, 여자약은 시(是)을 의(義)와 도(道)로 보고, 뇌(餒)의 주체를 호연지기로 보아 "이 도와 의가 없으면 호연지기가 굶주리게 된다."라고 본 것이다.

140 피차(彼此)와……없으니 : 이 내용은 《주자서절요》 권11의 '무향배피차(無向背彼此)' 구절의 본주(本註)에 "여자약이 '도의는 혈기에 있는 것이다.'라고 운운한 것은 두 가지를 합하여 한 물건으로 여기는 것이어서 향배와 피차가 없음을 말한다.〔謂如子約所云道義存乎血氣云云. 是以二者合爲一物, 無向背彼此也.〕"라고 보인다.

141 일전어(一轉語) : 원래 불가의 말로 참선(參禪)하는 자가 미혹에서 벗어나 깨달음을 얻을 수 있게 하는 말을 이르는 것인데, 사람들로 하여금 크게 깨달을 수 있게 하는 중요한 말이란 의미로 쓰인다.

142 조국진(趙國珍) : 조진구(趙鎭球, 1765~?)로, 국진은 자이고 본관은 풍양(豐壤)이다. 1783(정조7) 증광 생원시에 합격하고 평강 현감(平康縣監), 대구 판관(大邱

일으킨 것이 지금 그대의 견해와 대략 서로 유사하였습니다. 서로 상당히 힘들여 토론하여 같은 결론을 얻었는데, 지금 지난 일을 추억함에 슬픔을 금할 수 없습니다.

判官) 등을 지냈다.

심정이에게 답함
答沈靜而

문 상중에 쓰는 의탁(倚卓 신위를 두는 탁자)과 그릇의 경우, 장례 지내기 전에는 소기(素器 장식이 없는 그릇)를 쓰고 장례 지낸 뒤에는 길기(吉器 제기(祭器))를 쓰는 것은 어떤 의리입니까?

답 장례 지내기 전에 소기(素器)를 쓰는 것은《예기》〈단궁 하(檀弓下)〉의 '전(奠)에는 소기를 쓴다.'는 글에 근거하니, -소(疏)에 이르기를, "전(奠)은 처음 죽었을 때부터 장례 지내기까지 제사의 이름을 말한다." 하였습니다.- 살아 있는 사람들이 애통하여 꾸미지 못하는 마음을 드러내는 것입니다.

장례 지낸 뒤에 길기를 쓰는 것은《의례》〈사우례(士虞禮)〉의 '소기를 쓰지 않는다.〔不用素器.〕'는 글[143]에 근거하니, 흉(凶)에서 길(吉)로 변한다는 뜻이 있습니다.

문 고례(古禮)에, 실오(室奧 방의 서남쪽 아랫목)에 전(奠)을 진설하고 하실(下室)에 연양(燕養)하였는데,[144]《가례(家禮)》에는 이를 합쳤으

143 의례……글 : 소기(素器)를 쓰지 않는다는 구절이 지금 전하는《의례》〈사우례(士虞禮)〉에는 보이지 않으나《독례통고(讀禮通考)》권42〈상의절(喪儀節)5〉의 주(注)와《예기주소(禮記註疏)》권9〈단궁 하(檀弓下) 의 소(疏) 등에〈사우례〉의 글이라고 보인다.

144 하실(下室)에 연양(燕養)하였는데 : 하실은 내당(內堂)이나 연침(燕寢)과 같은 의미로, 망자가 살아있을 때 음식을 먹고 일을 보던 곳을 말한다. 연양은 죽은 사람이

니, 이미 의심이 없을 수 없습니다. 그리고 혼백(魂帛)[145]을 조석(朝夕)으로 영상(靈牀)으로부터 드나들게 하는 것[146] 또한 미안할 듯하니, 고견에는 평소 어떻게 보셨습니까?

답 옛날에 빈소를 차리고 나면 영구(靈柩)가 보이지 않으니, 형체(形體)와 신(神)이 여기서 나뉩니다. 이에 실오(室奧)에 전(奠)을 진설하여 신(神)으로 하여금 이에 의지하게 하고, 하실(下室)에 음식을 차려 살아 계실 때처럼 형상하셨는데, 후세에 도빈(塗殯)[147]하는 예(禮)가 폐해짐에 따라 하실에 음식을 차리는 예(禮) 또한 폐해졌으니, 지금 다시 도모할 수 없습니다.

《가례》에서, 영좌(靈座)[148]는 실오에서 신이 의지함을 본떠 만든 것이고 영상은 하실에서 살아 계시는 형상을 본떠 만든 것인데, 전(奠)과 연양을 마침내 모두 영좌에 진설하고 '식사 때에 상식한다.〔食時上

생전에 공양(供養)하던 대로 음식을 차려 올리는 것이다.

145 혼백 : 신주(神主)를 만들기 전에 신주를 대신하기 위해 만든 것으로, 흰 명주를 접어서 왼쪽에 죽은 사람의 생년월일시(生年月日時)를, 오른쪽에 졸년의 월일시(月日時)를 써 놓은 물건을 말한다.

146 영상(靈牀)으로부터……것 : 영상은 대렴(大斂)을 마치고 나서 입관(入棺)하기 전까지 시신을 안치하는 상을 말한다. 이때에는 망자를 살아 있는 것처럼 대하여, 아침에는 영상에서 영좌로 혼백을 모시고, 밤이 되면 다시 영좌에서 영상으로 모시므로 이렇게 말한 것이다. 영좌는 혼백이 거처하는 곳이고 영상은 혼백이 취침하는 곳이다.

147 도빈(塗殯) : 소렴과 대렴을 마친 뒤에 시신을 관에 넣고 구덩이를 파서 안치하고, 장례를 치를 때까지 안전하게 보관하기 위하여, 흙을 발라 가매장하는 것을 이른다.

148 영좌 : 살아 있을 때와 똑같이 혼백이 거처할 수 있도록 설치하는 것으로 아침에는 영상에서 영좌로 혼백을 모시고, 밤이 되면 다시 영좌에서 영상으로 모신다. 영좌는 혼백이 거처하는 곳이고 영상은 혼백이 취침하는 곳이다.

食.]'[149]는 글을 써서 조석전(朝夕奠)[150]과 구별하여 뒤섞여 혼동되지 않게 하였으니, 이는 바로 참작(參酌)하여 제도를 정한 것이므로 다시 의논할 수 없는 것입니다.

그런데 지금의 혼백은 바로 옛날의 중(重)[151]입니다. 영좌와 영상이 신(神)과 형체로써 구분되면 혼백을 가지고 영상을 출입하는 것은 비단 뜻이 없을 뿐만이 아니고 또한 설독(褻瀆 무람없음)에 해당되니 저 또한 일찍이 이를 의심하였습니다. 예(禮)를 좋아하는 한두 집안에서 혹이 한 절목을 폐하기도 하는데, 거의 예(禮)의 바름을 얻은 듯합니다.

149 식사 때에 상식한다 : 《가례(家禮)》 권5 〈상례(喪禮) 발인(發引)〉에 나오는 말이다. 상식은 죽은 이를 산 사람처럼 섬겨서 생전과 동일하게 음식을 올리는 것이다.

150 조석전(朝夕奠) : 장례에 앞서 아침저녁으로 영전에 올리는 제사를 이른다.

151 중(重) : 옛날 상례(喪禮)에서 우제(虞祭)를 지내기 전까지 사용하여 신(神)을 의지하게 하는 물건이다. 옛날 사람이 죽어 염습을 하면 망자의 얼굴을 볼 수 없으므로 이 중으로 신을 의지하게 하다가 매장하게 되면 하관(下棺)하는 즉시 신주(神主)를 만들고 중을 땅에 묻고 집으로 돌아와 궤연(几筵)을 설치하고 우제를 지낸다.

심정이에게 답함

答沈靜而

편지에서 말씀하신 영규(靈圭)[152]의 절의(節義)는 후세에 충분히 말할 만하니, 집사께서 절하신 것은 흠모하고 숭상하는 지극한 뜻에서 나온 것임을 참으로 알겠습니다.

그러나 구구한 이 몸의 소견으로 삼가 생각해보건대, 유가와 불가의 구분이 지극히 엄하니, 성인(聖人)의 문도인 우리 유자가 승려에게 무릎을 굽히는 것은, 그 승려가 수립한 것이 어떠한 지를 따질 것 없이, 그 자체가 곧바로 몸을 굽히고 도(道)를 낮추는 것입니다.

머리를 깎아 형체를 훼손하였고 승복(僧服)을 입어 큰 바탕이 이미 무너졌으며, 인륜의 떳떳한 도리를 끊어버려서 큰 근본이 이미 없어졌습니다. 비록 그의 떳떳한 천성(天性)이 이단(異端)이라고 해서 민멸되지 않아 이러한 성취가 있게 된 것이니, 이는 과연 귀하게 여길 만한 것입니다.

그러나 공(功)과 허물이 상당(相當)하지 못하니, 이 성취로써 승려가 된 잘못을 가릴 수 없습니다. 비록 절할 만한 절의가 있지만, 요컨대

152 영규(靈圭) : ?~1592 선조(宣祖) 때의 고승(高僧)으로, 호는 기허(騎虛)이고 밀양 박씨(密陽朴氏)이다. 공주 출신으로, 계룡산 갑사(甲寺)에 들어가 출가하고, 뒤에 휴정(休靜)의 문하에서 법을 깨우쳐 제자가 되었다. 임진왜란(壬辰倭亂)이 일어나자 의승(義僧) 수백 명을 규합하여 청주성의 왜적을 공격해 승리하였고, 1592년(선조 25) 8월 18일에 중봉(重峰) 조헌(趙憲)이 이끄는 7백 의사(義士)들과 함께 금산(錦山) 싸움에서 장렬히 전사하였다.

모름지기 경중을 잘 헤아려서 큰 예법(禮法)을 보존해야 할 것이요, 한 때의 흠모하고 숭상하는 마음으로 대번에 이 뜻을 소홀히 해서는 안 될 것입니다.

윤화정(尹和靖)[153]이 관음보살에게 절한 것은 참으로 감히 이해할 수 없으니, 만약 두 분 정 부자(程夫子)께서 이런 일을 당하셨다면 결코 절하지 않았을 것입니다. 윤화정의 학문이 돈후하고 성실하여 가장 본받을 만합니다. 그러나 오직 지조를 지키는 일은 삼갈 줄 알았으나 깨달음은 그다지 투철하지 못해서, 날마다 《금강경(金剛經)》 한 부를 외면서 "노모(老母)의 유명을 감히 어길 수 없다."라고 하였습니다.

주자께서 일찍이 이를 논하여 말씀하기를 "이는 바로 평소 부모에게 도(道)를 깨닫게 해드리는 한 가지 일을 빠뜨려서 이러한 상황을 초래한 것이다."라고 하셨으니, 불가의 경전을 외고 불가의 사람을 어질게 여긴다면 저들을 맞이하여 절하는 것이 괴이할 게 없으나 후세 사람들이 의혹이 없을 수 없을 것이니, 어찌 끌어다가 법으로 삼을 수 있겠습니까.

서계(西溪)의 청절사(淸節祠)[154]에 모셔져 있는 청한자(淸寒子 매월

153 윤화정(尹和靖) : 송(宋)나라의 학자인 윤돈(尹焞, 1072~1142)으로 화정은 그의 호이고 자는 언명(彦明)으로 이천(伊川) 정이(程頤)의 문인(門人)이다. 과거를 도외시하여 평생 벼슬하지 않다가 만년에 숭정전 설서(崇政殿說書), 예부 시랑(禮部侍郎) 겸 시강(侍講)을 지냈다. 그가 고종(高宗)의 부름을 받았을 적에 마침 간관 진공보(陳公輔)가 상소하여 이천을 공격하였는데, 이 말을 듣고는 즉시 상소하여 "신이 정씨를 20년 동안 스승으로 섬겼으니 이제 또 20년 동안 배척을 당하겠습니다." 하고 벼슬을 사양하였다. 《宋元學案 卷27 和靖學案》

당(梅月堂) 김시습(金時習))의 유상(遺像)은 승복을 입고 염주를 목에 걸고 있었습니다. 이에 대부분의 선배들이 그 모습이 승려인 것을 싫어하여 절하지 않았었는데, 농암(農巖 김창협(金昌協)) 어른께서 모습은 승려지만 마음은 유자(儒者)라고 하여 절을 한 적이 있습니다. 만일 청한자 노인의 마음과 모습이 모두 승려여서 영규 대사와 같다면, 농암 어른이 비록 그의 맑은 풍도와 외로이 지킨 절개를 칭찬하였더라도 반드시 대번에 절하진 않았을 것입니다.

게다가 지금 말세가 되어 음(陰)이 성하고 양(陽)이 쇠미하여 정도(正道)가 막혀 어두워지고 온갖 사특함이 층층으로 생겨나서 두려워 마음이 서늘해지니, 이천(伊川) 사람들이 머리를 풀어 헤친 것[155]과 천진교(天津橋)의 두견새 울음소리[156]로도 그 근심을 비유할 수 없습

154 서계(西溪)의 청절사(淸節祠) : 서계는 지금의 경기도 남양주시와 의정부 경계에 있는 수락산(水落山)의 서쪽 계곡이다. 청절사는 생육신의 한 분으로 수락산에서 수도한 매월당(梅月堂) 김시습(金時習)을 위해 서계(西溪) 박세당(朴世堂)이 세운 사당이다. 당시 홍산(鴻山)의 무량사(無量寺)에 있던 매월당의 진영(眞影)을 모사하여 모셨으며 1701년(숙종27) 청절사라는 편액을 하사받았다. 현재는 존재하지 않고 그 자리에 노강서원(鷺江書院)이 들어서 있다.

155 이천(伊川)……것 : 예(禮)가 없어져 장차 오랑캐의 땅이 될 것이라는 뜻이다. 주(周)나라 대부 신유(辛有)가 이천(伊川)을 지날 적에, 머리를 풀어 헤치고 들판에서 제사 지내는 광경을 목도하고는 "이 지역은 백 년이 채 못 되어 오랑캐의 땅이 될 것이다."라고 하였는데, 그 뒤에 과연 진(晉)나라와 진(秦)나라가 육혼(陸渾)의 오랑캐 부족을 이천으로 옮겨 살게 한 고사에서 나왔다. 《春秋左氏傳 僖公22年》

156 천진교(天津橋)의 두견새 울음소리 : 세상이 혼란해질 조짐을 이른다. 천진교는 낙양(洛陽)에 있는 다리이다. 송나라의 고사(高士) 소옹(邵雍)이 손님과 함께 천진교에서 산책하다가 두견새 울음소리를 듣자 머지않아 남쪽 선비가 재상이 되고 그때부터 천하에 일이 많아질 것이라고 하였다. 손님이 그 연유를 묻자 "천하가 다스려지려면

니다.

이러한 때에는 정(正)과 사(邪)의 구분을 더욱 조심하여 지극히 엄하게 하지 않을 수 없으니, 집사(執事)께서 당일에 종용당(從容堂)[157] 안에서 머리를 깎고 승복을 입은 모습을 보았을 때에 만일 이 뜻의 중함을 이해했었다면 충성스러운 혼과 굳센 넋이 이마 위에서 누르고 있더라도 생각하건대 반드시 주저하여 무릎이 절로 굽혀지지는 않았을 것으로 생각됩니다.

이미 지나간 것은 다 끝난 일이니 굳이 가혹하게 따질 것은 없지만, 이것을 가지고 득실을 강구해 보면 격물치지(格物致知)의 한 가지 일이 됨에 무방하기에 다만 이렇게 마음을 열어 토로하는 것이니, 만약 이치에 맞지 않는다면 망설이지 말고 잘 분석하여 보여 주시면 다행이겠습니다.

지기(地氣)가 북에서 남으로 가고 천하가 혼란해지려면 지기가 남에서 북으로 가는데, 지금 남방(南方)의 지기가 이르러 조류(鳥類)가 가장 먼저 지기를 받은 것이다." 하였는데, 과연 뒤에 남쪽 지방 출신인 여혜경(呂惠卿)이 재상이 되면서 천하가 크게 혼란해졌던 고사에서 나왔다. 《宋史 卷427 道學列傳 邵雍》

157 종용당(從容堂) : 1647년(인조25), 충남 금산(錦山)의 선비들이 임진왜란 때 금산 전투에서 산화한 의병들의 충혼(忠魂)을 달래기 위해 세운 사당으로, 중봉(重峯) 조헌(趙憲)과 제봉(霽峯) 고경명(高敬命), 영규대사(靈圭大師) 등 700명의 위패를 모셨다.

심정이에게 줌

與沈靜而

당시의 재상에게 올린 그대의 훌륭한 글 두 편은, 한 편은 마음 씀이 정성스럽고 지극하며 상세(詳細)하여 여러 일을 조처할 만하였고 또 한 편은 격렬(激烈)하고 통절(痛切)하여 시대의 병통에 절실히 들어맞으니, 모두 성실하고 전일하게 백성을 사랑하고 나라를 근심하는 뜨거운 마음속에서 나온 것입니다. 뜻이 지극함에 문장 역시 절로 좋으니, 당시에 제공(諸公)들이 이 엄한 가르침을 받아들이지 못한 것이 애석합니다.

대저 우리들이 평소에 인의(仁義)를 거리낌 없이 이야기하지만 일이 손앞에 이르면 도리어 옆 사람의 점검(點檢)을 두려워하여 한 가지 일도 해내지 못하고 한마디 말도 입 밖에 내지 못하는데, 우리 형은 그렇지 않아서 일로 인해 말하여 입이 닳도록 설파하였으니, 비로소 평소에 주자서(朱子書)를 잘 읽었음을 알 수 있었습니다. 어찌 공경히 감탄하지 않을 수 있겠습니까.

만약 이 때문에 비방과 기롱이 야기된다면 이는 바로 유속(流俗)의 소견일 뿐입니다. 이는 주자도 면치 못하신 부분이니, 집사에게 있어 무슨 문제가 되겠습니까.

아, 유속의 폐해가 이단(異端)보다 심합니다. 사람들이 모두 이러한 가운데에 빠져 있어서 비록 상황이 이렇다는 것은 알고 있지만 내면은 이미 외면을 막아내지 못하고, 적은 수효로 많은 수효를 대적하지 못하여 점점 물들고 변화합니다. 난초는 쑥대가 되고 향초는 누린내풀이 되는 것은 예나 지금이나 모두 탄식하는 점이지만 오늘날에 있어 더욱 심해졌습니다.

지난번에 손계천(損溪泉) 가에서 홍백응(洪伯應)[158] 등 여러 사람들과 함께 모였을 적에 말이 세도와 인물에 이르렀는데, 제가 망령되이 '내면으로부터 외면에까지, 근본에서 말단에 이르기까지 한 점의 속(俗) 자도 드러나지 않는 사람은 상하 수백 년 동안에 오직 조중봉(趙重峯) 선생[159] 한 분뿐'이라고 말한 것은 이 또한 쇠한 세상의 뜻이니, 이 어찌 알지 못하는 사람과 더불어 말할 수 있는 것이겠습니까.

158 홍백응(洪伯應) : 홍직필(洪直弼, 1776~1852)로 백응은 자이다. 자세한 것은 173쪽 주36 참조할 것.

159 조중봉(趙重峯) 선생 : 조헌(趙憲, 1544~1592)으로 중봉은 그의 호이며 자는 여식(汝式), 본관은 배천(白川)이다. 이이(李珥), 성혼(成渾)의 문인으로, 1567년(명종22) 식년 문과에 급제하여 사헌부 감찰, 등을 역임하다가, 1587년(선조20) 정여립(鄭汝立), 이산해(李山海) 등을 논박하는 상소가 계속해서 받아들여지지 않자 사직하고 은둔하였다. 1592년(선조25)에 임진왜란(壬辰倭亂)이 일어나자 옥천(沃川)에서 의병을 모아 청주(淸州)에서 왜적을 격파하고, 이어 금산(錦山)의 전투에서 의병 700여 명과 함께 전사하였다.

심정이에게 답함

答沈靜而

문 '십오지우학(十五志于學)' 장(章) 중의 '마음에 하고자 하는 바를 따라도 법도를 넘지 않는다.〔從心所欲不踰矩.〕'는 구절의 집주(集註)에 '심즉체(心卽體)' 이하의 몇 구[160]는 읽어 보아도 분명하게 이해되지 않습니다.

답 마음〔心〕은 하고자 함〔欲〕의 체(體)이고 하고자 함은 마음의 용(用)이며, 도(道)는 의(義)의 체이고 의는 도의 용이니, 마음과 하고자 함은 성인(聖人)의 신상(身上)에서 말한 것이고, 도와 의는 천리(天理) 위에서 말한 것입니다. "우(禹)임금의 경우 그의 소리는 율(律)이 되고 그의 몸은 법도가 되었다."는 《사기》 〈하본기(夏本紀)〉의 말을 인용하여 마음과 법도가 하나로 합하여 틈이 없다는 의미를 밝혔으니, 마음은 도가 되고, 하고자 함은 의(義)가 된다고 말한 것과 같습니다.

160 십오지우학(十五志于學)……구 : '십오지우학' 장은 《논어》 〈위정(爲政)〉의 네 번 째 장이고, 집주(集註)의 '심즉체(心卽體)' 이하의 몇 구는 본장의 장하주(章下註)에 "마음은 곧 체(體)이고 욕(欲)은 곧 용(用)이며, 체는 곧 도(道)이고 용은 곧 의(義)가 되어, 소리를 내면 음률이 되고 몸을 움직이면 법도가 되는 것이다.〔蓋心卽體, 欲卽用, 體卽道, 用卽義, 聲爲律而身爲度矣.〕"라고 보인다.

심정이에게 답함

答沈靜而

문 한자수(韓子綏)[161]의 경우 별세한 뒤에 달을 넘기고 장례를 지냈으니, 한자수와 같은 경우는 사(士)의 예(禮)를 쓴 것입니까? 대부(大夫)의 예를 쓴 것입니까? 만약 사의 예라고 보면 그 장례가 부장(報葬)[162]이 아닌데, 보내주신 편지에 '졸곡(卒哭)은 마땅히 3개월을 기다려 지내야 한다.'라고 하신 것은, 삼가 이해하지 못하는 바입니다.

답 우리 조정에서 낭계(郎階)[163] 이상은 모두 대부의 품계이지만, 사계(沙溪 김장생(金長生))께서 일찍이 "우리 조정은 가선대부(嘉善大夫)[164] 위의 품계라야 중국 조정의 대부에 견줄 수 있다.'라고 하셨습니다. 그렇다면 자수는 비록 품계가 통훈대부(通訓大夫)[165]이지만 마땅히 사(士)의 예를 써야 합니다.

그러나 《춘추좌씨전(春秋左氏傳)》에 '사(士)의 경우는 달을 넘겨 장

161 한자수(韓子綏) : 한경리(韓景履, 1772~?)로 자수는 그의 자이고 본관은 청주(淸州)이며 오희상의 매부(妹夫)이다. 1809년(순조9) 증광 생원시에 합격하고 김화현감(金化縣監), 광주 판관(廣州判官) 등을 역임하였다.

162 부장(報葬) : 가난 등 여러 가지 사정으로 예(禮)에서 정한 날짜보다 일찍 지내는 장례를 말한다. 《예기집설(禮記集說)》 〈상복소기(喪服小記)〉의 주(註)에 "'보(報)'는 '부(赴)'로 읽으니, 급하다는 뜻이다."라고 하였다.

163 낭계(郎階) : 문관(文官)으로 정5품에서 종9품까지의 품계를 이른다.

164 가선대부(嘉善大夫) : 조선시대 종2품 문관에게 내리던 두 등급의 품계 중 하위 품계이다.

165 통훈대부(通訓大夫) : 조선시대 문관의 정3품 당하관에게 내리던 품계이다.

례를 지낸다.〔士踰月.〕'는 글이 나오지만,[166] 《예기》〈왕제(王制)〉에 "대부(大夫)와 사(士), 서인(庶人)은 사후 3일에 빈(殯)하여 3개월 만에 장례 지낸다."라고 총괄하여 말했으니, 이를 근거한다면 사(士) 또한 3개월 만에 장례 지낼 수 있습니다. 두 가지 설 중에 어느 것이 바른 뜻을 얻은 것인지 모르겠지만, 주문공의 《가례(家禮)》에는 대부(大夫)와 사(士)를 구별하지 않고 한결같이 3개월로 제도를 삼았으니 반드시 그 사이에 권도(權度)가 있는 것입니다.

지금 예(禮)를 논하는 사람들은 다만 마땅히 《가례》로써 종사하되 혹시라도 사세(事勢)에 구애되어 3개월을 기다릴 수 없다면 부장(報葬)을 논할 수 있습니다.

근세에 민간(民間)에서 어버이를 장례 지내는 경우는 반드시 3개월로 예(禮)를 삼고 처자(妻子) 이하의 장례에는 혹 한 달을 넘기는 제도를 이끌어 쓰기도 하니, 만약 한 달을 넘기는 것을 부장(報葬)이 아니라고 말한다면 사(士)로써 3개월 만에 장례 지내는 것은 만장(慢葬)[167]이 아닙니까? 그 모순됨이 심합니다. 그러므로 신분이 천하거나 나이가 어린 사람을 막론하고 한 달을 넘기고 장례 지낼 경우는 반드시 모두 갈장(渴葬)[168]으로 단정하여 졸곡은 3개월을 기다려야 비로소 예

166 춘추좌씨전(春秋左氏傳)에……나오지만 : 이 내용은 《춘추좌씨전》 은공(隱公) 원년 조에, "대부의 경우는 죽은 지 석 달 만에 장례를 지내니 이는 동료 관원들이 오기를 기다리는 것이요, 사의 경우는 달을 넘겨 장례를 지내니 이는 친척들이 모이기를 기다리는 것이다.〔大夫三月, 同位至, 士踰月, 外姻至.〕"라고 보인다.

167 만장(慢葬) : 예제(禮制)에 정해진 기일을 넘겨 장례 지내는 것을 말한다. 《춘추공양전(春秋公羊傳)》 은공(隱公) 3년 12월 조에 보인다.

168 갈장(渴葬) : 예제에 정해진 기일을 기다리지 않고 서둘러 장례 지내는 것을 말한다.

제(禮制)를 이룰 수 있습니다.

문 우암(尤菴) 어른께서 '초우(初虞)와 재우(再虞)는 곧바로 행하고 삼우(三虞)와 졸곡(卒哭)은 장례가 끝난 뒤 날을 택하여 행한다.'라고 하신 말씀이 있습니다.[169] 우제(虞祭)를 지냄에 있어 어찌 반드시 재우에서 그치고 삼우는 남겨두는 것입니까? 재우와 삼우의 사이를 나누어 억지로 층절(層節)을 만든 것이 어떤 정밀한 뜻이 있습니까?
답 우암 어른의 이 논의는 실로 사계(沙溪) 어른의 '다른 친척을 시켜 초우와 재우를 대행하게 하고 아버지의 장례가 끝나기를 기다려 삼우와 졸곡을 행해야 한다.'라는 설[170]에서 나온 것입니다. 사계와 우암 두 선생께서 재우와 삼우를 나눈 것은 억지로 층절을 만든 것이 아니라 사세(事勢)로 헤아려보건대 이렇게 하지 않을 수 없어서 입니다.

우제는 늦춰서는 안 되므로 초우는 장례를 치른 당일에 지내고 재우 역시 머무는 곳에서 행하니, 이는 다른 친척으로 하여금 대행하게 할

169 우암(尤菴)……있습니다 : 우암은 송시열(宋時烈)의 호이다. 우암의 이 말씀은 《송자대전(宋子大全)》 권119 〈답오재정(答吳再挺)〉에 보인다. 오재정이 "어머니 상을 당하여 장차 아버지 묘에 합장하려고 이미 광중을 팠는데, 상주(喪主)가 또 아내 상을 당하여, 성복이 마침 장례 지내는 날에 해당합니다. 성복한 뒤에 다시 날을 택하여 장례 지내야 하는데 우제와 졸곡과 부제를 예에 따라 행하는지요?〔遭母喪, 將祔于父墓, 旣穿壙, 而主人又遭妻喪, 成服適當葬日. 成服後更當擇日以葬, 而虞卒哭祔祭, 倣禮行之耶?〕"라고 묻자, "초우와 재우는 바로 행하고, 삼우와 졸곡, 부제는 아내를 장례 지낸 뒤에 날짜를 택하여 지내되, 삼헌의 예는 모두 폐해서는 안 됩니다.〔初再虞則卽行, 三虞卒哭祔祭, 則葬妻後擇日行之, 而三獻之禮, 皆不可廢.〕"라고 답하였다.

170 사계(沙溪)의……설 : 사계는 우암의 스승인 김장생(金長生)의 호이다. 사계의 설은 《사계유고(沙溪遺稿)》 권3 〈답김헌문목(答金巘問目)〉에 보인다.

수 있지만, 삼우는 초우와 재우에 비해 조금 늦출 수 있습니다. 그러므로 반드시 집에 도착한 뒤에야 행하는 것입니다. 상주(喪主)가 현재 참최복(斬衰服)을 입고 있으니, 장례 전에 직접 우제를 행할 수 없고, 또 영구(靈柩)가 집안에 있으니 또 어찌 성대한 제사를 베풀 수 있겠습니까.

문 "한자수(韓子綏)의 졸곡은 비록 다음 달에 행하더라도 본생친(本生親)의 장례 전에 행해서는 안 될 듯하니, 본생친의 장례가 끝나길 기다려 행하는 것이 어떨지 모르겠습니다."

답 무릇 제사를 행하고 폐하는 것은 다만 마땅히 주인의 복(服)의 경중(輕重)을 보아야 할 뿐입니다. 지금 한자수의 상에 아버지가 상주(喪主)인데, 새로 생긴 상은 대인(大人 한자수의 부친)에게는 형수(兄嫂)의 상이고 또 다른 집에서 살고 있으니, 자수의 졸곡을 폐할 의리가 없습니다.

다만 새로 생긴 상이 망인(亡人)에게 있어 본생친(本生親)의 상이라면, 비록 '우제를 지낸 뒤에 신(神)으로 모신다.'[171]라고 하지만, 새로 생긴 상의 장례가 이미 그 달 안에 있다면 우선 그 장례가 끝나길 기다려 졸곡을 행하는 것이 인정과 도리로 헤아려보건대 또한 곡진할 듯합니다.

171 우제를……모신다 : 이 내용은 《예기》 〈단궁 하(檀弓下)〉의 "우제를 지낼 때는 시동씨(尸童氏)를 세우고 귀신이 의지할 걸상과 자리를 마련한다. 졸곡이 되면 이름을 휘(諱)한다. 이때부터 산 사람으로 대하는 일이 끝나고, 귀신으로 대하는 일이 시작되는 것이다.〔虞而立尸, 有几筵. 卒哭而諱, 生事畢而鬼事始已.〕"라는 구절을 축약하여 말한 것인 듯하다. 장례가 끝난 뒤에 우제와 졸곡을 바로 이어 치르므로 이렇게 말한 것으로 보인다.

심정이에게 줌
與沈靜而

한자연(韓子淵)[172] 영감의 말을 들으니, "장차 한자수(韓子綏)의 후사(後嗣)를 세우려고 하는데 한자수에게는 전처(前妻)와 후처(後妻)가 있는데, 한자수의 유언에 따라 원배(元配 전처)의 집안을 외가로 한다."라고 하였습니다. 이 일은 따로 경전의 근거는 없습니다. 우리나라 선유(先儒)들의 의논을 상고해 보건대 우암(尤菴) 어른께서 "전처와 후처가 모두 죽은 뒤에 처음으로 양자가 된 자는 마땅히 전처의 아들이 되어야 한다."라고 하였으니,[173] 이것은 사리(事理)가 당연하여 다시 의논할 필요가 없습니다.

수암(遂菴) 어른께서 "전처와 후처가 모두 죽은 뒤에 후사를 세우면, 후사가 된 양자는 아버지의 후처의 아버지를 외조(外祖)로 삼고 아버지의 전처를 전모(前母 전어머니)라고 칭해야 한다."라고 말하였는데,[174] 여기에는 의심이 없을 수 없습니다. 전처는 죽고 후처는 살아 있는 경우에는 마땅히 누구의 양자가 되어야 합니까?

172 한자연(韓子淵) : 한긍리(韓兢履, 1770~?)로, 자연(子淵)은 그의 자이며 본관은 청주(淸州)이다. 1801년(순조1) 증광 문과에 급제하고 벼슬이 이조 참의에 이르렀다. 한자수(韓子綏)의 4촌 형이다.

173 우암(尤菴)……한다 : 우암의 말씀은 《송자대전(宋子大全)》 권119 〈답이중거(答李仲擧)〉에 보인다.

174 수암(遂菴)……말하였는데 : 수암은 권상하(權尙夏)의 호이다. 수암의 말씀은 《한수재집(寒水齋集)》 권18 〈답홍백여(答洪白汝)〉에 보인다.

이에 대해 선배들이 논한 바는 없지만 오직 한자수의 외숙(外叔)만이 일찍이 양자는 전처의 아들이 되어야 한다는 논의를 주장하여 말하기를 "양자의 의(義)는 끊어진 대를 잇는 것이 중요하고 양육을 위한 것이 아니다. 의가 있는 곳에는 진실로 정(情)을 펼 수 없는 경우가 있으니, 양육의 은혜는 정(情)이고, 외가를 따르는 것은 의(義)이다. 남의 양자가 되는 것은 본래 의를 위주로 하니, 의는 반드시 정을 빼앗는 것이 당연하다."운운 하였습니다.[175]

다만 정자(程子)와 장자(張子)가 부장(祔葬)할 적에 반드시 원배를 따르라는 의리로 살펴보면, 원배와 계배(繼配 후처)가 비록 똑같이 아내이지만 중함은 본디 원배에게 있습니다. 이것을 가지고 미루어 보면 그의 말에 정밀한 의리가 있는 듯하니, 마땅히 이것을 이해해야 합니다. 한자수의 유언이 반드시 여기에 근거했을 것인데, 고견은 어떠신지 모르겠습니다.

175 한자수의……하였습니다 : 자수의 외숙은 김종후(金鍾厚, 1721~1780)로 자는 백고(伯高), 호는 본암(本菴), 본관은 청풍(淸風)이다. 1741년(영조17) 식년 생원시에 합격하고 학행으로 천거되어 벼슬이 장령에 이르렀다. 예학(禮學)에 밝아 《가례집고(家禮集考)》를 편찬하였다. 김종후의 말은 《본암집(本菴集)》 권5 〈위소후전모지당여모설(爲所後前母之黨如母說)〉에 보이는데, 그대로 인용된 것이 아니고 오희상이 전체의 뜻을 요약하여 말하였다.

심정이에게 답함
答沈靜而

어제 올린 편지에서 제가 김종후(金鍾厚)의 설[176]이 일단의 정밀한 의리가 있어 하나의 설이 될 만하다고 하면서 그 단서를 조금만 드러내고 그 말을 다 마치지 않았으니, 고명께서 이를 보시고 의심하시는 것이 당연합니다. 지금 하문(下問)하신 글을 받았기에 한번 다시 말해보겠습니다.

후사(後嗣)가 된 사람은 아버지의 뒤를 잇는 것이지 어머니의 뒤를 잇는 것이 아닙니다. 아버지에게 비록 열 명의 아내가 있더라도 모두 아버지에게 통솔되어 똑같이 어머니의 도가 있을 뿐이니, 오히려 저 분을 잇는다거나 이 분을 잇는다고 무슨 말할 만한 것이 있겠습니까. 그러므로 경(經)에 그 근거가 없는 것은 궐문(闕文)이 아닙니다.

우리나라 풍속에서는 외가(外家)를 매우 중시하여 호적(戶籍)에 외조(外祖)를 쓰고 과거(科擧)의 시권(試券)에 외조를 쓰고 씨족의 보첩(譜牒)에 외조를 씁니다. 외가를 중시함이 이와 같기 때문에 남의 양자가 되어 전모(前母)와 후모(後母)가 있는 자가 어느 어머니를 이어야 하는지에 대한 의논이 나왔으니, 삼가 생각하건대 이는 아마도 우리나라만의 예절인 듯합니다.

그러나 어머니의 도(道)의 높고 낮음과 후하고 박함은 결코 외조를 칭하느냐 칭하지 않느냐에 관계되지 않으니, 만약 관계가 있다고 말한

176 김종후(金鍾厚)의 설 : 바로 윗주 참조할 것.

다면 이는 모자의 윤리를 가볍게 하는 것입니다. 지금 아버지에게 전처와 후처가 있을 적에 그 아들들이 자신을 낳아준 분을 따라 외가를 칭하는 것은 다른 이유가 없습니다. 단지 실제에 근거하여 칭하는 것일 뿐입니다.

그런데 남의 양자가 된 자는 아버지의 전처와 후처가 모두 자신을 낳아준 분이 아니어서 실제를 근거하여 칭할 만한 것이 없습니다. 그렇다면 다만 아버지가 처음 부부의 인연을 맺은 첫 번째 아내의 집안을 외가라고 칭해야 비로소 말이 근엄하고 바르다고 이를 만하니, 이 경우 절로 허다한 의논이 있을 수 없을 것입니다.

만약 그 어머니의 존몰(存沒)과 양육(養育) 여부의 사이에서 비교하고 헤아려 나아가고 물러나고 취하고 버린다고 한다면, 이는 큰 인륜에 대처하고 큰 의리를 밝히는 것이 아닙니다.

구구한 이 몸이 본래 김종후의 설에서 취함이 있었던 것은 바로 '남의 양자가 되는 것은 본래 의(義)를 위주로 한다.〔爲人后本主於義.〕'는 한 구절에서 본 것이 매우 좋았기 때문이나, 다만 글을 쓴 것이 직절(直截)하지 못하여 곡진하고 상세하게 하려던 것이 도리어 보는 사람들의 의혹을 일으키니, 이것이 흠이 될 만합니다. 그러나 완전히 버릴 논의는 끝내 아닐 듯하니, 만약 세속의 정리(情理)와 개인의 뜻이라고 곧바로 단정해서 말살한다면 지나칩니다. 한번 다시 헤아려 보심이 어떻겠습니까?

심정이에게 줌
與沈靜而

매번 집사로부터 서연(書筵)의 소식을 듣건대, 세자 저하를 보도(輔導)하는 일에 있어 소략하고 거친 바가 전일(前日)과 똑같습니다. 그러나 저는 재야(在野)에 있으면서 헛되이 강관(講官)의 직함만 차지하고 있어서 단 하루의 책임[177]도 바칠 길이 없어 단지 간절하게 애를 태우고 있을 뿐입니다.

지난번 사직(辭職)을 청하는 상소를 올리는 기회에 옆 사람들의 비웃음을 돌아보지 않고 제 마음을 열고 두루 아뢰었던 것은 실로 성실하고 전일한 충정(衷情)에서 나온 것으로 삼가 조금이나마 윗사람과 아랫사람을 일깨울 수 있기를 바란 것이었습니다. 그러나 비지(批旨)를 받들어 보니 저의 뜻은 받아들여지지 않았고, 도리어 돈소(敦召 왕이 신하를 간곡한 말로 부르는 일)의 뜻을 우악(優渥)하게 내리셨고 조정에 있는 제현들 또한 모두 웃으며 귀가 먹은 듯이[178] 하고 있습니다.

충성을 바치고 의(義)를 다하려는 구구한 이 몸의 뜻은 이미 당세(當

177 단 하루의 책임 : 이 구절은 남송(南宋) 말기의 충신인 문천상(文天祥)이 "단 하루라도 벼슬자리에 앉아 있으면 마땅히 그 하루의 책임을 다해야 한다.〔存一日則臣子盡一日之責.〕"라고 한 구절을 원용한 것이다. 《文山集 卷21 紀年錄》

178 많이……듯이 : 원문의 '유여충이(褎如充耳)'는 《시경》 〈패풍(邶風) 모구(旄丘)〉의 "숙(叔)이여 백(伯)이여 우연(褎然)히 귀를 막은 듯하도다.〔叔兮伯兮, 褎如充耳.〕"라고 보이는데, 주자는 《집전(集傳)》에서 "유(褎)는 많이 웃는 모습이요 충이(充耳)는 귀를 막은 것이다."라고 주하였다.

世)에서는 바랄 수 없게 되었으니, 지금 이후로는 주머니를 묶듯이 입을 다물고 있어야 할 것이나,[179] 다만 조국(祖國)에 대한 간절한 뜻을 끝내 내려놓지 못하는 점이 있습니다.

후일에 부르시는 명이 있게 되면, 이전에 내리신 비답을 가지고 말로 매진(媒進 벼슬을 승진시킬 계제를 만듦)한 혐의로 삼아 이를 끌어다가 스스로를 나무라고 이와 연관하여 앞서 올린 말을 다시하게 거듭하게 될 것이니, 너무 번독(煩瀆)하지 않겠습니까? 고견은 어떠하신지 모르겠습니다.

179 주머니를……것이나 : 이 내용은 《주역》 곤괘(坤卦) 육사(六四) 효사(爻辭)의 "주머니 주둥이를 끈으로 묶듯이 하면 허물도 없으며 칭찬도 없으리라.〔括囊, 无咎无譽.〕"라는 구절을 원용하였다.

심정이에게 답함
答沈靜而

편지의 말씀이 간곡하니, 저를 감개(感慨)시켜 눈물이 쏟아지려고 합니다. 3, 4년 사이에 알고 지내던 명망 높은 훌륭한 분들이 서로 이어 별세하시니 이것이 무슨 운수(運數)인지요? 그러나 사람이 한번 태어나면 한번 죽음을 만나고 나라가 한번 일어나면 한번 멸망을 만나니, 비록 장수하고 단명하며, 오래가고 속히 망함이 같지는 않으나, 또한 운수의 떳떳한 법칙입니다.

경전(經傳)에 보전되어 있는 이 도(道)에 이르러는 인간이 소멸되고 물건이 다 없어지기 전에는 하루도 민멸될 수가 없는데, 지금의 세도와 인물로 보면 다만 한 올의 실낱으로 이어져 있을 뿐이니, 장차 어쩌면 좋습니까?

심정이에게 답함
答沈靜而

문 "아버지가 별세하고 어머니만 살아 있는 어떤 사람이 장차 결혼하려 하는데, 혼인을 주관할 만한 친족이 없습니다. 이에 스스로 혼서(婚書)를 쓰려고 하는데, '아무개가 이미 장성하였다.〔某旣長成.〕'는 구절 아래에 '어머니가 혼례를 명한다. 운운〔母命. 云云.〕'이란 구절을 더 넣어 어머니가 혼인을 주관하는 뜻을 붙이려고 합니다. 이것이 혹 근거가 있는 일이어서, 이렇게 행할 경우에 예(禮)에 어긋나지 않은지를 모르겠습니다."

답 《의례》〈사혼례(士昏禮)〉에 이르기를 "종자(宗子 적장자(嫡長子))에게 부모가 없고 명(命)할 수 있는 친족도 모두 돌아가셨으면 자신이 직접 혼례를 명한다."라고 하였으니, 그의 집에서 근거한 바는 아마도 여기에 있는 듯합니다. 그러나 《가례》〈혼례(昏禮)〉 장에 "무릇 혼례를 주관하는 것은 관례(冠禮)의 주인의 법도와 같다. 다만 종자 자신이 혼인할 경우 족인(族人) 중에 어른을 주인으로 삼는다."고 하였습니다. -관례의 경우 종자가 스스로 관례하면 자신이 주인이 됩니다.-

혼인의 예(禮)는 염치를 기르고 혐의를 멀리하는 의리가 중하기 때문에 혼례는 처음부터 반드시 중매를 통해 서로 교섭합니다. 납채(納采)와 청기(請期)에 이르러는 양(陽)이 인도하고 음(陰)이 따르는 의리 때문에 신랑의 집에서 먼저 하지만, 만약 신랑 스스로 주인이 되어 신부의 집에 글을 써 보낸다면 어찌 염치를 기르는 의리에 결함이 되지 않겠습니까.

또 어머니가 혼례를 주관하는 예(禮)의 경우는, 여자는 이미 문밖의 일이 없어서 남편이 죽으면 미망인(未亡人)이라고 칭하니, 미망인이 글을 보내고 납채(納采)하는 것이 어찌 예(禮)의 바름을 얻었다고 말할 수 있겠습니까.

삼가 생각하건대, 《가례》에서 고례(古禮)의 글을 따르지 않고 반드시 '족인(族人) 중에 어른을 주인으로 삼는다.'라고 글을 지은 것은 그 사이에 나름대로의 기준과 판단이 있는 듯하니, 그의 집에 비록 지친(至親)은 없더라도 그다지 멀지 않은 친족이 있다면 주인으로 삼을 만하지 않겠습니까.

심정이에게 답함
答沈靜而

문 《예기》〈잡기(雜記)〉에 이르기를, '대공(大功)의 복을 마칠 즈음에는 아들의 관례(冠禮)를 올려도 되고 딸의 혼례(婚禮)를 치러도 된다.〔大功之末, 可以冠子嫁子.〕'라고 하였는데, 주(註)에 '말(末)은 복을 장차 벗는 때를 이른다.'라고 하였습니다. '장차 벗는 때'는 분명히 어느 때를 가리키는 것인지 모르겠습니다.

답 〈잡기〉에서 "대공(大功)의 복을 마칠 즈음에는 아들의 관례를 올려도 되고 딸의 혼례를 치러도 된다."라고 하였는데, 주소(註疏)에 '말(末)'은 졸곡(卒哭)을 지낸 뒤라고 하였고 진호(陳澔)[180]는 '말(末)'은 복을 장차 벗는 때라고 하였습니다.

진호의 《예기집설(禮記集說)》에 "대공복은 졸곡을 지낸 뒤에도 아직 6개월이 남아 있으니, 졸곡을 지낸 뒤를 '말(末)'이라고 말할 수는 없을 듯하고, 소공(小功)에 이미 '말(末)'을 말하고 또 졸곡을 말했으니, '말(末)'이 졸곡이 아님이 분명하다."라고 하였습니다.

시남(市南)[181]이 비록 이 설을 취하였으나, 제가 삼가 생각하건대

180 진호(陳澔) : 1260~1341. 원(元)나라 초기의 저명한 경학가(經學家)로 자가 가대(可大), 호가 운주(云住)이다. 송(宋)나라를 멸망시킨 원(元)의 조정에 벼슬하지 않고, 학문에만 전념하였는데, 총 10권의 《예기집설(禮記集說)》을 편찬하였다.

181 시남(市南) : 유계(兪棨, 1607~1664)의 호이다. 자는 무중(武仲), 본관은 기계(杞溪)로 사계(沙溪) 김장생(金長生)의 문인이다. 1633년(인조11) 식년 문과에 급제하고 벼슬이 이조 참판에 이르렀다. 예학과 사학에 정통하였으며, 저서에 《가례원류(家

졸곡을 지낸 뒤로부터 복을 벗기 이전까지를 통틀어 '말(末)'이라고 할 수 있습니다. '말(末)' 자를 굳이 깊이 볼 필요가 없으니, 졸곡과 복을 벗는 사이에 어찌 '장차 복을 벗는 때〔將除〕'라는 하나의 층절(層折)이 있겠습니까.

또 고인(古人)의 문자는 글자를 바꾸어 서로 뜻을 드러낸 것이 참으로 많습니다. 한번 본문(本文)을 보면, 위에는 '소공복을 마칠 즈음〔小功之末〕'이라고 하고 아래에는 '소공복이 있으나 이미 졸곡을 지냈으면〔小功旣卒哭〕'이라고 하였습니다.[182] 만약 '소공복을 이미 마칠 즈음〔小功旣末〕'이라고 말했다면 글이 매우 순하지 못하니, 이 때문에 윗글과 아래 글을 바꾸어 칭한 것입니다.

공영달(孔穎達)의 소(疏)에 "이 글에서 '이미 졸곡을 지냈으면〔旣卒哭〕'이라고 말한 것은 위에서 '마칠 즈음〔末〕'이라 말한 것이 졸곡 후를 아우른다는 것을 밝힌 것이다."라고 한 것이 진실로 맞습니다.

문 국장(國葬) 전에 사세(事勢)에 몰려 신부례(新婦禮 신부가 처음으로 시집에 와서 올리는 예식)를 행하여 처음으로 시부모를 뵙는 자는 빈손으로 가기 어려우니, 대추와 꿩만 가지고 뵙고 다른 성대한 의식은 행하지 않는다면 예(禮)에 어긋나지 않는 것이 아니겠습니까?

禮源流)》 등이 있다.

182 한번……하였습니다 : 본문(本文)은 《예기》 〈잡기 하(雜記下)〉의 "아버지의 소공복을 마칠 즈음에는 아들의 관례를 올려도 되고 딸의 혼례를 치러도 되고 부인을 취할 수 있으며, 자신이 비록 소공복이 있으나 이미 졸곡을 지냈으면 관례를 하고 아내를 취할 수 있다.〔父小功之末, 可以冠子, 可以嫁子. 可以取婦, 已雖小功旣卒哭, 可以冠取妻.〕"라고 한 글을 이른다.

답 국장 전에 폐백을 가지고 시부모를 뵙는 것은, 온 나라가 슬퍼서 경황이 없는 때에 한가롭고 즐거운 예(禮)를 행하는 것입니다. 제가 생각하건대 이는 끝내 미안한 일이니, 졸곡을 지낸 뒤를 기다리는 것이 온당합니다. 그러나 부득이하다면 상중(喪中)에 신부를 만나보는 예를 따라 폐백을 쓰지 않는 것이 또한 어찌 문제가 되겠습니까.

심정이에게 답함
答沈靜而

문 상중(喪中)에 있는 사람이 자신을 죄인이라 칭하는 것은 옛글에 근거가 있습니까?

답 거상(居喪) 중의 서소(書疏)에 죄인이라 칭하는 것은 남의 위소(慰疏 상주를 위로하는 서한)에 답하는 내용 가운데 '죄가 너무도 깊고 중하다.〔罪逆深重.〕'는 말을 함에 따라 전고(典故)에 없는 말을 마음대로 만들어낸 듯한데, 실제에 있어 근거가 없기 때문에 몹시 비루하고 조야(粗野)합니다. 그러므로 저는 일찍이 이 말로 저를 칭한 적이 없습니다.

문 율곡 선생의 〈제의초(祭儀抄)〉[183]의 내용이 《가례(家禮)》와 같지 않은 점이 많은 것은 어째서입니까? 그 사이에 따르는 것과 따르지 않는 것이 정밀한 뜻이 있습니까?

답 예컨대 "고조(高祖)는 복(服)이 있으니 마땅히 제사 지내야 한다."는 정자(程子)와 주자(朱子)의 가르침이 이미 있는데도, 율곡 선생의 〈제의초〉에는 증조(曾祖)에게만 제사를 지낼 뿐이고, 제찬(祭饌)을

183 제의초(祭儀抄) : 1577년 율곡(栗谷) 이이(李珥)가 《격몽요결(擊蒙要訣)》을 저술할 때 부록으로 지은 것이다. 《주자가례(朱子家禮)》의 내용을 당시의 사회에 그대로 적용하기에는 현실적인 어려움이 적지 않았기 때문에, 이이가 당시의 시속과 현실을 고려하여 각종의 제사 의례를 제정하였는데 이를 실은 글이다.

담는 정(鼎)과 조(俎), 변(籩)과 두(豆)[184]는 음(陰)·양(陽)의 기(奇)·우(偶)[185]의 뜻이 있는데, 과일은 오품(五品)과 삼품(三品)을 썼습니다.

또 제찬을 진열하는 도식(圖式)의 경우는 모두 《오례의(五禮儀)》[186]를 그대로 따른 듯합니다. 《오례의》는 당시 왕이 쓰던 제도이기 때문에 율곡 선생께서 이 가운데에서 참작하려고 한 듯한데, 미처 하나하나 정리하여 바로잡지 못한 것인 듯합니다. 《오례의》는 끝내 논란할 만한 점이 많기 때문에 이에 《상례비요(喪禮備要)》[187]가 지어진 것입니다.

184 정(鼎)과……두(豆) : 모두 제기(祭器)를 말한다. 정은 희생(犧牲)의 고기를 담는 솥이고 조(俎)는 희생의 고기를 올려놓는 도마이며, 변(籩)은 대나무로 만든 제기(祭器)이고 두는 나무로 만든 제기이다.

185 음(陰)·양(陽)의 기(奇)·우(偶) : 기·우는 기수(奇數 홀수)와 우수(偶數 짝수)로, 기수는 양(陽)에 해당하고 우수는 음(陰)에 해당된다. 정(鼎)과 조(俎)는 양이므로 홀수로 놓고 변(籩)과 두(豆)는 음이므로 짝수로 놓는다.

186 오례의(五禮儀) : 《국조오례의(國朝五禮儀)》를 말한다. 조선 전기에 왕명으로 신숙주(申叔舟), 정척(鄭陟) 등이 다섯 가지 예법과 절차 등을 그림을 곁들여 편찬한 책으로, 국가의 기본 예식인 길례(吉禮)·가례(嘉禮)·빈례(賓禮)·군례(軍禮)·흉례(凶禮)에 대해 규정한 예전(禮典)이다.

187 상례비요(喪禮備要) : 신의경(申義慶)이 《주자가례(朱子家禮)》의 원문을 위주로 하고 고금의 예설(禮說)을 참고하여 1권 1책으로 편찬한 책인데, 뒤에 친구인 사계(沙溪) 김장생(金長生)이 여러 대목을 증보하고, 아울러 시속(時俗)의 예제(禮制)도 참고하여 이용하기에 편리하도록 만든 다음 서문을 붙였으며 그 뒤 사계의 아들 신독재(愼獨齋) 김집(金集)이 이를 교정하여 2권 1책의 목판본으로 1648년(인조26)에 간행하였는바, 이 때문에 흔히 사계의 저작으로 알려져 있다.

노주집

제7권

書서

권흥지 중업 에게 줌

與權興之 中業

희상(熙常)은 흥지(興之) 족하(足下)에게 고합니다. 지난해 처음 족하를 만났을 적에 비록 함께 조용히 이야기를 나누지는 못했으나, 족하의 행동거지가 떳떳하고 언어가 구차하지 않음을 보고 진실로 족하의 자품(資品)이 도(道)에 가까운 것을 마음속으로 알아보고 잊을 수가 없었습니다.

근자에 족하는 벼슬길에 나아갈 뜻을 단념하고 오로지 위기지학(爲己之學)에 전심(專心)하여 뜻을 돈독히 하고 힘써 실천하니, 남쪽에서 오는 사우(士友)들이 족하가 학문을 좋아한다는 사실을 말하지 않는 자가 없었습니다. 이 말을 들은 뒤로부터 나도 모르게 한편으로는 기쁘고 한편으로는 부끄러웠습니다.

아! 세상의 수준이 낮아지고 스승과 벗의 도(道)가 사라져 사람들이 학문으로 스스로 서지 않아 학문이라는 명칭이 거의 세상에 끊어지게 되었습니다. 옛 사람들이 후생(後生)들이 학문을 좋아하지 않음을 근심하지 않은 적이 없었으나, 어찌 오늘날처럼 심한 경우가 있었겠습니까.

근세 이래로 명성(名聲)과 이익에 대한 생각이 더욱 심해지고 선비들의 취향이 더욱 낮아져서 온 세상이 여기에 휩쓸려 불꽃처럼 분주하게 명리(名利)를 좇아 오가서,[1] 다시는 사람의 떳떳한 본성(本性)과

1 명리(名利)를 좇아 오가서 : 원문의 '희양(熙穰)'은 사람들이 분주하게 이익을 좇아

사물(事物)의 법칙이 소중함을 알지 못합니다. 이에 공자와 주자의 문정(門庭)이 장차 빈 터가 됨을 면치 못하게 되었으니, 어찌 가슴 아프지 않겠습니까.

간혹 기(氣)가 깨끗하고 자질이 순수해서 옛 도(道)에 뜻을 둔 자가 있더라도, 비단 장려하고 애호(愛護)하지 않을 뿐만 아니라, 반드시 꾸짖고 비방하여 용납하지 못하게 한 뒤에야 그만 둡니다. 그러므로 혹 망설이며 돌아보다가 학문을 하고자 하나 실행하지 못하는 자를 저 또한 일찍이 본 적이 있습니다.

그런데 지금 족하는 아름다운 자질을 가지고 진실 된 마음으로 학문에 뜻을 두어 세상에 동요되지 않고 독실하게 진덕수업(進德修業)[2]에 힘쓰고 있으니, 가학(家學)을 계승하여 반드시 성취를 이룰 것을 알겠습니다. 제가 어찌 기뻐하지 않을 수 있겠습니까.

저는 나이 13, 4세부터 부형(父兄)의 가르침을 대략 익혀 선(善)이 좋아할 만한 것임과 악(惡)이 미워할 만한 것임을 알았으며 고인(古人)을 배워 능히 따를 수 있고 자포자기(自暴自棄)[3]가 깊은 수치가 된

오가는 모습을 형용한 말이다. 《사기(史記)》 권129 〈화식열전(貨殖列傳)〉에 "천하 사람들이 번잡하게 오는 것은 모두 이익을 위해 오는 것이요, 천하 사람들이 분란(紛亂)하게 가는 것은 모두 이익을 위해 가는 것이다.〔天下熙熙, 皆爲利來; 天下壤壤, 皆爲利往.〕"라고 보인다. '壤'과 '穰'은 통용된다.

2 진덕수업(進德修業) : 덕(德)을 진전시키고 학업(學業)을 닦는다는 뜻으로, 즉 인품과 학업을 병행 발전시킨다는 의미이다. 《주역》 〈건괘(乾卦) 문언전(文言傳)〉에 보인다.

3 자포자기(自暴自棄) : 자포는 스스로 해치는 것으로 도덕(道德)과 예의(禮義)를 부정함을 이르고, 자기는 스스로 포기하는 것으로 자신은 도덕과 인의를 행할 수 없다고 체념함을 이른다. 맹자는 "자포하는 자와는 더불어 말할 수 없고 자기하는 자와는 더불

다고 생각하였습니다.

다만 타고난 기질(氣質)이 매우 잡박(雜駁)하여 치우치고 침체되고 어둡고 우둔해서, 도(道)에 제대로 나아가지 못하는데다가 또 일찍이 작은 기예인 문장(文章)에 빠져, 의사(意思)가 매번 외면(外面)을 좇는 것을 근심하였습니다. 근간에 그 해로움이 적지 않음을 깨달았으나, 사냥을 좋아하는 옛 생각을 끝내 다 끊어버리지 못하고 있습니다.[4]

또 나의 거처가 도성(都城)에 있어서 이목(耳目)이 접하는 바가 세속 사람과 세속의 일을 떠나지 못합니다. 세속이 도(道)를 해치는 것이 이단(異端)보다 심하다는 것을 알고서 처음에는 망령되이 세속 사람들과 다른 태도를 가져 스스로 달라지고자 하였습니다. 그러나 한번 사람들의 기롱과 비웃음을 만나게 되면, 본령(本領)이 확립되지 못했기 때문에 내면이 외물의 유혹을 막아내지 못하였습니다. 이에 마음이 저상(沮喪)되고 위축됨을 면치 못하여 끝내는 점점 저들과 동화되었습니다. 이와 같이 하면서도 소인(小人)으로 귀결됨을 면하고자 한다면 이는 쉽지 않은 일이니, 이 때문에 뒤이어 부끄러워하는 것입니다.

어 훌륭한 일을 할 수 없으니, 예의를 비난하는 자를 자포라 이르고 내 몸은 인의를 행할 수 없다고 하는 자를 자기라 이른다."라고 하였다. 《孟子 離婁 上》

4 사냥을……있습니다 : 문장(文章)에 대한 관심을 끊고 내면의 공부에 전심하지 못하고 있음을 말한 것이다. 명도(明道) 정호(程顥)가 젊어 사냥을 좋아하였는데, 공부에 방해되자 사냥을 폐하고는 얼마 뒤에 자신 있게 이 버릇이 없어졌다고 여겨 이를 그의 스승 주돈이(周敦頤)에게 장담하였다. 주돈이가 "말을 어찌 그리 쉽게 하는가. 지금은 그 마음이 숨어 있어 드러나지 않는 것일 뿐이네. 어느 날 싹이 터 움직이면 다시 전과 같을 것이네."라고 충고하였는데, 12년 뒤 석양 무렵 집으로 돌아오다가 들판에서 사냥하는 광경을 보고 자신도 모르게 좋아하는 마음이 들자 비로소 그 마음이 완전히 사라지지 않은 줄을 알았다는 고사가 있으므로 이렇게 말한 것이다. 《二程全書 卷8》

제가 들으니, 옛날 부자(夫子)께서 자하(子夏)에게 이르시기를 "너는 군자(君子)의 학자가 되고, 소인(小人)의 학자가 되지 말라."라고 하셨는데, 정자(程子 이천(伊川) 정이(程頤))가 이를 "군자의 학자는 자신을 위하고, 소인의 학자는 남을 위한다."라고 풀이하셨습니다. 자신을 위한다는 것은 학문을 자신의 몸에 얻고자 하는 것이고, 남을 위한다는 것은 남에게 알려지기를 구하려고 하는 것이니, 공(公)과 사(私), 천리(天理)와 인욕(人欲)이 여기에서 판가름됩니다. 그러므로 옛날 배우는 자들은 마음에 공력을 써서 몸에 이르게 하고 자신의 몸을 지극히 닦아 남에게 미루었습니다.

그러나 힘쓴 것은 내면이었지만 마침내 외면에까지 미쳤고, 닦은 것은 자기 몸이었지만 끝내는 또 남에게 미쳤습니다. 그러나 애당초 외면에 힘쓰고 남을 위하려는 생각이 있지는 않았습니다.

후세의 배우는 자들은 이와 반대여서 비루(鄙陋)하고 천근(淺近)함에 빠지지 않으면 반드시 곧바로 스스로 높은 체하고 큰 체합니다. 높은 체하고 큰 체하는 자들은 학문의 참되고 간절함은 마음에서 이루어진다는 것을 알지 못하고, 비루하고 천근한 자들은 도(道)의 광대함은 몸에 갖추어져 있다는 것을 알지 못합니다. 혹자는 이를 망각하여 학문(學問)과 수양(修養)에 있어 진보하는 실제가 없고, 혹자는 이를 조장(助長)해서 자득(自得)하려는 뜻이 없으니, 공정한 이치를 저버리고 사욕(私慾)을 따르지 않는 자가 거의 드뭅니다.

오직 족하(足下)는 먼저 내(內)와 외(外), 명(名)과 실(實)의 구분을 밝혀 거경 궁리(居敬窮理)[5]를 실제로 자신의 몸에 가지고 있습니다.

5 거경 궁리(居敬窮理) : 정주학(程朱學)에서 말하는 학문을 수양하는 방법으로, 거

이에 기질(氣質)에 지고 습속(習俗)에 빼앗기는 일을 당하지 않아, 올바른 길에서 시작하여 몸을 성실히 하고 선(善)을 밝히며 정대한 경지에 탁연(卓然)하게 서있습니다. 이에 선비들 중에 영화(榮華)와 이익(利益)을 추구하는 자들 또한 보고 감동하며 존경하고 본받아서, 우리 도(道)가 거의 의뢰할 바가 있게 되었으니, 어찌 아름답지 않습니까.

그러나 자신의 몸에 두텁게 쌓은 뒤에야 남에게 고(告)해 줄 수 있는 것인데, 지금 저는 털끝만큼도 자신의 몸에 소유한 것이 없으면서 도리어 감히 족하를 위하여 권면하니, 옛사람이 말씀한 "자기 밭을 버려두고 남의 밭을 김맨다."는 것[6]이 또 이를 말한 것입니다. 이에 또 부끄러운 마음이 있는 것입니다.

그러나 인(仁)한 자는 잘 용서해 주니, 부디 저의 어리석음을 양찰(諒察)하고 멀리하지 말아주시기 바랍니다. 자리를 함께하여 한 번 마음속의 생각을 토로할 길이 없으니, 편지 종이를 앞에 두고 더욱 시름겨운 마음이 맺혀 있음을 깨닫습니다.

부디 음성을 금옥(金玉)처럼 아끼지 말고[7] 빨리 스스로 서여(緖餘)[8]

경은 내면의 수양 방법으로 마음을 함양(涵養)하고 밖으로 기거동작(起居動作)을 절제하는 것을 말하며 궁리는 널리 사물의 이치를 궁구(窮究)해서 정확한 지식을 획득하는 것을 말한다.

6 옛사람이……것 : 옛사람은 맹자를 이른다. 이 내용은 《맹자》 〈진심 하(盡心下)〉에 보인다.

7 음성을……말고 : 바로 소식을 달라는 당부로, 《시경》 〈소아(小雅) 백구(白駒)〉의 "그대의 음성을 금옥처럼 아껴서 나를 멀리하는 마음을 두지 말라.〔毋金玉爾音, 而有遐心.〕"라는 구절을 원용한 것이다.

를 닦아 혼란에 빠져 있는 저를 깨우쳐 주시기 바라니, 이렇게 되면 구구한 이 몸에게 큰 다행이 될 것입니다. 지극한 추위에 학문하는 몸이 평안(平安)하기를 엎드려 바라며, 이만 줄입니다.

8 서여(緖餘) : 실을 뽑아낸 누에고치에 남은 실오리를 이르는 말로, 근본이 되는 사상이나 학설 이외의 여론(餘論)의 뜻으로 쓰인다. 그러나 여기서는 선인(先人)이 전한 학통(學統) 또는 도통(道統)의 뜻으로 쓰인 것으로 보인다.

권홍지에게 답함

答權興之

바람이 깨끗하고 날씨가 화창한데 둥근 보름달을 조용히 마주하니, 그대〔伊人〕에 대한 그리움이 더하는 중에,[9] 바로 보내준 편지를 받아 공손히 열어보고 지금 독서하는 재미가 매우 좋으심을 알았으니, 구구한 이 몸에게 위로됨이 어찌 다함이 있겠습니까.

저는 집에 있으면서 쓸데없이 소란(騷亂)스러운 일이 많아 대략 아주 분잡하지 않으면 혼매(昏昧)하게 지내고 있습니다. 이 두 가지가 서로 반복되어 문자를 볼 적에 마음이 분란(紛亂)하여 제대로 읽지 못하는 것이 예전에 비하여 더욱 심하니, 매우 가탄스럽습니다.

우리 동방은 풍도(風度)와 기상(氣象)이 유약(柔弱)해서 사람들에게 부여되는 천성(天性)이 대부분 무르고 나약하며, 굳세고 강직하고 확고(確固)한 자가 적습니다. 그러므로 뜻있는 선비들이 자신들의 뜻과 기운이 밋밋하고 연약하여 앞으로 곧장 용맹스럽게 나아가는 아름다움이 없음을 매번 근심하였습니다.

오늘날 우리들이 서로 권면해야 할 것으로는, 강한 덕(德)을 갖추라는 것이 의당 가장 우선되어야 할 것입니다. 그러나 지난 번 편지에 "온화하고 공손한 사람은 덕(德)의 기본이로다.〔溫溫恭人, 惟德之

9 그대〔伊人〕에……더하는데 : 이 내용은 《시경》 〈진풍(秦風) 겸가(蒹葭)〉에 "갈대가 푸르니, 흰 이슬이 서리가 되었네. 이른바 저분이 저 물가의 한쪽에 있도다.〔蒹葭蒼蒼, 白露爲霜. 所謂伊人, 在水一方.〕"라는 구절을 원용한 것이다.

基.〕"[10]라는 글을 드렸던 것은 제 나름대로의 뜻이 있습니다.

삼가 살펴보건대 고명(高明)은 도(道)를 향하는 마음이 매우 이르며 뜻을 세운 것이 견고해서 때로 이런 소장(所長)이 도리어 곤궁함을 만들어 냅니다. 혹 너무 고집스럽게 집착하고 모가 나서 상정(常情)과 맞지 않는 병통이 있어 끝내 온화하고 질박한 상(象)이 부족할 수 있으니, 진덕수업(進德修業)[11]하는 즈음에 편벽되고 치우치는 바가 있을까 깊이 염려하지 않을 수 없기에 애오라지 경계한 것이지 굳세고 강직한 마음을 버리라고 한 것은 아닙니다.

지금 분명한 가르침을 많이 받았는데, 저의 병통에 절실하게 들어맞아 경계되고 개발됨이 많으니, 어떻게 감사를 드려야 할지 모르겠습니까.

그믐날 전에 만일 차질을 빚을 만한 사고(事故)가 없으면, 한강을 거슬러 올라가 한번 조용한 전장(田庄)에 이르러 열흘 동안의 모임을 가질 것을 계획하고 있으니, 그때 얼굴을 마주하고 말을 다할 수 있을 것입니다. 천만 가지는 이만 줄입니다.

10 온화하고……기본이니라 : 이 구절은 《시경》〈대아(大雅) 탕(湯)〉에 나온다.

11 진덕수업(進德修業) : 덕(德)을 진전시키고 학업(學業)을 닦는다는 뜻. 자세한 내용은 270쪽 주2 참조.

권흥지에게 답함

答權興之

열흘 동안 장맛비와 흙비가 내리고 있습니다. 외롭게 살아가는지라 즐거움이 적으니, 이즈음 그대에 대한 그리움이 더욱 깊어져 괴로웠는데, 그대의 편지가 갑자기 이르렀습니다. 이를 펴보는 것만으로도 정신이 탁 트이는데 게다가 근자에 학문하면서 화평하게 잘 지내고 있음을 알게 됨에 있어서이겠습니까.

보내준 편지에, 학업에 매진하라고 반복하여 정성스럽고 간절하게 권면하셨습니다. 이에 우리 형의 향학열(向學熱)이 느슨해지지 않아 충분히 남에게 미칠 수 있음을 알 수 있으니, 저도 모르게 감탄합니다. 스스로 돌아보건대 저는 자질이 부족하고 습관이 고질(痼疾)이 되어 학문과 수양(修養)이 진전되길 바랄 길이 없으니, 끝내 알고 지내는 사람들의 수치가 될까 두렵습니다.

그러나 종유(從遊)하는 처지에서 학업이 성취됨을 보고자 하니, 자나 깨나 항상 이 생각을 진실로 잊지 못하고 있습니다. 부디 작은 것을 얻고 만족하지 마시고 더욱더 그 뜻을 널리 펼치고 확충하여 넓히는 것이 어떻겠습니까.

보내주신 선부인(先夫人)의 유사(遺事)는 손을 씻고 공경히 읽어보니, 서글픈 감회를 이기기 어렵습니다. 그 자품(資稟)의 아름다움과 덕행(德行)의 훌륭함이 여인들 중에 특출나서 규문(閨門)에 모범이 될 만하고 게다가 뛰어난 문장이 또 질박하고 정성스럽고 간략하고 합당해서 참으로 그윽한 광채를 찬양하기에 충분하니, 공경히 감탄하고 공경히 감탄합니다.

점찬(點竄 문장의 자구(字句)를 고치는 일)해 달라는 가르침을 주셨는데, 문장이 절로 체재(體裁)를 이루어서 지적할 만한 하자(瑕疵)가 없습니다. 그러나 한번 서서히 살펴보고 발견되는 것이 있으면 삼가 마땅히 어리석은 생각을 적어 올리겠습니다. 지난번 돌아오는 길에 참봉(參奉) 민공저(閔公著)[12] 씨와 우연히 만나 동행하여 서로 매우 즐거운 시간을 가졌습니다.

이 어른은 덕행과 기국이 순박하고 중후(重厚)하고 언론이 공평하고 정직하며 또 온화하여 사람들에게 호기롭게 선(善)으로써 권면하기를 좋아하시니, 만약 이런 분과 종유(從遊)하면 유익함이 반드시 클 것입니다.

돌아보건대, 지금 우리 유문(儒門)이 쇠퇴해서 사우(士友) 중에 탁월하여 절절시시(切切偲偲)[13]를 의탁할 만한 분을 찾아보니, 이 어른과 같은 분이 몇 분이 되지 않습니다. 후일에 노형(老兄)이 만약 여주(驪州)에 갈 일이 있거든 부디 헛되이 지나치지 말고 합잠(盍簪)[14]을 도모

12 민공저(閔公著) : 민이현(閔彛顯, 1750~1793)으로 보이나 분명하지 않다. 민이현은 자가 공저, 호가 관생와(觀生窩). 본관이 여흥(驪興)으로 지암(止菴) 김양행(金亮行)의 문인이다. 1777년(정조1) 학행(學行)으로 천거되어 태릉 참봉에 제수되었으나 부임하지 않았고, 3년 뒤 명릉 참봉(明陵參奉)이 되고 1782년 장원서 봉사(掌苑署奉事)에 제수되었다.

13 절절시시(切切偲偲) : 절절(切切)은 간절하고도 지극한 것이고, 시시(偲偲)는 자상하게 권면하는 것이다. 《논어》 〈자로(子路)〉에 자로가 "어떻게 해야 선비라고 이를 수 있습니까?"라고 묻자, 공자께서 "간절하고 자상하게 권면하며 화락하면 선비라 이를 수 있으니, 붕우 간에는 간절하고 자상하게 권면하며 형제간에는 화락하여야 한다.〔切切偲偲, 怡怡如也, 可謂士矣, 朋友切切偲偲, 兄弟怡怡.〕"라고 대답한 구절에 보인다.

하시기 바랍니다.

저는 마침 더위를 먹어 앓고 있고 또 아내의 병으로 어수선해서 때로 옛 책을 펴보지마는 마음과 눈을 집중하지 못하는데다, 혼매한 기운이 또 침범하니, 매번 스스로 책을 덮고 한탄합니다. 이만 줄입니다.

14 합잠(盍簪) : 뜻이 맞는 벗들이 회동함을 이르는 말이다. 《주역》 〈예괘(豫卦) 구사(九四)〉에 "말미암아 즐거워하므로 크게 얻음이 있으리니, 의심하지 않으면 벗들이 모여 들리라.〔由豫, 大有得, 勿疑, 朋盍簪.〕"라고 한 데서 유래하였다.

권흥지에게 답함
答權興之

편지에서 말씀하신 '집체(執滯 아집에 사로잡힘)'와 '애이(崖異 모가 나서 남과 어울리지 못함)'는 초학자(初學者)들에게 쉽게 나타나는 증상인데, 그래도 '유완(悠緩 느슨하고 완만함)'과 '유나(柔懦 너무 부드럽고 나약함)'에 비하면 더 나은 듯합니다. 그러나 일에서 생겨나 마음을 해치는 것이 또한 적지 않습니다.

옛날 율곡 선생은 남의 말을 잘 수용하여 남과 자신이 간격이 없어서 기상(氣像)이 화평하셨으니, 이 때문에 구봉(龜峰)[15]이 깊이 복종하고 찬탄한 것입니다. 배우는 자들은 모름지기 이러한 기상을 이해해야 할 것이요, 한갓 '집체'와 '애이'를 가지고 높은 체해서는 안 됩니다.

학문이 진전되지 못하고 선(善)이 확충되지 못하는 것은 진실로 이 두 가지에서 연유하는 경우가 많고, 이 두 가지 병통은 또 일찍이 이기적(利己的)인 마음에 연유하지 않은 적이 없으니, 만약 한결같이 이를 버려두고 살피지 않으면 진덕수업(進德修業)[16]에 방해가 되니, 때로는 해로움이 '유완'과 '유나'보다 더 심함이 있습니다. 저의 이러한 뜻이

15 구봉(龜峰) : 송익필(宋翼弼, 1534~1599)로 구봉은 그의 호이고 자는 운장(雲長)이다. 과거를 단념하고 학문에 전념하여 이이(李珥)·성혼(成渾) 등과 교유하며 성리학의 깊은 이치를 논변하였으며 특히 예학(禮學)에 밝아 김장생(金長生)에게 큰 영향을 주었다.

16 진덕수업(進德修業) : 덕(德)을 진전시키고 학업(學業)을 닦는다는 뜻. 자세한 내용은 270쪽 주2 참조.

도리에 어긋나지 않은지 모르겠습니다. 분석하여 가르쳐 주시기를 바랍니다.

권홍지에게 줌

與權興之

가랑비가 단풍을 재촉하니, 저로 하여금 산속에 있는 듯한 생각을 일으키게 합니다. 이렇게 고요한 가운데에 그대는 경서(經書)를 다시 익히고 연구하면서 날마다 참다운 취미를 누리고 있습니까? 저는 어버이를 떠난 지 오래되어 한 번의 더위와 추위를 겪었는데 안부 소식조차 자주 받들지 못하니, 애태우고 근심스러운 마음을 이루 형용할 수 없습니다.

스스로 생각하건대 저는 독서에 진력(盡力)하지 못한 처지에 표방(標榜)[17]을 먼저 힘썼으니, 가증(可憎)스러울 만합니다. 우선 집안에서 과거에 응시하라고 많이 권해서 여름 사이에 사람들을 따라 소과(小科)의 종장(終場)[18]까지 보았으나, 저의 문장과 지기(志氣)가, 세속(世俗)을 따라 저상(沮喪)되고 궤산(潰散)됨을 면치 못하니, 어쩐단 말입니까.

17 표방(標榜) : 학자로 자리하여 하나의 학파를 이루어 자신의 주장을 내세움을 이른 것으로 보인다.

18 소과(小科)의 종장(終場) : 소과는 조선 시대 과거 제도에 있어 생원(生員)과 진사(進士)를 입격(入格)시키는 시험으로 사마시(司馬試)라고도 한다. 종장은 원래 삼장(三場)으로 시험을 치루는 문과(文科)의 초시(初試)와 복시(覆試)에 있어서의 마지막 단계의 시험을 이른다. 1일 간격으로 초장(初場)·중장(中場)·종장(終場)의 3단계에 걸쳐 시험을 치렀는데, 각각 고시하는 과목이 달랐다. 그러나 여기서는 소과의 최종 과정이라는 의미로 쓰인 듯하다.

처음 생각할 때에, 의의(義疑)는 그 체(體)가 경서(經書)를 그대로 따르는 것이니, 한결같이 부박(浮薄)하기만 한 시부(詩賦)보다 낫다고 여겨, 마침내 시부를 버리고 의의를 택했는데,[19] 근간에 또다시 생각해 보니, 원래 의의를 가지고 선비를 시험한 데에는 반드시 공연(空然)하지 않은 뜻이 있었을 것입니다. 그러나 뒤에 와서 선비들이 예스럽지 못해져서 그 폐해가 날로 불어났습니다. 이에 선비들이 한 때의 시험에 제공하기 위해 오로지 표절(剽竊)을 일삼아 털끝만큼도 진실하게 이해하려는 뜻이 없으니, 요컨대 끝내는 성인(聖仁)을 모욕하고 경서를 희롱하는 죄과로 귀결될까 두렵습니다. 그렇다면 이 의의는 시부보다 도리어 못한 것입니다.

대저 과거(科擧)의 문장은 추황대백(抽黃對白)[20]하여 사람들의 눈에 영합하고자 하니, 이것은 바로 주자가 말씀한 "문장을 짓는 기량이 정교해질수록 마음은 더욱 피폐해진다.〔伎倆愈精, 心術愈壞.〕"는 것인데, 근세에는 갈수록 더욱 심해지고 있습니다. 이에 문장이 경박하고 화려하고 나약하고 기교가 많으며 각박하고 가볍고 촉급해서 다만 사

19 의의(義疑)는……택했는데 : 소과에서 생원시를 치렀다는 말이다. 소과에는 생원시와 진사시 두 가지 과정이 있는데 생원시의 초시(初試)에는 사서(四書)와 오경(五經)의 의의(義疑)를 시험하였고 진사시의 초시에는 시부(詩賦)를 시험하였으므로 이렇게 말한 것이다. 의의는 경서(經書)의 의심스러운 부분과 뜻을 묻는 시험인데 조선조에서는 사서(四書) 중의 의심(疑心)이 날 만한 글들을 들어 이의 뜻을 답하게 한 것이 의(疑)이고 삼경(三經) 중의 난해한 부분의 뜻을 물어 답하게 하는 것이 의(義)이다.

20 추황대백(抽黃對白) : 앞 구절에 '황(黃)'자를 썼으면 아래 구절에 '백(白)'자를 써서 그 대구(對句)를 맞춘다는 뜻으로, 큰 의미 없이 시(詩)나 변려문(駢儷文)의 대구를 정밀하게 하는 것을 가리키는 바, 당(唐)나라의 문호인 유종원(柳宗元)이 지은 〈걸교문(乞巧文)〉에 보인다.

람들의 눈에 영합하려고 할 뿐만 아니라, 오로지 주사(主司 과거시험 주무관)를 속이고 현혹시킬 것을 힘쓰고 있으니, 이와 같이 하지 않으면 거자(擧子)의 반열에 낄 수가 없습니다.

그러므로 다투어 서로 모방하고 본떠서 도도한 추세(趨勢)를 이루어 함께 이런 잘못에 빠지니, 만약 고인(古人)들이 이런 경우를 만난다면 공부에 방해되고 뜻을 뺏기는 것은 오히려 근심할 겨를이 없고, 그 문장이 사람의 덕성(德性)을 해침을 근심할 것입니다.

지난번에 어떤 이를 통해 들으니, 노형 또한 사마시(司馬試)에 응시하고자 한다고 하는데, 사실입니까? 노형은 이미 일찍부터 우리 유학에 뜻을 두어 나처럼 혼란스럽지도 않고 들떠 있지도 않으니, 어버이의 뜻이 바라는 것이 아니라면, 또한 굳이 억지로 할 것이 없습니다. 도리어 기로(岐路)에서 방황하고 좋은 시절을 잃을까 두려우니, 부디 이 학문하는 일에 한결같이 뜻을 두어 근저(根底)를 확실하게 정하는 것이 어떻겠습니까.

삼가 보건대, 근래 자질도 아름답고 뜻이 있는 한두 명의 사우(士友)들이 바로 과거(科擧)에 얽매인 바가 되어 그 길로 나아가 돌아오지 못하니, 어찌 개탄하는 마음을 이길 수 있겠습니까. 이 때문에 제가 우리 형에게 소망하는 것이 더욱 깊고 또 간절하지 않을 수 없는 것입니다. 나머지 할 말은 경황이 없어 다하지 못하니, 오직 절서(節序)에 따라 몸을 진중하게 아끼시기 바랍니다.

권흥지에게 줌

與權興之

“가볍고 가볍게 수렴하고 간략하고 간략하게 제시하라.〔輕輕收斂, 略略提撕.〕”는 것은 바로 주자의 말씀이니, 이 말씀이 가장 체인(體認)하기 좋습니다. 보통 사람의 마음은 매번 방일(放逸)해지고 혼매(昏昧)해질까 근심하는데, 이 두 가지 병통이 반복하여 서로 원인이 됩니다.

수렴이라는 것은 그 방일함을 검속(檢束)하는 것이고, 제시(提撕)라는 것은 그 혼매함을 환기(喚起)시키는 것입니다. 그러나 마음은 살아있는 물건이어서 또한 지나치게 뜻을 붙여 힘을 써서는 안 됩니다. 그러므로 가볍고 가볍게 수렴하고 간략하고 간략하게 제시하라고 말한 것입니다. 잊지도 말고 조장하지도 않는 사이에 본래의 묘한 이치가 있으니, 다만 당신께서 매우 긴절(緊切)하게 해내느냐에 달려 있을 뿐입니다.

근간에 이 말씀을 보고 마음에 적이 기뻐서 편지를 통하여 언급하니, 시험 삼아 조만간에 체인해 보시는 것이 어떻겠습니까.

심미로[21] 능수 에게 줌

與沈眉老 能秀

예(禮)가 폐해진 지가 오래되었고 근래의 풍속에서는 더욱 관례(冠禮)와 혼례(婚禮)를 논하지 않아서, 혼인 날짜를 신부(新婦)의 집안에서 결정하는 것과 같은 일은 실로 양(陽)이 선창하면 음(陰)이 따라가서 염치를 기르고 혐의를 멀리하는 뜻에 위배됨이 있습니다. 그러나 세상 사람들이 이미 굳어진 풍속에 익숙해져서 바로잡는 자가 있지 않으니, 가탄(可歎)스럽습니다.

지금 우리들이 자녀들을 성혼(成婚)시켜 이미 친영(親迎)하는 예(禮)를 행하고자 하니, 그렇다면 마땅히 먼저 이것으로부터 이해해야 합니다. 이에 혼인 날짜는 저희 집안에서 길일(吉日)을 택하여 시기에 앞서 통보할 예정입니다. 장애될 만한 일이 있을지 알지 못하여 이에 먼저 받들어 여쭙니다.

21 심미로(沈眉老) : 심능수(沈能秀)로 미로는 자로 보인다. 오희상의 아들로 오희상의 형인 오윤상에게 양자 간 오치성(吳致成)의 장인이다.

심미로에게 줌

與沈眉老

교외(郊外)로부터 강(江) 가로 와서 소식이 더욱 멀어지니, 우러러 그리워하는 마음이 끊이지 않고 이어져 다만 간절하게 애를 태우고 있습니다. 근래 심해진 추위 속에도 동정(動靜)을 삼가 보중(保重)하고 계시리라 엎드려 생각합니다. 한가로이 거처하시면서 지금 무슨 책을 공부하고 계십니까? 즐거워서 근심을 잊을 수 있는 것은 오직 독서(讀書) 한 가지 일뿐이니, 이것을 버리면 마음을 집중할 곳이 없어서 그 바름을 잃기 쉽습니다.

사라지고 자라나고 이루어지고 훼손됨이 천명(天命) 아닌 것이 없으니, 무엇을 원망하고 무엇을 탓하겠습니까. 다만 마땅히 나에게 있는 것을 닦으면서 기다릴 뿐입니다. 감히 저를 알아주시는 것을 믿기에 애오라지 이처럼 저의 심정을 피력하니, 저의 작은 정성을 양찰(諒察)해 주시기 바랍니다.

저는 근래 우환(憂患)과 질병이 계속 이어져 책을 보면서 살아가는 계책조차 뜻대로 하질 못하니, 크게 탄식하고 있습니다. 나머지는 다 말씀드리기 어려워 이만 줄이니, 모두 정신으로 이해해 주시기 바랍니다.

조국진[22] 진구 에게 답함
答趙國珍 鎭球

정(情)과 재(才)는 지두(地頭 가리키는 지점)가 과연 서로 비슷하지만 마땅히 분별이 있어야 하니, 정은 성(性)에 속하고 재는 심(心)에 속하네. 정은 성에서 발한 것인데 기(氣)에 의해 발해지니, 이 기는 바로 마음의 신령(神靈)함이네. 재는 마음의 용(用)인데 이(理)에 의해 쓰이니, 이 이(理)는 또한 성의 참된 실체이네.

정과 재는 본래 판연(判然)히 다른 두 가지 물건은 아니지만 가리켜서 말한 것이 똑같지 않으니, 이처럼 발출(發出)함을 가리켜 말하면 정(情)이라고 하여 성(性)에 속하고, 주장하고 운용(運用)함을 가리켜 말하면 재(才)라고 하여 심(心)에 속하네.

그러나 이(理)는 하는 일이 없고 기는 하는 일이 있는데, 성(性)은 이(理)로 스스로 설 수가 없어 기(에 의해 형상화되네. 그러므로 그 주장하는 바와 운용하는 바가 모두 기의 능력이니, 이것이 이른바 재(才)라는 것이네. 기가 아니면 어떻게 주장을 하며 또한 어떻게 운용을 하겠는가. 그러나 이 심(心)은 성(性)에서 말미암은 것이니, 성분(性分 본성(本性)) 외에 별도로 하는 바가 있는 것은 아니네. 그러므로 말하기를 "성(性)이 이미 선(善)하면 재 또한 선하다.〔性旣善則才亦善.〕"[23]

22 조국진(趙國珍) : 조진구(趙鎭球, 1765～?)로 국진은 그의 자이다. 본관은 풍양(豊壤)으로 1783년(정조7) 증광 사마시에 생원, 진사 양과에 합격하고 의령 현감(宜寧縣監) 대구 판관(大丘判官) 등을 지냈다. 오희상의 이종사촌 아우이다.

라고 한 것이네.

그러나 물욕(物慾)에 빠지게 되면 이 재(才)가 이(理)와 의(義)의 선(善)함을 확충하지 못하고, 지혜와 기교의 사사로움에 치우쳐 자라니, 이(理)를 깨우치고 의(義)를 실천하는 것도 재이고, 기변(機變)으로 속임수를 꾸미는 것 또한 재라고 말하지 않을 수가 없네. 다만 사람은 본성(本性)이 선하니, 선(善)을 하는 것이 바로 재(才)의 근본이네. 그러므로 말하기를 "재가 처음〔初〕에는 선하지 않음이 없다."라고 하였으니, 처음〔初〕이라는 말은 본색(本色)이라는 말과 같네.

보내준 편지에 성과 재가 똑같은 것이라고 말하였는데, 성과 재는 비록 판연히 서로 떨어질 수 없으나 또한 뒤섞여서 하나로 만들 수가 없으니, 만약 뒤섞어서 하나로 만들면 이(理)와 기가 서로 뒤섞이게 되어 체(體)와 용(用)이 서로 덮어 가리게 되네. 그러므로 무릇 경서(經書)의 뜻을 새길 때에는 모름지기 먼저 주객(主客)을 분변하여야 거의 본지(本旨)를 잃지 않을 수 있네.

예컨대 성(性)은 바로 이(理)와 기가 합한 것인데, 성을 말할 때 이(理)를 위주로 말하는 경우가 있으니 본연지성(本然之性)이 이것이고, 기(氣)를 위주로 말하는 경우가 있으니 기질지성(氣質之性)이 이것이네. 이 경우 두 가지 성(性)을 주장하는 것은 아니나, 가리켜서 말한 것이 똑같지 않네. 그러므로 기질지성을 본연지성이라고 부를 수 없고

23 성(性)이……선하다 : 《맹자》 〈고자 상(告子上)〉에 "불선(不善)을 하는 것으로 말하면 타고난 재(才)의 죄가 아니다."라고 하였는데 주자는 《집주(集註)》에서 "'재(才)'는 재질과 같으니, 사람의 능함이다. 사람이 이 성(性)을 가지고 있으면 이 재질을 가지고 있으니, 성(性)이 이미 선(善)하면 재질 또한 선하다. 사람이 불선을 함은 바로 물욕에 빠져서 그러한 것이니, 재의 죄가 아니다."라고 주하였다.

본연지성을 또 기질지성이라고 부를 수도 없는 것이네. 그렇다면 재(才)가 또한 비록 성(性)에서 벗어나지 않으나, 주장하여 말하는 것은 바로 기의 능력이니, 성과 재가 똑같다고 말하는 것이 되겠는가.

맹자(孟子)는 기를 벗어서 버리고 다만 그 발용(發用)하는 가운데 선(善)한 한쪽만을 곧바로 가리켰네. 그러므로 주자가 "맹자는 오로지 성(性)에서 발(發)한 것을 가리켰다."고 말한 것이네. 정자(程子)는 기를 집어내서 지혜롭고 어리석음과 선과 악이 모두 재에서 말미암음을 밝혔네. 그러므로 주자가 "정자는 기에서 받은 것을 겸하여 가리켰다."라고 말씀한 것이니, 맹자와 정자 두 부자(夫子)의 말씀이 각각 해당하는 바가 있어 서로 모순되지 않네. 그러나 주자는 정자의 말씀이 더 치밀하다고 하였으니, 이는 정자가 기를 떨쳐 드러냈기 때문이네.

또 《집주(集註)》에 "사람의 재(才)는 진실로 혼(昏)·명(明)과 강(强)·약(弱)의 똑같지 않음이 있다."라고 맺었으니, 주자의 뜻을 또한 볼 수 있네. 어찌 그 성(性)에서 떨어지는 것을 지나치게 혐의해서 억지로 재를 이(理)에 돌릴 수 있겠는가.[24]

24 맹자(孟子)는……있겠습니까 : 이 내용은 《맹자》 〈고자 상(告子上)〉의 '호시의덕장(好是懿德章)'의 장하주에 보인다.

조국진에게 답함
答趙國珍

일전에 편지를 받고도 쓸데없는 일로 어수선하여 답장이 지체되었는데, 또 이번에 수고롭게 사람을 보내 답장을 청하니, 태만하여 소홀이 한 것이 지극히 부끄럽네. 일간(日間)에 추위가 매서운데 근간의 체후는 바르고 좋으신가? 구구한 이 몸은 멀리서 우러르며 그리워하네. 나는 예전처럼 게으르고 산만하게 지내는데, 지금 세모(歲暮)를 맞으니 기분이 더욱 쓸쓸해지네.

철(徹) 자의 뜻에 대해 편지로 논하고 대면해서 토론했는데도 여전히 이와 같이 서로의 주장이 어긋나니, 참으로 심하네. 사람들의 견해가 똑같기 어려움이여. 보내온 편지에 "이른바 통(通)은 하(夏)나라와 상(商)나라에 공통됨을 이르고, 균(均)은 경작하여 수확을 똑같이 함을 이른다."라고 하였는데,[25] 하나의 철 자에 대해 두 가지 뜻으로 겸하여 본 것은, 얼핏 보면 아주 완벽한 듯하나 글의 뜻을 자세히 연구하면, 견강부회(牽强附會)요 바른 뜻이 아닐 듯하네.

25 철(徹)……하였는데 : 철 자는 주(周)나라의 세법인 철법(徹法)의 철(徹) 자를 이른다. 《맹자》 〈등문공 상(滕文公上)〉에 "하후씨(夏后氏)는 50묘에 공법(貢法)을 썼고 은(殷)나라 사람은 70묘에 조법(助法)을 썼고 주(周)나라 사람은 100묘에 철법을 썼으니, 그 실제는 모두 10분의 1을 한 것입니다. 철은 통한다는 뜻이요 조는 빌린다는 뜻입니다."라고 보인다. 여기의 철 자에 대해 주자는 《집주(集註)》에서 "철은 통한다는 뜻이고 고르게 한다는 뜻이다."라고 풀이하였는데, 조국진은 주자가 풀이한 통(通)과 균(均)을 두 가지 상황으로 나누어 본문과 같이 말한 것이다.

통(通)과 균(均)이 함께 '노동력을 서로 통하여 경작하고 이랑 수를 계산하여 수확을 나눈다.〔通作計分.〕'[26]는 것에 속해서 나눌 수가 없으니, 나누면 두 글자가 서로 의존하는 뜻이 전혀 없게 되네. 피아(彼我) 간의 이랑 수를 구분하지 않고 노동력을 서로 통하여 경작한다면 비록 죽거나 다치고 질병에 걸리는 사람이 있더라도 농사를 폐하지 않을 것이요, 전지(田地) 백 묘(百畝)의 수를 계산해서 수확을 똑같이 나누면 노동력이 많고 적다고 해서 나눔에 더하거나 덜어 냄이 있지 않을 것이네.

또 9백 묘의 전지는 땅에 따라 비옥함과 척박함이 각기 달라 수확도 똑같지 않으니, 이 때문에 주나라 사람이 반드시 철법(徹法)을 사용하여 바로 그 노동력을 서로 통하게 하고 또 그 나눔을 고르게 했던 것이네.

만일 각각 자신의 이랑을 사사로이 차지하여 경작한다면, 수확 또한 장차 각각 거둘 것이니, 어떻게 "이랑 수를 계산하여 나눈다.〔計畝而分.〕"라고 말할 수 있겠는가. 그러므로 통과 균을 하나라도 버릴 수가 없으니, 이 때문에 주자(朱子)가 두 글자로 훈(訓)한 것이네. 이와 같은데도 여전히 두 가지 뜻에 나누어 속하게 할 수 있겠는가.

일찍이 보건대, 《논어》 〈안연(顔淵)〉의 '합철장(盍徹章)'의 《집주》에 이르기를 "도랑을 함께하고 정(井)을 함께한 사람들과 함께, 노동력

26 서로……나눈다 : 이 내용 또한 《맹자》 〈등문공 상(滕文公上)〉의 주자의 《집주(集註)》에 "8가구가 정(井)을 함께하여 경작할 때에는 노동력을 서로 통하여 경작하고 이랑 수를 계산하여 수확을 나눈다. 그러므로 철이라고 이른 것이다."라고 한 구절을 인용한 것이다.

을 서로 통하여 합작해서 이랑을 계산하여 균등하게 수확한다.〔同溝共井之人, 通力合作, 計畝均收.〕"라고 하였으니, 이것을 보면 철의 뜻이 더욱 분명하지 않은가.

주(周)나라 사람이 비록 하(夏)나라의 공법(貢法)과 상(商)나라의 조법(助法)의 제도를 썼으나, 노동력을 서로 통하여 경작하고 이랑 수를 계산하여 수확을 나누어 저절로 주나라의 제도가 되어 철이라는 명칭이 있게 되었으니, 이 또한 주나라가 하나라와 은나라 2대를 보고 가감(加減)하여[27] 제도를 잘 만든 일일 것이네. 이만 줄이네.

27 주나라가……가감(加減)하여 : 이 내용은 《논어》 〈팔일(八佾)〉에 "주나라는 하나라와 은나라 2대를 보고 가감하였으니, 찬란하게 문채롭다."라고 한 공자의 말씀을 원용한 것이다

조국진에게 답함

答趙國珍

작별한 뒤에 손수 쓴 편지를 세 번 받들어 보니, 그대의 정의(情意)는 참으로 돈독하였네. 그러나 매번 인편(人便)이 급하게 서둘러 의중(意中)에 있는 말을 세세히 다하지 못하였으니, 다만 그리움이 세월과 함께 쌓여갈 뿐이네. 외람되게 취미(臭味)가 서로 비슷하다고 하여 족하(足下)는 나를 지나치게 사랑해 주었네.

나는 근래에 처연(凄然)한 상사(喪事)를 겪어 뜻이 꺾이고 기개가 저상(沮喪)되었다가 조금이나마 마음을 붙들어 세울 수 있었는데, 이는 족하가 나를 일깨워 주신 것에 힘입은 바가 많네. 그러나 내가 족하에게 기대하는 것이 어찌 여기에 그칠 뿐이겠는가. 수년 이래로 만나면 기쁘고 떨어져 있으면 그리워서 서로 왕래한 것이 거의 한 달도 거른 적이 없었으니, 이에 따라 더욱 도탑게 서로 알게 되었네.

그러나 우리의 교제를 고찰해 보건대, 표면적인 앙모(仰慕)를 벗어난 것이 그다지 많지 않음은 어째서이겠는가? 한 자리에서 얼굴을 마주하고 대화할 적에는 정(情)이 지나쳐서 서로 상대의 허물을 경계하고 잘못을 고해주는 실제가 없고, 편지를 주고받을 적에는 겸손이 지나쳐서 서로 책선(責善 벗 사이에 착하고 좋은 일을 하도록 서로 권함)하고 용맹하게 나아가는 뜻이 부족해서 다만 구차하게 구습(舊習)을 따를 뿐이니, 도(道)와는 아직도 거리가 머네.

아! 선비들이 교우(交友)의 도를 강(講)하지 않은 지가 오래되었네. 이에 자신의 잘못을 숨기기 위하여 먼저 남의 잘못을 숨겨주고, 자신의 단점을 비호하기 위하여 먼저 남의 단점을 비호해 주네. 자신의 마음으로 상대방의 뜻을 헤아려서 서로 남몰래 엿보고, 심한 자들은 상대방을 위해서 서로 함께 허물을 가려주고 단점을 꾸며주고 있네.

우리들 또한 이것을 보고 들음에 습관이 되어 차츰차츰 그 가운데로 빠져 들어가면서도 스스로 깨닫지 못하는 것이 아니겠는가. 이와 같은 데도 간절하고 자상하게 권면하는 유익함을 구한다면 북쪽에 있는 연(燕)나라로 가고자 하면서 수레의 끌채를 남쪽으로 향하게 하는 것과 무엇이 다르겠는가. 이는 내가 크게 두려워하는 바이네.

일찍이 보건대 족하는 타고난 자품이 순수하고 깨끗하며 단정하고 성실하여 도에 가까운 점이 있고, 게다가 어린 나이에 뜻을 구하여 덕(德)을 진전시키고 학업(學業)을 닦는 일을 그치지 않았으니, 성공하지 못함을 어찌 근심하겠는가. 그러나 삼가 족하의 장점을 가지고 족하의 단점을 헤아려보건대 혹 질박하고 후중(厚重)한 자질과 깊고 큰 도량이 적은 듯하네. 그러나 이는 족하에게 책비(責備)[28]를 요구할 때 그렇다는 것이네.

바라건대 스스로의 자질을 돈후(敦厚)하게 하고 스스로의 도량을 넓혀서 자신에게 유여(有餘)한 것을 믿지 말고 스스로 부족한 것에 더욱 힘을 써서 부지런히 학업을 쌓고 굳세게 뜻을 행하면 진실하고 명철하며 광대한 경지에 우뚝 설 것이네.

이렇게 되면 나와 같이 어리석고 비루한 자 또한 끝내 족하가 일깨어

28 책비(責備) : 훌륭한 사람에게 조그마한 잘못도 지적하여 완전무결을 요구하는 것으로, 《신당서(新唐書)》 〈태종기 찬(太宗紀贊)〉에 "《춘추(春秋)》의 법을 보건대, 항상 현자(賢者)에게 모든 일을 다 잘하기를 요구한다."라고 보인다.

주는 힘에 의지해서 한 푼씩 한 치씩 올라가서 더럽고 낮은 곳으로 떨어지는 것을 면할 수 있게 될 것이니, 이것이 어찌 나에게 있어 지극한 소원과 큰 다행이 아니겠는가.

지금 내가 이처럼 마음속에 있는 말을 다 털어놓는 것은 바로 지금 풍속의 잘못된 버릇들을 고쳐서 고인(古人)들의 충고를 본받으려는 것이요 또 이것으로 보답을 구하려는 것이네. 생각하건대 족하는 무엇을 가지고 나를 가르쳐 주려는가? 바라건대 부디 발병(發病)의 근원을 지적해서 통렬히 침(針)으로 경계를 가해주시게.

요즘 장마철의 무더위가 극심한데, 어버이 시봉(侍奉)하면서 학문을 위하여 몸을 보중(保重)하고 있으리라 우러러 생각하네. 나는 한 번 더위를 먹어 병을 앓은 뒤로 병석에 누운 지가 여러 달이 되었네. 병중에는 공부의 과정을 내달릴 수 없고 책도 볼 수 없기에 차츰 편안하게 일을 줄여서 마음과 정신을 수습하고자 하는데, 혹 하나의 생각이 내면을 향하다가도 곧바로 이를 잃어버려서 하루 동안에도 생각이 몇 번이나 나갔다 들어오는 줄을 알지 못하겠네. 그러나 이는 진실로 아끼는 그대에게 말할 만한 것이 못되고 다만 내 스스로 감개(感慨)할 뿐이네. 천만 가지 이야기는 뒤로 미루고 오직 무더위에 몸을 보중하시기를 바라네.

조국진에게 답함
答趙國珍

편지에서 누누이 말한 것들은 내용이 풍부하고 통창(通暢)하지만, 다만 여자약(呂子約)[29]이 도의(道義)와 기(氣)를 나누어 둘로 만들었다고 말한 것은 현명한 그대가 아마도 잘못 검증한 듯하네. 만일 자약이 도의와 기를 나누어 둘로 만들었다면 주자(朱子)께서 무엇 때문에 이에 대해 논변(論辨)하였겠는가? 오직 자약은 하나로 합쳐 말한 것이네.

그러므로 주자가 자약의 편지 속의 말을 일일이 서술하고 마지막에 마침내 결론을 내리기를 "만약 과연 이와 같다면, 맹자께서 하나의 '배(配)' 자를 놓아 도의와 기, 두 가지가 하나로 합한 본형(本形)을 분리시키지 않았을 것이고 또 기를 위주로 하여 이 두 가지의 손님과 주인의 상세(常勢 항상 일정한 형세)를 마땅히 전도시키지 않았을 것이다." -주자의 편지는 여기까지 이네.- 라고 한 것이네.[30]

배(配)라는 글자는 두 물건이 상대하여 짝이 된다는 뜻이니, 그렇다면 도의와 기가 둘이요 하나가 아님을 볼 수 있네. 맹자가 호연지기(浩然之氣)를 말하면서 '기위기야(其爲氣也)'라는 한 구를 맨 앞에 놓았으

29 여자약(呂子約) : 송나라의 학자인 여조검(呂祖儉, 1137~1181)으로 자약은 그의 자이다. 호는 대우(大愚)이며 동래(東萊) 여조겸(呂祖謙)의 아우로 벼슬이 태부시승(大府寺丞)에 이르렀다.

30 만약……것이다 : 이 내용은 《회암집(晦菴集)》 권48 〈답여자약(答呂子約)〉에 보이는데, 원작과는 약간의 출입이 있다.

니,[31] 그렇다면 여기에서 기를 위주로 하고 도의를 위주로 하지 않았음을 알 수 있네.

비록 호연지기를 양성한 뒤에 도의와 기가 완전히 부합하여 하나가 되지만 도의가 실로 주(主)가 되네. 그러나 시(始)와 종(終)을 들어서 말하면 글 쓰는 순서가 자연 이와 같지 않을 수가 없는데, 편지에서 '그 은미한 뜻을 알 만하다.'라고 한 것은 무엇을 말한 것인가?

대저 주자께서는 두 가지로 분리하였네. 그러므로 《맹자》 본 장[32]의 《장구(章句)》에 이르기를 "사람이 능히 이 호연지기를 양성하면 그 기가 도의에 배합되어 도움이 된다.〔人能養成此氣, 則其氣合乎道義而爲之助.〕"라고 하고, 또 이르기를 "이 호연지기가 없으면 한때에 행하는 바가 비록 반드시 도리에 부합하지 않는 것은 아니나, 그 몸이 충만하지 못함이 있다.〔無此氣則一時所爲, 雖未必不合於道義, 其體有不充.〕"라고 하였으니, 이것이 과연 합하여 하나로 만든 것이란 말인가. 자약은 하나로 합했기 때문에, 그의 말에 이르기를 "도의는 본래 혈기에 있는 것이니, 다만 도의가 없으면 이 기운이 곧 굶주린다.〔道義本存乎血氣, 但無道義則此氣便餒.〕"라고 하였는데, 이것이 과연 나누어 두 가

31 맹자가……놓았으니 : 이 내용은 《맹자》 〈공손추 상(公孫丑上)〉에 "호연지기(浩然之氣)의 기(氣)됨이 지극히 크고 지극히 강하니, 정직함으로써 기르고 해침이 없으면 천지의 사이에 꽉 차게 된다. 그 기(氣)됨이 의(義)와 도(道)에 배합되니, 이것이 없으면 굶주리게 된다."라고 하였는데, 이에 대해 주자는 마지막 구의 '이것'을 호연지기로 보아 '호연지기가 없으면 몸에 있는 기(氣) 역시 충만하지 못하여 몸이 굶주린다.'고 해석한 반면 여조겸은 '이것'을 도의(道義)로 보아 '도의가 없으면 호연지기가 굶주린다.'고 해석하였다.

32 본 장 : 〈공손추 상(公孫丑上)〉의 '호연장(浩然章)'을 이른다.

지로 만든 것이란 말인가.

여자약은 맹자가 말하신 뜻을 알지 못하고 반드시 도의를 위주로 하려고 한 것이네. 그러므로 그의 말이 자연 하나로 합쳐짐에 귀결되었는데, 그대는 주자께서 여자약의 말을 논변한 뜻을 살피지 못하고 도(道)와 기(氣)를 분리시키려고 하지 않았기 때문에 도리어 자약이 둘로 나누었다고 말한 것이니, 삼가 생각하건대 그대가 자약을 공격한 것은 더불어 동일한 죄과(罪科)가 되기에 알맞을 뿐이네.

또 "세 구를 연이어 배열한 것은 한 가지 뜻이다."라고 말한 것은, 자약이 이미 도의와 기를 합해 하나라고 한 것이고, "호연장의 '이것이 없으면 굶주리게 된다.〔無是餒也.〕'는 구절의 시(是) 자가 도의를 가리킨 것이다."라고 말하였으니, 그렇다면 자약의 뜻은 '도의와 배합된 기는 도의가 없으면 곧 굶주리게 된다.'고 말한 것이네. 이와 같다면 어찌 다만 하나의 뜻이 아니겠는가.

자약이 중점을 도의에 두고자 한 것이 뜻이 좋지 않은 것은 아니나, 원래의 뜻을 가지고 헤아려 보면 서로 거리가 멀 뿐만이 아니네. 그러므로 주자께서 그 주장이 옳지 않음을 분명하게 변론했던 것이네.

형이상(形而上)의 아래 단락에서 말한 것에서 또한 족하의 평소의 뜻을 다 알겠으나, 이미 지점(地點)을 나누어 나아가 각각 체(體)와 용(用)을 말했으면 굳이 이처럼 구애되어 볼 필요가 없네. 편지에서 '단서(端緖)가 분분(紛紛)하다'고 말한 것은 가만히 보건대 생각이 너무 지나친 듯하니, 한 번 다시 자세히 연구해 보시게나.

조국진에게 줌
與趙國珍

지난번 편지에서 "주부자(朱夫子)께서 급히 채찍질하여 빨리 달린다."라고 한 한 단락의 말은 나를 계발하고 경계시켜 준 것이 참으로 많네. 그러나 우리들은 통렬히 공부하여 근거로 삼을 만한 전지(田地 마음)를 만드는 하나의 일이 없고, 다만 편의(便宜)만 생각하고 비교하여 살펴서, 한가하고 나태한 습관이 이미 이루어졌네. 이것을 한탄하고 번뇌하는 즈음에 또 이처럼 세월이 빨리 흘러 이미 늙어가고 있으니, 그 형세를 보면 나아가지 못하고 반드시 날로 후퇴할 것이네. 만약 우리가 주자(朱子)가 사셨던 당시(當時)에 있었다면 우리들에게 가르침을 주시는 것이 과연 어떻겠는가?

《논어》에 이르기를 "유익한 벗이 세 가지이니, 정직한 벗과 성실한 벗과 문견(聞見)이 많은 벗이다."라고 하였는데, 주자께서 이것을 해석하기를 "벗이 정직하면 자신의 허물을 들을 수 있다."라고 하였네.

유익한 벗 세 가지에 정직한 벗이 맨 앞에 있으니, 그렇다면 정직함이 가장 중요함이 되는 것이네. 정직하다는 뜻이 한두 가지가 아닌데, 주자께서는 특별히 허물을 듣는 것으로 해석하였네. 그렇다면 허물을 듣는 것이 가장 간절함이 되니, 공자와 주자께서 가르침을 남기신 뜻을 반복해 새겨보면 교우(交友)의 도(道)를 여기에서 알 수 있네. 나는 그대와 비록 붕우간은 아니지만, 실로 절절시시(切切偲偲)[33]하는 의리

33 절절시시(切切偲偲) : 절절은 간절하고도 지극한 것이고, 시시는 자상하게 권면하

가 있으니, 원하는 바가 어찌 서로 수양(修養)하고 같이 성취하여 함께 도(道)에 이르는 것에 있지 않겠는가.

지난해 그대가 평양(平壤)에 있을 적에, 내가 편지로 이 화두(話頭)를 제기(提起)한 적이 있었는데, 나의 뜻이 참으로 공연한 것이 아니었네. 그러나 그 뒤에 계속해서 상(喪)을 당해 외로이 슬픔을 머금어서 다시 이 일에 대해 언급하지 못하였는데, 어느덧 세월이 10여 성상(星霜)이 흘렀네.

나와 같은 자는 불효가 더욱 쌓여 흉한 화(禍)가 더욱 혹독하니, 마음은 궁(窮)하고 이치는 다하여 즉시 죽어야 마땅한데 구차히 살아 지금에 이르렀으니, 목숨이 모질기가 더욱 심한 것이네. 아침저녁 울부짖는 나머지에 그래도 속으로 향하는 한 생각이 없지 않기에 슬픔을 추스르고 책을 마주하여 마음을 부지(扶持)하고자 하였으나, 곧바로 마음을 잃어 끝내 잡아 지키지 못하네.

아! 이미 내가 따라 죽지 못했다면 오직 선(善)한 단서를 보존하고 길러 허물과 죄려(罪戾)를 면하기를 바라서 다소나마 어버이에게 욕이 되지 않기를 도모해야 할 터이네. 그런데 지금 마침내 이대로 살아가는 것은 족히 불효의 죄를 더하는 일이 되니, 말이 여기에 미치면 나도 모르게 가슴이 찢어지는 듯하네.

고인(古人)이 말하기를 "일상적인 공부는 다만 본인이 착실하게 앞으로 나아감에 달려있고, 본래 남과 함께 헤아릴 필요가 없다.〔日用工夫, 只在當人著實向前, 本不用與人商量.〕"라고 하였는데,[34] 범연히 논하

는 것이다. 자세한 것은 278쪽 주13 참조할 것.

34 고인(古人)이……하였는데 : 고인은 주자를 이른다. 이 내용은 《회암집(晦庵集)》

면 진실로 이와 같은 점이 있네. 그러나 나와 같은 사람은 정기(鼎器)[35]가 이미 수습할 수 없을 정도로 훼손되어 날로 소인의 범위(範圍)로 들어가서 스스로 빠져나올 수가 없으니, 그렇다면 번번이 주위 사람들 중에 일깨어주고 구원할 힘이 있는 사람을 바라는 것이 깊고 간절하지 않을 수가 없네. 어진 그대는 마음 씀이 간곡(懇曲)하니 어찌 이에 대해 측은히 여기지 않겠는가.

원컨대 어진 그대는 나를 대함에 있어, 은미한 마음과 드러나는 언행(言行)에 만일 의(義)가 아닌 것이 있거든, 자신의 밭은 버려두고 남의 밭을 김맨다고 여기지 말고, 통렬한 훈계를 가차 없이 가하고 행여라도 곧고 또 간절하지 못할까 두려워하지 마시게. 이와 같이 하지 않으면 결코 이른바 참된 절차탁마(切磋琢磨)가 되지 못하네.

근일의 강회(講會)는 거의 요 몇 해 사이에 처음 있는 것이었으니, 그 경계함에 있어 도움이 되는 것이 적지 않았네. 그러나 만약 통절하게 경책(警策)하는 효험으로 말한다면 아직도 멀었네. 이것은 바로 주자가 말씀한 '대승기탕(大承氣湯)을 써야할 증세에 도리어 사군자탕(四君子湯)을 처방했다.'[36]는 것이니, 어떻게 효력을 얻을 수 있겠는가. 인(仁)을 돕고 선(善)을 권함이 바로 여기에서 비롯되기를 바라는 것

권35 〈여유자징(與劉子澄)〉에 보이는데, 일부 구절이 생략된 채로 인용되었다.

35 정기(鼎器) : 원래는 단약(丹藥)을 단련하는 그릇인데, 인신하여 사람의 육체를 말한다.

36 대승기탕(大承氣湯)을……처방했다 : 이 내용은 《회암집(晦菴集)》 권34 〈답여백공서(答呂伯恭書)〉에 보이는바, 시사(時事)의 완급에 따라 적절한 조처를 취하지 못함을 말한 것이다. 대승기탕은 상한(傷寒)의 증세를 급히 치료하기 위한 처방이고 사군자탕은 기력을 서서히 보완하기 위한 처방이다.

이요, 교제하는 의리가 다 이렇다고 말하는 것은 아니네. 고견은 어떤지 모르겠네.

구구한 나의 이 말은 한 번 지나가는 말에서 나온 것이 아니고, 바로 간담(肝膽)을 다 쏟아낸 것이니, 양찰하고 양찰해 주시게.

조국진에게 답함

答趙國珍

《중용》 19장의 제3절과 제4절 두 절은 바로 제사의 예(禮)를 제정하는 일을 가리킨 것이고, 제5절의 "선왕의 자리를 밟는다.〔踐其位.〕" 이하 여섯 구는 선왕의 뜻을 계승하고 일을 전술(傳述)하는 뜻이네. 예(禮)를 제정하는 것 또한 뜻을 계승하고 일을 전술하는 한 가지 일인데 효(孝)의 지극함이라고 결론지었으니, 《장구》에서 '윗글의 두 절을 맺었다'고 말한 것이 바로 이것이네.

마지막 제6절에 이르러 마침내 체(禘)와 상(嘗), 교(郊)와 사(社)를 끄집어내어 그 의(義)를 발명(發明)한 것이 지극히 정미한데, 이것을 감탄사로 말해서 사람들로 하여금 더욱 긴요함을 느끼게 한 것이네. 만약 그대의 편지에서 말한 것처럼 이 절을 제사의 예(禮)를 제정하는 일에 덮어 씌워 제3절, 제4절과 똑같은 예(例)로 보아 이 뜻을 분별하지 못한다면, 정채(精彩)가 단번에 사라져서 의미가 얕고 짧게 될 것이네.

제2절의 《장구》에서 "하문(下文)에는 또 제정된 제사의 예(禮)가 상하에 통행되는 것을 가지고 말씀하였다."라고 한 것은 바로 아래의 두 절을 가리켜 말한 것이니, 체와 상, 교와 사를 아마도 상하에 통행되는 것으로 본 것이 아니겠는가. 다시 자세히 보는 것이 어떻겠는가.

조국진에게 답함

答趙國珍

촉한(蜀漢)의 소열황제(昭烈皇帝)가 붕어할 때 제갈무후(諸葛武侯)에게 이르기를 "그대가 스스로 취해도 좋다."라고 한 일[37]에 대해 편지에서 말하였는데, 소열황제의 이 한 마디 말은 참으로 이해할 수 없고 설명할 수 없는 부분이 있네. 혹자는 말하기를 "소열황제의 이 말은 무후의 마음을 격동시켜서 한나라를 보필하는 계책을 견고히 하고자 한 것이다."라고 하니, 얼핏 보면 이 말이 옳은 듯하네.

소열황제가 비록 유자(儒者)의 기상(氣象)이 있었으나 행한 일의 자취를 보면 때로 권모술수를 쓰는 일을 면치 못하였네. 그러나 자신과 공명(孔明)은 어수지계(魚水之契)[38]라고 말함에 이르러는 천고(千古)에 뛰어나서 거의 은(殷)나라의 이윤(伊尹), 부열(傅說)[39]과 함께 견줘

37 촉한(蜀漢)의……일 : 소열황제(昭烈皇帝)는 촉한을 건국한 유비(劉備)를 이르며 공명은 제갈량(諸葛亮)의 자이다. 유비의 말은 자신의 병세가 위중해졌을 때, 후주(後主) 유선(劉禪)을 제갈량에게 부탁하면서 한 말이다. 《삼국지(三國志)》 권35 〈촉서(蜀書) 제갈량전(諸葛亮傳)〉에 "만약 유선에게 재능이 없다면, 그대가 스스로 취해도 좋다."라고 보인다.

38 어수지계(魚水之契) : 임금과 신하가 서로 의기투합함을 뜻하는 말이다. 유비(劉備)가, 자신에게 제갈량(諸葛亮)이 있는 것은 물고기에게 물이 있는 것과 같다고 한 말에서 나왔다. 《三國志 卷35 蜀志 諸葛亮傳》

39 이윤(伊尹) 부열(傅說) : 이윤은 은(殷)나라 시조인 탕왕(湯王)의 재상으로 포악한 걸왕(桀王)을 쳐서 하(夏)나라를 멸망시켜 은나라 왕업을 이룩하고 왕도 정치를 시행한 인물이다. 《孟子 萬章上》 부열은 은나라 고종(高宗)을 도와 치세(治世)를 부흥

논할 수 있어서 털끝만큼도 의심할 만한 것이 없네. 만일 과연 혹자의 말과 같다면 이는 바로 권모술수의 여습(餘習)이니, 이렇게 되면 끝내 실제가 없을까 걱정스럽네.

나는 일찍부터, 소열황제가 평소 역적(逆賊 조조(曹操))을 토벌하려는 열혈(熱血)과 고심(苦心) 속에 살다가 죽음에 임하게 되자 애통하고 비통한 마음이 더욱 간절해져서 자기도 모르게 나온 말이 이와 같았다고 생각하였네. 소열황제는 나라의 대운(大運)이 장차 끝나게 되어 인력으로 할 수 있는 것이 아님을 알았으나, 대의(大義)는 버릴 수 없었던 것이네. 그러므로 가설해서 말하기를 "유자(孺子 후주(後主) 유선(劉禪))가 만일 보필할 만한 그릇이 아니면, 공명이 스스로 나라를 취하여 다스려라."라고 한 것이니, 이는 한나라와 역적은 결코 양립할 수 없다는 것이네. 오직 이 뜻이 은연(隱然)하게 말 밖에 있으니, 모름지기 무후(武侯)의 〈출사표(出師表)〉[40]와 참고해서 본다면 거의 알 수 있을 것이네.

역사책을 읽다가 이 부분에 이를 때마다, 그 마음과 일을 상상해 보다가 책을 덮고 눈물을 흘리지 않은 적이 없었네.

시켜 만세의 교훈을 남긴 재상이다. 《書經 說命》

40 무후(武侯)의 〈출사표(出師表)〉: 무후는 제갈량의 시호이며 〈출사표(出師表)〉는 제갈량이 북쪽의 조비(曹丕)를 토벌하기 위해 출병하면서 후주(後主) 유선(劉禪)에게 올린 표문(表文)으로 〈전출사표〉와 〈후출사표〉 두 편이 있다.

조국진에게 줌

與趙國珍

근래에 《고려사(高麗史)》를 보니, "송(宋)나라 사신이 도착하자, 온 나라 사람들이 모두 경하(慶賀)하였다."라고 한 글이 있었네. 고려조는 인문(人文)이 아직 열리지 못하여 중화(中華)를 귀하게 여기고 오랑캐를 천하게 여기는 일을 알지 못하였을 것 같았는데 오히려 능히 이와 같았으니, 여기에서 중화를 높이고 오랑캐를 물리치는〔尊王攘夷〕 의리를 볼 수 있네. 아마도 이것은 병이(秉彝 하늘이 부여한 떳떳한 본성)에서 얻은 것인 듯하네.

우리 조선조는 명(明)나라를 섬김에 이 의리가 찬란하였는데, 병자년(丙子年 1636, 인조14)에 이르러 관(冠)과 신발〔屨〕의 자리가 뒤바뀌었네.[41] 이에 삼학사(三學士)와 청음(淸陰)과 동계(桐溪)[42] 등 여러

41 병자년(丙子年)에……뒤바뀌었네 : 이 내용은 병자년에 청나라 태종이 대군을 이끌고 침략하여 다음해 남한산성(南漢山城)으로 피난하였던 인조가 삼전도(三田渡)에서 항복하고 청나라와 군신(君臣)의 관계로 맹약을 맺은 일을 가리킨다. 관(冠)과 신발은 흔히 상하(上下)나 존비(尊卑)를 비유하는 말로 쓰이는바, 당시 오랑캐인 청나라를 섬기게 되었으므로 관(冠)과 신발의 자리가 뒤바뀌었다고 말한 것이다.

42 삼학사(三學士)와 청음(淸陰)과 동계(桐溪) : 삼학사는 병자호란 때 청나라와의 화의(和議)를 반대하고 척화(斥和)를 주장하였다가 심양(瀋陽)으로 끌려가 죽임을 당한 홍익한(洪翼漢), 윤집(尹集), 오달제(吳達濟)를 가리키며, 청음은 김상헌(金尙憲, 1570~1652)의 호이고 자는 숙도(叔度), 본관은 안동이며, 벼슬이 좌의정에 이르렀다. 병자호란 때 주전론(主戰論)을 주장하였으며, 1639년(인조17) 청나라가 명나라를 공격하기 위해 요구한 출병에 반대하는 상소를 올렸다가 청나라에 압송되어 6년간 심양에

분이 목숨을 버리고 의리로 항거하니, 족히 천하와 후세에 할 말이 있게 되어 오늘의 아름다움에 이르게 되었네.

근일에 사신이나 부사가 되어 오랑캐 조정에 가는 임무를 맡은 사람들이 그럭저럭 청나라 조정의 두터운 은혜라도 얻게 되면 돌아와 번번이 과시해서 반색하며 서로 축하하니, 이미 고려조 사람에게 부끄러움이 없을 수가 없고 심지어는 오랑캐에게 아첨하면서도 부끄러움을 알지 못하는 자들도 있으니, 이것이 바로 십수 년 사이의 풍조(風潮)이네.

어찌하여 인륜이 무너짐이 이 지경에 이른단 말인가. 실로 나로 하여금 바다에 뛰어 들어 죽고 싶은 생각을 하게 하네. 또 저 오랑캐들이 우리나라에 예모(禮貌)를 갖추는데, 이는 아마도 저들이 비린내 나는 오랑캐이지만 그래도 절의(節義)가 숭상할 만한 것임을 알기 때문에 그때 제현(諸賢)들의 의로운 외침이 저들의 간담을 꺾고 저들의 마음을 굴복시켜 감히 우리를 태만히 여기고 깔보지 못함이 있어서 그런 듯하네.

그런데 지금의 한 의론은 존주대의(尊周大義)[43]를 배척하여 거리낌 없이 허위(虛僞)라고 말하며 큰 소리를 치네. 당장의 의리는 고사하고 은밀히 제현들의 공(功)을 받고서도 그 근본을 잊었다고 말할 만하니, 가슴 아픈 것을 이루 다 말할 수 있겠는가.

억류되기도 하였다. 동계는 정온(鄭蘊, 1569~1641)의 호이다. 자는 휘원(輝遠), 본관은 초계(草溪)로 병자호란에 이조 참판으로서 화의(和議)에 적극 반대하고 자결을 시도하였으나 다시 살아나자 관직을 포기하고 은둔하였다.

43 존주대의(尊周大義) : 주나라 왕실(王室)을 존숭(尊崇)하는 대의(大義)란 뜻인데, 여기서는 명나라 왕실을 존숭하는 대의를 가리킨다.

마음에 와 닿는 감회가 있어서 애오라지 그대를 위하여 외워 알려주는 것이네.

조국진에게 답함
答趙國珍

질문한 '나정암(羅整菴)이《곤지기(困知記)》에서[44] 천명(天命)과 기질(氣質)을 논한 한 단락'은 나도 본 적이 있네. 이 노인은 이기(理氣)의 근원에 대해 자못 잘 연구하여 소견(所見)이 참으로 탁월하네. 다만 그의 의사(意思)는 이(理)와 기(氣)를 합쳐 하나로 만드는데 치우쳐서 무릇 정자(程子)와 주자(朱子)께서 이와 기를 상대하여 말씀한 것에 대해 번번이 의심하였네. 그러나 이는 천명(天命)과 기질(氣質)이라는 말이 스스로 말한 이일(理一), 분수(分殊)와 명명한 것은 비록 다르나 그 귀결은 하나임을 전혀 알지 못한 것이네.

어째서이겠는가? 미발(未發)에 나아가 기(氣)가 용사(用事)하지 않을 때에 이(理)를 위주하여 말하는 것을 천명지성(天命之性)이라고 하는데 애당초 이때에는 사람과 물건, 성인(聖人)과 범인(凡人)의 차이가 없으니, 이것이 바로 이일(理一)이네. 또 이발(已發)에 나아가 기(氣)가 용사한 뒤에 기를 위주 하여 말하는 것을 기질지성(氣質之性)이라고 하는데, 이때 비로소 사람과 물건, 성인과 범인이 같지 않게

44 나정암(羅整菴)이 곤지기(困知記)에서 : 나정암은 명나라 중기의 문신이자 성리학자인 나흠순(羅欽順, 1465~1547)으로 정암은 그의 호이다. 이부 상서(吏部尙書) 등의 고위직을 지냈으나 사직하고 학문에 전념하였다. 대체적으로 주자의 학문을 신봉하였으나, 이기설(理氣說)에 있어서는 기일원론(氣一元論)을 주장하였다.《곤지기》는 나정암의 저서로, 주자학의 입장에서 불가(佛家)와 양명학(陽明學)을 비판하는 내용이 수록되어 있다.

되니, 이것이 바로 분수(分殊)이네.

그러나 이일(理一)이 항상 분수(分殊) 가운데에 있어서 이일이 체(體)가 되고 분수가 용(用)이 되니, 요컨대 이는 하나의 성(性)이요, 두 가지 성(性)이 있는 것이 아니네. 그러므로 내가 일찍이 말하기를 "이일과 분수라는 말을 가지고 성(性)을 논하는 것이 비록 매우 오묘하나, 동(動)과 정(靜), 체(體)와 용(用)을 가지고 논구(論究)하는 것만 못하다. 이 경우가 더욱 간결하고 쉬워서 맥락이 서로 관통하고 조리가 정연하게 된다."라고 한 것이네.

하늘과 땅 사이에서 조화(造化)가 낳고 이루는 일은 모두 기가 하는 것이지만, 이(理)가 실로 이 가운데의 체(體)가 되는 것이네. 그러나 기(氣)는 쉽게 볼 수 있고 이(理)는 실로 헤아리기가 어렵네. 그러므로 예로부터 기(氣)는 보지만 이(理)는 보지 못함에서 학술(學術)의 어긋남이 매번 연유하였는데, 이 때문에 천여 년 사이에 성학(聖學)이 황폐해지고 이단의 주장이 멋대로 유행한 것이네.

그러다가 낙민(洛閩)[45]의 제현(諸賢)에 이르러, 이 이(理)가 드러나고 어두워짐이 이 도(道)의 흥망에 관계가 있음을 분명하게 알았네. 이에 이것을 분별해 내어 힘을 다해 발휘해서 본체(本體)의 오묘(奧妙)함으로 하여금 항상 만물(萬物)과 만사(萬事) 위에 존재하게 하고자 한 것이네. 이것이 바로 은미한 것을 드러내고 그윽한 것을 밝히는 묘한 도와 정밀한 의(義)이니, 옛 성인(聖人)을 잇고 후학(後學)을 열어주는 위대한 공적과 성대한 공업이 또한 진실로 여기에 있네.

45 낙민(洛閩) : 정자(程子) 형제분의 출신지인 낙양(洛陽)과 주자의 출신지인 민중(閩中)을 병칭한 말이다.

이(理)와 기(氣)를 미루어 올라가면 필경은 한 물건이 될 뿐이라는 것은 정자와 주자에 있어 바로 이미 본 소릉(昭陵)인데,[46] 이 노인은 스스로 혼자 깨달은 견해라고 인식해서, 절절하게 하나라고 하고 둘이라고 하는 사이에서 득실을 비교하고 다시는 정자와 주자가 후세를 걱정한 지극한 뜻을 체득하지 못했으니, 애석하네.

46 이미 본 소릉(昭陵)인데 : 이미 잘 알고 있다는 의미이다. 당나라 태종(太宗)이 부인인 문덕황후(文德皇后)가 죽자, 황궁 근처에 문덕왕후의 소릉(昭陵)을 짓고 황궁 정원에 높은 층대를 만든 다음 날마다 올라가 이를 바라보며 그리워하였다. 하루는 위징(魏徵)을 데리고 층대에 올라갔는데, 위징이 지긋이 보더니 "신은 눈이 아물거려 보이지 않습니다."라고 대답하였다. 이에 태종이 소릉을 가리키며 이처럼 가까이에 있는데 왜 안보이냐고 따지자, 위징이 "이는 소릉이 아닙니까?" 반문하였다. 태종이 그렇다고 하자, 위징은 "신은 폐하께서 헌릉을 바라보시는 줄 알았습니다. 소릉은 신이 벌써 보았습니다." 하였다는 고사에서 연유한 비유이다. 헌릉은 태종의 부왕인 고조(高祖)의 능이고 위징은 당나라의 개국 공신이자 가장 뛰어난 간신(諫臣)이다.《新唐書 卷97 魏徵列傳》

조국진에게 줌
與趙國珍

나정암(羅整菴)이 '사람과 물건이 태어날 적에 이 성(性)을 소유하지 않음이 없고 또한 이 지각(知覺)을 소유하지 않음이 없다.〔人物之生, 莫不有此性, 亦莫不有此覺.〕[47]'라고 한 말을 임녹문(任鹿門)[48]이 배척하여 이르기를 "이와 같다면 명덕(明德)은 또한 마땅히 사람과 물건이 함께 얻은 것이 될 것이니,《대학혹문(大學或問)》에 '사람이 금수(禽獸)와 다른 이유가 바로 여기에 있다.'라고 한 것이 또한 정론(正論)이 될 수 없단 말인가?"[49]라고 하였네.

정암의 이 말은 참으로 생각하여 헤아려 보아야 하나, 깊이 비난해서는 안 되네. 성(性)은 바로 이(理)이고, 지각은 바로 신(神)이니, 이

47 사람과……없다 : 나정암의 이 말은《곤지기》권 하(下)에 실려 있다.

48 임녹문(任鹿門) : 임성주(任聖周, 1711~1788)로 녹문은 그의 호이다. 자가 중사(仲思), 본관이 풍천(豐川)으로 도암(陶庵) 이재(李縡)의 문인이다. 1733년(영조9) 사마시에 합격하고, 1750년 세자익위사 세마(洗馬)로 출사하였으나 곧 사직하고, 1758년 공주의 녹문(鹿門)에 은거하였다. 1776년 정조가 즉위한 뒤에 동궁을 보도(輔導)하고 지방관을 지내다가 다시 녹문에 은거하여 학문연구로 여생을 보냈다. 처음 스승을 따라 낙론(洛論)을 주장하다가 중년에 이르러 낙론과 호론(湖論)을 모두 비판하고, 화담(花潭) 서경덕(徐敬德)의 기일원론(氣一元論)을 계승 발전시켜 기일분수설(氣一分殊說)을 주장하여 한 학맥(學脈)을 이루었다.

49 이와……말인가 : 이 내용은《녹문집(鹿門集)》권19〈녹려잡지(鹿廬雜識) 이기심성(理氣心性)○기묘경진(己卯庚辰)〉에 보인다.《대학혹문》의 말은 경1장(經一章)에 보이는데 원작에는 "蓋其所以異於禽獸者, 正在於此."로 되어 있다.

신(神)과 이 이(理)는 바로 조화(造化)가 만물을 생성하는 도구로써, 이 이(理)가 있으면 이 신(神)이 있고 이 신(神)이 없으면 이 이(理)가 없네. 무릇 하늘과 땅 사이에서 형체를 부여받은 것들은 이 신(神)과 이 이(理)가 본래 남거나 부족함이 없고, 다만 형기(形氣)가 '바르고 편벽됨〔正偏〕'과 '통하고 막힌〔通塞〕' 차이가 있을 뿐이네. 그러므로 발현(發現)됨에 종종 차별이 있는 것이네.

사람은 형체가 바르고 기(氣)가 통하므로, 이(理)가 그대로 드러나 현행(現行)하고, 물건은 형체가 편벽되고 기(氣)가 막혔기 때문에 겨우 한 길만 통하며, 마음과 혈기가 없는 식물에 이르러는 잎이 피고 시들고, 꽃이 피고 꽃이 떨어지는 것 또한 무엇이나 신(神)과 이(理)의 발현(發現) 아님이 없네. -신(神)과 이(理)가 묘하게 결합하여 간격이 없으니, 신(神)이 형기(刑器)에게 국한되면 이(理) 또한 국한되네.-

정자(程子 명도(明道) 정호(程顥))가 "자신의 마음이 바로 초목과 조수의 마음이다.〔自家心, 便是草木鳥獸之心.〕"라고 말한 것이 일원(一原)의 묘리(妙理)를 깊이 발명한 것이네. 그러나 명덕(明德)이라는 말은 신(神)의 존칭(尊稱)인데, -명덕은 바로 신(神)을 존칭한 것이고, 오상(五常)은 바로 태극(太極)을 분칭(分稱)한 것인데, 존칭은 차등이 있는 것이 아니고, 분칭은 유여한 것이 아니네.- 다만 이 마음의 전체(全體)와 대용(大用)을 들어서 사람을 인(因)하여 명덕이라는 이름을 세운 것이요, 물건이 참여할 수 있는 바가 아니네.

그러므로 《대학혹문》의 말이 이와 같으니, 이것은 《맹자집주》에서 "인·의·예·지의 본성을 받음이 어찌 물건이 얻어서 온전히 할 수 있는 것이겠는가.〔仁義禮智之稟, 豈物之所得而全哉?〕"라고 말한 것[50]과 더불어 동일한 어법(語法)인데, 이는 각각 지점(地點)에 따라서 이미 태어난 뒤에 온전하게 할 수 없음을 말한 것이지, 명(命)을 품부받아 태어나는 처음에 사람은 온전하고 물건은 온전하지 않음을 말한 것이 아니네. 만약 이 몇 마디 말을 고집하여 이를 사람과 물건이 품부받은 신(神)과 이(理)가 똑같지 않다는 증거로 삼으려 한다면, 다만 언구(言句)에 집착해서 근본 되는 뜻을 살피지 못함을 보일 뿐이네.

일전에 왕림했을 때에 우연히 여기에 대해 언급했으나, 총총 바빠서 말을 다하지 못해 그대로 하여금 의심을 내게 하였기에 다시 어리석은 소견을 펴고 가르침을 구하는 것이네.

50 맹자집주에서……것 : 이 내용은 《맹자집주》 〈고자 상(告子上)〉 '생지위성장(生之謂性章)' 장하주(章下註)에 보인다.

조국진에게 줌

與趙國珍

가랑비가 언 땅을 녹임에 봄기운이 화창한데, 이러한 때에 체후(體候)는 화락하신가? 우리들이 몇 년 동안 별처럼 흩어져 살다가 지난번에 도성(都城)에 들어온 이래 골목을 사이에 두고 계속해서 만나고 있으니, 이는 예전 일과 다름이 없네. 그러나 서로 마주하는 얼굴은 늙고 여위었으니, 우리 둘 모두 노년(老年)의 서글픈 감회가 있네.

구구한 나는 몸이 쇠락(衰落)하고 정신이 해이해져서 실지로 일을 행하는 바가 없는데, 오직 선(善)을 좋아하는 한 생각은 절로 없어지지 않으니, 돌아보건대 국진(國珍)과 서로 좋아하는 것 또한 다만 친척의 정의(情誼) 때문만이 아니네.

그대의 훌륭한 모습과 사리에 밝은 식견을 나의 마음속에 간직하여, 속으로 절절시시(切切偲偲)하고 정매(征邁)한 뜻[51]에 비견하니, 이 뜻이 진실로 내 마음속에 분명하네. 이어 생각하건대 지난번에 겸산(兼山)[52]이 하신 한 말씀을 들어서 보였던 것은, 말은 비록 충분하지 못하

51 절절시시(切切偲偲)하고 정매(征邁)한 뜻 : 절절시시는 붕우 간에 간절하게 타이르고 자상하게 권면함을 말한 것으로 자세한 내용은 278쪽 주13 참조할 것. 정매는 앞으로 나아감을 이른다. 《시경》 〈소아(小雅) 소완(小宛)〉의 "나도 날마다 이렇게 나아갈테니 너도 달마다 나아갈지어다."라고 한 구절에서 왔다.

52 겸산(兼山) : 유숙기(兪肅基, 1696~1752)로 겸산은 그의 호이고 자는 자공(子恭), 본관은 기계(杞溪)이며 삼연(三淵) 김창흡(金昌翕)의 문인이다. 1715년(숙종41) 식년 생원시에 합격하였다. 학문에 전념하다가 1733년(영조9) 명릉 참봉(明陵參奉)으

나 뜻은 우연이 아니었네.

옛 사람이 말한 녹은(祿隱)[53]이란 것을 이 어른이 실로 차지하여 필경 성취한 것이 저와 같이 탁월하니, 만약 국진이 젊은 시절에 이 일을 소원하고 곧바로 또 녹사(祿仕)[54]에 자취를 감췄다면 바로 이 어른과 같았을 것이네. 그러므로 전철(前哲)의 심사(心事)를 가지고 기대하고 권면하고자 했는데, 국진이 지나치게 겸손함을 지키니, 자못 이 때문에 오랫동안 서글퍼했네.

우리 당(黨)의 운세가 비색(否塞)해서 원리(元履 민치복(閔致福))가 이미 별세하였네. 오늘날의 인물을 고개 돌려 살펴봄에 더욱 묘연(渺然)하니, 국진이 어찌 스스로를 가볍게 여겨서야 되겠는가. 바라건대 부디 세상과 풍속에 수응(酬應)하는 즈음에 항상 스스로 격려하고 분발해서 세속을 따라 유전(流轉)하지 말고 또 경전(經傳)의 의리(義理)를 가지고 더욱 '어둠으로 향하고 돌이켜 요약하는 공부〔向晦反約之功〕'[55]에 힘써서 말년의 덕업(德業)의 성취가 옛사람에게 뒤지지 않게

로 출사하였으며 임피 현령(臨陂縣令), 전주 판관(全州判官) 등을 역임하였다. 경서(經書) 연구에 힘을 쏟아 많은 저술을 남겼으며, 《소학》을 매일 정독하며 유학의 실천에 노력을 기울였다.

53 녹은(祿隱) : 출세에 관심 없이 녹을 받아 부모를 봉양하고 생계를 꾸리려고 낮은 직위의 벼슬에 몸담는 것을 이른다.

54 녹사(祿仕) : 가난을 면할 녹봉을 얻기 위해 하는 낮은 직위의 벼슬을 이르는 말이다. 한유(韓愈)의 〈쟁신론(爭臣論)〉에 "옛날 어떤 사람이 '벼슬은 가난 때문에 하는 것이 아니지만 가난 때문에 해야 하는 경우도 있다.'고 말했는데, 이러한 벼슬을 '녹사'라고 한다."라고 하였다. 《古文眞寶後集 卷3》

55 어둠으로……공부 : 원문의 '향(向)'은 향(嚮)과 통하는바. 《주역》 〈수괘(隨卦) 상전(象傳)〉에 "못 가운데에 우레가 있는 것이 수(隨)이니, 군자(君子)가 보고서 날이

하여 이 세상으로 하여금 그대에게 의뢰하게 만드는 것이 어떻겠는가. 어떻겠는가.

어둠으로 향하거든 방안에 들어가 편안히 쉰다." 하였는데, 정이천은 《역전(易傳)》에서 "군자(君子)가 낮에는 스스로 힘쓰고 쉬지 않다가 날이 저물어 어두워지면 내실로 들어가 편안히 쉬어 그 몸을 편안히 한다."라고 풀이하였다. '반약(反約)은' 《맹자》 〈이루 하(離婁下)〉에 "널리 배우고 상세히 말함은 장차 돌이켜서 요약함을 설명하고자 해서이다."라고 보인다.

조국진에게 답함

答趙國珍

마음과 자취의 비유는 분석해 보여준 것이 절실하고 지극하니, 나를 경계하고 개발해 준 것이 참으로 많았네. 다만 겸산의 이 말씀을 삼가 자세히 살펴보면, 비록 자신이 녹사(祿仕)에 자취를 감추고 있으나 마음은 녹사에 얽매이지 않는다고 말한 것이고, 외면(外面)의 검속을 아울러 해이하게 해서 화광(和光)[56]의 계책으로 삼은 것이라고 말한 것은 아니네. 만약 이와 같다면 이것은 바로 유속(流俗)과 동화하며 더러운 세상에 영합하는[57] 것이니, 장차 초연(超然)하다고 말할 만한 것이 무엇이 있겠는가.

유하혜(柳下惠)와 같은 사람은 유유자적하여 남과 더불어 같이하는 온화함도 있고 또 스스로 바름을 잃지 않는 지조도 있었는데, 어찌 이를 마음과 자취를 나누어 둘로 한 것이라고 하겠는가. 이는 그대가 너무 지나치게 확대한 것인 듯하네.

다만 이 몸은 나약해서 평소 일에 대처함에 매번 유속(流俗)에 빠질 것을 염려하니, 일이 지나가면 번번이 후회하고 일이 닥치면 다시 예전의 잘못을 답습해서 순환하여 그치지 않아서 끝날 기약이 없네. 이

56 화광(和光) : '화광동진(和光同塵)'의 줄임말로, 자신을 드러내지 않고 세상에 섞여 사는 것을 뜻한다. 《도덕경》 제4장에 "빛을 누그러뜨리고 속진과 함께 한다.〔和其光, 同其塵.〕"라는 구절에서 왔다.

57 유속(流俗)과……영합하는 : 이 내용은 향원(鄕愿)을 비판하여 "유속에 동화하고 더러운 세상에 영합한다."라고 한 맹자의 말을 원용한 것이다. 《孟子 盡心下》

는 다만 내 마음의 주재(主宰)가 확립되지 못하여 외물(外物)에 따라 끝내 아교와 칠이 엉겨 있는 단지 속을 떠나지 못하는 것이네. 항상 이를 스스로 마음속으로 개탄하였는데, 지난번 대면하여 토론할 때에도 마침 자책하는 나머지에 애오라지 이것을 받들어 권면했으니, 부디 마음으로 이해해주고 계속해서 나의 잘못을 따끔하게 경계해 주기를 바라네.

민원리[58] 치복 에게 줌

與閔元履 致福

어제 은혜롭게 방문해주신 것은 곡진한 후의(厚意)를 입은 것인데, 더구나 신운(神韻)으로 부합하여 이 어둡고 나약한 사람을 경계해 줌이 있으니, 사사로운 마음에 감사하고 위로됨을 이루 다 형언할 수가 없습니다.

엎드려 생각하건대 어젯밤 귀가하신 뒤에 어버이 모시는 체후를 더욱 삼가시고 계실 것입니다. 병든 아우는 어제와 상황이 같은데, 정신이 어둡고 어지러운 증상이 더욱 심해져 마치 술에 취한 모양과 같습니다. 허나 이를 번민한들 어쩌겠습니까.

어제 《대학》〈정심장(正心章)〉의 의의(疑義 뜻이 의심스러운 부분)에 대해 가르침을 받았는데, 바빠서 말을 다 끝마치지 못했습니다. 비록 그대의 고견을 다 알지는 못하겠으나, 대체로 이해하건대 "경문(經文)의 네 개의 '유소(有所)'[59]를 굳이 병통으로 볼 것이 없으니, 《대학장구》에서 말한 '없을 수 없는 것〔不能無者〕'이라는 것이 여기에 해당되고, 오직 '살피지 못하면〔不能察〕'의 한 구(句)가 바로 병통이 되는 곳

58 민원리(閔元履) : 민치복(閔致福, 1766~1814)으로 원리는 그의 자이다. 호는 확재(擴齋), 본관은 여흥(驪興)이며 여호(驪湖) 김양행(金亮行)의 문인이다. 1789년(정조13)의 식년시(式年試)에 합격하고 남평 현감(南平縣監)을 지냈다.

59 네 개의 유소(有所) : 〈정심장(正心章)〉 경문의 '분노하는 바를 두면〔有所忿懥〕', '두려워하는 바를 두면〔有所恐懼〕', '좋아하는 바를 두면〔有所好樂〕', '근심하는 바를 두면〔有所憂患〕'의 네 가지를 이른다.

을 가리켜 보인 것이니,60 이것이 주자가 경문의 뜻을 보완한 것이다." 라고 말한 것으로 보입니다.

그렇다면 경문에서 '부득기정(不得其正 그 바름을 얻지 못함)'이란 구를 '유소(有所)'와 연접하여 말하였는데, 지금 만약 이것을 나누어 '유소'를 병통으로 보지 않고 '부득기정'을 병통으로 본다면 문세(文勢)가 이미 기구(崎嶇)함을 면치 못하고, '부득기정'이 병통이 되는 것에 또 내력(來歷)과 곡절(曲折)이 없습니다. 이 때문에 어리석고 누추한 이 몸의 소견에는 현명한 당신의 말에 의심이 없지 못한 것입니다. 이에 간략히 조목별로 의심스러운 점들을 적어 질문을 드리겠습니다.

삼가 생각하건대 《대학장구》에서 말한 '없을 수 없는 것'은 분치(忿懥)·공구(恐懼)·호요(好樂)·우환(憂患)을 가리켜 말한 것입니다. 마음을 바르게 하는 공부는 본래 이 네 가지를 끊고자 한 것이 아닙니다. 그러므로 맨 앞에 이 말을 게시하였으니, 《대학혹문(大學或問)》에서 "마음이 물건에 응함에 있어 바로 그 바름을 얻지 못했다고 해서, 반드시 마음이 마른 나무와 꺼진 재와 같은 뒤에야 비로소 그 바름을 얻는다고 한 것은 아니다."라고 말한 것과 같은 것이 바로 이것을 말한 것입니다.

《장구》의 '조금이라도 이것을 가지고 있다.〔一有之.〕'는 구절은, '유소(有所)' 네 가지를 해석한 것이니, 유소 네 가지가 이미 사람에게

60 대학장구에서……것이니 : 이 내용은 〈정심장(正心章)〉에 "분치(忿懥)와 공구(恐懼), 호요(好樂)와 우환(憂患) 이 네 가지는 모두 마음의 용(用)이니, 사람이 없을 수 없는 것〔不能無者〕이다. 그러나 하나라도 이것을 가지고 있으면서 살피지 못하면〔不能察〕 욕심이 동하고 정(情)이 치우쳐서 그 용의 행하는 바가 혹 올바름을 잃지 않을 수 없을 것이다."라고 하였으므로 이렇게 말한 것이다.

없을 수 없는 것이지만 혹 하나라도 이것을 가지고 있으면 곧 그 바름을 얻지 못한다고 한 것입니다.

《주자어류(朱子語類)》에서 말한 '편중(偏重)'과 '유체(留滯)'와 '기대(期待)' 세 가지 말 같은 것들이 바로 '유지(有之)'의 일로, 바로 이른바 '유소(有所)'라는 것입니다. 그러므로 제가 일찍이 말하기를 "유(有)는 진실로 병통이 아니나, 유소(有所)는 바로 병통이다."라고 한 것입니다.

경문의 '유소(有所)'의 '소(所)' 자와 《대학장구》의 '유지(有之)'의 '지(之)' 자를 마땅히 주의하여 살펴야 하고, 《대학장구》에 '불능무(不能無)'와 '일유지(一有之)'의 사이에 한 '연(然)' 자를 놓은 것은 지극히 정밀한 뜻이 있으니, 마음을 비우고 읽고 읊어 보면 거의 분명하게 알 수 있을 것입니다. 저 '불능찰(不能察)'로 말하면 아래 문장의 '필찰호차(必察乎此 반드시 이를 살펴서)'와 서로 호응합니다. 이 장에서는 병통만 말하고 공부(工夫)를 따로 말하지 않았습니다. 그러므로 주자가 '찰(察)' 자를 끄집어내어 공부하는 방법을 열어 보이신 것입니다. 아래 장과 이 장은 글을 쓰고 뜻을 붙이는 방법이 대체로 서로 유사합니다. 그러므로 아래 장에 또한 '찰(察)' 자를 써서 훈계한 것이니, 경문의 뜻을 보완했다고 말한 것은 아마도 이 때문일 것입니다.

지금 제가 여기서 논한 바는 제가 감히 제 소견을 자신하는 것이 아니고, 애로라지 이로 인해서 그대의 서론(緖論)을 받들어 저의 의혹을 풀고자 하는 것이니, 만일 제 말이 이치에 합당하지 않거든 부디 가르침을 내려 주시기 바랍니다. 이만 줄입니다.

민원리에게 답함
答閔元履

이번 논변(論辨)의 관건(關鍵)은, 경문(經文)에서 병통을 찾을 것인가 찾지 않을 것인가와 '유소(有所)'가 세 가지 일[61]을 포함하는가, 포함하지 않는가와 '불능찰(不能察)'이란 구절이 병통을 위주로 말한 것인가 공부(工夫)를 위주로 말한 것인가에서 벗어나지 않습니다. 만일 이 세 가지를 심원하게 할 수 있다면 자연히 하나로 귀결될 것입니다. 삼가 조목을 갖추어 여쭈니, 분석해 알려 주시기를 다시 바랍니다.

〈정심장〉의 '유소'는 마음이 바르게 되지 못하는 병통이 되고, 아래 〈수신장(修身章)〉의 '벽(辟 편벽됨)'은 몸을 닦지 못하는 병통이 되는데, 〈정심장〉의 '유소'는 네 가지 병통의 앞에 있고 〈수신장〉의 '벽'은 다섯 가지 병통의 뒤에 있으니, 이는 의심스러울 만합니다. 그러나 '유소'는 도치(倒置)하여 말해서 병통이 '유소'의 뒤에 있는 것이고, '벽'은 순서대로 말해서 병통이 '벽'의 앞에 있는 것입니다.

어떻게 그런 줄을 아는가 하면, 〈정심장〉은 도치하여 말했기 때문에 네 가지 병통 아래에 '즉(則)' 자로 뒤의 말을 이었고, 〈수신장〉은 순서대로 말했기 때문에 다섯 가지 병통 아래에 '이(而)' 자로 뒤의 말을 이은 것입니다. 시험 삼아 '즉' 자와 '이' 자 두 글자를 위의 장과 아래의

61 세 가지 일 : 아래 경문에 보이는 '보아도 보이지 않음〔視而不見〕', '들어도 들리지 않음〔聽而不聞〕', '먹어도 그 맛을 알지 못함〔食而不知其味〕'의 세 가지를 가리킨다.

장에 바꿔 놓아 보면 말이 되지 않으니, 반복해서 여기를 자세히 완미(玩味)하면 뜻이 저절로 분명해질 것입니다.

또 〈정심장〉은 마음이 물건과 접함에 병통이 내면에 있으므로 '유소'라고 하였고, 〈수신장〉은 몸이 물건과 접함에 병통이 밖에 있으므로 '벽'이라고 말한 것입니다. 그러나 조금이라도 '유소'가 있으면 마음이 곧 바르지 못하고, 조금이라도 '벽'이 있으면 몸이 곧 닦이지 못해서 몸과 마음을 닦고 바로잡는 공부가 오직 '벽'과 '유소'를 제거함에 달려 있습니다. 글을 쓰고 뜻을 붙인 것이 서로 유사한 것은, 그 이유가 아마도 여기에 있을 것입니다.

《주자어류》에 이르기를 "마음이 조금이라도 물건에 매이면 곧 동요된다. 물건에 매이는 이유가 세 가지가 있으니, 일이 닥치기 전에 미리 기대하는 마음이 있는 경우이고, 혹 일에 이미 응했는데 또 마음속에 남아 있어서 잊지 못하는 경우이고, 혹은 바로 일에 응할 때에 의사(意思)에 편중됨이 있는 경우이니, 이 세 가지 경우는 모두 마음이 물건에 매이는 바가 되어서 곧 이러한 물건과 일들이 남아 있게 된다."라고 하였습니다.[62] -이 구절 아래에 "다른 일이 면전(面前)에 닥쳐올 때에 응하는 것이 곧 차질을 빚게 된다."라고 하였으니, 이는 바로 《대학혹문》에 이른바 "머리를 돌려 사람에게 잘못 응답하였다."는 것이 이것인데, 이는 마땅히 삼불(三不)로 보아야 할 듯합니다.-[63]

62 주자어류에……하였습니다 : 이 내용은 《주자어류》 권16 〈대학(大學) 전7장 석정심수신(傳七章釋正心修身)〉에 보이는데 오희상이 요약 원용하여 원작과 출입이 있다.
63 이는……듯합니다 : '머리를 돌려 사람에게 잘못 응답하였다.〔回頭錯應人.〕'는 것

이 단락에서 '유소'를 논한 것이 가장 상세하고 완전합니다. 세 가지 경우를 차례로 들고 "모두 마음이 물건에 매이는 바가 되어서 곧 이러한 물건과 일들이 남아 있게 된다."는 구절로 뒤를 이었으니, 이것이 '유소'의 뜻이 아니겠습니까.

저 유체(留滯)와 기대(期待)가 '유소'에 속하는 것은 참으로 알기 어렵지 않으나, 오직 일에 응할 때에 편중됨은 해당시킬 데가 없을 듯합니다. 그러나 일에 응할 때에 만일 물건에 따라 응하여, 응함이 절도에 맞으면 나의 흉중에 절로 이러한 물건과 일이 없겠지만, 만약 혹 응함이 편중되어서 동요되는 바가 된다면 어찌 나의 흉중에 곧 이러한 물건과 일이 있는 것이 아니겠습니까.

'분치(忿懥)' 한 가지 일로 말하면 노여워할 만한 것이 상대방에게

은 당(唐)나라 두보(杜甫)가 지은 시 〈만성(漫成)〉의 "얼굴을 들어 새 구경에 정신이 빠져 있다가, 고개를 돌려 사람에게 잘못 대응하였다.〔仰面貪看鳥, 回頭錯應人.〕"라고 한 구절의 일부이다. 주자가 《대학혹문》에 이 구절을 인용하여, 이른바 희로애락에 마음이 사로잡히는 것이 '앙면탐간조(仰面貪看鳥)'이고, 정작 바르게 마음을 써야 할 부분에 있어서는 제대로 대응하지 못하는 것이 '회두착응인(回頭錯應人)'이라고 설명하였다. 《대학혹문》의 내용은 아래와 같다. "오직 이 마음의 신령(神靈)스러움이 이미 '한 몸의 주재(主宰)'라고 하였으니, 진실로 그 바름을 얻어 있지 않은 데가 없으면 이(耳)·목(目)·구(口)·비(鼻)와 사지(四肢)와 백해(百骸 온갖 몸)가 모두 명령을 들어 그 일에 바치는 바가 있어서 동정(動靜)·어묵(語默)과 출입(出入)·기거(起居)가 오직 본심(本心)이 시키는 대로 하여 도리(道理)에 부합하지 않음이 없을 것이요, 만일 그렇지 못하면 몸이 이곳에 있어도 마음이 저 곳으로 달려가서 혈육(血肉)의 몸이 관섭(管攝)하는 바가 없으니, 그 '얼굴을 들어 날아가는 새를 보고, 머리를 돌려 사람에게 잘못 대응하지 않는' 자가 별로 없을 것이다." 삼불(三不)은 '보아도 보이지 않음〔視而不見〕', '들어도 들리지 않음〔聽而不聞〕', '먹어도 그 맛을 알지 못함〔食而不知其味〕'을 가리킨다.

있으니, 나의 노여움이 절도에 맞을 뿐이라면 내가 관여함이 없는 것이나, 나의 노여움이 중도(中道)를 넘는 것이라면 이는 나 때문에 이런 일이 있는 것입니다. 이것을 묵묵히 이해한다면 '유소'가 세 가지를 포함함을 거의 알게 될 것입니다. 더구나 이 세 가지는 반드시 서로 상관되어 생겨남에 있어서이겠습니까. 그러므로 배우는 자는 모름지기 이 세 가지가 서로 상관되는 기미를 알아야 비로소 정밀하게 살피는 공부를 할 수 있습니다.

'제대로 살피지 못하기〔不能察〕' 때문에 진실로 이러한 병통이 있는 것입니다. 그러나 이러한 병통이 있는데도 살피지 못하면 또 이 병통을 제거할 수가 없습니다. 또 찰(察) 자는 처음부터 끝까지 공부 쪽의 글자이니, 만약 '불능찰(不能察)'과 '불가찰(不加察 살핌을 가하지 않음)'을 다만 병통을 위주로 해서 말했다고 한다면 비단 의미가 얕고 짧을 뿐만 아니요, 끝내 《장구》의 본래의 뜻이 아닐 듯합니다.

어째서이겠습니까? 이 두 장의 상하에 있는 여러 장은 공부를 말하지 않은 것이 없으나, 유독 이 두 장에는 공부가 빠져있습니다. 그러므로 《장구》에서 전문(傳文)의 뜻을 미루어 넓혀서 병통을 말하는 곳에 특별히 '밀찰(密察 치밀하게 살핌)'이란 말을 들어서 배우는 자들이 손을 쓰고 공부하는 자리를 열어 보여 준 것입니다. 이것이 바로 주자가 지극히 마음을 쓴 곳이니, 반복해서 깊이 체득하고 음미하지 않을 수 있겠습니까.

민원리에게 답함

答閔元履

고명(高明)께서는 이미 〈정심장〉에서 〈수신장〉을 가지고 예(例)를 삼았습니다. 제가 생각하건대 〈수신장〉에서 〈정심장〉을 가지고 예를 삼는다면, '가까이 하고 사랑하는 바에 편벽된다.〔之其所親愛而辟焉.〕'는 구절 아래에 마땅히 '몸을 닦을 수 없다.〔身不得修.〕'라는 한 구절이 있어야 하니, 그 뜻은 '가까이 하고 사랑하는 바에 편벽되면 몸을 닦을 수 없다.'고 말한 것과 같습니다. -고명은 '유소'와 '지기소(之其所)'를 상대되는 예(例)로 보고자 하여 병통으로 여기지 않았습니다. 그러나 〈수신장〉은 병통이 일 위에 있기 때문에 먼저 '지기소'를 말한 다음에 병통을 말하였고, 〈정심장〉은 병통이 마음 위에 있기 때문에 '지기소'의 지점에 이미 병통을 말할 수 있었습니다. 〈정심장〉에 '지기소'가 없으면 그 병통이 일 위에 있음을 볼 길이 없고 그 병통이 일 위에 있음을 볼 길이 없으면 〈수신장〉과 〈정심장〉이 안과 밖을 모두 닦는다는 뜻이 어두워집니다.-

가령 〈수신장〉의 문세(文勢)와 같이하여 '벽(辟)' 한 글자를 제거하고 다만 '가까이 하고 사랑하면 몸을 닦을 수 없다.〔其所親愛則不得其修.〕'라고 말한다면 실로 병통을 찾을 곳이 없으니, 장차 '친애(親愛)'를 가지고 곧바로 몸을 닦을 수 없는 병통으로 삼겠습니까. 그렇다면 〈정심장〉의 '유소'를 '지소(之所)'와 상대되는 예로 삼아서 병통으로 볼 수 없는데, 장차 '분치(忿懥)' 등의 일을 가지고 또한 곧바로 '그 바름을 얻지 못하는〔不得其正〕' 병통으로 삼겠습니까. 그렇다면 주자께서 어찌하여 '이 네 가지는 사람에게 없을 수 없는 것〔四者人所不能無者〕'이라고 말했겠습니까?

대저 경서(經書)의 뜻을 볼 적에, 먼저 경문 위에서 바른 뜻을 체득하여 연구하는 것이 가장 좋고 다음으로는 주석에서 찾아 요약하는 것이 좋습니다. 바라건대 고명께서는 지나친 상량(商量)을 버리시고 경문에 나아가서 '분치'가 '유소'와 붙어 있으면 분치가 곧바로 '불득기정(不得其正)'의 병통이 됨을 터득하고, 다음에 〈수신장〉을 가지고 참고해서 그 병통을 말한 지점이 다름을 보며, 다음에 《장구》의 '유지(有之)'가 바로 경문의 '유소'를 해석하여 '지(之)' 자가 실로 병통의 의미를 가지고 있는 말임을 구한다면 '유소'의 바른 뜻을 많이 변론하지 않고도 꿰뚫어 볼 수 있을 것입니다.

선형(先兄)께서 일찍이 말씀하기를 "이 장의 경우, 《혹문》에서 《장구》의 뜻을 미루어 넓힌 것이 매우 분명하다."라고 하셨으니, 하나하나 들었던 것을 외워보겠습니다.

《혹문》의 '사람의 한 마음의 담연함〔人之一心湛然〕'으로부터 '바름을 얻지 못함이 있겠는가〔不得其正之有哉?〕'까지는 《장구》의 '이 네 가지는 사람에게 없을 수 없는 것이다.〔蓋是四者人所不能無.〕'라고 한 구절의 뜻을 부연한 것이고, -정심(正心)의 공부를 혹 사람들이 외물(外物)을 끊는다는 뜻으로 잘못 이해할까 염려했기 때문에 반드시 여기에서 지극히 상세하게 말한 것입니다.-

'다만 사물이 왔을 때에〔惟其事物之來〕'로부터 '바름을 얻지 못하는 것이다.〔不得其正者耳.〕'까지는, 살펴보건대 《장구》의 '조금이라도 있으면〔一有之〕' 이하를 부연한 것이고, 《혹문》에 이른바 '잘못이 없을 수 없으며 또 함께 가지 않을 수 없다.〔不能無失與俱往.〕'[64]의 왕(往)은 바로 《장구》의 '유지(有之)'의 뜻이고 - 전문(傳文)의 '유소(有所)'를 해석한 것입니다.- 《혹문》에 이른바 '희노애락이 마음속에서 동한다.〔喜怒哀樂動乎中.〕'[65]는 것은 바로 《장구》의 '욕심이 동하고 정(情)이 이긴다.〔欲動情勝.〕'의 뜻이고, -전문(傳文)의 '부득기정(不得其正)'을 해석한 것입니다.- 《혹문》에 이른바 '시유(始有)'라는 것은, 바로 《장구》의 '혹(惑)'의 뜻이니, 세세히 완색(玩索)해 보면 서로 부합하지 않는 것이 없습니다.

단 《장구》에는 '불능찰(不能察)'이 '유지(有之)'의 아래에 있고, 《혹문》에는 '유소불찰(有所不察)'이 '불능무실(不能無失)'의 앞에 있으니, 이것은 마땅히 활간(活看)해야 합니다. 저 '유소'는 외물에 응하는 즈음에 한 번이라도 감공형평(鑑空衡平)[66]의 운용(運用)을 잃으면 '실(失)'과 '구왕(俱往)'을 막론하고 모두 '유소'라고 할 수 있습니다. 더구나 잃음이 없지 못하면〔不能無失〕 곧 마음이 함께 가고 마음이 함께 가면 또 잃음이 없지 못하니, -《어류》에 "'편중(偏重)'은 실(失)이고, '유체(留滯)'와 '기대(期待)'는 모두 함께 간다."라고 하였습니다.- 비록 두 가지 병통인 듯하나, 그 실제는 순환해서 서로 원인이 됨에 있어서이겠습니까.

'불능찰(不能察)'을 이미 '유지(有之)'와 연접(連接)해서 말했으니, 저 또한 일찍이 이것을 병통으로 보지 않은 적이 없습니다. 그러나 병통으로 보는 가운데 또 이것이 공부하는 자리를 가르쳐 보여준 뜻임을

64 불능무실여구왕(不能無失與俱往) : 이 구절은 《혹문》의 '불능무실차우불능불여구왕(不能無失且又不能不與俱往)'을 줄여 쓴 것으로 보인다.

65 희노애락동호중(喜怒哀樂動乎中) : 이 구절은 '희로우구필유동호중(喜怒憂懼必有動乎中)'을 가리킨 것으로 보인다.

66 감공형평(鑑空衡平) : 맑게 비치는 거울과 수평이 맞는 저울대라는 의미로 마음이 허명(虛明)하고 공평을 유지한다는 의미이다.

볼 수 있어야 비로소 전문(傳文)의 뜻을 보완했다고 할 수 있으니, 이것이 바로 주자가 말씀하신 '이와 같은 것이 병통임을 알았다면 이와 같이 하지 않는 것이 바로 약(藥)이다.'라는 것입니다.
더구나 이 '찰(察)' 자는 바로 아래 《장구》의 글에 '필찰(必察)'의 '찰' 자를 열어 놓은 것임에 있어서이겠습니까.

그러므로 제가 삼가 생각하건대, 주자가 특별히 '찰' 자를 여기에서 든 것은 비단 병통을 위하여 가설(假設)한 것일 뿐이 아니고 실로 약(藥)이 됨을 이곳에서 말한 것입니다. 비록 이것을 곧바로 공부라고 말할 수는 없으나, 반드시 이것을 살펴야 '경(敬)하여 마음을 곧게 함〔敬以直之〕'[67]에 이르니, 그렇다면 어찌 성찰(省察) 공부가 되지 않겠습니까.

《어류》에서 말한, "일에 응할 때에 뜻에 편중됨이 있다.〔應事時意有偏重.〕"는 것은 정의(情意)상에 나아가서 말한 것이므로 '유소'에 속하고, "응함에 잘못된다.〔應之差了.〕"는 것은 사위(事爲)상에 나아가서 말했으므로 '삼불(三不)'의 뜻에 속하니, 편중됨이 있는 의(義) 자와 응함에 잘못되는 차(差) 자를 마땅히 유의해 보아야 합니다. -유체(留滯)와 기대(期待), 편중(偏重)이 모두 정의(情意) 상의 병통입니다.-

67 경(敬)하여……함 : '경이직지(敬以直之)'는 경이직내(敬以直內)를 달리 표현한 것인데, 이 구절은 《주역》 〈곤괘(坤卦) 문언전(文言傳)〉에 "군자는 경하여 안에 있는 마음을 바르게 한다.〔君子敬以直內.〕"라고 보인다.

민원리에게 답함
答閔元履

날마다 편지를 주고받으며 그대를 깊이 그리워하는 마음을 위로했었는데, 근간에 잠시 소식이 막히니 저로 하여금 간절하게 그대의 덕을 연모하게 합니다. 지금 날씨가 추운데 신명(神明)의 도움으로 기거(起居)가 평안하고 길(吉)하시리라 엎드려 생각합니다.

저를 비루하다고 여기시지 않는 은혜를 외람되이 입어서 정심(正心)의 뜻에 대해 오르내리면서 함께 토론하였는데, 앞뒤로 말씀하신 바가 간곡하고 성대하며 주밀(周密)하여 반드시 저의 몽매함을 깨우쳐 주고자 하였습니다. 저로 하여금 옛 소견을 씻어버리고 새로운 견해를 갖게 하고자 하는 뜻이 매우 정중하시니, 감사한 마음이 어찌 끝이 있겠습니까.

다만 저의 소견이 미혹되고 꽉 막혀서 끝내 삼우(三隅)의 반증(反證)[68]에 깨달음이 있지 못했기 때문에 시끄러운 다툼이 여기에 이르게 되었으니, 이는 참으로 부끄러울 만합니다. 그러나 마음에 깨우침이 없는데도 구차히 승복하는 것 또한 이 마음에 편안한 바가 아닙니다. 가령 다시 상세하게 말을 나눈다면, 말이 많을수록 더욱 서로의 뜻이

68 삼우(三隅)의 반증(反證) : 사물의 한 가지를 알려주면 이것으로 유추하여 그 나머지까지 깨우치는 것을 비유한 말인데, 《논어》〈술이(述而)〉의 "한 귀퉁이를 들어줌에 이것을 가지고 남은 세 귀퉁이를 반증(反證)하지 않으면 다시 더 일러주지 않는다."라는 공자의 말씀에서 나왔다.

부합하지 못할까 삼가 두렵습니다.

막 저의 소견을 다 내치고 서서히 그대의 훌륭한 말씀을 몇 년 사이에 서서히 반복하여 이해하고자 하나, 아직도 다 합치되지 않기에 마땅히 다시 의심스러운 점을 올려 가르침을 청하니, 고명(高明)께서는 부디 양찰해 주시기 바랍니다.

원폭(原幅)[69]에서 말씀하신 친구간의 교제하는 의리는 실로 저의 충심(衷心)과 부합하니, 어찌 흠잡을 것이 있겠습니까. 만일 이미 진실한 마음으로 서로 마주하고 진실한 일로 서로 권면하지 못하면서 다만 편지에서 빈말로 분분하게 논변을 펼치고 장황하게 뜻을 펼쳐 말한다면 한갓 밖으로 치달리고 이기기를 좋아하는 습관을 조장해서 도(道)에서 더욱 멀어지게 될 것입니다.

이런 때에 고명께서 이번 강론의 단서로 인하여 절절시시(切切偲偲)[70]의 의리를 돌이켜 구한 것은 그 뜻이 지극히 깊고 간절하다고 이를 만하니, 감히 즐거운 마음으로 듣고 제 소견을 고치지 않을 수 있겠습니까.

아! 세속(世俗)이 천박(淺薄)해짐에 교우(交友)의 도가 먼저 무너져서 사우(士友)간에 상대방의 허물을 일러주고 선(善)을 권면하는 실제와 서로 수양하고 함께 일을 이루는 아름다움을 볼 수가 없습니다. 이에 교우의 도가 아득해져서 구차하게 환심을 사고 겉으로만 앙모하

69 원폭(原幅) : 원래의 편지라는 의미로, 첨부한 별지(別紙)를 이르는 말인 별폭(別幅)에 상대되는 말이다.

70 절절시시(切切偲偲) : 절절은 간절하고도 지극한 것이고, 시시는 자상하게 권면하는 것으로 자세한 내용은 278쪽 주13 참조.

는 허위(虛僞)에 빠지지 않는 자가 별로 없으니, 이와 같이 하고서 어찌 오륜(五倫)의 부족함을 보충하고 덕업을 성취할 수 있겠습니까.

그러므로 저는 항상 '자신의 단점을 비호하고 졸렬함을 감추려는 뜻이 우세하면 붕우(朋友)의 유익함을 받을 수 없다.'라고 생각하여, 사람들과 교우를 논하는 즈음에, 일찍이 반성하고 되돌아봐서 혹시라도 이런 점이 있을까 두려워하지 않은 적이 없었습니다. 그러나 이것을 십분 다 떨어버리지 못해 마음속에 잠복하여 도처에서 장애가 될까 매번 근심합니다. 이렇게 되면 비단 세상에 좋은 벗이 없을 뿐 아니라 자신의 가슴속에 이미 은폐함이 있어서 오로지 남을 탓하고자 할 것이니, 이는 또한 생각하지 못함이 심한 것입니다.

지금 고명에게 일깨워주고 지도해주는 간곡한 가르침을 받았으니, 제가 가진 기량(伎倆)의 본말(本末)을 다 말씀드리고 끝내 은혜로운 가르침을 받들고자 하는데, 괜찮겠습니까?

저는 품부 받은 기운이 편벽되고 실로 병통이 많아서, 유약하지만 때로 거칠고 사납고, 담박하지만 때로 뜨겁고 시끄럽고, 혹은 무던하여 떨치지 못하며 혹은 꽉 막혀서 소통하지 못하니, 비유하면 의원의 말에 '허(虛)와 실(實)이 분명하지 않고 한(寒)과 열(熱)이 서로 뒤섞여서 약 처방을 내리기가 더욱 어렵다.'는 것과 같습니다.

여색(女色)에 대한 경계가 영리(榮利)에 대한 경계보다 더 심하고, 명성을 좋아하는 마음이 재화에 대한 욕심보다 더해서, 경솔하게 실의(失意)에 빠지고 절실하고 엄하게 자신을 질책하지 못하며 자신의 지조를 아끼는 뜻이 많고 유익함을 구하는 뜻이 적습니다. 무릇 이 편벽된 자질과 사사로운 욕심이 서로 이어지고 번갈아 나와서 저 어진 본성(本性)을 해치니, 평소의 행동을 점검해 봄에 허물과 죄악 아닌 것이 없습니다.

또 일찍이 사장(詞章)에 골몰하여 깊이 빠져 돌아올 줄을 잊어 질곡(桎梏)이 반복되어 한 조각의 전지(田地 마음)가 거의 선(善)을 받아들일 터전이 없게 되었는데, 선형(先兄)께서 지극한 정성으로 인도해주시어 비로소 문자(文字) 밖에 더 훌륭한 일이 있어서 이 학문이 사람을 만드는 틀이 됨을 알았으며, 처신(處身)의 큰 법과 궁리(窮理)와 격물(格物)의 길을 또 대강 듣고 대강 엿보았습니다. 또 벗인 권흥지(權興之)가 진실한 마음으로 잘못을 바로잡아 주어 근본을 돈독히 하고 실질을 힘쓰는 것이 허물을 적게 하는 일임을 알게 되었습니다.

이 몇 년 동안에 기질(氣質)의 병통과 밖의 여러 가지 일들의 유혹이 털끝만큼이나마 줄어드는 것을 조금 깨달았습니다. 만일 이것을 계속 따라갈 수 있었더라면 설령 탁월한 성취는 있지 못하더라도 거의 큰 허물은 면했을 것인데, 하늘에 버림을 받아 끝내 원하는 바를 이루지 못했습니다.

지난 계묘년(癸卯年 1783, 정조7)과 갑진년(甲辰年 1784, 정조8)사이에 연달아 선형(先兄)과 권흥지가 별세하니, 천륜(天倫)과 친한 벗의 자리가 텅 비어 의지할 곳이 없게 되었습니다. 또 상사(喪事)에 상심한 나머지 의지와 기운이 좌절되고 슬픈 한(恨)으로 번민하니, 질병이 이 틈을 타서 또 침입하고 계속 나태하고 방종한 생활을 하여 자포자기(自暴自棄)의 구덩이에 스스로 빠지는 것을 달게 여겼습니다.

스스로 생각하건대, 본령(本領)도 확립되지 못한 제가 부지하여 설 수 있었던 것은 다만 좌우에서 도와준 스승과 벗들의 힘에 의지한 것인데, 한번 이 도움을 잃으니, 예전처럼 다시 지리멸렬(支離滅裂)해진 것은 이치에 당연한 것입니다.

근간에야 비로소 스스로를 독려하여 가는 곳마다 수습해서 옛날의 뜻을 다소나마 이루려고 하나, 근심과 질병과 사고(事故)가 번갈아 닥치는 것이 또 예전보다 더 심하니, 비록 정의(情意)에 약간의 선(善)함이 있더라도 언자마자 곧바로 잃어버려 있는 듯 없는 듯해서 명백하게 근거하여 기지(基地)로 삼을 만한 것이 없습니다.

또 붕우(朋友)의 도움이 전혀 없어, 쓸쓸하게 그림자만 돌아보며 어두운 길에서 어쩔 줄을 몰라 하며 깊이 근심하고 번민하고 있습니다. 또 세월의 빠름이 이와 같으니, 인생이 얼마나 되기에 어찌 두렵지 않겠습니까.

또 허명(虛名)을 얻은 일이 스스로 용서하기가 가장 어렵습니다. 실로 제 명성과 광채를 숨기고 버리고자 하나, 이미 어쩔 수가 없게 되었습니다. 이에 한갓 근심하고 두려워하며 견제를 받아서 마음속의 집착을 내려놓지 못하니, 이런데도 오히려 어찌 스스로 벗어나 분발하여 위로 향하기를 바라겠습니까.

이번에 제가 이렇게 속마음을 피력하여 말씀 올리는 것이, 어찌 의미가 없는 것이겠습니까. 진실로 10년 동안 그대의 의리를 사모하여 굶주릴 때 밥을 구하듯 목마를 때 물을 구하듯 만나기를 바랐으니, 하루아침에 교분을 맺은 것은 서로 의기투합함이 이미 깊었기 때문입니다. 이에 진실로 겉치레를 깨끗이 없애고 이른바 참다운 절차탁마(切磋琢磨)를 구하고 싶습니다. 알지 못하겠습니다. 고명께서는 장차 무엇으로 저를 가르쳐 주시겠습니까?

혹시라도 제가 번민에 빠져있는 것을 가엾게 여기신다면, 평소 스스로 수양하는 것을 미루어 모든 일과 장소에서 빨리 경계와 가르침을 내려주시어 저로 하여금 나약한 마음을 바로잡고 인색한 마음을 씻어

내어 끝내 소인으로 돌아가지 않을 수 있게 해 주시기를 바랍니다. 이 몸이 지금 이후로 장차 노형이 도야하여 성취시켜 주시기를 우러러 바라다보니, 이 마음이 간절해서 저도 모르게 말이 이렇게 번거로워졌습니다.

지난번에 올린 편지에서 말씀드렸던 것은, 우리가 교분을 맺은 날이 아직 얼마 되지 않아 혹 서로 미덥지 못해서 참된 뜻이 훼상될까 우려해서이니 어찌 다른 뜻이 있겠습니까마는 지나치게 인책함이 여기에 이르니, 경솔하게 말했던 것을 후회하나 어쩔 수가 없습니다.

여강(驪江)으로 떠나시는 일이 참으로 어느 때에 있을지 알지 못하겠으나, 그곳에 머물면서 강학(講學)하고자 하십니까? 돌아보건대 이 몸은 멀리 놀러 갈 계획을 세울 수가 없으니, 다만 눈으로 바라보면서 서글퍼 할 뿐입니다.

저는 어버이 병환이 근래 더욱 위중해져서 마음을 애태우며 날마다 약시중에 힘쓰느라 실로 다른 일에 미칠 만한 정신이 없습니다. 이에 스스로 답장을 늦춘 것이 여러 날이 되오니, 부디 어진 분께서는 용서해주시기 바랍니다. 이 마음에 서운하고 서글픈 것이 어찌 다함이 있겠습니까. 천만 가지 말은 이만 줄입니다.

민원리에게 답함

答閔元履

저의 원고(原稿)에 수고스럽게 찌를 붙여 가르침을 주시니, 저를 비루하게 여기시지 않음에 깊이 감사드립니다. 원고 가운데 명덕(明德)과 허령(虛靈)에 대한 몇 가지 조항은 8, 9년 전에 한 때 제가 추측한 소견을 우연히 기록한 것인데, 그 뒤에 살펴보니 참으로 말〔言〕에 따라 생기는 병통이 많이 있음을 깨달았습니다. 그런데도 우선 이것을 보존했던 것은 혹시라도 말년에 다시 한두 가지 깨우침이 있으면 참고하여 다시 헤아려보고자 해서였습니다.

지금 보내 주신 편지를 받들어 보니, 깨우쳐 보여주심이 간곡하고 반복되어 저의 몽매함을 개발해 주셨습니다. 이로 인하여 단서를 열어 제 가슴속에 있는 뜻을 다 쏟아내어 끝가지 가르침을 구하는 것이 참으로 좋을 것이나, 근래 우환(憂患)으로 애를 태우다 보니 정신과 생각이 흐리멍덩해져서 문자의 일로 번잡해짐을 견딜 수가 없으니, 남겨두었다가 후일을 기다려 자세히 아뢰겠습니다.

다만 그대의 편지 가운데 《대학장구》 주자 소주(小註)의 "다만 허령불매 네 글자에 명덕의 뜻을 설명한 것이 이미 충분하다.〔只虛靈不昧四字, 說明德意已足.〕"라는 한 단락이 인용되었는데, 이는 서로 반복해서 헤아려 볼 만한 점이 있습니다.

연전(年前)에 《대학》을 읽을 때에 이른바 왕정사서(汪訂四書)[71]라

71 왕정사서(汪訂四書) : 청나라 학자인 왕빈(汪份)이 증정(增訂)한 《사서대전(四

는 것을 보았는데, 여기에 이르기를 "내가 《사서찬소(四書纂疏)》를 살펴보건대 이 조목은 바로 진북계(陳北溪)의 말인데, 영락대전본(永樂大全本)에는 주자의 소주에 달았으니 잘못이다. 주자께서 '선가(禪家)들은 다만 허령(虛靈)을 본성(本性)이라 여겨서, 구중리(具衆理) 이하의 일이 없다.'라고 질책하셨으니, 이 조항의 말에 병통이 있음을 볼 수 있다."[72]라고 하였습니다. -왕씨(汪氏)의 설은 여기까지입니다.-

제가 일찍이 이 말을 가지고 선형(先兄)에게 여쭙자, 선형께서 "훌륭한 견해이다."라고 하셨는데, 알지 못하겠습니다. 고명께서는 어떻게 생각하십니까?

書大全)》을 이른다.

72 내가……있다 : 《사서찬소(四書纂疏)》는 송나라 학자로 여조겸(呂祖謙)과 주자에게 사사(師事)한 보광(輔廣)이 지은 책이다. 보광은 경전 주석에 경원 보씨(慶源輔氏)로 칭해졌다. 이 조목은 앞에 인용된 주자 소주를 이른다. 진북계(陳北溪)는 송나라 학자인 진순(陳淳, 1159~1223)으로 북계는 그의 호로 주자의 문인인데 북계 진씨(北溪陳氏)로도 칭해졌다. 영락대전본(永樂大全本)은 명(明)나라 성조(成祖)의 명에 의하여 영락 연간에 한림원(翰林院)이 중심이 되어 편찬한 중국 최대의 유서(類書)인데, 《사서대전(四書大全)》, 《오경대전(五經大全)》, 《성리대전(性理大全)》이 대표적이다. 이 책들은 주자의 해석을 중심으로 하여 아래에 소주(小注)를 첨기하는 방식으로 되어있는데, 여기서는 영락대전본 《대학장구대전(大學章句大全)》을 가리켰다. 주자의 말씀은 《주자어류(朱子語類)》 권14 〈대학1〉에 보이는데, 원작에는 이 구절 위에 "명덕은 사람이 하늘로부터 얻은 것으로, 허령하고 어둡지 아니하여 중리를 갖추고 만사에 응하는 것이다."라는 구절이 있으며, '허령'이 '허령불매'로 되어 있다.

민원리에게 답함

答閔元履

삼가 보내 주신 편지를 자세히 살펴보니, 《대학》 〈성의장(誠意章)〉의 선과 악을 오로지 사람 쪽에 소속시키고, 미워하고 흠모하는 것을 정(情)이라 하였으니, 이와 같이 본다면 다만 글 뜻에 있어 한쪽으로 치우치는 바가 있을 뿐만 아니라, 공부하는 방법 또한 정확하고 적절하며 요약되고 정밀하지 못할까 염려됩니다.

〈성의장〉의 선과 악은 자신을 위주로 말하되 남까지 포괄하였으니, 저 선과 악은 정(情)이 곧바로 발한 것이고, 좋아하고 미워함은 마음에 계교(計較)가 있는 것입니다. 《대학장구(大學章句)》의 "힘써 결단하여 버리고 구함에 반드시 얻는다.〔務決去, 求必得.〕"는 것은 뜻을 성실히 하는 방도입니다. 선한 정(情)이 발했을 때에 이것을 좋아하기를 마치 미색(美色)을 좋아하듯이 해서 구함에 반드시 이것을 얻으며, 악한 정(情)이 발했을 때에 이것을 미워하기를 마치 악취(惡臭)를 미워하듯이 해서 힘써 결단하여 버리는 것이, 바로 이른바 성의(誠意) 공부라는 것입니다.

자신의 한 생각이 발하여, 선(善)하냐 악(惡)하냐에 대해 진실로 좋아하고 미워하는 실정을 얻을 수 있다면, 남의 선과 악은 저절로 이것으로부터 미루어 갈 수 있어서 악을 미워하며 선을 흠모하는 형세가 나타날 것이니, 어찌 자신은 버리고 먼저 남에게 구하겠습니까. 지금 만약 선과 악을 가져다가 편벽되이 남의 쪽에만 소속시킨다면 본말(本末)과 완급(緩急)의 순서를 잃으니, 이는 《대학》의 전문(傳文)

을 쓴 사람의 본의가 아닐 듯합니다.

대저 이 〈성의장〉은 실로 스스로 몸을 닦는 일의 두뇌가 되는 곳이니, 참으로 의견이 난만(爛漫)하게 합치되어야 하고 이와 같이 서로 달라서는 안 됩니다. 원컨대 더욱더 체인(體認)하고 깊이 생각하시어 다시 가르침을 내리시어 저로 하여금 끝내 혼미해지지 않게 해 주시기를 바랍니다.

민원리에게 줌

與閔元履

고명(高明)께서는 "악(惡)을 성(性)이라고 말하지 않을 수 없다.〔惡不可不謂之性.〕"[73]는 구절의 성(性) 자를 가지고 기질지성(氣質之性)이 아니고 바로 본연지성(本然之性)이라고 하셨는데, 우매한 저의 소견으로는 끝내 이해할 수가 없습니다. 성(性)은 진실로 하나이지만 가리켜서 말한 것이 이미 다르면 마땅히 주의를 기울여 기질지성과 본연지성을 분별해야 하니, 이렇게 하지 않으면 끝내 성선(性善)의 의론에 장애가 될 것입니다.

이 성(性) 자는 바로 사람이 태어나 하늘로부터 품부 받은 뒤에 기품(氣稟) 위에 탑재되어 있는 것을 가리켜 말한 것입니다. 사람이 어려서부터 선하고 악한 것은 이미 기품이니, 그렇다면 기품 가운데에 나아가 성(性)을 가리켜 말한 것이 어찌 기질지성(氣質之性)이 아니겠습니까.

이는 바로 주자가 "이 성(性)이 악에 빠진 경우는, 마치 물이 모래나 진흙과 뒤섞여 있어도 물이라고 부르지 않을 수 없는 것과 같다."[74]라고 말씀하신 것입니다. 비록 물이라고 부르지 않을 수가 없으나 끝내 이것은 진흙과 모래와 물이니, 이것을 물이라고 말하는 것은 가능하지만

73 악(惡)을……없다 : 이 내용은 정명도(程明道)의 말씀으로 《이정유서(二程遺書)》 권1에 보이는데, 전체의 구절이 《근사록(近思錄)》 권1 〈도체(道體)〉에도 실려 있다.

74 이……같다 : 이 내용은 《주자어류(朱子語類)》 권95 〈정자지서(程子之書) 1〉에 보인다.

원초의 본래 맑은 물이라고 말하는 것은 불가합니다.

또 문세(文勢)를 가지고 상고해 보면, 이 구절은 위의 "기품에 그러함이 있어서이다.〔氣禀使然.〕"라는 구절을 이은 것이고 아래의 "생을 성이라 이르는 것은,〔蓋生之謂性,〕"이라는 구절과 연접되어 일관되게 말한 것인데, 만약 이 성(性) 자를 본연지성으로 본다면 '생지성(生之性)'의 성(性) 자 또한 마찬가지로 본연지성이라고 부를 수 있단 말입니까.

횡거(橫渠)께서 말씀하기를 "형(形)이 있은 이후에 기질지성이 있으니, 이것을 잘 회복시키면 천지지성(天地之性)이 보존된다."[75]라고 하셨는데, 이 기질지성과 천지지성의 두 개의 성(性) 자를 가지고서 "생을 성이라 한다.〔生之謂性.〕" 이하에서 무릇 성(性) 자를 말할 적에 어떤 것이 천지지성이며 어떤 것이 기질지성인가를 분별한다면 그 이치가 분명해 질 것입니다.

이 장(章)의 성(性) 자가 모두 13개인데, '생지위성(生之謂性)'과 '성즉기(性卽氣)', '기즉성(氣卽性)'과 '선고성(善固性)', '악역불가불위지성(惡亦不可不謂之性)'과 '개생지위성(蓋生之謂性)', 재설성(才說性) 등 7개 성(性) 자는 기질지성을 가리켜 말한 것이고, '불시성중(不是性中)'과 '변이불시성(便已不是性)', '범인설성(凡人說性)'과 '맹자언성선(孟子言性善)', '성선지위(性善之謂)'와 '불시선여악재성중(不是善與惡在性中)' 등 6개 성(性) 자는 본연지성을 말한 것입니다.

기질과 본연이 뒤섞이고 번갈아 자연스럽게 서로 호응이 되니, 기질

75 형(形)이……보존된다 : 이 내용은 《장자전서(張子全書)》 권2 〈성명편(誠明篇) 제6〉에 보인다.

은 비록 똑같지 않으나 성은 본래 순선(純善)한 것임을 밝히려고 한 것입니다. 맑게 하는 공력을 잘 가한다면 본연(本然)의 선(善)을 회복할 수 있는데, 그 본연을 말한 곳에 여전히 혹 기(氣)가 섞일까 두려워한 것이니, 마음을 겸허히 비우고 외워보면 이것을 알게 될 것입니다.

민원리에게 답함
答閔元履

삼가 정자(程子)의 본지(本旨)를 자세히 살펴보건대, 특별히 고자(告子)의 말을 빌려 성(性)과 기(氣)가 서로 떨어지지 않음을 밝혔는데,[76] 기(氣)가 똑같지 않기 때문에 성(性) 또한 선과 악이 있는 것입니다. 그러나 이것은 성(性)의 본연(本然)이 아니니, 본연은 망령됨이 없어서 지극히 선(善)합니다. 이 때문에 만약 기질지성에 징치(澄治 깨끗이 다스려 맑게 함)하는 공력을 가하면 그 본연의 선함을 회복할 수 있는 것입니다. 그러므로 기질과 본연을 뒤섞어 말하였는데 기질을 말한 곳에는 이미 그 성(性)과 기(氣)가 서로 떨어지지 않음을 밝혔고 본연을 말한 곳에는 또 여전히 혹 기(氣)가 뒤섞일까 두려워했으니, 이 뜻이 가장 명백합니다.

"악(惡) 또한 성(性)이라고 말하지 않을 수 없다.〔惡亦不可不謂之性.〕"라고 한 것은, 또한 성(性)은 기(氣)와 떨어질 수 없음을 밝힌 것입니다. 그러나 만약 곧바로 선과 악을 본연이라고 한다면 두 가지가 섞임에 가깝지 않겠습니까. 그러므로 그 아래에 곧바로 "생을 성이라 이르는 것은,〔蓋生之謂性,〕"이라는 구절과 연접시켰으니, 그 뜻은 "선과 악이 똑같지 않은 것은 생(生)을 성(性)이라 이르는 것이니, 혹

76 삼가……것인데 : 정자(程子)의 본지(本旨)는 앞의 주 52에서 소개한 정명도 말씀의 본뜻을 이른다. '고자(告子)의 말'은 이 말씀의 모두(冒頭)인 생지위성(生之謂性)으로, 《맹자》 〈고자 상(告子上)〉에 "고자가 말하였다. 삶의 본능이 성이다."라고 보인다.

조금이라도 성(性)을 말할 때에는 이미 본연지성이 아니다.〔性之善惡不齊者, 蓋生之謂性 才說性時, 便已不是本然之性也.〕"라고 말한 것과 같습니다. '재설성(才說性)"의 성(性) 자는, 바로 '악역불가불위지성(惡亦不可不謂之性)'의 성(性)이니, 바로 이른바 '생지위성(生之謂性)'의 성(性) 자가 아니겠습니까.

그러므로 저는 일찍이 "'생지위성'의 성(性)을 기질지성으로 보면 '악역불가불위지성(惡亦不可不謂之性)'의 성(性) 또한 기질지성으로 보아야 하고, 이것을 본연지성으로 보면 '생지위성'의 성(性)도 본연지성으로 보아야 하니, 두 가지를 다르게 보아서는 안 된다."라고 생각하였습니다.

그러나 저 역시 어찌 이 성(性) 자를 칼로 자르듯 분명하게 본연지성과 다른 것이라고 말하겠습니까. 근본을 돌이켜 찾는다면, 또한 장자(張子)가 말씀하신 '천지지성(天地之性)'에서 벗어나지 않을 것입니다. 그러나 다만 당장 드러나 있는 뜻에서 한 걸음을 옮겨 기(氣)에 나아가 성(性)을 말했을 뿐입니다.

만일 어떤 사람이 나에게 "이 성(性)은 무슨 성인가?"라고 물으면, 저는 기질지성이라고 대답할 것이고, 또 묻기를 "어째서 기질지성인가?"라고 하면, 대답하기를 "선과 악이 함께 있기 때문에 기질지성이라고 한다."라고 할 것입니다. 또 묻기를 "그런데 이 성은 본연지성이 아닌가?"라고 하면, 저는 "본체(本體)가 어찌 두 가지가 있겠는가."라고 대답하겠습니다.

그러므로 지난 번 편지에서 "기질과 본연을 막론하고 요컨대 성(性) 밖에 물건이 없음을 보아야 하니, 굳이 전적으로 한쪽에 의지하여 말할 것이 없습니다. 만일 이것을 한쪽으로 귀속시키고자 하면 마땅히 기질에 귀속되어야 하고 본연은 절로 그 위쪽에 있습니다."라고 말한 것이 바로 이것입니다.

요컨대 성(性)은 하나인데 나누고 합하는 사이에 자연 떨어질 수 없고 섞일 수 없는 오묘함이 있는데, 얼핏 말의 두서(頭緖)를 보면 말의 전환이 너무 급해서 그 지취(旨趣)를 이해하기 어려운 것 같습니다. 그러나 문맥을 자세히 살펴보면 조리가 정연해서 저절로 서로 관통이 되니, 필경은 서로 떨어질 수 없는 가운데에서 섞일 수 없는 본체를 알고자 하는 데에 귀착될 것입니다. 고명께서 '떨어질 수 없다.〔不離.〕'는 뜻을 너무 중요하게 보아서 절로 한쪽으로 치우침을 면치 못할까 걱정됩니다.

그대의 편지 중에 또 한두 가지 다시 여쭈어 볼 만한 것이 없지 않으나, 한결같이 서로 자신의 주장만을 펴서 결말을 볼 기약이 없고, 또 논설이 정밀하고 심오한 내용에 이르게 되면 마음에 이해한 바는 비록 이치에서 멀지 않을 듯하나, 언어로 표현하자마자 곧 하자가 생겨 도리어 혼란될 뿐입니다.

그러므로 감히 쉽게 말하지 못하고 다만 지난번 편지에서 반복했던 것에 나아가 거듭 말하니, 만약 유의해 주시어 뜻이 맞게 되면[77] 다행이겠습니다. 그렇지 않다면 우선 논쟁을 그만두고 후일에 각자 체인(體認)해서 터득하기를 기다리는 것이 가장 좋을 것입니다.

77 뜻이 맞게 되면 : 저본에는 '물연(沕然)'으로 되어 있으나, 뜻이 통하지 않아 '문연(脗然)'의 전사(轉寫) 과정의 오류로 보고 이렇게 번역하였다.

민원리에게 줌

與閔元履

영윤(令胤) 동자(童子)가 집안의 명령이 있었다면서 책을 끼고 와서 배움을 청하였습니다. 잠시 그 미목(眉目)을 살펴보니 이미 매우 사랑하게 되어, 나도 모르게 시름을 잊고 웃었습니다. 스스로 남을 이루어 주는 인(仁)과 남을 가르쳐 줄만한 학문이 없음을 알지마는, 우리들이 친분이 돈독하고 각자 어린 아들이 있어서 서로의 집에 왕래하는 것을 마음속으로 기뻐하니, 아마도 우리가 문헌(文獻)을 전하는 일이 여기에 달려 있을 것입니다.

이에 명민한지 아닌지를 따져 보지 않고 삼가 존형(尊兄)의 뜻에 따라 대략 소리 내어 읽는 것〔口讀〕을 가르쳐 주고 소간(小簡 작게 만든 간지(簡紙))에 몇 마디 말을 써 주어 후일 성찰(省察)할 때 도움이 되게 하였으나, 다만 저의 이 잡박한 기질에 물들어 나아갈 길을 잃을까 염려됩니다.

민원리에게 답함
答閔元履

지난번 편지에 연평(延平) 선생의 한 말씀을 올리고 정(靜)함 가운데 시험해 보실 것을 권면하였는데, 답장을 받아보니 '갑자기 등급을 뛰어넘는 일'이라는 말씀을 주셨습니다. 이에 대해 저는 적이 형의 높은 뜻을 알지 못하겠습니다. 제가 올린 연평의 한 말씀과 미발(未發)의 기상(氣象)을 징험한다는 것을 동일한 지결(指訣)로 보신 것이 아닙니까?

미발의 기상은 정(靜)함이 지극하지 않으면 스스로 이해할 수가 없으니, 이것을 배우면 곧 잘못되기 쉽습니다. 이에 처음 배울 적에 진실로 갑자기 논하기가 어렵지마는 연평 선생의 한 마디 말씀은 저 '미발기상'에 비하면 평이하고 진실되고 분명해서 손을 대기가 쉽습니다. 마음을 맑게 하면 사욕(私慾)이 정화되고 사욕이 정화되면 천리(天理)가 발현되니, 이 발현된 천리를 인식해서 묵묵히 체득한다면, 이(理)와 심(心)이 하나이고 이것을 충실하게 기르는 일에 단서가 있음을 저절로 알게 될 것입니다.

또 그 발현되는 것이 애당초 떳떳한 윤리와 마음과 의사 사이에서 벗어나지 않으니, 만약 여기에 나아가서 치밀하고 간절하게 체인한다면, 동용(動用)의 자리에 이르러 절로 성(盛)하게 여유가 있음을 깨달을 것입니다.

이것은 비록 처음 배우는 선비라도 학업에 힘쓰는 여가에 때때로 이와 같이 공부한다면 거의 즐거운 뜻[樂意]을 볼 수 있어서 스스로 그만 둘 수가 없을 것이니, 어찌 한결같이 기록하고 듣고 외우고 풀이하는 데에 얽매이는 공부에 비할 수 있겠습니까.

대저 유가(儒家)와 불가(佛家)에 모두 정(靜)한 가운데에 하는 공부가 있으나, 그 차이는 아주 작은 것을 다툽니다. 불가의 정(靜)은 이 마음을 찾아보려고 하고 우리 유가의 정(靜)은 천리(天理)로써 함양하며, 우리 유가의 정(靜)은 정(靜)한 가운데에 사물이 있고 불가의 정(靜)은 정(靜)하면서도 허무(虛無)합니다. 만약 정(靜)한 가운데에 공부를 하고자 한다면 모름지기 먼저 이것을 분변하여야, 거의 노선(路線)이 어긋나지 않을 것입니다.

저의 소견은 이와 같은데, 어떨지 모르겠습니다. 비판하여 가르쳐 주시기를 바랍니다.

민원리에게 줌
與閔元履

권홍지(權興之)의 유고(遺藁)를 지금 편지를 보내는 인편에 보냅니다. 짐작하건대 펴보시는 즈음에 그의 원대한 뜻과 단명함을 저처럼 서글퍼하고 애석해 하실 것입니다.

잔존된 글과 얼마 되지 않은 시편이 비록 매우 쓸쓸하나, 학문을 향하는 전일(專一)함과 몸가짐의 돈독함에 있어 한두 가지를 검증할 수 있고, 또 문장을 아름답게 꾸미는 일에 급급해하지 않고 또 절로 침착하고 참되서 자신의 사람됨과 같으니, "표범이 죽어도 가죽을 남기고 난초는 시들어도 향기를 남긴다."라고 말할 만합니다.

한번 이 글들을 볼 때마다 항상 절현(絶絃)의 슬픔[78]을 금할 수 없습니다. 홍지가 살아 있을 때 말이 노형에게 미치면 번번이 식형(識荊)의 소원[79]을 가졌으니, 부디 책 끝에다가 한 마디 말씀을 써서 당신의 뜻을 나타내는 것이 어떻겠습니까?

78 절현(絶絃)의 슬픔 : 지기(知己)를 잃은 슬픔을 말한다. 춘추 시대 때 거문고의 명인이던 백아(伯牙)가 지음(知音)의 벗인 종자기(鍾子期)가 죽자 자신의 연주를 들어줄 사람이 없음을 한탄하면서 거문고 줄을 모두 끊고 다시는 타지 않았다는 고사에서 유래하였다.《列子 湯問》

79 식형(識荊)의 소원 : 평소 흠모하던 사람을 만나보고자 하는 소원을 말한다. 이백(李白)이 한조종(韓朝宗)에게 준 편지에, "살아서 만호후(萬戶侯)에 봉해짐은 굳이 원하지 않고 다만 한 번 한 형주(韓荊州)를 면식(面識)하기를 바랄 뿐이다."라고 하였다. 한 형주는 한조종으로, 그가 당시 형주자사(荊州刺史)로 있었기 때문에 이렇게 칭하였다.《古文眞寶 卷2 與韓荊州書》

민원리에게 줌

與閔元履

그대의 간곡한 가르침을 어기기가 어려워서, 정암 선생(貞菴先生)[80]의 유집(遺集)을 삼가 교정하여 지금 올렸습니다. 원고를 보존하느냐 삭제하느냐를 정하는 사이에 대략 찌를 붙이고 논하였는데, 마음이 거칠고 식견이 어두워서 맞지 않는 것이 반드시 많을 것이니, 부디 다시 세세히 상량(商量)하고 바로잡아서 처리하시기 바랍니다.

삼가 생각하건대, 문집 가운데 문자의 정수(精粹)가 대부분 서간(書簡)에 있으니 선생의 덕성(德性)의 규모를 거의 여기에서 알 수 있습니다. 또 가정 안에서와 친구 간에 왕복한 논설에 이르러는 거의 모두 윤리에 돈독하고 세세한 일들까지 잘 삼가서, 참되고 간곡하고 온화하고 돈후한 것이 퇴계(退溪) 어른의 편지와 유사함이 있으니, 공경히 보고 나서 저도 모르게 마음속에 감탄했습니다.

이것을 뽑아 초록(抄錄)하는 즈음에, 진실로 마땅히 서간 편(編)을 많이 보존하여야 할 것이고, 그 외의 문자 중에 아직도 정밀하게 거취(去取)를 정하지 못한 것들은 간략한 가운데 더욱 간략하게 해서 본래 정수(精粹)에 해당되는 것들만 남겨두는 것이 가장 좋습니다. 어떻게

80 정암 선생(貞菴先生) : 민우수(閔遇洙, 1694~1756)로 정암은 그의 호이다. 자는 사원(士元), 본관은 여흥(驪興), 시호는 문간(文簡)이며 수암(遂菴) 권상하(權尚夏)의 문인이다. 1714년(숙종40) 증광 생원시에 합격하고 벼슬이 대사헌에 이르렀다. 민원리는 민우수의 증손(曾孫)이 된다.

생각하십니까?

주자서(朱子書)에 대한 차의(箚疑)는 간행된 《차의(箚疑)》[81]에 찌를 붙여 기록한 것인데, 발명(發明)한 것이 많습니다. 이것을 잡지(雜識)의 문체로 하여 문집 말미에다 붙였는데, 실로 후학들에게 은혜가 되나, 다만 이 또한 되도록 정밀하고 간략함을 위주로 힘쓰는 것이 마땅할 듯합니다. 하문(下問)을 받음에 외람되이 대답한 것이니, 양찰해 주시기 바랍니다.

81 차의(箚疑) : 《주자대전차의(朱子大全箚疑)》를 이른다. 우암 송시열이 《주자대전》 중에서 난해한 문자나 고사, 의문점 등을 뽑아 주석을 붙여 엮은 책이다. 우암이 김수흥(金壽興)·김수항(金壽恒) 등과 함께 편찬하였으나 완성하지 못하였는데, 그의 제자인 권상하와 김수항의 아들인 김창협(金昌協) 등이 정리하여 정유자(丁酉字)로 간행하였다.

민원리에게 답함

答閔元履

문 아내의 상(喪)에 아버지가 살아계시면 상장(喪杖)을 짚지 않고, 상장을 짚지 않으면 담제(禫祭)를 지내지 않으니, 그렇다면 연제(練祭) 또한 행해서는 안 되는 것입니까? 선배들의 말씀이 똑같지 않아 마땅히 따를 바가 없으니, 알지 못하겠습니다. 이에 대해 일찍이 고견을 강구하신 적이 있으십니까?

답 우옹(尤翁 우암(尤菴) 송시열(宋時烈))과 한천(寒泉 도암(陶菴) 이재(李縡))께서는, '아버지가 살아계셔도 마땅히 장기(杖期)를 거행해야 한다'[82]는 설을 비록 주장하셨으나, 남계(南溪 박세채(朴世采))는 "연제(練祭)는 담제(禫祭)의 거행 여부와 관계가 없으니, 연제를 폐해서는 안 된다."라고 하였고, 근세에 권자의(權諮議)[83] 어른 또한 말씀하기를 "예서(禮書)에 연제를 지내지 않는다는 조문이 없으니, 그렇다면 연제를 행해도 된다."라고 하였습니다.

82 아버지가……한다 : 장기(杖期)는 상장(喪杖)을 짚고 거상(居喪)하는 기년복(朞年服)으로, 자최(齊衰) 삼년 다음으로 무거운 복이다. 부인이 죽었을 때 남편이, 아버지가 생존해 계실 적에 어머니가 사망한 경우 등에 입는다. 장기를 입을 경우는 담제를 지내므로 논란의 여지가 없다. 그러므로 이렇게 말한 것이다.

83 권자의(權諮議) : 권진응(權震應, 1711~1775)으로 자는 형숙(亨叔), 호는 산수헌(山水軒), 본관은 안동(安東)으로 권상하(權尚夏)의 증손이고 남당 한원진의 제자이다. 학문에 전념하여 과거를 보지 않았으나, 초선(抄選)으로 시강원의 정7품 자의(諮議)에 임명되었으므로 이렇게 칭한 것이다.

내 일찍이 기억하건대, 예전에 노형과 같은 처지인 어떤 사람이 연제와 담제에 대해 선형(先兄)에게 묻자, 선형께서는 "이미 상장을 짚지 않아서 담제를 지내지 않는다면, 연제도 폐할 수 있다."라고 대답했습니다. 그때 제가 마침 곁에서 모시고 있다가 참여하여 들었으나, 미처 그 의의를 자세히 여쭤보지 못했습니다.

지금 생각해보니 이것은 아마도 상장을 짚으면 연제와 대상(大祥)과 담제를 지내는 것이 이미 일관된 일이 되니, 상장을 짚지 않는 경우 담제를 지내지 않는데 연제를 행하는 것은 실로 반쯤 올라갔다가 아래로 떨어지는 혐의가 있으며, 만약 연제와 대상과 담제를 모두 행한다면 이는 또한 높은 분(아버지나 할아버지)에게 통솔되어 정을 펼 수 없는 의리가 아닙니다. 그러므로 선형의 답이 아마도 이와 같으셨던 듯합니다.

대저 상장을 짚지 않으면 담제를 지내지 않는 것은 실로 엄하게 일통(一統)시키는 의의이니, 비록 소(疏)의 말이 있다고 하여 소홀히 할 수가 없습니다. 그러나 《예기》 〈상복소기(喪服小記)〉에 "망자(亡者)에 대해 대공복을 입는 사람이 상주가 되어 상을 주관할 경우, 삼년복을 입을 사람이 있으면 그를 위해 반드시 소상과 대상의 두 제사를 지내야 한다."라고 하였습니다.

노형의 집에 이미 7살 먹은 상(喪)을 당한 동자(童子)가 있으니, 바로 이것은 삼년복을 입을 자가 있는 것이니, 어찌 소상과 대상을 갖추지 않을 수 있겠습니까. 더구나 손자는 할아버지에게 압존(壓尊)되지 않으니, 담제 또한 행할 수 있습니다.

민원리에게 답함
答閔元履

문 아우의 처상(妻喪)에 초상과 제사를 가친(家親)께서 시종 주관하셨는데 지금 마침 멀리 외출하시어 아우가 주관해야 하게 되었습니다. 일찍이 예문(禮文) 가운데에 "부제(祔祭)는 시아버지가 주관하고 우제(虞祭)와 졸곡(卒哭)은 남편이 주관한다."는 말[84]을 가지고 초상과 제사 때에 따라 주관하는 사람을 달리하는 것에 대해 다시는 의심하지 않았습니다. 그런데 이에 대해 묻고 힐난하는 자가 있는데, 그의 말이 근거가 있는지를 몰라서 얼핏 들음에 미혹이 생김을 면치 못하겠습니다. 고견은 어떠신지 모르겠습니다.

답 "모든 상(喪)에 있어 아버지가 살아계시면 아버지가 상주가 되니, 아버지가 멀리 있거나 늙거나 병이 들었거나를 막론하고 또한 마땅히 아버지를 상주로 삼고 다른 사람이 대행해야 한다."라고 한 것이 우암(尤菴)의 설(說)이니, 그대에게 힐난하는 자의 근거는 아마도 여기에 있는 듯합니다.

그런데 한천(寒泉)은 말씀하기를 "아들의 처는 낮은 친속(親屬)이며, 남편과 아들로 말하면, 부부는 체(體)를 함께하는 의의가 있고 아들은 어머니의 은혜가 중하니 스스로 슬픈 마음을 펴는 것을 용납할

84 예문(禮文)……말 : 예문은 《예기》 〈상복소기(喪服小記)〉의 글을 이른다. 여기에 "처의 상에 우제와 졸곡은 그 남편 또는 아들이 주관하고, 부제는 시아버지가 이를 주관한다."라고 보인다.

수 있다. 이 때문에 우제와 졸곡의 경우 그 남편과 아들이 주관한다."라고 하였으니, 이 말씀이 실로 정의(情意)가 있습니다.

또 초상과 제사는 본래 다르니, 이것을 가지고 근거로 삼으면 두 가지를 함께 행하여도 어긋나지 않을 듯합니다. 그러나 노형의 집안에서는 초상과 제사를 시아버지가 이미 시종 주관하였는데, 지금에 와서 대상(大祥)을 남편이 갑자기 주관한다면 선후(先後)가 둘로 끊어질까 두려우니, 한결같이 우암의 설을 따르는 것이 도리어 조금 나을 듯합니다.

문 아내의 상에 담제를 지낸 뒤에 입는 복색(服色)에 대해서는 예서(禮書)에 보이는 것이 없고 또 다른 집안에서 행하는 준례를 알 수 없습니다. 제 아내의 기년상에 비록 3년의 체(體)를 갖추어서 담제를 지냈으나, 복을 바꿔 입는 절차는 굳이 논할 것이 없습니까?

답 기년상의 담복(禫服)[85]에 대해서는 저 역시 확실히 증명할 수 있는 근거를 보지 못했습니다. 연전(年前)에 조국진(趙國珍)[86]이 묻기에, 억측(臆測)으로 대답하기를 "도암(陶菴)의 《사례편람(四禮便覽)》을 보면, 참포립(黲布笠)과 참포대(黲布帶), 연포직령(練布直領)[87]을 담

85 담복(禫服) : 거상(居喪) 중인 사람이 담제(禫祭) 이후부터 길제(吉祭)를 지낼 때까지 입는 복장을 말한다.

86 조국진 : 조진구(趙鎭球, 1765~?)로 국진은 그의 자이다. 자세한 내용은 288쪽 주22 참조.

87 참포립(黲布笠)과 참포대(黲布帶), 연포직령(練布直領) : 참포립과 참포대는 검푸른 베로 만든 갓과 띠를 이르고 연포직령은 마전한 베로 만든 직령의(直領衣)를 이른다.

복으로 삼는다고 하였네. 기년상의 담제에 참포립과 참포대는 진실로 논할 것이 없으나, 담제라는 제사가 본래 상복을 바꿔 입기 위해 만든 것이니, 그렇다면 또한 전혀 절차가 없을 수 없네. 마땅히 대상에는 흰 도포와 흰 띠로 복을 바꿔 입고 담제에 이르러 비로소 푸른 도포와 검은 띠로 바꾸는 것이 다소나마 절차가 있음이 될 듯하네. 만약 담제를 지내지 않는다면 대상 때에 곧바로 평상시의 길복(吉服)을 입는 것 또한 무방할 듯하네."라고 하였습니다. 그러나 근거한 바가 있지 않으니, 어찌 감히 단언할 수 있겠습니까.

민원리에게 줌

與閔元履

아우는 뜻밖에 내려진 직명(職名)을 받고 지극히 황송하고 부끄러워 스스로 몸 둘 바를 모르겠습니다. 대저 전조(銓曹 이조)의 천거는 비록 초선(抄選)[88]과 차이가 있다고 하나, 만약 그 명실(名實)이 상부하지 않으면 무릅쓰기 어려운 단서가 됨은 똑같으니, 어찌 천목(薦目)[89]이 다소 가볍다는 핑계로 대번에 명에 응할 수 있겠습니까.

구구한 제가 헤아려 본 세 가지 설이 있으니, 첫 번째는 거취를 중요시해서 사은숙배하기 전에 곧바로 글을 올려 체직을 도모하는 것이고, 두 번째는 받은 관직이 이미 초선한 관직과 약간 차이가 있으니 한번 은혜로운 명령에 사례(謝禮)하여, 세신(世臣)이 목을 빼고 임금이 잘 되기를 바라는 충심을 다소 펴고 곧바로 체직을 도모하는 것이고, 세 번째는 경사스러운 의례(儀禮)에 함께 참여했다가 체직을 도모하는 것입니다.

두 번째 설이 다소 간곡한 듯하기에 처음에는 이것을 따르고자 하였는데, 다시 생각해보니 나아가 사은숙배를 하고 난 뒤에 경사스러운 의례를 행하기 전에 체직을 도모하는 것은 실로 반쯤 올랐다가 아래로

88 초선(抄選) : 의정 대신(議政大臣)과 이조(吏曹)의 당상관(堂上官)이 회합(會合)하여 경연관(經筵官)으로 적합한 인재를 선발하는 일을 이른다.

89 천목(薦目) : 관원으로 추천 받을 때 필요한 조건으로 이치(吏治)·문학(文學)·효렴(孝廉)·재능 따위의 명목이 있다.

떨어지는 혐의가 있고 또 형편상 반드시 이루어지지 못할 것입니다. 만약 또 일을 늦추어 경사스러운 의례가 이루어지기를 기다리는 경우라면, 바로 난만히 공무(公務)를 행하다가 뒤에 갑자기 사직하는 글을 올리는 것은 더욱 지극히 돌출되는 행위가 될 것입니다.

그러므로 저는 지금 첫 번째 설을 계책으로 삼고자 하는데 어떨지 모르겠습니다. 자신이 마시는 물이 따뜻한지 차가운지 아는 것처럼 출처(出處)의 의리는 스스로 안다고 하지만, 돌아보건대 평소에 강구(講究)함이 없는 자가 일을 당하여 헤아림에 다만 혼란과 미혹됨을 더할 뿐이요, 또한 자문할 곳이 없으니 저로 하여금 답답하게 합니다.

감히 저를 알아주고 사랑함을 믿기에 이와 같이 저의 속마음을 털어놓고 말하니, 부디 깊이 생각하여 지도해 주셔서 저로 하여금 끝내 후회와 부끄러움에 이르지 않게 해주시는 것이 어떻겠습니까.

민원리에게 답함

答閔元履

문 저의 금년 사정이 다른 해에 비할 바가 아니니, 사당 안에서 제물을 올리는 것은 끝내 예(禮)의 뜻에 어긋납니다. '계추(季秋)에 아버지 사당에 제사한다.〔季秋祭禰.〕'는 내용이 본래 경(經)의 근거가 있으며,[90] 저의 생일이 8월 26일로 금년은 계추절(季秋節)의 뒤에 있으니,[91] 날짜를 점치는 즈음에 이것을 가지고 말을 만들어 행하는 것이 혹 예(禮)에 크게 어긋나지는 않겠습니까? 사당 안의 정제(正祭)[92]를 이미 회복할 수 없다면 다만 한 때의 정(情)으로 풍녜(豐昵)[93]를 행하는 것은 또 혹 어떻겠습니까? 이 두 가지를 가지고 헤아려 가르침을 주시기를 바랍니다.

답 말씀하신 예절에 대해 높은 뜻을 공경히 다 이해하였습니다. 금년의 경우는 다함이 없는 효심에 어찌 그렇게 하지 않을 수 있겠습니까.

90 계추(季秋)에……있으며 : '계추(季秋)에 아버지 사당에 제사한다.〔季秋祭禰.〕'는 내용은《주자가례》권5〈제례(祭禮)〉에 보인다. 경(經)에 근거가 있다는 것은 미상이다. 경은《예기》나《의례》를 말한 것으로 보이나, 분명하지 않다.

91 저의……있으니 : 무엇을 말하는지 미상이다. 계추절(季秋節)을 8월 15일인 중추절(仲秋節)의 오기로 보면 문맥이 통한다.

92 정제(正祭) : 사시(四時)의 가운데 달에 조상의 사당에 지내는 큰 제사를 이른다.

93 풍녜(豐昵) : 다른 선조들은 염두에 두지 않고 자기 부친만 존숭하는 것을 말한다. '昵'는 '禰'와 통용되는 글자로, 아버지의 사당을 뜻한다.《서경(書經)》〈고종융일(高宗肜日)〉에 "제사를 거행함에 있어 오직 아버지의 사당에만 풍성하게 하지 마소서."라고 한 데에서 나온 말이다.

그러나 정제(正祭)를 올리는 계절의 중간 달에, 여타 사당에는 제사를 지내지 않고 다만 아버지 사당에만 제사를 지내는 것은 이미 풍녜의 혐의가 있으며, 또 주자가 생일날 아버지 사당에 제사한 것은 그 생일이 계추(季秋)에 있었기 때문입니다.

그런데 이제 계추의 제사를 끌어다가 대번에 가을철이 왔다고 해서 이것을 중추(仲秋)에 행하려고 하는 것은 또한 창행(刱行 창시(創始)하여 시행함)에 해당되니, 이러한 부분에 있어서는 비록 부모를 그리워하는 정이 무궁하더라도 예(禮)로써 제재(制裁)하지 않을 수 없습니다. 이에 예(禮)로써 행하는 것이 직절(直截)한 도리가 됩니다. 조금이라도 그 사이에서 타협하려고 하는 것은 자기 뜻대로 하는 것이니 교만해질까 두렵습니다.

민원리에게 답함
答閔元履

문 '출망(出亡)한 어버이를 둔 자가 언제까지 기다렸다가 발상(發喪)할 수 있느냐'에 대해 선배들의 논설이 똑같지 않으니, 그대의 고견으로는 백 년과 80년 중에 어떤 것이 적당하다고 여기십니까? 기일(忌日)에 어떻게 대처하고 신주(神主)를 만들 때 또 어떻게 해야 할지 모르겠습니다.

답 일전에 예(禮) 중에 의심스러운 것에 대해 자문하셨을 적에 저물녘에 답장을 하느라 전혀 조리가 없었으니, 탄식할 만합니다. 다만 백 년과 80년이란 말들은 비록 고례(古例)의 근거가 있더라도 인정(人情)과 사세(事勢)로 헤아려보건대 끝내 우활(迂闊)한 듯합니다. 연수(年數)에 제한을 두지 말고, 요컨대 사망한 날짜를 찾음에 그 마음을 다하고 그 도리를 다해서 정과 이치를 더할 나위 없게 하였는데도 끝내 찾지 못한 연후에, 출망(出亡)한 날을 돌아가신 날로 삼아서 상복을 입어야 합니다.

신주를 만들기 위해 찾아갈 묘소가 이미 없으니, 혹 남겨진 옷을 가지고 초혼(招魂)하고 평소 거처하는 곳에서 신주를 만들어야 하지 않겠습니까. 이 밖에는 다른 방법이 없을 듯합니다. 억측으로 하는 말이라 감히 자신할 수가 없었는데, 고견을 받들었기에 이렇게 다시 여쭙는 것입니다.

만약 연도(年度)에 제한을 두고자 한다면, 30년에 천도(天道)가 한 번 변하고 인사(人事)를 가지고 말하면 아들이 아버지를 계승함에 30

년을 일세(一世)로 삼으니, 이것으로 기한을 삼는 것이 혹 근거가 있는 주장이 되지 않겠습니까?

그러나 출망할 때의 연령이 노년(老年)이었다면 괜찮지만, 만약 20대와 30대였다면 30년을 합쳐 계산하더라도 50세와 60세에 불과하니, 50세와 60세는 바로 보통 사람의 하수(下壽)[94]입니다. 이것을 가지고 말하면 30년은 또한 너무 짧은 기한이 될 듯하니, 그 기한을 억지로 정하는 것은 어려울 듯합니다.

94 하수(下壽) : 인간의 장수(長壽)를 상·중·하로 나누었을 때 가장 적은 나이인 60세를 이른다. 《장자(莊子)》 〈도척(盜跖)〉에 "사람의 상수를 백세라고 하고, 중수를 팔십 세라고 하고, 하수를 육십 세라고 한다."라고 보인다.

민원리에게 답함

答閔元履

문 남의 양자가 된 사람의 두 아들이 각각 출계(出繼)하고, 또 출계한 사람의 아들이 또다시 다른 친족(親族)에게 출계하였다면 그 본종(本宗)의 복제에 대해 모두 구별하지 않고, 다만 한 등급을 차례에 따라 강등한다는 제도를 따라야 합니까? 아니면 각각 출계한 것에 따라서 두 번 강등하고 세 번 강등하여야 합니까? '두 딸이 각각 출가하였다고 하여 재차 강등하지 않는다'는 글을 준례(準例)로 삼으면, 남의 양자가 된 자가 출가한 고모와 자매에 대해 소공복(小功服)을 입는 것은 또한 재차 강등한 예(例)가 됩니다. 이와 같은 부분은 분명한 근거를 얻기 어려울 듯한데, 평상시 알고 계셨던 것과 다른 집안에서 이미 준례로 삼고 있는 것 중에 기억할 만한 어떤 것이 있는지 모르겠습니다.

답 질문하신 예절에 대해서는, 《상례비요(喪禮備要)》에 이미 "두 아들이 각각 남의 양자가 되었을 경우 재차 강등하지 않는다."는 글이 있는데, 혹 우연히 이것을 상고하지 못하신 것으로 여겨집니다.

무릇 복제(服制)를 강등하는 일은 굽힘이 있은 뒤에야 강등하니, 여자가 출가해서 강등하는 것과 남자가 출계해서 강등하는 것은 이미 굽힘이 있는 것입니다. 만약 각자 출가하여 강등된 경우와 각자 남의 양자가 되어 강등된 경우에, 각각 재차 강등한다면, 이것은 바로 한 가지 일에 두 번 굽히는 것이니, 이 때문에 재차 강등하지 않는 것입니다.

남의 양자가 된 자가 시집간 고모와 자매에 대해 재차 낮추어 소공복

(小功服)을 입는 경우에 이르러는, 출계한 것과 시집간 것은 그 계통이 각각 다릅니다. 이에 출계한 자는, 시집간 자에 대해 강등하는 경우도 적용하여 본생(本生)의 여러 친족의 복에 대해 차례에 따라 강등하는 제도를 따르지 않아서는 안 될 것입니다. 어찌 이것에 대해 저것을 기준하여 똑같이 말하겠습니까. 다른 집안에서 이미 준례로 삼고 있는 것을 비록 기억하지는 못하나, 여기에서 벗어나지 않을 듯합니다.

민원리에게 답함
答閔元履

문 자모(慈母)[95]를 위해 소공복을 입은 자가 신주(神主)를 세워 제사를 지내는 것은, 의(義)에 무방할 듯한데, 알지 못하겠습니다. 정실(正室)이 아닌데도 자(子)라고 칭하면 현비(顯妣)라고 해야 합니까? 당신 서제(庶弟)의 준례를 듣고 싶습니다. 방제(傍題)[96]는 또한 마땅히 어떻게 해야 합니까?

답 자모를 위하여 신주를 세우는 것에 대해 근거할 만한 고례(古禮)를 보지 못하였으나, 수양부모(收養父母)에 대해서도 신주를 세우는 것을 허락하였으니, 그렇다면 자모로서 은혜가 중(重)한 분에게 신주를 세우지 못할 의리는 없을 듯합니다. 이것은 당신이 그 은의(恩義)의 깊고 얕음을 헤아려 결단함에 달려 있을 뿐입니다.

연전에 제 집안의 서제가 만났던 경우는 바로 자기를 낳아준 어머니를 위한 일이었습니다. 서자가 자기를 낳아준 어머니에 대해 비(妣)라고 칭하지 못하고 망모(亡母)라고 칭하는 것은 이미 주자의 설이 있습니다. 그러므로 그때 다만 이를 따라 시행하였고, 방제(傍題)에는 자모

95 자모(慈母) : 어려서부터 자신을 키워 준 서모(庶母)를 말한다. 《의례》〈상복(喪服)〉에 "자모는 모친과 같다.〔慈母如母.〕"라고 하였는데, 그 전(傳)에 "종신토록 모친처럼 대하고, 죽으면 모친처럼 삼년복을 입는다."라고 보인다.

96 방제(傍題) : 신주 하단의 왼쪽에 봉사자(奉祀者)의 이름을 쓰는 것으로, 예컨대 부친의 신주에는 '효자(孝子) 아무개', 조부의 신주에는 '효손(孝孫) 아무개'라고 적는 것을 이른다.

(子某) 운운(云云)이라 하였습니다. 지금 자모를 위하여 신주를 세운다면 마땅히 망자모(亡慈母)라고 칭해야 하고, 방친(傍親)은 방제가 없다는 준례를 따라 방제는 생략하여도 크게 예(禮)에 어긋나지는 않지 않겠습니까?

민원리에게 줌

與閔元履

임녹문(任鹿門)의 '마음은 편벽되고 성(性)은 온전하다.〔偏心全性.〕'는 설에 대해, 구구한 이 몸은 삼가 깊이 의심하는 바입니다. 대저 주부자(朱夫子)께서 성(性)을 논할 적에 대부분 분수(分殊)의 부분에 따라 말씀하셨습니다. 그런데 근세에 인(人)과 물(物)의 성(性)이 다르다는 논지를 펴는 자들은 대체로 모두 주자 말씀의 지두(地頭 가리키는 지점)를 궁구하지 못하고 말에 얽매이고 뜻을 혼동하면서도 번번이 여기에 의거하여 자기 소견의 증거로 삼아서 막무가내로 주장하여 마지않습니다. 하지만 이것은 그다지 구분하기 어렵지 않습니다.

그러나 녹문이 심(心)과 성(性)이 묘하게 합하는 부분에 곧바로 나아가 입론(立論)함에 이르러는, 이것은 바로 주자께서 이른바 '뒤에 나온 자가 더욱 치밀하다'는 것입니다. 비록 녹문이 이(理)와 기(氣)가 서로 떨어지지 않는 부분을 너무 중하게 보는 것임을 알지만 이는 이(理)를 기(氣)로 인식함에 거의 가까우니, 요컨대 잘못된 바가 있습니다.

그러나 그 설명이 아주 정치(精緻)하고 주밀하며 간간이 좋은 부분이 있어서, 예전부터 제가 이를 다 보았기 때문에 갑자기 득실을 논하기가 어려운 점이 있습니다. 알지 못하겠습니다. 고명께서 또한 일찍이 생각하시어 명백하게 깨뜨릴 만한 것이 있습니까?

근간에 저는 정신이 꽉 막혀서 지난번 얼굴을 마주하고 토론할 때에 겨우 화두(話頭)만 꺼내고 그 곡절을 자세히 여쭙지 못했습니다. 그런데 지금 편지에서 《태극해(太極解)》[97]를 인용하여 녹문이 말한 편(偏)과 전(全)의 의심을 깨뜨릴 수 있다고 말씀하신 내용을 받들어 보니, 이는 긴요하면서 간명하다고 이를 만합니다.

스스로 돌아보건대 저는 어리석고 미혹되었으나 간간이 깊이 사색하여 다행히 밝은 깨달음을 얻었습니다. 다만 일찍이 이 문집의 도해(圖解)를 보았는데, 참으로 논설이 많았으나 그 말들이 어떠한 것이었는지 기억하지는 못합니다. 그런데 이것을 가지고 과연 하나하나 깨뜨릴 수 있을지 모르겠습니다.

이미 시작된 안건(案件)이니, 분비(憤悱)[98]하는 마음을 이기지 못해 다시 분석해 보여 주시기를 바랍니다. 저 또한 마땅히 생각나는 대로 가르침을 구하겠습니다.

97 태극해(太極解) : 주자가 지은 《태극해의(太極解義)》를 가리킨다. 염계(濂溪) 주돈이(周敦頤)의 〈태극도(太極圖)〉를 해설한 〈태극도해(太極圖解)〉와 〈태극도설〉을 해설한 〈태극도설해(太極圖說解)〉의 두 부분으로 되어 있는데, 《성리대전(性理大全)》 권1에 수록되어 있다.

98 분비(憤悱) : 분(憤)은 마음으로 알려고 하나 되지 못하여 애태우는 모양이고 비(悱)는 입으로 말하려 하나 제대로 표현하지 못하여 안달하는 모양으로, 《논어(論語)》 술이(述而)에 "분해하지 않으면 일러주지 않고 비하지 않으면 열어주지 않는다.〔不憤不啓, 不悱不發.〕"라고 보인다.

민원리에게 답함

答閔元履

보내주신 편지에서 말씀하시기를 "아마도 주자의 뜻은 '각기 하나의 태극을 갖추고 있다.〔各具一太極.〕'에서 그친 듯한데, 주자가 반드시 기질(氣質)까지 보충하여 설을 만든 것은, 혹 후인(後人)들이 편벽된 가운데 온전함이 있다고 의심할까 염려하신 것입니다. 그렇다면 이는 반드시 먼저 그 편벽됨을 말하고 나서야 비로소 온전하게 된 소이(所以)의 연고를 언급한 것입니다."[99]라고 하신 것은, 말과 뜻이 모두 지극해서 참으로 발명(發明)함이 있으니, 깊이 공경하고 탄복합니다.

선형께서도 일찍이 이 단락을 해석하여 말씀하기를 "'기질에 따라 서로 똑같지 않음〔隨質不同〕'[100]은 '각일기성(各一其性)' 중 '각(各)' 자를 위주해서 말씀한 것이고, '혼연하여 각기 갖추었다는 것〔渾然各具〕'[101]은 '일기성(一其性)'을 위주해서 말한 것이니, 기질을 따라 서로 똑같지 않음은 편벽된 것이고 혼연하여 각기 갖추었다는 것은 온전한 것이다. 두 뜻이 상반되는데 하나로 꿰어 말씀한 것은 기질을 따라 서로 똑같지 않은 가운데 그 본체(本體)를 보면 혼연하지 않은 적이

99 아마도……것이다 : 이 내용은 《근사록(近思錄)》 권1 〈도체(道體)〉에 실린 주자의 〈태극도설해(太極圖說解)〉의 내용에 대해 말한 것이다.

100 기질을……않음 : 이 내용은 〈태극도설해(太極圖說解)〉의 "기질(氣質)에 따라서 품부받은 것이 똑같지 않다."는 구절을 줄여 쓴 것이다.

101 혼연하여……것 : 이 내용은 〈태극도설해(太極圖說解)〉의 "혼연한 태극의 전체가 한 물건의 안에 각기 갖추어지지 않음이 없다."는 구절을 줄여 쓴 것이다.

없기 때문이다."라고 하셨는데, 이 말씀이 그대의 훌륭한 말씀과 서로 발명됨이 있기에 이에 옛날 들었던 것을 외는 것입니다.

《근사록(近思錄)》 가운데 〈태극도(太極圖)〉와 〈서명(西銘)〉등과 같은 문자에 주자의 본래 해석이 있는 경우, 마땅히 전문(全文)을 그대로 싣고 그 사이에 편(編)한 자가 손을 써서는 안 되는데, 섭씨(葉氏)가 함부로 할단(割斷)을 가하여 버리고 취한 것[102]은 어째서입니까?

이 단락에서 주자의 본해(本解)를 제거하고 남헌설(南軒說)을 실은 것에 이르러는 더더욱 그 뜻을 이해할 수가 없습니다. 선형께서 매번 말씀하시기를 "《근사록》은 바로 《논어》와 《맹자》에 짝할 만한 책인데 섭씨의 주(註)가 끝낸 의심할 만한 것이 많고 사계(沙溪)의 석의(釋義) 또한 소략(疏略)함을 면치 못했다. 그러므로 내가 일찍이 처음부터 이해해서 하나의 책을 엮고자 하였으나 이루지 못했다."라고 하셨으니, 선형께서 말씀한 의심할 만하다는 것은 바로 이러한 류(類)를 가리킨 것입니다.

102 섭씨(葉氏)가……것 : 섭씨는 남송(南宋)의 학자인 섭채(葉采)로 자는 중규(仲圭), 호는 평암(平巖)이다. 주자와 여조겸(呂祖謙)의 공저인 《근사록》에 최초로 주석을 달아 《근사록집해》를 지었는데, 〈태극도설해〉와 〈서명〉을 인용하면서 산삭을 많이 가했으므로 이렇게 말한 것이다. 할단(割斷)은 문장을 잘라 놓음을 이른다.

민원리에게 답함

答閔元履

선달 그믐날 보내온 편지를 받들어 읽고 나니 마치 예전의 얼굴 모습을 대하는 듯합니다. 이에 구구한 이 마음이 위로되고 유쾌해지는 것이 여느 날에 비할 바가 아닙니다. 어느덧 새해가 오고 봄기운이 피어오르고 있습니다. 엎드려 생각하건대, 이 원정(元正 정월 초하루)에 어버이를 기쁘게 모시며 많은 복을 받으시고 더욱 새롭게 덕을 진전시키고 학업을 닦고 계실 것입니다.

저는 홀연히 쓸모없는 나이를 더함에 스스로를 돌아보며 외롭게 지내고 있습니다. 흐르는 세월에 대한 감회와 이 나이가 되도록 세상에 알려짐이 없는 것에 대한 두려움이 마음속에 함께 간절하니, 이를 어쩌면 좋단 말입니까? 어쩌면 좋단 말입니까?

지난번 편지에 "임녹문(任鹿門)의 성리(性理)에 대한 여러 설(說)은 깊이 볼수록 의심할 만한 점이 더욱 많아진다."라고 하신 말씀에서 한가로운 가운데에 사색(思索)하시면서 참으로 새로운 뜻을 더하고 계시는 것을 상상할 수 있으니, 공경하고 우러르는 마음 이길 수가 없습니다.

구구한 이 몸은 또한 이에 대해 일찍이 두루 섭렵해 보고 의심을 품은 지가 오래 되었으나, 한 번 처음부터 철저히 이해하여 강구(講究)함에 자료로 쓰지 못한 것을 한(恨)스럽게 여겼는데, 이제 다행히 단서가 열렸으니, 이로 인하여 어리석은 소견을 바치고 가르침을 청해도 되겠습니까?

제가 일찍이 생각하건대, 예로부터 이(理)와 기(氣)를 말한 자가 진실로 많으나, 큰 요체(要諦)는 일원(一原)과 분수(分殊), 불리(不離)와 불잡(不雜)의 몇 마디 말에서 벗어나지 않는데, 대체로 모두 여기에서 미혹되어 곧 남과 북의 양극단(兩極端)으로 갈라졌습니다.

일원이란 이(理)가 하나임을 가리켜 말한 것이고, 분수란 기(氣)가 나누어짐을 가리켜 말한 것이니, 일원에 기(氣)가 없는 것이 아니요, 분수에 이(理)가 없는 것이 아닙니다. 불리(不離)라는 것은 기(氣)와 이(理)가 서로 떨어지지 않는다는 것이고, 불잡(不雜)이란 것은 이(理)와 기(氣)가 서로 뒤섞이지 않는다는 것입니다. 떨어지지 않으나 일찍이 뒤섞인 적이 없고 뒤섞이지 않으나 일찍이 떨어진 적이 없는데, 이(理)라고 하고 기(氣)라고 말하는 것은 다만 도(道)와 기(器)의 구분이 있어서 상대하여 말한 것입니다. 그러나 원래 이(理)와 기(氣) 두 가지 물건이 서로 대립하고 있는 것이 아닙니다.

하늘과 땅 사이에는 본래 하나의 소이연(所以然)과 당연(當然)으로 망령되지 않고 바뀌지 않는 이(理)가 있어서, 물건이 존재하기 전에는 소이연이 되어 이 기(氣)의 이(理)가 되고, 물건이 존재한 뒤에는 이 기(氣)의 당연의 이(理)가 됩니다. -이미 두 가지 물건이 있는 것이 아니니, 그렇다면 선후(先後)를 말할 수 있는 것이 아닙니다. 이에 선후라는 글자를 마땅히 활간(活看)하지 않으면 안 됩니다. 다만 먼저 실리(實理)로부터 미루어 말해서 이(理)가 기(氣)의 근본이 되는 뜻을 나타냄을 인식하여야 합니다.-

동정(動靜)과 굴신(屈伸), 합벽(闔闢)과 승강(升降)이 기가 하는 것 아님이 없으나, 여기에는 본래 '주재(主宰)하지 않는 주재함〔不宰之宰〕'이 있으니, 비록 기와 간격이 없으나 만약 전혀 분별(分別)이 없다면 애당초 어찌 이(離)와 잡(雜)을 말할 만한 것이 있겠습니까.

이(理)의 입장에서 기를 관찰하면 이(理)가 주가 되고, 기의 입장에서 이(理)를 관찰하면 기가 주가 됩니다. 그러므로 정자와 주자의 말씀이 그 가리키는 바에 따라 각각 달라서 때로 서로 모순되게 보이는 것입니다. 그러나 만약 그 지두(地頭 가리키는 지점)를 구별하여 주객(主客)을 인식하고 말에 얽매여 뜻을 놓치지 않으면 곡진하여 두루 통달하고 명료하게 이해하여 의심이 없을 수 있으니, 어찌 편벽되게 주장하는 바가 있어서 하나에 집착하여 하나를 버리겠습니까.

녹문이 논한 것이 분수(分殊)와 불리(不離)의 측면에서 보면 그 주장이 명쾌하다고 할 수 있으나, 일원(一原)과 불잡(不雜)의 측면에서 보면 과연 정자와 주자의 정론(定論)과 조금도 어긋나지 않고 잘못됨이 없단 말입니까.

저 이(理)와 기(氣)가 완전히 융화되어 있는 오묘함을 정자와 주자께서 어찌 모르셨겠습니까. 그런데도 오히려 이(理) 자를 척출(剔出)하여 온 천하의 형이상(形而上)에 속하는 것들을 이(理)를 가지고 하나로 관통시키고 간절하게 이를 발휘(發揮)하였으니, 이는 혹여 사람들이 알지 못할까 염려하신 것입니다. 이에 이(理)와 기를 상대하여 말한 곳에서는, 또 항상 이(理)가 귀하고 기가 천한 뜻을 보존하여 말 밖의 권도(權度)를 보이셨으니, 어찌 그 사이에 정밀한 의리가 없겠습니까.

이(理)과 기의 구분은 다만 참됨〔眞〕과 망령됨〔妄〕 사이에 있는데, -이(理)는 참되어 망령됨이 없고, 기는 참됨도 있고 망령됨도 있으니, 망령됨이 없으면 떳떳함이 있고 망령됨이 있으면 믿기가 어렵습니다.- 기는 유행함이 있으니 유행함이 있으면 쉽게 보이고, 이(理)는 유행함이 없어서 알기 어려우며, 기는 강하고 이(理)는 약하니, 약한 것은 가리기가 쉽고 강한 것은 항상 이깁니다. -강과 약은 이(理)와 기가 합쳐져 있는 곳을 가리킨 것이 아니고 다만 발용(發用) 상에서 말한 것입니다.-

예로부터 이단(異端)으로, 노자(老子)와 불씨(佛氏), 순자(荀子)와 양자(楊子)로부터 육상산(陸象山)과 왕양명(王陽明)의 여러 사람에 이르기까지 각각 도(道)의 오묘함을 깨달았으니, 어찌 이(理)가 있음을 전혀 몰랐겠습니까. 다만 이들은 기를 본 것이 있음을 따라 끝내 주장하는 것이니, 이로써 도(道)를 논하면 곧 모색(摸索)하는 형상이 있어서 사람으로 하여금 쉽게 믿고 쉽게 따르게 할 수 있으며, 이로써 수행(修行)을 하면 실제로 경약(徑約)[103]을 하여 스스로의 사사로움과 스스로의 이익에 맞아 떨어지게 됩니다. 이에 참됨에서 이반(離叛)되고 종지(宗旨)를 잃게 되니, 끝내 저들과 더불어 성인(聖人)의 중화(中和)의 대도(大道)를 논할 수 없는 것입니다.

삼가 생각하건대, 녹문 어른은 도(道)를 믿음에 의혹하는 바가 없으니, 어찌 감히 갑자기 이단들과 가깝다고 말할 수 있겠습니까마는, 다만 이 어른은 성(性)과 이(理) 자를 너무 가볍게 보고 심(心)과 기 자를 너무 중하게 봅니다. 이에 미루어 말하는 즈음에 스스로 이(理)를 빠뜨리지 않았다고 말하나, 형식을 갖춤에 불과하여 끝내 이(理)를 말함에 인색한 뜻이 있습니다.

힘을 다하여 이 기를 미루어 높여 하늘에 닿게 하고, 심지어는 "우주의 사이엔 다만 하나의 기가 있을 뿐이니, 다시 이(理) 자를 안배(安排)할 만한 조그마한 빈틈도 없다."라고 하였고, 또 말하기를 "기의 자연처

103 경약(徑約) : 널리 글을 배우고〔博文〕 그 배운 것을 예(禮)로써 요약해야〔約禮〕 되는데, 박문은 거치지 않고 바로 약례에만 치중하는 것을 말한다.

(自然處)에 나아가 성인(聖人)이 이를 이(理)라고 명명하였다."라고 하였습니다.

만일 유행하는 체(體)를 가지고 말한다면 이(理)와 기가 하나로 합쳐져 끝도 시작도 없으니, 일찍이 이와 같지 않은 적이 없습니다. 그러나 염계(濂溪)가 "무극(無極)의 진리와 이기(二氣)・오행(五行)의 정기(精氣)"라고 말씀한 것과, 횡거(橫渠)가 "천지 사이에 가득 찬 기가 나의 형체이고, 천지의 장수(將帥)인 이(理)가 나의 성(性)이다."라고 말씀한 것과, 주자(朱子)가 "기로써 형체를 이루고 이(理) 또한 부여했다."라고 말씀한 것 등에서 보이는 대대(對待)의 말에 이르러는, 또한 어떻게 처리한단 말입니까.

만약 과연 기라는 것이 상대가 없는 물건이라고 한다면, 도(道)의 큰 근원이 무릇 기로 말미암아 나오고 기로 말미암아 확립된단 말입니까? 또한 다만 이(理)에 해당되는 기의 자연처를 가지고 묘하게 하나로 합쳐진 것이라고 말할 수 있다면, 끝내 주재(主宰)하는 의사가 부족하게 됩니다. 또 기(氣)가 둘이 되고 셋이 되는 것 또한 자연이라고 말하지 않을 수 없을 것이니, 그렇다면 바로 이 자연처에 나아가 이(理)라고 부르는 것은, 이미 이(理)의 본색이 아닐 것입니다. 그런데 만일 또 이와 같이 미루어 가면, 필경 기의 운용과 조작을 이(理)로 여김에 저절로 귀결되어, 이(理)는 기에 따라 헛되이 만들어진 명칭에 불과할 것입니다. 그렇다면 바르고 확고하여 떳떳함이 있는 준칙(準則)이란 것이 어디에 있단 말입니까. 또 추뉴(樞紐)가 되고 근저(根柢)가 되는 오묘함[104]이 어두움에 가깝게 되지 않겠습니까.

104 추뉴(樞紐)가……오묘함 : 이 내용은 주자가 염계 주돈이의 〈태극도설〉을 해설

이기(理氣)의 의론이 염계 이후로 환연(煥然)히 크게 갖추어졌으나, 이것은 창안(創案)하여 억지로 지어낸 말이 아니요, 실로 《주역》 〈계사전(繫辭傳)〉의 "역에 태극이 있으니, 이것이 양의를 낳았다.〔易有太極, 是生兩儀.〕"는 구절에 근본한 것이니, 그렇다면 전해진 유래가 심원함을 알 수 있습니다.

그러나 이 어른은 이(理)를 위주로 하여 기를 말한 허다한 부분에 있어 지극한 이치를 깊이 연구하지 않고 모두 우선 내버려 두라는 뜻이 있으며, 번번이 자신의 견해와 가까운 것들을 취하여 끌어다가 증거로 삼았습니다. 그리고 가장 여러 번 제시하여 전적으로 추중(推重)한 것은 다만 정자(程子)가 말씀한 "기 또한 도이고 도 또한 기이다.〔器亦道, 道亦器.〕"라는 한 단락[105]에 있습니다.

그러나 정자 말씀의 전체를 자세히 살펴보면, 단서를 바꾸어 반복하면서 '대월재천(對越在天)'으로 서두를 일으키고 중간에 이(理)와 기를 설명하였으며 '성은 가릴 수 없다.〔誠之不可掩.〕'로 맺었으니, 그렇다

하여 지은 〈태극도설해(太極圖說解)〉에 "상천(上天)의 일은 소리도 없고 냄새도 없지만 실제로는 조화의 추뉴이고 만물의 근저(根柢)이다."라고 보인다. 추뉴는 사물의 관건 혹은 상호 연계의 중심축을 비유하는 말로 추는 문을 열고 닫는 지도리이고, 뉴는 기물을 달아매거나 잡는 끈을 이른다.

105 정자(程子)가……단락 : 정자는 명도(明道) 정호(程顥)이다. 《주역》 〈계사전상(繫辭傳上)〉의 "형이상의 것을 도라고 하고 형이하의 것을 기라고 한다."라는 구절을 명도 정호가 해설하면서 "기 또한 도이고 도 또한 기이다.〔器亦道, 道亦器.〕"라고 하고, 또 "원래 다만 이것이 바로 도이다."라고 해설하였다. 《二程遺書 卷1, 卷11》 도(道)는 무형(無形)의 추상적인 도리를 뜻하고 기(器)는 유형(有形)의 구체적인 사물을 뜻하는 중국 철학 용어인데, 여기서는 도(道)와 기(氣), 즉 이(理)와 기가 서로 분리되지 않는다는 뜻으로 해석한 것이다.

면 이 말씀은 일찍이 실리(實理)에 중점을 두지 않은 것이 아닙니다. 마지막에 또 형이상(形而上)과 형이하(形而下)를 말씀하여 '기(器) 또한 도(道)이고 도(道) 또한 기(器)이다.'라는 말로 총결(總結)한 것은 바로 도(道)와 기가 서로 떨어지지 않는 오묘함을 나타내려고 한 것이니, 어찌 녹문 어른이 해석한 것처럼 기 한 쪽에 편향(偏向)된 것이겠습니까. -형(形)의 위에 실려 있기 때문에 형이상을 도(道)라 하고, 형이 있은 뒤에 기란 이름이 있으므로 형이하를 기(器)라 한 것입니다. 하나의 형(形) 자를 가지고 상과 하를 나눔이 가장 오묘하니, 떨어질 수 없는 가운데 또 뒤섞일 수 없는 뜻이 있음을 볼 수 있습니다. 정자의 이른바 '기(器) 또한 도(道)이고 도(道) 또한 기(器)이다'라는 것 또한 이(理)와 기(氣)가 떨어질 수 없는 오묘함을 형용한 것이요, 곧바로 기(器)를 가지고 도(道)라고 한 것이 아니니, 이는 두 역(亦) 자를 보면 알 수 있습니다. 만일 천하의 기(器)를 다 도(道)라고 한다면 지금 부자(父子)와 군신(君臣)은 기(器)이고 충(忠)과 효(孝)는 그 도(道)입니다. 효를 충에 옮길 수 있고 충을 효에 옮길 수 있으나, 인군(人君)은 아버지가 될 수 없고 아버지는 인군이 될 수 없으니, '이(理)는 통하고 기는 국한되는〔理通氣局〕' 차이를 볼 수 있습니다. 이 말이 비록 천근(淺近)하나 유추하여 연구해보면 도(道)와 기(器)의 구분을 거의 곳마다 알 수 있을 것입니다.-

또 녹문께서 원용(援用)하신, 정자의 "형이 바뀌면 성이 바뀐다.〔形易則性易.〕"는 말씀과 '틈새로 비춰드는 햇빛〔隙中日光〕'이라는 비유와, 주자의 "같음 가운데 다름을 알고 다름 가운데 같음을 안다.〔同中識異, 異中識同.〕"는 말씀들이 녹문 어른의 주장을 증명할 수 있는 실제가 된다는 것을 저의 입장에서는 모두 이해할 수가 없습니다.

이른바 "형(形)이 바뀌면 성(性)이 바뀐다."는 것은 진실로 정자의 말씀이나, 그 아래 곧바로 이어 말하기를 "성이 바뀌는 것이 아니고 기가 그렇게 만든 것이다.〔性非易也, 氣使之然.〕"라고 하였으니, '형

(形)이 바뀌면 성(性)이 바뀐다'는 것은 분수(分殊)이고 '성(性)이 바뀌는 것이 아니다'는 것은 이일(理一)인데, 지금 상단의 '형(形)이 바뀌면 성(性)이 바뀐다'는 구절만을 원용하여 물건마다 성(性)이 다른 증거로 삼으니, 괴이하지 않습니까.

'틈새로 비춰드는 햇빛'이라는 비유는 성(性)은 햇빛과 같고 형기(形氣)는 틈새와 같으니, 틈새는 비록 크고 작은 것과 네모지고 둥근 것이 서로 다르나, 햇빛은 동일한 햇빛입니다. 작은 틈새로 비춰드는 햇빛이 바로 큰 틈새로 비춰드는 햇빛이요, 네모난 틈새로 비춰드는 햇빛이 바로 둥근 틈새로 비춰드는 햇빛이니, 틈새는 비록 다르나 햇빛은 진실로 변함이 없습니다. 그러므로 형(形)이 있는 것은 대소(大小)와 피차(彼此)의 구별이 있지만, 형체가 없는 것 또한 대소와 피차를 논할 수 있단 말입니까. -녹문 어른이 말한 '마음은 편벽되고 성은 온전하다.'는 것과 '겨자씨와 수미산(須彌山)' 등의 말은, 거의 모두 대소(大小)로 단락을 나누어 이(理)를 논하였습니다. 그렇다면 이른바 이(理)라는 것은 장차 한 물건에 빠지더라도 거친 흔적은 구할 수 있는 것입니다.-

만약 큰 틈새로 비춰드는 햇빛이 이미 온전한 해의 빛을 받은 것이라면 작은 틈새로 비춰드는 햇빛도 결코 부서져 조각난 해의 빛이 와서 비추는 것이 아닙니다. 다만 형(形)이 있는 것에 국한되어 발현(發見)된 것일 뿐이니, 이것이 '기(氣)가 편벽되고 성(性)이 온전한 것'과 어찌 다르겠습니까. -형이 없는 이(理)를 형이 있는 햇빛으로 비유할 수가 없습니다. 이 비유는 끝내 자취가 있음에 관계되니, 다만 이 비유를 취한 대강을 이해함이 옳습니다.-

이른바 '같음 가운데 다름을 알고 다름 가운데 같음을 안다.'는 것은 바로 주자가 엄시형(嚴時亨)에게 답한 편지[106]에 보입니다. 이 편지의 상단에서, 정자가 말씀한 '틈새로 비춰드는 햇빛'이라는 말을 인용하였는데, 이는 사람과 물건에 형체를 부여한 이후의 일을 가리킨 것입니다. 그 아래에 곧바로 말하기를 "같음 가운데 그 다른 바를 알고 다름 가운데 그 같은 바를 알아야 한다.〔同中識其所異, 異中識其所同.〕"라고 하였는데, 같음 가운데 다른 것은 기(氣)이고 다름 가운데 같은 것은 이(理)입니다. 이는 기에는 차이가 있으나 이(理)에는 피차(彼此)가 없음을 말한 것이지, 이(理)는 같고 성(性)은 다름을 말한 것이 아닙니다.

소(所) 자를 진실로 마땅히 유의해 보아야 하는데, 이 어른이 도리어 이 소(所) 자를 삭제해 버린 것은 어째서입니까? 무릇 여기에 인용한 정자와 주자의 가르침은 요컨대 동일한 뜻일 뿐입니다. 그러므로 일원(一原)의 입장에서 분수(分殊)를 말하면 천지 만물이 모두 분수(分殊)에 속하고 분수(分殊)의 입장에서 일원(一原)을 말하면 천지 만물에 각각 일원(一原)이 있는 것입니다. -만약 각자가 갖추어진 뒤에는 다시 일원을 찾을 곳이 없다고 말한다면, 다만 물건뿐이 아니라 하늘은 다만 굳세고 땅은 다만 순하기만 해서 온전한 체(體)가 될 수 없으니, 사람만이 어찌 홀로 온전한 성(性)이 되겠습니까. 녹문은 기(氣)를 중하게 보아서 형기(形氣)를 섞어 성(性)을 말하여 사람에게는 통하나 물건에게는 국한됩니다. 〈태극도해(太極圖解)〉에서 말한 '혼연(渾然)한 태극의 전체'에 이르러는 '사람이 어떻게 한 물건 안에 갖출 수 있겠는가'라는 해설에 대해 힘을 다하여 조목조목 설명해서 자신의 견해를 성취시키고서도 스스로 자기 말이 궁색함을 알지 못하니, 가탄스럽습니다.-

106 엄시형(嚴時亨)에게 답한 편지 : 이 글은 《회암집(晦庵集)》 권61 〈서(書)〉에 보인다.

일원은 분수의 체(體)가 되고 분수는 일원의 용(用)이 되니, 희로애락이 아직 발(發)하지 않았으면〔未發〕 일원의 체가 확립되어 있는 것이고, 이미 발하였으면〔已發〕 분수의 용이 행해지는 것입니다. -미발(未發)에는 기(氣)가 아직 용사(用事)하지 아니하여, 순수하고 한결 같은 이(理)가 기(氣)의 일에 관여하지 않기 때문에 이(理)를 위주로 말하고, 이발(已發)에는 기(氣)가 이미 용사하여 기(氣)가 나뉘어 달라짐〔分殊〕에 이(理) 또한 나뉘어 달라지므로 기(氣)를 위주로 말하는 것입니다. 그러나 분수는 형기에서 연유하므로 이(理)의 진체(眞體)는 이에 국한되지 않습니다. 그러므로 소가 밭을 갈고 말이 달리는 것과 솔개가 날고 물고기가 뛰는 것과 초목이 꽃을 피우고 시드는 것이, 모두 이 다섯 가지 이(理)를 얻은 것이니, 어찌 사람의 인의(仁義)와 차이가 있겠습니까. 용(用)을 거두어 체(體)로 돌아감에 미쳐서는 밭을 가는 것이 애당초 달리는 이(理) 아님이 없고, 달리는 것이 애당초 밭을 가는 이(理) 아님이 없으며, 밭을 갈고 달리는 것이 애당초 인의의 이(理) 아님이 없습니다. 녹문이 일찍이 '기(氣)의 능(能)'에 대해 말씀하기를 "그 지극히 큰 것으로 말하면 천지의 생성(生成)이 바로 양능(良能)의 온전한 체(體)이고, 그 지극히 작은 것으로 말하면 먼지 한 톨의 동정(動靜) 또한 양능의 온전한 체(體)이다. 먼지 한 톨에서의 동정이 바로 천지의 생성이니, 두 가지가 있는 것이 아니고 다만 형기가 크고 작은 것이 있을 뿐이다." 하였으니, 말한 것이 매우 좋습니다. 그런데 어이하여 이 말을 가지고 이(理)를 봄에 반우(反隅)[107]하지 못했단 말입니까? 이로 인하여 생각해보건대, 사람과 물건을 막론하고 성(性)에서 도(道)로 가면 형기에 붙어 발용(發用)하지

107 반우(反隅) : 한 가지를 알면 이를 미루어 그와 유사한 것을 유추하여 안다는 뜻으로, 《논어》 〈술이(述而)〉의 "한 귀퉁이〔隅〕를 들어 보여줌에 이것을 가지고 남은 세 귀퉁이를 반증(反證)하지 못하거든 다시 더 일러주지 않는다."라는 구절에서 유래하였다.

않음이 없기 때문에 종종 차별이 있는 것입니다. 그러나 기(氣)가 이(理)를 가리지 아니하여 당연(當然)의 법칙을 따르면 본연(本然)이 됨에 무방하고, 만약 기가 이(理)를 가려서 법칙을 따르지 못하면 비로소 이른바 기질이 용사한다는 것이 되니, 교(敎)가 이 때문에 확립되는 것입니다. 녹문은 따르는 도(道)에 편전(偏全)과 대소(大小)의 차이가 있다고 여겨서 다시 그 성(性)에도 편전과 대소가 있다고 의심하였는데, 이는 치밀하게 하려고 하다가 도리어 엉성해졌다고 이를 만합니다. 나정암(羅整菴)이 "성(性)은 명(命) 때문에 같고 도(道)는 형(形) 때문에 다르다."라고 말한 것은 그 뜻이 영활(靈活)하여 막힘이 없으니, 녹문보다 참으로 뛰어납니다.-

또 분수의 입장에서 그 유행(流行)을 논하면 이(理)와 기(氣)가 두 가지가 될 수 없고, 본체(本體)의 입장에서 그 대대(對待)를 논하면 또한 한 가지 물건이 될 수 없습니다. -이(理)와 기는 하나도 아니고 둘도 아닌 사이에 지극히 묘하고 지극히 은미하여 마음으로만 이해할 수 있고 말로 전하기는 어렵습니다.-

이(理)와 기(氣)가 나뉘고 모이고 섞이고 열리는 것이 수시로 가리키는 것이 다르나, 동정(動靜)과 체용(體用)이 번갈아 서로 경위(經緯)가 되어 교착(交錯)됩니다. 이에 이것으로써 저것을 보고, 저것을 들어 이것을 유추하면, 대(大)와 소(小)가 서로 지극하여 영활하여 관통되지 않음이 없으니, 다시 무엇을 의심하겠습니까.

주자가 말씀하기를 "분수(分殊)의 형상은 모르는 사람이 없으나, 이(理)의 일치(一致)는 혹 살피지 못하는 사람들이 많다. 그러므로 정자의 말씀 중에 이일(理一)의 뜻을 발명(發明)한 것은 많고 분수(分殊)를 언급한 것은 적으니, 이는 억양(抑揚)의 형세가 그렇지 않을 수 없는 것이다."라고 하신 것입니다.

지금 녹문 어른은 이(理)와 기의 사이에서 억양의 경중(輕重)이 그 공평함을 잃었으니, 이 또한 정자와 다른 것입니다. 이것을 그대로 따르면 많은 성현(聖賢)들께서 종지(宗旨)를 세워, 이 이(理)의 정밀한 의의(意義)와 오묘한 비결을 천명한 것이 어찌 땅 속에 매몰되지 않을 수 있겠습니까. 사람으로 하여금 지극히 두렵게 합니다. 가령 논(論)함에 있어, 환히 꿰뚫어 보고 옳게 말하더라도 한두 번 사람을 거쳐 전해질 경우 병폐가 생기지 않기를 보장하기 거의 어려울 것이니, 배우는 선비들은 이것을 생각하지 않으면 안 됩니다.

이 어른은 근세에 성(性)과 기(氣)가 같은가 다른가에 대해 여러 설이 분분한 것을 보고는 그 설들이 자질구레하고 지루한 것을 매우 싫어했습니다. 이에 별도로 활법(活法)을 헤아려 이(理)와 기를 보고자 하다가 도리어 기 자에 얽매여 다시 성(性) 자를 활간하지 못한 것입니다.

그러나 이러한 식견은 또 이 어른이 처음 만들고 홀로 터득한 것이 아니요, 명나라 학자 중에 새롭고 기이한 설을 창안하고 꾸미는 자들이 이미 이러한 의론을 많이 주장하였습니다. 나정암(羅整菴)과 왕석담(汪石潭)[108] 등과 같은 학자들이 그중에도 가장 저명한데 왕석담의 설은 더욱 지극히 편벽하고 방자합니다. 그는 송(宋)나라 제현들 중에 오직 백정자(伯程子)만을 지극히 높이고 믿었을 뿐이고, 주자의 여러 설에 대해 반대하는 기치(旗幟)를 드러냄에 기탄하는 바가 없었습니다. 이에 대명(大明)의 세상이 끝나도록 도학(道學)이 천하에 분열되고 이단의 설들이 멋대로 행해져 파란(波瀾)이 중첩하여 유폐(流弊)가

108 왕석담(汪石潭) : 명나라 중기의 학자이자 문신인 왕준(汪俊)으로 석담은 그의 호이다. 홍치(弘治) 연간에 진사가 되고 벼슬이 예부 상서(禮部尚書)에 이르렀다.

지금까지 도도한 것이니, 두려워하지 않을 수 있겠습니까.

이 어른은 이 일에 있어 육경(六經)을 통달하고 탐구하는 공부가 지극해서 거의 모두 스스로 터득한 것을 주장하였고 스스로에 대한 믿음 또한 돈독하였으니, 속된 유학자들이 언어(言語)와 보고 들은 것을 답습하여 안 것과는 같지 않습니다.

돌아보건대 학설의 체계를 세운 것이 주밀하고 정미하여 거의 꿰맨 틈이 없으니, 주장을 하면 즉시 잘못이 드러나는 남당(南塘 한원진(韓元震))에 비할 수가 없으며, 또 기(氣)의 근본에 대하여 참으로 남보다 뛰어난 견해가 있습니다. -녹문이 비록 기(氣)를 보기를 잘하였으나, 다만 그 자연(自然)이라고 한 것과 능(能)이라고 한 것을 이(理)에 해당시켰으니, 이는 바로 낙민(洛閩)에서 신(神)을 설명한 것으로 이(理)를 설명한 것과 같습니다. 신(神)과 이(理)는 묘하게 합하여 간격이 없어서 비록 떨어질 수 없으나, 본래 형이상과 형이하의 구분이 있어서 또한 뒤섞일 수가 없습니다. 한 번이라도 혹 잘못 알면 털끝만한 차이가 천 리만큼 어긋남이 여기에서 시작되니, 자신의 견해를 믿고 마음대로 말해서는 안 될 듯합니다.-

후대에 그의 말을 믿고 따르는 자들이 참으로 적지 않음을 아니, 그 우려할 만함이 다시 근일 호학(湖學)의 아래에 있지 않을 듯합니다. 이에 삼가 사사로이 잠 못 이루고 탄식함을 이기지 못하겠으나 저는 후생(後生)으로 유순하고 비루한 자일뿐입니다.

일찍이 하루의 공부도 쓴 적이 없이 다만 어렴풋이 모색하는 견해를 가지고 용이하게 말을 세워 선각자의 잘잘못을 깊이 따지려고 하는 것은 망령됨이 아니면 참람함이니, 진실로 만만 감히 할 수 없는 일입니다. 그러나 다만 이미 마음속에 깨달은 것이 있기에 고명(高明)에게 숨기지 못하였는데, 고명의 견해가 또 마침 나와 약속하지 않고도 서로 부합하니, 삼가 저의 생각이 그다지 잘못되지 않음을 다행으로 여깁니다.

그러나 의리는 무궁하니 또한 어찌 감히 대번에 자신하겠습니까. 오직 유익함을 구함에 급하여 이에 제 생각을 피력하여 마지않는 것입니다. 지극히 황송한 줄 아나, 그 사이에 이기심과 사사로운 뜻과 집착함과 기필함이 없다면 선배를 존경하고 의리를 강명함은 일찍이 병행되어 모순되지 않으니, 저의 참람함과 망령됨을 용서하시고 끝까지 가르쳐 주시기를 바랍니다. 이만 줄입니다.

노주집

제8권

書서

민원리에게 줌
與閔元履

녹문(鹿門)의 여러 이기설(理氣說)은 명(明)나라 유학자들이 남긴 의론을 조술(祖述)한 것인데, 다만 그 사이에 많은 명목(名目)을 설치해서 치밀하게 잘 꾸몄습니다. 게다가 그의 초년설(初年說)은 참으로 좋아할 만한 내용이 많은데, 말년에 견해를 바꾼 뒤에도 간간이 옛 설(說)을 섞어 놓았기 때문에 얼핏 보아서는 사람들이 대번에 간파(看破)하기가 어렵습니다.

그러나 돌아보건대 녹문이 주장하는 설의 탯줄은 실로 나정암(羅整庵),[1] 왕석담(汪石潭)[2]과 고양계(高梁溪)[3] 등의 학자들에게서 나온 것인데, 이들은 모두 주자에게 이론(異論)을 내세운 자들입니다. 고양계

1 나정암(羅整庵) : 명나라 중기의 학자인 나흠순(羅欽順)으로 정암은 그의 호이고 자는 윤승(允升)이다. 효종(孝宗) 홍치(弘治) 6년(1493)에 진사시에 급제하여 출사하고 세종 때 이부 상서(吏部尙書)에 발탁되었으나 이를 사양하고 향리에 은거하였다. 처음에는 선학(禪學)을 연구하였으나 뒤에 주자학(朱子學)으로 돌아섰는데, 기(氣)를 떠난 이(理)는 없다는 이기일체론(理氣一體論)을 제창하였다

2 왕석담(汪石潭) : 명(明)나라 중기의 학자이자 문신인 왕준(汪俊)으로 석담은 그의 호이다. 홍치(弘治) 연간에 진사가 되고 벼슬이 예부 상서(禮部尙書)에 이르렀다.

3 고양계(高梁溪) : 명나라 중기의 학자인 고반룡(高攀龍, 1562~1626)을 가리킨다. 무석(無錫)의 양계(梁溪)에서 동림당(東林黨)을 이끌었기 때문에 이렇게 칭하는데, 자는 존지(存之), 호는 경일(景逸)이다. 정주학(程朱學)을 따랐으며 양명학(陽明學)의 폐단에 대해서는 비판하였으나 심즉리설(心卽理說)과 치양지설(致良知說)에는 동조하였다.

의 의론의 본말에 대해서는 비록 제대로 보지 못했으나, 나정암과 왕석담의 여러 주장들을 가지고 보면, 나정암은 간혹 매우 뛰어난 주장이 있으나, 왕석담의 주장은 참으로 한쪽에 치우쳐 균형을 잃었습니다.

요컨대 이들은 모두 지식과 생각과 추측의 나머지에서 대략 터득했을 뿐이고, 참되고 절실하게 자득(自得)한 기미가 전혀 없습니다. 비록 혹 오묘한 깨달음이 있더라도 글 쓰는 사이에 내용이 모순되어 서로 맞지 않는 것이 많으니, 이런 것을 가지고 스스로 주자보다 뛰어나기를 구한다면 다만 자신의 분수를 알지 못함을 드러낼 뿐입니다.

대저 명나라 학자들의 규모와 역량은 송(宋)나라의 제현(諸賢)들에게 끝내 미치지 못하는데도 자신들에 대한 스스로의 평가는 송나라 제현들보다 크게 낫다고 여기려는 마음이 있었습니다. 그러므로 이(理)를 논하고 학문을 논함에 대체로 모두 새로운 설을 지어내기를 좋아하고 또 간략하고 빠른 샛길로 달려가느라, 정자와 주자께서 이루어 놓은 가르침을 머리 숙여 지켜 질박하고 진실하게 이해하려고 하지 않았습니다.

이에 진백사(陳白沙)[4]와 왕양명(王陽明)의 무리가 이때를 틈타 나와 이설(異說)을 제창하자 천하가 이에 휩쓸렸고, 간혹 정학(正學)을 스스로 좋아하는 자들이 있었으나, 이들 또한 대부분 타성(惰性)에서 스스로 벗어나지 못하여 필경은 이설(異說)에 점점 물들면서도 스스로

4 진백사(陳白沙) : 명나라의 문신이자 학자인 진헌장(陳獻章, 1428~1500)으로, 자는 공보(公甫), 호는 석재(石齋)이며, 백사(白沙)에서 살았기 때문에 이렇게 칭하기도 한다. 그의 학풍은 정좌(靜坐)하여 마음을 깨끗이 함으로써 이치를 직관(直觀)하는 것으로, 주자(朱子)의 학풍과는 대치되었다.

알지 못했습니다. 이 때문에 명나라 수백 년 동안 학문이 분열되고 순유(醇儒)[5]가 매우 드물게 된 것입니다.

녹문은 외암(巍巖)과 남당(南塘)이 나뉘어 서로 싸워 하나의 결론을 정하지 못하는 것을 목도하고는 마침내 별도의 입지(立地)를 점거하고자 하다가 끝내는 명나라 학자들의 견해에 빠져 자신도 모르게 점점 주자와 견해를 달리하게 되었습니다. 비록 스스로 그 사실을 숨기고자 하였으나 가릴 수가 없었으니, 이에 타협(妥協)하고 미봉(彌縫)하는 즈음에 간고(艱苦)를 지극히 해서 자못 사람들로 하여금 쾌활한 마음을 갖지 못하게 합니다.

구구한 이 몸이 삼가 생각하건대, 법문(法門)이 쇠하고 무너져서 호론(湖論)과 낙론(洛論)이 나뉘었고 또 이 어른의 견해까지 열려졌으니, 이 어른의 견해가 한 번 변하면 천하와 후세의 이설을 말하는 자들이 이 어른의 말을 주워 모아 크게 떠벌릴까 심히 두렵습니다. 이것이 어찌 작은 근심이겠습니까.

이 어른은 이와 같은 덕성(德性)과 이와 같은 돈독한 공부를 가지고 일생동안 바른 학문을 제창하고 천명하는 일을 자임했는데 말년의 성취는 도리어 이와 같으니, 참으로 학문의 일은 어렵습니다. 이에 거듭 이 어른을 위하여 개탄하고 애석하게 여기느라 스스로의 말이 직설적이고 불손함을 깨닫지 못하는 것입니다.

한(恨)스러운 것은, 당시에 미호(渼湖)와 늑천(櫟泉)[6]같은 제공들

5 순유(醇儒) : 순수하고 정주학(程朱學)에 충실한 학자를 이른다.

6 미호(渼湖)와 늑천(櫟泉) : 미호는 김원행(金元行, 1702~1772)의 호이다. 자는 백춘(伯春), 본관은 안동(安東), 시호는 문경(文敬)이며 도암(陶菴) 이재(李縡)의 문

께서 서로 함께 근심하고 한탄하였으나, 서로 책망하여 지성(至誠)으로 이 분을 구원하고자 하신 한 마디 말씀이 끝내 없었던 것입니다.

인으로 종조부 농암 김창협(金昌協)의 손자로 입양되었다. 낙론(洛論)을 대표하는 학자로 산림(山林)으로 명망이 높았다. 늑천은 송명흠(宋明欽, 1705~1768)의 호이다. 자는 회가(晦可), 본관은 은진(恩津), 시호는 문원(文元)으로 도암 이재의 문인이다. 학행으로 천거되었으나 벼슬에 나아가지 않고 학문에 전념하다가 말년에 찬선(贊善)으로 경연관이 되었다.

민원리에게 줌

與閔元履

보내 주신 편지를 보고 평소의 뜻이 무엇인지 삼가 잘 알았습니다. 돌아보건대 지금 법문(法門)이 분열되어 이설(異說)이 분분한데도, 실로 도(道)를 밝히는 책임을 맡은 자가 없으니, 이것을 생각하면 근심스럽고 답답합니다. 애오라지 노형(老兄)에 대해 말하는 것도 오히려 경솔한 짓이 될까 두려운데, 어찌 감히 자신의 소견이 있다고 하여 대번에 따지고 분석하고자 하겠습니까.

노형께서는 이런 사정을 깊이 헤아리지 못하시어 이와 같은 잘못된 말이 있게 된 듯하니, 황송하고 부끄러워 진땀이 흐릅니다. 그러나 이런 조류가 점점 넓어져서 실로 세월이 갈수록 도모하기 어려워지지 않을까 두려우니, 지나친 근심이 자연 마음속에 그치지 않습니다. 어찌 한단 말입니까?

나정암(羅整庵)이 주장한 '인심(人心)과 도심(道心)의 설'에 대해, 농암(農巖) 어른은 근본적 문제가 아니라 글의 뜻에 있어 잘못된 것이라고 하셨습니다. 저는 삼가 생각하건대 이 노인이 이(理)를 본 경지는 높아서 간혹 여러 학자들이 이르지 못한 곳에까지 나아갔으나, 아주 긴요한 부분은 끝내 거칠고 소략(疏略)함을 면치 못해서 그 잘못이 다만 말할 때의 병통일 뿐이 아니니, 주자 문하의 면재(勉齋) 등 여러 분은 반드시 이와 같은 견해를 세우지 않았을 것입니다.

그의 이기설이 비록 근거가 없지 않으나 모두 억지로 헤아리고 추측하여 터득한 것들이요, 요컨대 깊이 체인하여 자득(自得)한 말이 아닌 것임을 이것으로 알 수 있습니다. 대저 나정암과 왕석담(汪石潭)을 논할 것 없이, 만일 하나의 기(氣) 자를 가지고 추측하여 근원을 궁구하고 다시 다른 주장이 없어서 단순 명쾌하여 좋아할 만하나, 다만 이(理) 한 글자는 바로 혹이나 사마귀처럼 쓸모없는 말이 될 것입니다.

그러므로 명나라 학자들 중에 이런 견해를 갖는 자가 10명 중 8, 9명이 된 것입니다. 일찍이 명나라 유학자(儒學者) 중에 -성명(姓名)은 마침 잊었습니다.- 나정암의 설을 말하는 자가 "성이 바로 기이다.〔性卽氣.〕"라고 한 말을 보았는데, 이 말은 정자(程子)께서 "성(性)이 바로 기(氣)이고 기(氣)가 바로 성(性)이다."라고 한 말씀과 같은 듯하지만, 실제로는 다릅니다. 정자의 말씀은 성(性)과 기(氣)가 서로 떨어지지 않는 오묘함을 밝힌 것에 불과할 뿐이니, 말뜻이 갖는 융통성에 해(害)가 없지만, 명나라 유학자는 "성이 바로 기이다."라는 한 구절만을 말해서 그 뜻의 주장하는 바가 실로 천하의 이(理)를 다 들어 하나의 기 자에 덮어씌우려고 하는 것이니, 이는 바로 '성이 바로 이이다.〔性卽理.〕'라는 가르침과 반대가 되는 것입니다. 추론(推論)을 지극히 하면 그 형세가 자연 이런 지경에 이르지 않을 수 없습니다.

녹문의 〈녹로잡지(鹿盧雜識)〉[7]에 "여러 경서를 낱낱이 들어 봄에 이(理) 자를 칭한 것이 전혀 없었는데, 송나라 때 이르러 처음 나타난다."라고 한 한 단락의 말 또한 이러한 의사(意思)입니다. 다만 감히 공공연히 내놓고 말하지 못하였는데, 만일 아는 자가 이것을 보면 어떻게 생각할지 모르겠습니다.

보여주신 〈녹려잡지〉에 찌를 붙여 논한 것은 변론하여 분석한 것이

7 녹로잡지(鹿盧雜識) : 이글은 《녹문집》 권19 〈잡저(雜著)〉 편에 실려 있다.

정밀하고 명확하며 글과 논리가 모두 지극합니다. 돌아보건대 이 몸도 비록 그 득실을 대략 엿본 것이 있었으나, 생각은 머리 속에 가득하여도 혀가 무거워서 능히 말하지 못했던 것을, 노형께서 다 먼저 말씀하였습니다. 이 글을 펴놓고 한 번 읽어 봄에 마치 가려운 곳을 긁어 주는 것처럼 시원할 뿐만이 아니니, 어리석고 누추한 이 몸이 받은 은혜가 큽니다. 천천히 다 읽고 나서 만약 일득지우(一得之愚)[8]가 있으면 감히 편지를 보내 가르침을 청하지 않겠습니까.

《명유학안(明儒學案)》[9]을 이번에 올리니, 다시 여기에서 나정암과 왕석담의 여러 설들에 나아가 간략히 연구를 더하시는 것이 어떻겠습니까. 〈녹려잡지〉에 찌를 붙여 논한 것과 함께 보시면 마땅히 서로 발명되는 부분이 있을 것입니다.

8 일득지우(一得之愚) : 어리석은 자라도 천 번 생각하면 한 번의 좋은 생각을 할 수 있다는 의미로, 《사기》 권92 〈회음후열전(淮陰侯列傳)〉에 "지혜로운 사람도 천 번 생각에 반드시 한 번의 실수가 있고, 어리석은 사람도 천 번 생각하면 반드시 한 번은 얻는 것이 있다.〔愚者千慮, 必有一得.〕"라는 구절에서 온 말이다.

9 명유학안(明儒學案) : 명말청초의 학자 황종희(黃宗羲)가 지은 62권의 책으로 명대(明代)의 학자를 총괄하여 그 학파와 계통을 밝혔으며, 그들의 문집(文集), 어록(語錄)의 요점을 채록(採錄)하였다.

민원리에게 줌
與閔元履

〈녹려잡지〉에 붙인 찌들의 내용은 보면 볼수록 좋으니, '위의가 성대히 갖추어져서 특별히 고를 것이 없다'[10]고 이를 만합니다. 저도 일찍이 또한 이 문집에 대해 볼 때마다 한만히 기록해 둔 것이 있으니, 훌륭한 그대의 찌에 비하면 비록 호련(瑚璉)과 무부(珷玞)[11]의 구별이 있으나, 그 의견으로 말하면 하나도 부합하지 않는 것이 없습니다.

지금 이 글들을 펴놓고 읽고 나서 잘못을 지적하고자 하나, 실로 잘못된 것을 발견할 수가 없는데 간곡한 가르침을 어기기가 어려워 글의 여백에 몇 개의 찌를 붙여 놓았으니, 보시고서 취사선택하시는 것이 어떻겠습니까?

이 어른은 세상의 학자들이 전해들은 것을 그대로 믿는 것을 깊이 징계해서 배움에 스스로 터득하는 것에 힘썼는데, 나이가 들어 공부가 쌓이자 자신을 더욱 돈독하게 믿어서 한 번 소견을 이룬 뒤에는 대번에 바꿀 수 없는 정론(正論)이라고 여겼습니다. 다만 겹겹의 관문이 있는 의리에 대해 회광반조(廻光返照)[12]하려고 하지 않아서 마침내 정자와

10 위의가……없다 : 이 내용은 《시경》 〈용풍(鄘風) 백주(栢舟)〉의 "위의가 성대히 갖추어져서 특별히 고를 것이 없다.〔威儀棣棣, 不可選也.〕"라는 구절을 원용한 것이다.

11 호련(瑚璉)과 무부(珷玞) : 호련은 종묘 제사에 사용하는 아름다운 그릇으로 현자(賢者)를 비유하고 무부는 옥과 비슷하지만 옥이 아닌 돌로 우인(愚人)을 비유한다.

12 회광반조(回光返照) : 불가 선종(禪宗)의 용어로, 자신을 돌이켜 성찰한다는 의미가 있다.

주자가 이루어놓은 가르침과 배치(背馳)되면서도 스스로 알지 못했습니다. 이는 아마도 자신(自信)이 지나쳐서 폐단이 이와 같음에 이른 것이니, 우리들은 서로 더불어 이것을 보고 경계로 삼아야 합니다.

그러나 녹문의 깊고 담박한 사고(思考)는 높고 묘한 곳을 출입하였으니, 비록 자신의 장점에만 힘을 써서[13] 잘못된 부분이 많이 있었으나, 간혹 또한 좋은 부분이 있습니다. 요컨대 녹문의 주장은 모두 껍데기에서 나온 것이 아니니, 어찌 우리들이 대략의 견해로써 하루아침에 이것을 분석하여 깨뜨릴 수 있겠습니까. 다만 이 일로 인하여 강구하고 토론해서 혹 한 맥의 정견(正見)을 열어 후인들에게 남겨주어 더욱 분명하게 할 수 있다면, 길을 아는 늙은 말이 됨에 무방하지 않겠습니까.

나정암의 설에도 진실로 또한 편벽된 부분이 있으나, 다시 보면 볼수록 점점 어려움을 알겠습니다. 그래도 녹문에 비하면 한 겹을 더 꿰뚫은 듯한데, 낙민(洛閩 정자와 주자)의 여러 설에 대해 스스로 겸허한 마음을 가지고 제현들이 주장한 본래의 뜻을 세세히 연구하지 못한 채 갑자기 의심을 낸 것이 애석합니다.

13 자신의……써서 : 이 내용은 부족한 것에는 힘쓰지 않고 자신이 잘하는 것만 잃지 않기 위해 노력하는 것을 말한다.

민원리에게 답함

答閔元履

가을 기운이 날로 좋아져서 저로 하여금 한가롭게 산중(山中)의 생각을 떠올리게 하는데, 바로 노형께서 손수 쓰신 편지를 받고 재실(齋室)에 거처하는 기미(氣味)가 깨끗하고 쾌적함을 알았으니, 위로되는 마음 끝이 없습니다. 아우는 체기(滯氣)가 끝내 내리지 않아 흉중(胸中)이 결리고 가슴이 답답하여 날로 몸이 지치고 여위는 것을 느낍니다.

오릉(五陵)의 분분한 소요[14]는 참으로 당신을 위하여 염려하지 않을 수 없었습니다. 그러나 소식을 듣건대, 아이들을 데리고 공부를 가르친다고 하니, 바깥의 소요가 책을 읽는 일에 그다지 방해되지 않음을 따라서 알 수 있으니, 기뻐할 만한 일입니다.

미련한 자식으로 하여금 삼가 당신의 영식(令息)을 따라 상(床) 아래에 가서 의지하여 공부하게 하니, 한가로운 가운데 누(累)를 끼침이 참으로 적지 않음을 압니다. 죄송하고 부끄러운 마음을 어찌 말로 다하겠습니까.

이 아이는 본래 자질이 유약하고 또 나대는 것을 좋아하여 집에 있을 때에 갑자기 법도에 들이기가 어려웠는데, 이번 걸음에 교정해주시는

14 오릉(五陵)의 분분한 소요 : 오릉은 지금의 경기도 구리시에 있는 동구릉(東九陵)을 말한 것으로 보인다. 노주 당시에 다섯 임금의 능이 있었으므로 오릉으로 불렀을 것이다. 이 편지의 당사자인 민원리는 1803년(순조3)에 지금의 동구릉 중의 하나인 원릉(元陵) 참봉에 제수되었는바, 원릉는 영조(英祖)와 계비 정순왕후 김씨의 능이다. 분분한 소요는 무슨 일을 말한 것인지 미상이다.

공력의 훈도(薰陶)를 입어 후일에 조금이라도 성취가 있게 되면, 커다란 은혜가 될 것입니다. 글공부를 시키는 외에 자주 불러 자리에 앉혀서 고인(古人)들의 좋은 말과 선(善)한 행실을 말씀해 주시고 아이로 하여금 반복하여 물음에 대답하게 해서 자신도 모르는 사이에 감동되어 힘쓸 바를 알게 해주는 것이 어떻겠습니까?

노형의 거취(去就)에 대한 것은 구구한 이 몸 또한 심사숙고했던 일입니다. 스스로 헤아려보건대, 우리들은 모든 면에서 끝내 세상과 잘 어울리지 못하는 듯합니다. 그러므로 매양 웅크리려는 생각이 앞서 있으나, 이미 벼슬길에 나간 뒤에는 오직 마땅히 직분에 맡은 것만을 생각하면서[15] 조만간에 떠날 수 있는 기회가 오기를 기다릴 뿐이니, 굳이 한결같이 떠날 생각을 마음속에 간직하여 부질없이 사려(思慮)를 허비할 필요가 없습니다.

일찍이 듣자하니, 정암 선생(貞菴先生)[16]께서 침랑(寢郞)[17]이 되셨을 때에 능관(陵官)에게 매월 나오는 땔감을 받지 않았다고 하니, 이 뜻이 매우 좋습니다. 지금 사람의 안목으로는 반드시 이 일을 괴이하게 여길 것이나, 노형의 입장에 있어서는 비록 하찮은 일이지만, 실로 여기에

15 직분에……생각하면서 : 이 내용은, 《시경》〈당풍(唐風) 실솔(蟋蟀)〉에 "너무 편안하지 않겠는가. 직분에 맡은 바를 생각하라.〔職思其居.〕"라고 보인다.

16 정암 선생(貞菴先生) : 민우수(閔遇洙, 1694~1756)로 정암은 그의 호이다. 자는 사원(士元), 본관은 여흥(驪興), 시호는 문간(文簡)이며 수암(遂菴) 권상하(權尙夏)의 문인으로 1714년(숙종40년) 증광 생원시에 합격하고 벼슬이 대사헌에 이르렀다. 이 편지의 당사자인 민원리는 민우수의 증손(曾孫)이 된다.

17 침랑(寢郞) : 조선 시대에 종묘(宗廟)・능침(陵寢)・원(園)의 영(令)과 참봉(參奉) 등을 통틀어 부르는 말이다

선조를 계술(繼述)하는 아름다움이 있으니, 부디 일찍 이 일을 처리하여 뭇사람들 하는 대로 그럭저럭 따르지 않는 것이 좋을 것입니다.

불암산(佛巖山)은 저도 가본 적이 없는데, 볼 만한 수석(水石)이 있는지 모르겠습니다. 병이 만일 조금 차도가 있으면 진솔한 마음으로 한번 가서 답답한 회포를 풀고자 하니, 그 사이에 한 번 만나서 흉금을 피력할 수 있겠습니까? 이만 줄입니다.

민원리에게 줌

與閔元履

근일에 겨우 《중용》 공부를 마친 미련한 자식을, 〈이소경(離騷經)〉을 배우도록 노형의 문하로 보냅니다. 이는 〈이소경〉의 문장을 표절하여 과거공부에 도움이 되게 하려는 것이 아닙니다. 〈이소경〉을 읊조리고 영탄(詠歎)하는 사이에, 군주에게 충성하고 나라를 사랑하는 지극한 정성과 스스로 지키는 충정(忠貞)을 알게 하고자 해서입니다. 〈이소경〉을 가르치실 적에 이에 대해 반복하여 관심을 기울여 주시는 것이 어떻겠습니까?

세상을 돌아보건대, 사사로운 욕심의 구덩이에서 도도하게 오르내려서, 좋아하고 싫어하는 것과 이롭게 여기고 해롭게 여기는 것을 오직 한결같이 자신의 사욕(私慾)을 따르고, 다시는 군신 간에 중한 의리가 있음을 알지 못하니, 때로 이것을 보고 감정이 촉발되어 자연 흉중(胸中)에 끓어오르는 것이 있습니다.

어린아이들로 하여금 일찍 이 〈이소경〉을 읽게 하면, 거의 천성(天性)과 민이(民彝 사람의 마음에 갖춰진 떳떳한 도리)의 선(善)을 감발시킬 수 있을 것입니다. 아! 이 또한 쇠퇴한 세상의 생각이니, 어찌 이치를 알지 못하는 자들과 함께 말할 수 있겠습니까.

민원리에게 답함
答閔元履

거취(去就)를 어떻게 계획하고 계십니까? 본래 처음에는 미미한 일이었지만 지금은 사단(事端)이 이미 드러났으니, 그대로 내버려 두고 모른 체하다가는 끝내 구차해질까 두렵습니다.

그러나 근세에는 벼슬을 그만두는 것을 중대한 일로 여겨, 무릇 관직(官職)에 조금이라도 이와 같은 일이 있으면 대체로 방편(方便)을 따르라고 말합니다. 또 만일 곧바로 자신의 뜻을 이루고자 하면 이것에 대해 온 세상이 도도하게 '괴벽(乖僻)하여 세상과 어긋난다.〔打乖.〕'[18]고 지목하니, 이는 귀와 눈에 익숙한 일입니다. 이에 사대부가 거취를 정하는 한 가지 일을 강구(講究)하지 않은 지가 오래되었으니, 저는 평소 이에 대해 개탄해 왔습니다.

보내주신 편지에 "거취의 의리인 경우, 비록 9분(分)이 괜찮더라도 마음에 1분(分)이라도 불안함이 있으면, 그만두는 것이 좋다."라고 한 말씀은 누구의 의론인지 모르겠으나, 의미가 있음을 깊이 깨닫습니다.

18 괴벽(乖僻)하여 세상과 어긋난다 : 이 내용은 《퇴계선생문집고증(退溪先生文集攷證)》 권3 〈제4권 시(詩) 화김언우(和金彦遇)〉에 "살펴보건대 타(打)는 행함이다. 타괴(打乖)는 괴벽(乖僻)하여 세속과 다른 것이다. 강절(康節)이 지은 타괴시가 있다."라고 보인다. 강절은 북송(北宋)의 학자인 소옹(邵雍)이며 타괴시는 소옹이 스스로 세상과 어긋나는 삶을 살면서 유유자적하게 지낸다는 뜻을 말한 〈안락와중호타괴음(安樂窩中好打乖吟)〉 시를 이른다. 타괴에는 '기변(機變)'의 뜻도 있으나 여기서는 취하지 않았다.

민원리에게 답함

答閔元履

근일에 병석(病席)에서 우연히 〈태극도(太極圖)〉와 《통설(通說)》을 보다가, 이로 인하여 그동안 서로 끊임없이 주고받은 편지를 생각해 보았습니다. 우리들의 소견이 비록 노선과 맥락이 잘못되지 않은 듯하나, 다만 그림자 너머로 더듬어 찾은 것이라 죽은 법도(法度)일 뿐이니, 끝내 자신의 분수 위에서 긴요하게 인식하고 체험하는 것이 부족합니다. 이 때문에 매번 마음에 만족하지 못하는 것입니다.

대저 이 이(理)는, 비록 일과 물건에 따라 대소(大小)와 정추(精粗), 천심(淺深)과 고하(高下)의 차이가 있습니다. 그러나 그 온전한 체(體)가 함축되고 관통되어서 천지에 충만하고 고금(古今)에 유행되니, 비록 높고 묘하고 깊고 심원한 것이라도 일상생활의 동정(動靜)과 평상의 말과 행위의 사이에 양양(洋洋)하게 흘러넘치지 않음이 없습니다.

이에 반드시 행저습찰(行著習察)[19]에 나아가 오랫동안 쌓아서 점차적으로 융회관통(融會貫通)을 이룬 뒤에 이를 만물에 미루어 가면 굽이굽이 모두 통할 것이니, 이 어찌 멀리서 생각하고 억측으로 헤아림에

19 행저습찰(行著習察) : 멀리서 이치를 구하지 말고, 자신의 모든 행위에서 구하라는 뜻으로, 《맹자》 〈진심 상(盡心上)〉에 "행하면서도 밝게 알지 못하며 익숙하면서도 살피지 못한다.〔行之而不著焉, 習矣而不察焉.〕 이 때문에 종신토록 행하면서도 그 도(道)를 모르는 자가 많은 것이다."라는 구절에서 온 것이다.

비할 수 있겠습니까.

스스로 돌아보건대, 혹 어렴풋이 이러한 뜻을 알고 있으나 몸이 이미 망가졌으니, 참으로 어쩔 수가 없습니다. 오직 간절히 바라건대, 어진 그대가 노년(老年)에 백척간두(百尺竿頭)에서 한 걸음 더 나아가기를 힘써서 이 한 맥(脈)의 바른 지식과 깨달음이 땅에 떨어지지 않도록 하신다면, 어찌 우리 도(道)의 다행이 되지 않겠습니까. 세모(歲暮)에 병석에서 생각하는 것이 모두 공허(空虛)하나, 오직 이 한 가지 일은 잊을 수가 없습니다.

우연히 책을 보는 즈음에 이 마음이 촉발되었기에 애오라지 좌하(座下)에게 이 마음을 토로(吐露)하니, 부디 잘 살펴 주시기를 바랍니다.

민원리에게 답함

答閔元履

문 정자가 말씀하시기를 "마음은 하나인데 체(體)를 가리켜 말한 것이 있고, 용(用)을 가리켜 말한 것이 있다."라고 하셨으니, 어리석은 저 또한 성(性)에 대하여 이와 같이 보아서 성현(聖賢)이 가리킨 뜻에 통달하여 제가(諸家)들의 똑같지 않은 의론을 통일하고자 합니다.

답 삼가 생각하건대, 이 한 단락의 말은 뜻이 매우 뛰어나나, 곡절(曲折)이 부족해서 혹 도리어 보는 사람의 의혹을 일으킬까 염려됩니다. 옛 사람들이 글자를 사용할 적에 지나치게 구애를 받지 않아서 이른바 '심(心)'과 '성(性)'과 '정(情)'을 서로 바꿔 써서 융통성 있게 말해서 한 쪽에 얽매이지 않았는데, 주자와 정자에 이르러 비로소 글자의 뜻을 아주 엄밀하게 분석하였습니다.

그러므로 후대의 학자들은 거의 대부분 말은 아나 그 뜻은 알지 못하니, 이 때문에 주장들이 분분하여 똑같지 않은 것이 있는 것입니다. 그러나 이미 분석하여 말하면 심과 성의 면목(面目 사물의 드러나는 상태)을 다르게 보지 않을 수가 없으니, 말하는 즈음에 또한 어찌 그 원래의 모습을 전혀 돌아보지 않을 수 있겠습니까.

그렇다면 심이라는 것은 본래 성과 정을 통합하는 물건이니 체를 가리키고 용을 가리켜 똑같이 마음이라고 하는 것은 가능합니다. 그러나 성과 정으로 말하면 본래 하나는 체이고 하나는 용인 구별이 있으니, 성이 비록 정을 포함할 수 있으나, 그 경계의 구분을 너무 없애서는 안 될 듯합니다.

이에 시험 삼아 그대의 훌륭한 주장을 취해서 망령되이 어리석은 나의 뜻을 덧붙여 “정자의 이 말씀을 가지고 성(性) 자에 준(準)하여 그 가리키는 바를 각각 구명(究明)하면 체에 나아가 용을 말한 것이 있고 용을 가지고 체를 말한 것이 있는데, 필경은 다만 이 하나의 성일 뿐입니다. 이와 같이 보면 거의 성현(聖賢)이 말씀하신 뜻과 통하고, 제가(諸家)들의 똑같지 않은 의론을 통일할 수 있습니다.”라고 말하는데, 이 말이 혹 편벽되지 않고 뜻 또한 막힘이 없을 수 있지 않겠습니까. 만일 제 말이 이치에 합당하지 않음이 있거든 다시 가르침을 주심이 어떻겠습니까?

민원리에게 답함

答閔元履

문 전일에 찌를 붙여 보내주신 가르침은 대체(大體)가 매우 합당합니다. 그러므로 삼가 훌륭한 뜻에 따라 고쳤습니다. 지난 번 편지에서 "성(性)과 정(情)은 본래 하나는 체(體)이고 하나는 용(用)인 구분이 있으니, 그 경계의 구분을 너무 없애서는 안 될 듯하다."라고 하신 말씀을 다시 보니, 뜻은 비록 옳으나, 나누어 말한 입장에서 보면 경계의 구분이 진실로 엄격하지마는, 통합하여 말한 입장으로 보면 가령 성의 선(善)함이 또한 정의 선함에 포함될 수 있습니다.

기질지성(氣質之性)은 진실로 모두 발(發)한 곳에 나아가 말한 것이요 본연지성(本然之性) 또한 대부분 이발(已發)의 의사(意思)를 겸하니, 기록한 것 중에 이것을 이미 말했습니다.

지금 "성(性)은 하나이나, 그 체를 오로지 말한 경우가 있고 그 용을 오로지 가리킨 경우가 있으며, 또 체에 나아가 용을 포함한 것이 있고 용을 들어서 체를 드러낸 것이 있는데, 필경은 다만 하나의 성(性)이다."라고 말하고 싶습니다. 이와 같이 보면 '거의 성현이 말씀하신 뜻과 통하고 제가들의 똑같지 않은 의론을 통일할 수 있다'고 말할 수 있을 듯한데, 알지 못하겠습니다. 이렇게 말하면 어떻겠습니까?

예컨대 천명지성(天命之性)은 마땅히 '사람이 태어나서 고요할 때〔人生而靜〕'에 속하니[20] 이는 그 체를 오로지 말한 경우이고, 또 상근지

20 천명지성(天命之性)은……속하니 : 이 내용은《예기》〈악기(樂記)〉에 "사람이 태어나서 고요한 것〔人生而靜〕이 하늘이 부여한 성(性)이고, 사물에 감응하여 움직이는

성(相近之性)[21]은 마음이 물(物)에 감응한 이후에 비로소 드러나는 그 용을 가리킨 것입니다. 맹자의 성선(性善)은, 반드시 정(情)이 선(善)할 수 있다는 것으로 증거를 삼았으니,[22] 이것이 이른바 체에 나아가 용을 포함했다는 것이고, '천하에 성(性)을 말함은 고(故)로 할 뿐이다.〔天下之言性故而已.〕[23]라는 것은, 물은 아래로 흐르고 불은 위로 타오르며 사람이 이 사단(四端)을 가지고 있는 것과 같습니다. 이에 물과 불 또는 사람의 성(性)의 본체(本體)를 알 수 있으니, 그렇다면 이는 이른바 용을 들면 체를 드러낸다는 것입니다.

사람이 태어나서 고요할 때는, 기(氣)가 아직 용사(用事)하지 않은 혼연(渾然)한 가운데의 체이니 진실로 불선(不善)이 없고, 그 기질이 용사한 뒤에 이르면 선(善)은 본디 성(性)이나 악(惡) 또한 성이라고 말하지 않을 수 없습니다. 명도(明道)의 말씀을 상고하여 위에서 말한

것이 성(性)의 욕구이다."라고 하였으므로 이렇게 말한 것이다. 인생이정(人生而靜)은 미발(未發)의 때를 이른다.

21 상근지성(相近之性) : 《논어》 〈양화(陽貨)〉에 "성은 서로 비슷하나〔性相近也〕, 습관에 따라 서로 멀어지게 된다."라고 보이는 공자의 말씀으로, 주자는 이를 기질지성(氣質之性)이라고 훈(訓)하였다.

22 맹자의……삼았으니 : 공도자(公都子)의 성선(性善)에 대한 질문에, 맹자가 "그 정으로 말하면 선을 할 수 있으니〔乃若其情, 則可以爲善矣.〕 이것이 내가 말하는 선하다는 것이다. 불선(不善)을 하는 것으로 말하면 타고난 재질의 죄가 아니다."라고 하였으므로 이렇게 말한 것이다. 《孟子 告子上》

23 천하에……것 : 이 내용은 《맹자》 〈이루 하(離婁下)〉의 "천하에 성을 말함은 곧 고(故)로 할 뿐이다.〔天下之言性也, 則故而已矣.〕"라는 구절을 축약한 것이다. 주자는 《집주(集註)》에서 "고는 이(理)가 발현되어 있는 자취로 또 반드시 자연의 세(勢)에 근본한다."라고 풀이하였다.

네 가지[24]를 알 수 있어서 하나의 성(性) 자의 뜻이 귀결되는 것을 어느 때라도 볼 수 있으면, 비단 세 분 성인(聖人)과 정자와 주자 두 분 대현(大賢)의 의론이 각기 해당되는 바가 있음을 알 뿐 아니라, 비록 제자(諸子)의 설들까지도 곡진히 이루어 빠뜨림 없이 알 수 있을 것입니다.

답 엊그제 찌를 붙여 여쭌 것은 어찌 훌륭한 뜻이 어디 있는지 몰라서 그런 것이겠습니까. 그러나 성(性) 자와 정(情) 자의 뜻이, 정자와 주자의 글로 쓴 가르침을 거친 뒤로부터 미발과 이발을 분명히 구별하여 체와 용에 나누어 소속시켰습니다. 지금 사람들은 이것을 익숙히 보아 와서 기질지성이 이발에 속한다는 말을 들으면 의혹하지 않는 자가 드무니, 이는 다른 이유가 없습니다. 글자 뜻에 구애되고 막혀서 그런 것입니다.

구구한 이 몸이 성 자를 가지고 각각 체와 용에 해당되는 곳에 나아가 그 가리키는 바를 서로 참조하여 보고자 하는 것은, 이것들의 지점(地點)과 면목(面目)을 잃지 않더라도 두 가지가 관통됨에 본래 문제가 없으며 또한 보는 자들이 비난할 만한 빈틈을 없앨 수 있기 때문입니다.

지금 가르침을 받들어 봄에, 오로지 체를 가리키는 것과 오로지 용을 가리키는 것, 체에 나아가 용을 포함하는 것과 용을 들어 체를 포함하는 것, 이 네 가지를 가지고 천하 사람들이 성을 말하는 것을 다 포괄하

24 위에서……가지 : 성(性)의 체(體)를 오로지 말한 경우, 성의 용(用)을 오로지 가리킨 경우, 또 체에 나아가 용을 포함한 경우, 용을 들어서 체를 드러낸 경우 등 네 가지를 이른다.

였으니, 당신의 말씀은 곡진히 통창하고 두루 통하여 미진함이 없습니다. 예전에 했던 말씀에 비하여, 더욱더 뛰어나고 완전하고 순수해진 것을 볼 수 있으니, 어리석은 제가 미칠 수 있는 바가 아닙니다. 감히 이 말씀을 가슴속에 새겨 강습(講習)에 이용하지 않을 수 있겠습니까.

대저 여러 학설이 분분한 것은, 이(理)와 기가 하나로 합쳐지는 곳이 모두 밝혀지지 못함이 있음에 연유합니다. 본연(本然)을 말하면 다만 기를 완전히 떨쳐 버린 줄만 알아서 천명지성(天命之性)이라도 기를 떠난 적이 없음을 다시 헤아리지 못하며, 기질(氣質)을 말하면 다만 똑같음이 없는 줄만 알아서 이 기가 이(理)를 따르는 경우 본래 본연이 됨에 무방함을 다시 살피지 못합니다. 이 때문에 이(理)와 기가 두 길로 나뉘어 서로 들어갈 수가 없게 되었으며, 말에 따라 각자 이해하여 갈라지고 분열되고 흩어져서 하나로 모이지 못하고 있는 것입니다.

녹문께서 이(理)와 기가 하나로 합쳐지는 묘함을 본 것이 가장 정밀하고 심오합니다. 그러나 그가 주장하는 바를 돌아보면, 체와 용은 근원이 하나임을 통찰하지 못하여 한결같이 글자의 뜻과 상형(象形)의 사이에 얽매이고 있습니다. 이에 성을 논할 적마다 항상 한 등급을 내려 분수(分殊)에 나아가 이(理)과 기가 서로 떨어지지 않는 것만을 볼 뿐이며, 일원(一原)에 대해서는 비록 형식은 갖추어 말하나 분명하게 설파함이 없고, 끝내는 또 분수가 생겨난 뒤로 억지로 끌어당겨서 거의 일원을 찾을 곳이 없습니다.

만약 그렇다면, 반드시 남당(南塘)이 "형기(形氣)를 초월한 이후에야 비로소 일원을 말할 수 있다."라고 한 말과 같을 것이니, 그 하나로 합쳐진다는 뜻이 어디에 있습니까.

남당의 설을 이 어른이 일찍이 깊이 배척하였으나, 자신이 성을 논한 여러 설을 세세히 살펴보면, 거의 연(燕)나라로써 연나라를 정벌하는 것[25]에 가까우니, 참으로 알 수 없습니다. 또 이 어른은 마음을 논할 때에 신(神)을 잘 말씀하였는데, 어찌하여 성을 논할 때에는 이것으로 반우(反隅)[26]해서 합일(合一)의 묘(妙)를 다하지 않고, 도리어 형기(形氣)의 거친 것을 섞어 말해서 형이상(形而上)인 것으로 하여금 도리어 형이하(形而下)에 국한되게 해서 곧 이(理)의 본색을 잃게 하여 필경 기를 주장함에 치우쳤단 말입니까.

예로부터 성현(聖賢)이 성(性)을 논한 뜻이 과연 이것으로써 제대로 이해가 될지 모르겠습니다. 녹문께서 도학(道學)을 강론하던 날에 한 번 여쭈어보지 못한 것이 한스럽습니다.

25 연(燕)나라를……것 : 거의 같은 입장에 있으면서 상대방을 비판하는 것을 말한다. 전국 시대 연나라가 혼란해지자 이 틈을 타서 제(齊)나라가 연나라를 공격하였는데, 이에 대해 맹자(孟子)가 "이것은 연나라로써 연나라를 정벌하는 것이다."라고 비판하였다. 《孟子 公孫丑下》

26 반우(反隅) : 한 가지를 알면 이를 미루어 그와 유사한 것을 유추하여 안다는 뜻으로, 《논어》 〈술이(述而)〉의 "한 귀퉁이〔隅〕를 들어 보여줌에 이것을 가지고 남은 세 귀퉁이를 반증(反證)하지 못하거든 다시 더 일러주지 않는다."라는 구절에서 유래하였다.

민원리에게 답함
答閔元履

일전에 이 경주(李慶州) 어른[27]을 뵈니, 《사례편람(四禮便覽)》[28]을 막 판각(板刻)에 들어갈 계획인데, 아직 미처 다 교정하지 못한 부분이 있어서 한두 명 사우(士友)들의 견해를 구하여 취사선택해서 완본(完本)을 만든 뒤에 일을 시작하고자 한다고 하였습니다. 이에 노형(老兄)과 국진(國珍)에게 교정하고 찌를 붙이는 일을 부탁하려고 하니 아우에게 이 일을 도와달라고 요청하셨는데, 그 뜻이 매우 간곡하였습니다.

생각해보건대, 이 책이 《상례비요(喪禮備要)》[29]보다 뒤에 나와서,

27 이 경주(李慶州) 어른 : 경주 부윤(慶州府尹)으로 지금 재직 중인, 혹 과거에 지낸 이씨 어른'이란 의미인데 누구인지는 분명하지 않다. 《사례편람(四禮便覽)》은 도암의 증손(曾孫) 이광정(李光正)에 의해 간행되었는바, 이광정의 생부(生父)는 이채(李采)이고 양부는 이화(李禾)이나, 두 분 모두 경주 부윤을 지냈다는 기록이 《승정원일기》 등에 보이지 않는다.

28 사례편람(四禮便覽) : 도암(陶菴) 이재(李縡 1678~1746)가 관(冠), 혼(婚), 상(喪), 제(祭)의 사례(四禮)에 관하여 편찬한 예서(禮書)로 1844(헌종10)년에 증손(曾孫) 이광정(李光正)에 의해 간행되었다.

29 상례비요(喪禮備要) : 신의경(申義慶)이 《주자가례(朱子家禮)》의 원문을 위주로, 고금의 예설(禮說)을 모아 1권 1책으로 편찬한 책인데, 뒤에 친구인 사계(沙溪) 김장생(金長生)이 여러 대목을 증보하고, 아울러 시속(時俗)의 예제(禮制)도 참고하여 이용하기에 편리하도록 만든 다음 서문을 붙였으며, 그 뒤 사계의 아들 신독재(愼獨齋) 김집(金集)이 이를 교정하여 2권 1책의 목판본으로 1648년(인조26)에 간행하였는바, 이 때문에 흔히 사계의 저작으로 알려져 있다.

《상례비요》의 빠진 부분을 보완하고 소략한 부분을 교정하였습니다. 이에 상례(喪禮)와 제례(祭禮)가 비교적 상세하고 자못 치밀하며 또 관례(冠禮)와 혼례(婚禮)를 함께 엮어 한 책으로 만든 것은 더욱 예교(禮教)에 도움이 되니, 이 책이 세상에 간행됨은 실로 후학들에 있어 다행이 됩니다.

우리들이 만약 이 일을 도울 수 있다면 어찌 감히 수고로움을 꺼리겠습니까. 그러나 돌아보건대 천박하고 비루한 이 몸은 평소 예학(禮學)에 어둡고, 이 책에 대해 또한 일찍이 일에 임하여 가져다가 상고하였으나 일이 지나가자 곧 덮어두고 말았는데, 비록 마땅히 헤아려 보아야 할 곳들이 있음을 알았으나, 처음부터 주의(注意)를 기울이지 못했습니다.

또 연래로 상(喪)의 우환(憂患)과 질병 때문에 버려져 못쓰게 되서 심지(心地)가 완전히 거칠고 피폐해졌습니다. 이에 깊이 생각하지 않고 슬렁슬렁 책을 읽는 일조차 번거로움을 견디지 못하니, 더구나 글들을 상고하고 수정하는 일과 같은 것은 맡기 어렵다는 것을 잘 알고 있습니다.

그러나 혹시라도 노형과 국진이 앞장선다면 저는 뒤를 따라 참여하여 들어서 작은 정성이나마 바쳐 도우려고 하는데, 고견은 어떠하신지 모르겠습니다. 진작 이 일에 대해 여쭙고자 하였으나 여러 가지 잡다한 일 때문에 실행하지 못했는데, 어제 편지에서 먼저 언급하셨기에 이에 받들어 아뢰는 것입니다.

또 작은 일에 대해 여쭐 것이 있습니다. 저의 집 종부(宗婦)가 지금 친정집의 상복(喪服)을 입고 있어서 제사에 주부(主婦)가 아헌(亞獻)하는 일[30]을 마땅히 헤아려 보아야 하는데, 일찍이 《정암집(貞菴集)》

에 있는, 지암(止菴 김양행(金亮行))에게 답한 편지를 보니, "이미 상여(喪餘)의 제사[31]라면 또한 미안(未安)할 것이 없을 듯하다."라는 가르침이 있었습니다. 이에 기제(忌祭)는 이미 이에 의거해서 지냈으나, 오는 초하루에 장차 시향(時享)[32]을 지내려고 하는데 시향은 상여의 제사와는 다르니, 소복(素服)을 입고 제사를 지내는 것은 끝내 거슬리고 괴이한 일이 될 것입니다.

저의 소견으로는, 시향을 지냄에 있어 주부가 아헌하는 일을 친정집 상의 소기(小期 소상(小祥))가 될 때까지 임시로 폐하여도 불가함이 없을 듯하나, 그래도 제가 감히 스스로 결단할 수 없으니, 생각해보시고 가르침을 주시는 것이 어떻겠습니까.

30 주부(主婦)가 아헌(亞獻)하는 일 : 제사를 지낼 때에 총 세 번 술잔을 올리는 데〔三獻〕, 아헌은 이중 두 번째로 술잔을 올리는 일을 말한다. 처음 술잔을 올리는 일〔初獻〕은 주인(主人)이 하고, 아헌은 주부가 한다.

31 상여(喪餘)의 제사 : 삼년상을 마친 뒤 지내는 기제(忌祭)를 이르는 말로 상여는 거상(居喪)을 마치고 난 나머지라는 뜻이다.

32 시향(時享) : 사계절 중월(仲月)인 2월 · 5월 · 8월 · 11월에 가묘(家廟)에 지내는 사시제(四時祭)를 말한다.

민원리에게 줌

與閔元履

우리들이 태평한 세상에서 태어나 늙으면서 온갖 재앙을 만났는데, 변고에 대처하는 방도를 실로 강구한 바가 없습니다. 이 때문에 더욱 자신보다 나은 사람을 가까이 할 것을 생각하지만 아득히 멀리 있어 의지하기가 어려우니, 풀이 바람을 향하듯 마음이 달려가는 것이 어찌 다만 벗들과 헤어져 쓸쓸히 홀로 사는 고통 때문이겠습니까.

온 세상을 돌아봄에 복망(伏莽)[33]의 근심이 실로 어느 군(郡)에 있을지 모르겠으나, 서쪽 지방이 특별히 혼란스러워졌습니다. 소씨(蘇氏)가 이르기를 "장차 혼란이 일어나려 하는 데에 대한 근심이 이미 혼란이 일어난 것보다 심하다." 하였으니,[34] 목전에 일이 없다고 해서 편안하게 여기지 마시고 모름지기 먼저 한 현(縣)의 인물들을 눈여겨보시고 또 인화(人和)할 방도를 깊이 강구하여야, 위급할 때를 당하여 거의 효력을 얻을 수 있을 것입니다.

33 복망(伏莽) : 군대(軍隊)가 우거진 풀 가운데 숨어 있다는 의미로, 《주역》 동인괘(同人卦) 구삼(九三) 효사(爻辭)에 "군사를 덤불 속에 숨겨 두고〔伏戎于莽,〕 높은 구릉에 올라가서 3년이 되어도 일어나지 못한다."라는 구절에서 나온 말인데, 후세에는 도적들이 몰래 숨어 있는 것을 가리키기도 하였다.

34 소씨(蘇氏)가……하였으니 : 소씨는 북송의 문장가인 노천(老泉) 소순(蘇洵)을 가리킨다. 소순이 지은 〈장익주화상기(張益州畫像記)〉의 "아직 혼란하지 않은 것도 다스리기 쉽고 이미 혼란한 것도 다스리기 쉬우나 난(亂)의 싹만 있고 난의 형체가 없는 것을 이를 장란(將亂)이라 이르니, 장란은 다스리기 어렵다. 난이 있다 하여 급히 다스릴 수가 없고, 또한 난이 없다 하여 해이할 수가 없다."는 구절을 축약하여 원용한 것이다.

민원리에게 답함

答閔元履

어버이 상(喪)으로 상심(喪心)하고 있던 중에 또 질병이 틈을 타 침범하니, 삶이 쓸쓸하여 다시는 산 사람의 뜻과 생각이 없습니다. 오직 몸을 뒤척이고 신음하는 즈음에 20여 년 동안 골목을 사이에 두고 살며 종유(從遊)하던 자취를 생각해 보니, 심중에 서글픔을 금할 수가 없습니다. 그동안 두 차례 손수 쓰신 소(疏)[35]를 보내주시어 선후(先後)로 받아보니, 격조할 때에 쌓인 그리움과 답답한 마음을 다소 풀 수가 있었습니다.

저는 근래 문필(文筆)을 폐기하여 친지(親知)간에 왕복하는 예수(禮數)도 일체 돌아보지 않고 있습니다. 집사(執事)에게야 어찌 이런 예(例)를 따르겠습니까마는 또한 구태(舊態)를 버리지 못하였고 또 사는 곳이 궁벽하고 외져서 인편을 찾는 것이 쉽지 않아 지금까지 답장을 보내지 못하였으니, 이 서운하고 서글픈 마음은 음식이 목에 걸려있는 것처럼 답답할 뿐만이 아닙니다.

날씨가 점점 더워지는데, 어버이 모시는 외에 신명(神明)이 도와주시어 정무(政務)를 보는 몸을 더욱 보중하시며 관(官)과 민(民)이 점점 신뢰하여 송사(訟事)가 간략해지고 일이 줄어들어 여유가 생겨 독서하는 취미를 즐기고 있으리라 생각됩니다. 갖가지 그리운 일들이

35 소(疏) : 부모상을 당한 사람을 위로하기 위해 보내는 편지나 부모상을 당한 사람이 위로 편지를 받고 보내는 답장을 이른다.

거의 자나 깨나 생각납니다.

저는 가까스로 목숨을 보존하여 세월을 보내며 부여잡고 통곡하여도 소용없으니, 이것이 과연 어떤 사람이란 말입니까?

향리로 돌아가려는 계획을 세운 것은, 진실로 어버이를 다 여읜 몸이 서울에 살 필요가 없고 또 선인(先人)의 작은 집이 불암산(佛巖山) 아래에 있으니, 제가 적이 평소 가슴속에 그곳에 살고 싶은 마음이 있어서였습니다.

그러나 스스로도 잘 알건대, 마음이 나약해서 무릇 일을 만나는 처음에는 완전(宛轉)하게 성취하고자 하다가 필경에는 미적거리게 됩니다. 지금 공교롭게도 서쪽의 경보(홍경래의 난)를 만났으니, 제가 몸을 움직이는 것이 때가 아닌 줄을 아나, 만약 다시 세월을 덧없이 보내 떠날 수 있는 기회를 잃는다면 여생이 얼마 남지 않았으니, 이 계획을 이룰 날이 없을 듯합니다. 이에 부득이 마음먹은 대로 곧바로 행해서 옆 사람들의 비방을 돌아보지 않으니, 만약 이 때문에 심하게 비난하는 일이 혹 있더라도 또한 사양하지 않겠습니다.

다만 이곳은 특별히 취할 만한 것이 없고 두 관로(官路 국도(國道))와 거리가 다소 떨어져 있어서 서울에 가까우면서도 매우 궁벽합니다. 거주하는 백성들은 다만 논밭에서 일할 줄만 알아 다른 것이 있음을 알지 못하고 마을 풍속이 자못 각박하지 않으니, 이것이 다소 마음에 듭니다.

스스로 생각하건대 시정(市井)에서 태어나 늙도록 자취를 남기며 살아오다가 갑자기 야외의 한가한 사람이 되니, 잃어버렸던 마음을 거두어 옛날의 뜻을 다소 이루는 것이 참으로 좋으나, 다만 겨울과 봄 사이에 겪은 일은 결코 사람의 도리로써 감당할 수 있는 일이 아닙니다.

지금은 상황이 바뀌고 일이 안정되어 비로소 분수를 따라 스스로 검속(檢束)할 줄 압니다. 그러나 병이 이미 고질이 되어 육신은 피폐하고 정신은 쇠약해지며 심혈(心血)이 모두 소모되니, 담화(痰火)가 그 틈을 타서 조수(潮水)처럼 올라와 가슴이 울렁거리고 불안해지며 어지러워서 잠시도 지탱할 수 없을 듯합니다. 이와 같은 증상이 하루에도 두세 번 나타나고 기타 괴이한 증세가 나타남을 이루 다 세기가 어려우니, 이러고서 어찌 오래 버티겠습니까.

돌아보건대 이 몸은 운명이 기구하여 네 번이나 부모상을 당했고,[36] 두 번 동기간(同氣間)의 죽음에 통곡했는데, 지금까지 연명(延命)하고 있는 것도 목숨이 모질다고 할 수 있습니다. 낮과 밤의 이치[37]를 그저 하늘에 맡기나 다만 이 인생을 헛되이 보내고 있어 지하로 돌아갈 때에 부형과 스승과 벗을 뵐 면목이 없으니, 어찌한단 말입니까.

김청부(金淸夫) 공이 갑자기 별세하여 구천(九泉)으로 갔으니, 실로 우리 당(黨)의 운수에 관계됩니다. 애통함을 어찌 말로 다할 수 있겠습니까. 더구나 집사의 경우는 누대에 걸친 세의(世誼)가 있고 겸하여 이택(麗澤)[38]의 의리가 있으니, 또 어떤 마음이시겠습니까? 훌륭한 제문(祭文)을 이렇게 보여 주시니, 참으로 저를 외면하지 않음에

36 네……당했고 : 오희상은 양자로 갔기 때문에 친생부모와 양부모의 상을 모두 네 번 치룬 것이다.

37 낮과 밤의 이치 : 생사(生死)의 이치를 이른다. 낮과 밤은 인간의 삶과 죽음을 비유하기 때문에 이렇게 말한 것이다.

38 이택(麗澤) : 벗끼리 서로 도와 학문과 덕행을 닦는 것을 이르는 말로, 《주역》 〈태괘(兌卦) 상전(象傳)〉에 "두 못이 연결되어 있는 형상이 태이니〔麗澤兌.〕, 군자가 이를 보고서 붕우들과 강습한다."라는 구절에서 온 말이다.

감사드립니다.

옛날부터 두 분이 서로 함께한 깊은 정(情)을 이 제문에서 알 수 있으니, 이 글을 펴보고 나도 모르게 감탄하여 눈물이 나오려고 하였습니다. 이씨 어른께서 이미 별세하셨고 청부(淸夫)도 뒤이어 별세하여 도(道)의 맥이 거의 끊어져 아득하니, 다시 어떤 사람이 있어 독서 종자의 한 맥을 부지하겠습니까. 생각하면 마음이 아픕니다.

이에 지금 우리 집사에게 기대하고 바라는 것이 깊고 간절하지 않을 수가 없습니다. 바라건대 주묵(朱墨)[39]으로 스스로 몸을 너무 피곤하게 만들지 말고 정신을 꿋꿋이 세우고 지기(志氣)를 격앙시켜 중임을 맡아 용맹하게 매진해서 힘써 대업(大業)을 끝마쳐 사문(斯文)으로 하여금 끝내 의지할 수 있게 하시기 바랍니다.

저는 병상에 누워 거의 죽음을 앞에 둠에 오직 이 한 생각이 가슴속에서 잊히지 않으므로 편지 종이를 앞에 두고 토로하니, 부디 마음으로 이해해 주시기 바랍니다.

39 주묵(朱墨) : 장부 작성에 사용되는 주필(朱筆)과 묵필(墨筆)이라는 의미인데, 흔히 관청의 사무(事務)를 가리킨다.

민원리에게 답함
答閔元履

편지에서 말씀하신 '추복(追服)[40]에 담제(禫祭)를 행하느냐 폐하느냐'에 대해, 당초 구구한 이 몸의 소견이, '시기가 지나면 제사를 지내지 않는다.〔過期不祭.〕'[41]는 글을 인용했던 것은, 바로 오늘의 훌륭하신 말씀과 같습니다. 그러나 뒤에 다시 생각해보니 제사를 폐하는 것이 끝내 온당치 못할 듯합니다.

근래 병기(病氣)에 휩싸여 있어서 책상머리의 서적을 마음대로 고찰하고 검토하지 못하여 지난 번 편지에는 다만 억측에 의한 주장을 늘어놓았을 뿐이고 곡절까지 세세히 말씀드리지 못했습니다. 그런데 이번에 다시 물으시기에, 비로소 선배들의 의론 중에 마땅히 담제를 행해야 한다고 언급한 몇 조항을 상고하여 보내 올리니, 자세히 살펴보시는 것이 어떻겠습니까.

똑같이 상제(祥祭)를 물리지만 추복의 경우는 연고가 있어 물리는 것과 똑같지 않으니, 연고가 있어 상제를 물리는 경우는 상기(喪期)의 실제 수가 이미 찼는데도 특별한 연고가 있어 물렸기 때문에 만약 담제를 지낼 달이 지났으면 진실로 마땅히 시기가 지났다고 논할 수 있습니

40 추복(追服) : 상기(喪期)가 지난 뒤에 상복을 입는 것을 말한다.

41 시기가……않는다 : 이 내용은 《예기》 〈증자문(曾子問)〉에 "제사는 시기가 지나면 제사를 지내지 않는 것이〔祭過時不祭.〕, 예(禮)이다."라고 보이는 공자의 말씀을 인용한 것이다.

다. 하지만 추복하여 상제를 물리는 경우는 상기의 실제 수가 비록 찼더라도 아직 본인에게는 다 차지 않은 것입니다.

연제(練祭 소상(小祥))와 상제, 담제가 이미 일관된 일인데, 연제와 상제는 차례로 물리고 유독 담제의 경우만 시기가 지났다고 하여 폐하는 것은 어찌 반박(斑駁)[42]이 심한 것이 아니겠습니까. 비록 경전(經典)의 근거는 보지 못했으나, 예(禮)의 뜻과 사리(事理)로 헤아려 보면 모두 담제를 행하여도 될 듯합니다. 그러므로 지난번에 자세히 여쭈었던 것은 삼가 다시 상의하고자 해서였습니다.

42 반박(斑駁) : 여러 가지 빛깔이 뒤섞여 얼룩얼룩한 것을 이르는 말인데, 불공정함 또는 '차이가 남'의 의미로 쓰이기도 한다.

민원리에게 답함

答閔元履

여름이 가고 겨울이 오도록 격조함이 이렇게 오래되었습니다. 모였다가 흩어지는 것이 자주 있는 일이라 함께 소식을 이어가다가 뜸해졌으니, 심중에 그리움이 끊이지 않아 다만 애를 태우고 있을 뿐이었습니다. 그런데 뜻밖에 편지가 성(城) 안에서 전해져서 급히 펴 보고, 비로소 근간에 어버이 병환 때문에 근심이 적지 않았고 그대 또한 병으로 자못 고생하였음을 알고 뒤늦게 가슴이 두근거리고 놀랐다가 곧바로 차례로 평안해지셨음을 알고 기뻐하였습니다.

서신이 온 뒤에 날씨가 추워지는데, 어버이 시봉하면서 정무(政務)를 보시는 몸을 때에 따라 더욱 근신하시고 계십니까? 또 흉년에 백성들에 대한 근심이 몸조리에 방해가 되지는 않습니까? 저는 모질게 연명(延命)해 온 것이 어느덧 3년이 되었습니다. 상(喪)이 끝나 궤연(几筵)을 철거하니, 이에 선민(鮮民)[43]의 고통을 지극하게 느낍니다. 굽어보나 우러러 보나 가슴이 무너져 내리니, 다시 무슨 말을 하겠습니까.

편지 말미에 쓰신 여러 가지 가르침을 보니, 저도 모르게 가슴속에 감회가 일어납니다. 아직도 기억하건대, 어렸을 적에 선형(先兄)의 책상 아래에서 가르침을 받으면서 매번 말하기를 "늙기 전에 산수(山水)

43 선민(鮮民) : 부모가 없어 의지할 곳 없는 외로운 백성이란 의미이다. 《시경》〈소아(小雅) 육아(蓼莪)〉의 "병(甁) 속의 곡식 바닥난 건 항아리의 수치라네. 궁한 백성 살아감〔鮮民之生〕이 죽음보다 못한 지 오래이네."라는 구절에서 왔다.

가 아름다운 곳에 초가집을 짓고 스승을 모시며 또 서너 명의 동지(同志)와 이웃을 맺어 외롭지 않게 지내는 것이 제 인생에 지극히 기쁜 일이 될 것입니다."라고 하였는데, 선형께서는 웃으시며 어리석은 생각이라고 하셨습니다.

그러나 또한 후일에도 이렇게 하고 싶은 마음이 없지 않았었는데, 그 뒤에 인사(人事)가 바뀌고 변하여 슬픔과 기쁨을 실컷 겪고 형세에 구애되고 억눌려서 마침내 시정(市井)의 백성이 되어 살다가 어느덧 늙음이 이르렀습니다. 이를 때로 회상해 봄에 절로 서글퍼지는 마음을 금할 수가 없습니다.

연래에 화고(禍故)가 닥친 뒤에는, 이 삶이 어버이를 다 여의고 의지할 곳이 없으니, 번화한 서울의 옛 동리에 다시 거처할 생각이 없었습니다. 이에 마음 내키는 대로 망령되이 동하여 바로 표류하여 이곳에 이르렀는데, 이곳 또한 마음에 흡족하고 편안함만 있는 것은 아닙니다.

다만 집을 옛날에 지어 놓았고 또 집의 칸수가 가까스로 가솔들을 용납할 수 있었기 때문에 온 것일 뿐 실로 이곳에서 장구(長久)히 거처할 계획은 아니나, 또 다른 곳을 선택할 형편과 재력이 못됩니다. 이미 두 번의 추위와 더위를 지냈으나, 본래 기구한 운명이 여러 번의 상(喪)에 몸이 많이 상하였고, 이번의 친상(親喪) 중에 옛날에 비하여 특별히 심하게 몸이 피폐해지고 쇠잔해져서 스스로 남은 삶이 매우 짧을 것을 아니 참으로 지금은 고향을 생각할 때인데, 선영(先塋)이 있는 고향에는 이미 몸을 의탁할 만한 집이 없습니다.

이에 애오라지 이곳에 머물고 있으나, 이곳은 두 곳의 부모님 산소와 떨어져 있어 다소 불편하니, 세시(歲時)에 성묘를 다녀올 때마다 이미 근력과 뼈가 예전만 못해서 매우 힘이 드는 것을 느낍니다. 지평(砥平)

과 여주(驪州)의 명승은 옛날 제가 마음을 둔 곳이지만 다만 계책이 졸렬하여 집을 장만하기가 어려울 뿐만 아니라 성묘 가는 길이 더욱 멀어지니, 이는 참으로 난처한 일입니다.

이어 생각해보건대 지난번에 국진이 자주 찾아와서 말하기를 "조만간에 관직에서 물러나 이 곳 근처에 집을 구하여 애오라지 노년에 서로 의지할 계책으로 삼고자 한다."라고 하였는데, 이 말은 대체로 한 때의 우연에서 나온 것이 아닌 듯합니다.

집사께서는 비록 동쪽 교외는 거처할 만한 땅이 아니라고 말씀하시나, 우리 두 사람 때문에 억지로 이곳으로 오시어 이웃에 터를 잡아 지팡이 짚고 한가로운 걸음으로 왕래하여 분수에 따라 학문을 강(講)하고 토론하면, 비록 물빛과 산색(山色)의 뛰어난 경치는 없더라도, 마음 맞는 사람끼리 서로 종유함이 즐거워 근심을 잊을 수 있을 것입니다. 결함이 있는 세계에 어찌 십분 완전한 아름다움이 있겠습니까. 생각하건대 이 일이 또한 여생에 있어 충분히 다행한 일이 될 수 있을 것이니, 부디 한 번 생각해 보시는 것이 어떻겠습니까?

안동(安洞)의 상기(喪期)가 끝났으니, 서글픈 마음이 매우 간절합니다. 그의 아들을 데리고 와서 과제를 주어 엄중하게 가르치는 일〔鉗鎚〕[44]을 조금도 시험해 보지 못하였으니, 유명(幽明) 간에 그 친구를 저버린 것이 많습니다. 이 때문에 더욱 스스로 마음이 쾌(快)하지 못하니, 집사께서 북쪽에서 돌아오시면 어디에서든 잘 돌보아 아이가 방일(放逸)에 빠지지 않게 해주시기를 오직 바랍니다. 이만 줄입니다.

44 엄중하게 가르치는 일〔鉗鎚〕: 겸(鉗)은 쇠집게, 추(鎚)는 쇠망치로 모두 쇠붙이를 단련시키는 연장들인데, 아주 엄중한 가르침을 비유하는 말이다.

심자순[45] 문영 에게 답함

答沈子純 文永

《맹자》〈등문공 상(滕文公上)〉 '도성선장(道性善章)'[46]의 의의(疑義 그 뜻이 의심스러운 부분)에 대해 외람되이 질문을 받고 대략 저의 어리석은 설을 아뢰었는데, 즉시 답장을 주시어 자상하고 반복된 말로 기어이 우매한 저를 깨우쳐 주고자 하시니, 그 뜻이 지극히 두터웠습니다. 다만 서로 깨닫지 못한 점이 있으니, 청컨대 다시 어리석은 소견을 펴서 가르침을 구해도 괜찮겠습니까?

맹자의 시대에 이욕(利慾)이 세상에 가득차서 사람들이 인성(人性)이 본래 선(善)함을 알지 못하여 비록 등문공(滕文公)처럼 자질이 아름다운 자라도 이 이치를 알 길이 없었으니, 장차 어느 곳에 의지하여 선(善)을 행했겠습니까?

그러므로 맹자가 처음 등문공을 만났을 때에, 먼저 성선(性善)의 설을 가지고 그를 개발(開發)시켜 이 이치를 깨닫게 하고, 다음에 요순(堯舜)을 칭하여 이를 실증해서 등문공으로 하여금 이 말을 믿게 하신 것입니다. 만약 이 이치를 깨닫지 못하고 이 말을 믿지 못한다면 비록 선(善)을 행하고자 하더라도, 아래에서 성인(聖人)을 배우는 공부는

45 심자순(沈子純) : 심문영(沈文永)으로 자순의 그의 자이고 호는 거관재(居觀齋), 본관은 청송(靑松)이다. 음직으로 곡성 현감(谷城縣監)을 지냈다. 《老洲集 卷14 祭沈子純文》

46 도성선장(道性善章) : 〈등문공 상(滕文公上)〉의 첫 번째 장으로 '맹자도성선(孟子道性善)'에서부터 '궐질불추(厥疾不瘳)'까지이다.

실로 할 길이 없습니다. 이 때문에 맹자께서 이것에 대해 정성을 다해 말씀하신 것입니다.

그러므로 제가 삼가 생각하건대, 이 장(章)에서 요순을 칭한 것은 바로 인성(人性)의 선(善)함이 요순과 같다는 이치를 증명한 것이요, 요순을 배우는 공부는 본래 이 후면(後面)에 있으니, 끝내 이 장의 주된 뜻이 아닙니다.

성(性)은 같고 기(氣)는 다르니, 이 장에서 말한 성이 어찌 본연(本然)에 나아가 기를 떨쳐 버리고 오로지 선(善) 일변(一邊)을 가지고 말한 것이 아니겠습니까. 그러므로 주자 역시 본문(本文)에서 말한 뜻에 따라 기를 버리고 훈석(訓釋)하신 것입니다. 만약 보내온 편지에 말씀하신 '기품(氣稟)이 구애된다.'는 것을 가지고 추론하면 그 뜻이 진실로 주도(周到)하고 완전할 듯하나, 이른바 기품이라는 것이 모두 제각기 같지 않음이 있는 것이 어찌 아니겠습니까.

지금 모두 제각기 같지 않음이 있는 것을 가지고 돌연 본연의 대동(大同)을 말하는 곳에 덧붙여 훈석하였는데, 저는 이것이 옳은지 모르겠습니다. 또 다만 기질(氣質)을 말하면 그래도 물욕(物欲 사욕(私欲))을 포함할 수 있지마는 다만 물욕을 말하면 기질을 포함할 수가 없으니, 이는 이치에 당연한 것입니다. 주자의 주(註)에 지금 물욕을 포함할 수 있는 기질을 들지 않고 다만 기질을 포함할 수 없는 물욕만을 든 것이 어찌 이유가 없겠습니까. 반복하여 이에 대해 자세히 확인해보면 그 뜻이 저절로 분명해질 것입니다.

기질과 물욕이 비록 서로 종(終)과 시(始)가 되나, 구분하는 입장에서 말하면 물욕은 밖에서 와서 그 성을 해치는 것이고, 기질은 안에서 말미암아 그 성을 가리는 것이니, 공부(工夫)를 말하는 입장에서 보면 진실로 기질만을 버릴 수가 없고, 본연의 대동을 말하는 입장에서 보면 기질 또한 굳이 집착하여 말할 필요가 없습니다. 그러므로 이 주(註)에 다만 물욕만 들어 간략하게 말해서 중인(衆人)이 본성을 잃는 이유를 드러내었을 뿐입니다.

농암(農巖) 어른이 말씀한 "주자의 집주는 눈금이 있는 저울로 단 것처럼 정밀하다."는 것은 바로 이런 등의 훈석을 말한 것입니다. 인용한 제설(諸說)로 말하면 풍부하고 해박한 것으로, 모두 마땅히 기질을 겸해 말해야 하는 이유를 증명한 것입니다. 비록 주도(周到)하다고 이를 만하나, 무릇 경서(經書)를 볼 때에는 먼저 본문을 취하여 입론(立論)한 뜻을 찾은 뒤에 서서히 제설을 취하여 참고하여야, 거의 선후의 순서를 잃지 않아서 실로 그 올바른 뜻을 알 수 있습니다.

만약 본문에 대해 지극히 세심하게 살피지 않고 곧바로 두루 인용하고 널리 의거하는 것에만 힘을 쓰면서, 그 참뜻을 터득하는 자는 드뭅니다. 그러므로 가령 인용하고 의거한 것이 모두 합당하더라도, 요컨대 본문을 체인(體認)하여 터득하는 것이 요약(要約) 되어 가장 좋습니다.

주자가 말씀하기를 "문자는 우선 마음을 비우고 평담하게 보면 자연 의미가 있으니, 애써 가지가 뻗어 나간 것을 찾고 옆으로 구멍을 뚫어 의리의 바른 맥(脈)을 어지럽히지 말라."라고 하셨는데, 보내온 편지에서 인용한 것은 가지가 뻗는 것을 찾고 구멍을 뚫는 일이 됨을 면치 못할 듯하기에, 애오라지 주자의 이 말씀을 외워서 받들어 권면하는 것입니다.

조국진과 심자순에게 답함
答趙國珍 沈子純

문 조국진의 편지에서 "아마도 맹자는〔蓋孟子〕"부터 "어찌 일찍이 옥석이 뒤섞여 있다는 혐의가 있었겠습니까.〔何嘗有混淆之嫌哉?〕"까지에 대해

답 태어나는 처음에 기질(氣質)과 성(性)을 똑같이 받았지만, 맹자께서 성선(性善)을 말씀할 즈음에, 앎이 있은 뒤에 물욕이 멋대로 생겨나는 것을 이미 고의로 떨쳐 버렸습니다. 바로 그 지점이 하면(下面)에 있지만 애당초 본연(本然)을 말하는 뜻과는 상관이 없습니다. 그러므로 《집주(集註)》에도 고의로 떨쳐 버린 기질을 굳이 말하지 않았는데, 중인(衆人)들이 본성(本性)을 잃는 이유에 있어, 또한 그 실상을 완전히 없애 버릴 수가 없으므로 다만 하면의 물욕을 들어서 보인 것입니다.

그러므로 어리석은 저는 일찍이 말하기를 "이 장(章)에서 만약 성리(性理) 전체를 위주로 하여 논한다면, 《집주》에서 마땅히 기질을 말하여 빠트린 것을 보충하기를, '공도자왈장(公都子曰章)'의 주(註)[47]와 같이 해야 할 것이요, -'공도자왈장'에서는 장자(張子)와 정자(程子) 설을 인용하여 기(氣)의 품부에 대해 발명하였습니다.- 만약 성(性)을 회복하는 공부를 위주

47 공도자왈장(公都子曰章)의 주(註) : '공도자왈장(公都子曰章)'은 〈고자 상(告子上)〉의 여섯 번째 장으로 '공도자왈(公都子曰)'로부터 '호시의덕(好是懿德)'까지이다. 주는 이 장의 장하주(章下註)를 말한다.

하여 말한다면 기질을 함께 들어서 공부하는 곳을 보이기를, 《대학》 명덕(明德)의 주와 같이 해야 하는데, -《대학》 명덕에서는 기질과 물욕 양쪽을 상대하여 말하였습니다.-

이 장은 오로지 당시에 이욕(利欲)이 도도해서, 사람들이 성선을 알지 못하였기 때문에 성이 본래 선한 이치를 밝힘에 급했을 뿐입니다. 이 때문에 《집주》에서도 다만 글에 따라 뜻을 훈석하고 이르기를 "중인(衆人)들은 사욕에 빠져 본성을 잃었고, 요순(堯舜)은 사욕의 가림이 없어 그 본성을 채울 수 있었을 뿐이다."라고 하였으니, 이는 곧 바로 이(理)와 욕(欲)이 서로 소장(消長)함을 가리켜 말한 것입니다. 지금 이것을 연구하지 않고 이른바 '다르다는 것'들을 다 들어 뒤섞어 말하고서 성선에 빛이 난다고 말하고자 하시는데, 저에게는 도리어 정채(精彩)가 없어지는 것으로 보이니, 어느 곳에 광채가 나는지 모르겠습니다.

어리석은 제가 '뒤섞인다.〔混淆.〕'라고 말한 것은, 이(理)와 기(氣)가 서로 뒤섞이는 것을 말한 것이 아닙니다. "이(理)와 기는 서로 뒤섞이지 않는다."는 말의 뜻이 명백하게 판별되지 못할까 근심한 것입니다. 이것이 비록 훈고(訓詁) 사이의 작은 의미이나, 상세하고 소략함, 엉성하고 치밀한 사이에 곡진한 뜻이 있으니, 어찌 뭉뚱그려 보고 구별하지 않을 수 있겠습니까.

또 자순(子純)의 말에 이르기를 "물욕의 상면(上面)에 기질이 포함되어 있다." 하였고, 또 말하기를 "사욕의 이면(裏面)에 기질이 본래 있다." 하였는데, 이(理)를 가지고 미루어 보면 오히려 이와 같지마는, 이미 상면이라고 하고 이면이라고 하였으면 이는 바로 추론하여 말한 것이니, 이미 바로 지금 현재(現在)하는 뜻이 아닙니다. 어찌 먼저 물욕만을 거론한 글에 유의하여 기질을 함께 거론하지 않은 뜻을 보아 기질과 물욕이 서로 의존하고 함께 원인이 되는 뜻을 우선 버려두어 후면의 이해에 속하게 하지 않습니까?

이와 같이 하면 의리가 저절로 정밀해지고 요약되어서 장차 극진해질 것입니다. 만약 한갓 기질이 빠진 것만을 혐의하여 반드시 급급하게 기질을 물욕 위에서 보고자 하여 지나치게 미루어 말하고 기질을 함께 들지 않은 뜻을 다시 실제로 헤아리지 못한다면, 비록 빈틈이 없다고 말하더라도 원래의 근본적인 뜻에 있어서는, 주자가 말씀하신바 "위협하고 속박시켜 좌지우지한다."는 것에 가깝지 않겠습니까.

문 자순의 편지에서 "기질이란 것〔氣質者〕"에서부터 "근저는 또 굳이 말할 것이 없다.〔根柢又不須言也.〕"까지에 대해

답 기질과 물욕은 지점(地點)이 이미 다르고 -기질은 태어난 초기에 품부받고 물욕은 앎이 있은 뒤에 생깁니다.- 명목(名目)이 본래 같지 않으니, -기질은 어둡고 밝음과 강하고 약함을 이르고, 물욕은 식색(食色)과 영리(營利)를 이릅니다.- 그림자와 메아리가 형체와 소리에 있어서처럼, 본(本)을 들면 말(末)이 저절로 포함되는 것과는 다르고 또 사단(四端)이 사성(四性)에 있어 용(用)을 들면 체(體)가 저절로 나타나는 것과는 같지 않습니다.

그러므로 기품의 구애됨과 물욕의 유혹이 어진 본성을 해치는 것이 또한 각각 이치(理致)가 다르니, -《대학장구》에 "기품에 구애되는 바와 물욕에 가린 바가 된다."라고 했으니, 만일 두 가지가 서로 포함될 수 있다면 굳이 이와 같이 훈석하지는 않았을 것입니다.- 기품과 물욕 두 가지의 구분을 뒤섞을 수가 없습니다. 그 말류(末流)에 이르러는 기질의 구애됨이 물욕으로 인하

여 더욱 드러나고 물욕의 유혹이 기질을 기다려 더욱 방사(放肆)해져서, 기질과 물욕이 서로 의존하고 함께 원인이 되며 서로 종(終)과 시(始)가 되어 성선(性善)이 사라지게 됩니다.

지금 물욕과 기질이 서로 종과 시가 되는 것을 보고 끝내 이것을 일러 "본을 들면 말이 포함된다."라고 해서 그림자와 메아리가 형체와 소리에 있어서처럼 여기고, 또 기질과 물욕이 서로 의존하고 함께 원인이 되는 것을 보고서 끝내 이것을 일러 "용을 들면 체가 드러난다."라고 해서 사단(四端)이 사성(四性)에 있어서처럼 여겨, 마치 한 물건인데 이름이 둘인 것처럼 하고 체가 여기에 있으면 용이 저기에 있는 것처럼 한다면, 어찌 옳겠습니까.

지점이 이미 다르면 명목도 자연 다릅니다. 그러므로 배우는 자가 기질을 교정하고 사욕을 이겨 내는 공부를 모두 지극히 하면 기질이 변화될 때에 인욕(人欲)이 저절로 사라지고 인욕이 사라진 곳에 기질 또한 변화됩니다. 그러나 이 기질의 편벽됨이 있은 뒤에야 비로소 이 물욕의 어지럽힘이 있는 것이기 때문에 배우는 자가 비록 그 공부를 모두 지극히 하더라도 공부의 본령(本領)은 거의 기질의 변화 위에 있는 것입니다. 어리석은 제가 지난번 편지에서 "기질은 그래도 물욕을 포함할 수 있으나 물욕은 기질을 포함할 수 없다."라고 한 것은 오로지 이 때문입니다.

국진의 말에 이르기를 "물욕은 바로 기질이 작용하는 것이요, 기질은 바로 물욕의 근저(根柢)이니, 비유하면 성(性)이 체(體)가 되고 정(情)이 용(用)이 되는 것과 같다."라고 하였습니다. 만약 물욕이 기질에서 생긴다고 해서 기질을 물욕의 근저라고 부르는 것은 그래도 괜찮지마는, 기질의 작용은 오로지 물욕만은 아닌데 어찌 오로지 물욕만을 기질의 용에 해당시켜 마치 원래의 체와 용처럼 볼 수 있겠습니까.

자순의 말에 이르기를 "홀로 물욕을 말해도 기질이 저절로 포함되고, 홀로 기질을 말해도 물욕이 저절로 포함된다."라고 하였는데, 기질과 물욕이 이미 하나의 물건이 아니라면 혹 포함될 만한 곳도 있고 혹은 굳이 포함되지 않을 곳도 있을 것이니, 어찌 이 기질을 말하기만 하면 저 물욕이 절로 포함되어 서로 떨어질 수 없다고 말할 수 있겠습니까.

두 분 현자의 말을 자세히 살펴보면, 기질과 물욕을 구분하지 않음이 지나쳐서 두 가지를 함부로 뒤섞어 끌어다 맞춰서 이처럼 허다한 갈등을 만든 것이기에, 이에 다시 보내온 편지를 가지고 간략히 이와 같이 조목조목 분변하였습니다. 만약 이치에 맞지 않음이 있거든 원컨대 아끼지 말고 잘 헤아려 가르쳐 주시기 바랍니다.

심자순의 정심설에 찌를 붙여 논함
籤論沈子純正心說

정심(正心)의 뜻은 동(動)을 위주로 하나 정(靜)을 포함합니다. 어찌하여 동을 위주로 한다고 말하겠습니까? 공부(工夫)가 동을 위주로 하기 때문입니다. 또 어찌하여 정을 포함한다고 말하겠습니까? 공효(功效)를 거두는 것이 정을 포함하기 때문입니다.

진체(眞體)의 자리에는 진실로 득실을 따질 만한 것이 없으나, 사물이 이르렀을 때에 올바름을 잃지 않을 수 없으니, 이때 비로소 마음을 바로잡는 공부가 있는 것입니다. 그러므로 공부는 동을 위주로 한다고 한 것입니다. 사물에 감응하는 즈음에 '유소(有所)'의 병통[48]을 바로잡아 용(用)이 행하는 바가 번번이 모두 절도에 맞으면 거울처럼 맑고 저울대처럼 평평한 마음의 체(體)가 저절로 그 바름을 얻게 됩니다. 그러므로 공효는 정을 포함한다고 한 것입니다.

지금 자순은 유체(留滯)와 기대(期待)를 정에 소속시키고 편중(偏重)을 동에 소속시키니, 이는 아마도 전(傳)의 글에서 정을 찾을 만한 곳이 없기 때문에 이처럼 억지로 나누는 의론이 있게 된 듯합니다.

48 유소(有所)의 병통 : 《대학》〈정심장(正心章)〉 경문의 '분노하는 바를 두면〔有所忿懥〕', '두려워하는 바를 두면〔有所恐懼〕', '좋아하는 바를 두면〔有所好樂〕', '근심하는 바를 두면〔有所憂患〕'의 네 가지를 이르는데, 주자는 여기에 "이 네 가지는 모두 마음의 용(用)이니, 사람에게 없을 수 없는 것이다. 그러나 조금이라도 이것을 가지고 있으면서 살피지 못하면 욕심이 동(動)하고 정(情)이 치우쳐서 그 용의 행하는 바가 혹 올바름을 잃지 않을 수 없을 것이다."라고 주를 달았다.

그러나 유체와 기대가 조금이라도 있으면, 곧바로 이발(已發)에 속합니다. 《대학혹문》에 이른바 "응하는 것에 이미 혹 잘못이 없을 수 없다.〔應之旣或不能無失.〕"는 것은 바로 편중의 병통이요, "또 함께 가지 않을 수 없다.〔不能不與俱往.〕"는 것은 바로 유체와 기대의 병통이니, 여기에서 모두 똑같이 동(動)임을 더욱 볼 수 있습니다.

또 정심은 진실로 본래 체와 용을 다 통합하고 있으니, 어찌 "그 마음을 바르게 함에 있다.〔在正其心.〕"는 한 구(句) 위에서 정(靜)을 포함한 뜻을 보지 않고, 반드시 용 위의 공부하는 곳에서 동과 정을 나누어 보고자 함은 어째서입니까?

고명(高明)의 견해는 남당(南塘)에 근원한 듯하기에 제가 감히 남당의 설을 취하여 분별하여 말하였으니, 지극히 참람하고 망령됩니다. 부디 너그러이 양찰해 주시기 바랍니다.

'하는 바를 두다.〔有所.〕'와 '그 바름을 얻지 못한다.〔不得其正.〕'와 '마음에 있지 않다.〔心不在焉.〕'는 것을 각각의 항목의 일로 나누어서는 안 되고, 삼불(三不)[49]에 이르러서야 비로소 몸이 닦이지 않는 일이 됩니다. -《장구》에 이른바 '그 몸을 검속(檢束)할 수 없다'는 것입니다.-

남당은 '유소(有所)'를 체(體) 위의 병통에 소속시키고 -조금이라도 소(所)를 두면 곧 동(動) 위의 일에 속합니다.- '부득기정〔不得其正〕'을 용(用) 위의 병통에 소속시켰으며 '부존〔不存〕'[50]을 체 위의 병통의 폐해로 여

49 삼불(三不) : 《대학》 〈정심장(正心章)〉 경문의 '보아도 보이지 않으며〔視而不見,〕', '들어도 들리지 않으며〔聽而不聞,〕', '먹어도 그 맛을 알지 못한다.〔食而不知其味.〕'를 가리킨 것이다.

기고 -마음을 보존하는 것과 잃는 것을 어찌 다만 정(靜)의 체의 자리에서만 논할 수 있겠습니까.- 삼불(三不)을 용 위의 병통의 폐해로 삼았습니다. -이 장에서 정심(正心)과 수신(修身)을 해석하였는데, 삼불(三不)은 이미 사위(事爲)에 관계되기 때문에, 《장구》에서 이것을 수신에 소속시켰습니다.-

얼핏 보면 남당의 설이 조리(條理)가 있는 것 같으나, 세세히 찾아보면 적이 안배(按排)하고 가차(假借)한 것이니, 도리어 전(傳)을 지은 뜻에 대한 이해가 밝지 못한 것입니다. 조금이라도 소(所)를 두면 곧 바름을 얻지 못하는 것인데, 어찌 유소(有所)의 밖에 다시 별도로 바름을 얻지 못하는 병통이 있겠습니까. 조금이라도 바름을 얻지 못하면 마음이 곧 보존되지 못하는데, 어찌 바름을 얻지 못하는 것 외에 다시 별도로 마음이 보존되지 못하는 병통이 있겠습니까.

그러므로 이 장에서 병통이 유소(有所)에 있고 공부 또한 유소(有所)에 있는 것입니다. 그렇다면 이 장을 용(用) 위의 공부로 삼아서 공효(功效)를 거두게 되면 체(體) 또한 거의 확립될 수 있을 것입니다.

하나라도 이런 마음을 가지고 있으면〔一有之〕 바로 욕(欲)이 -이 '욕'자는 바로 물건에 감응하여 동하는 것이니, 성지욕(性之欲)의 '욕'이요, 인욕(人欲)의 '욕'이 아닙니다.- 동(動)하고 정(情)함이 지나치게 되니, 욕이 동하고 정이 지나치게 된 뒤에야 비로소 바름을 얻지 못하는 병통이 있게 되는 것은 아닙니다. 남당은 이것을 층절(層節)로 나누어 보았는데, 적이 옳지 못한 듯합니다.

50 부존(不存) : 《장구》에서 주자가 말한 '마음이 보전되지 못함이 있으면〔心有不存,〕'의 부존을 가리킨다.

대저 뜻을 성실히 하여야〔誠意〕 마음을 바르게 함〔正心〕이 있는 것은, 이는 계교(計較)하고 헤아리는 그 뜻이 비록 실제로 선(善)하고 참으로 악(惡)이 없더라도 그 마음이 물건과 접할 때에 더욱더 살피지 않으면, 정(情)이 발아(發芽)하여 동하는 것이 모두 절도에 맞으리라고 보장하기가 어렵습니다. 그러므로 뜻을 성실히 하여야 또 마음을 바르게 함이 있는 것입니다.

마음을 바르게 하여야〔正心〕 몸을 닦음〔修身〕이 있는 것은, 그 정(情)이 곧바로 발아하여 동하는 것이 비록 경(敬)하여 마음을 곧게 하더라도 그 몸이 물건과 접할 때에 더욱더 살피지 않으면, 정(情)의 발용(發用)이 향하는 곳이 또한 모두 이치에 합당하리라고 보장하기가 어렵습니다. 그러므로 마음을 바르게 하여야 또 몸을 닦음이 있는 것입니다.

여기에서, 공부하는 차례의 시종(始終)과 천심(淺深)이 본래 조리가 있음을 볼 수 있는데, 남당은 이것을 살피지 못하고 성의(誠意)를 의(意) 위의 공부라고 하고 수신(修身)을 정(情) 위의 공부라고 하며 정심(正心)을 미발(未發)의 체(體)에 해당시켰습니다. 이렇게 나란히 배열함이 비록 치밀하고 위치가 비록 정밀하나, 어리석은 저는 본래의 바른 뜻이 과연 이와 같은지 알지 못하겠습니다.

또 이 장의 《장구》에서 말한 '경이직지(敬以直之)'와 《혹문》에서 말한 '조존(操存)'을 가지고 '덕성을 함양하고 마음을 잡아 보존하는〔涵養操存〕' 공부라고 하며, 이 장이 정(靜)을 위주로 한다는 주장의 밝은 증거로 삼았습니다. 그러나 《혹문》의 설을 거슬러 올라가 상고해보면 '함양 조존'이 오로지 이 장의 공부만이 아님을 알 수 있습니다. 《혹문》에 이르기를 "막 어릴 때에 《소학》을 익히지 않으면, 방심(放心)을 거두고 덕성(德性)을 길러 《대학》의 기본으로 삼을 수 없다."라고 하였으니, 그렇다면 '함양 조존'하는 공부가 《대학》보다 앞에 있어서 진실로 이미 《소학》의 공부가 되는 것입니다.

또 《혹문》에 이르기를 "경(敬)이라는 한 글자가 성학(聖學)의 시작을 이루고 끝을 이루는 것이니, 《소학》 공부를 하는 자가 이 경을 행하지 않으면 진실로 본원을 함양하여 물 뿌리고 청소하며 응하고 대답하며 나아가고 물러나는 의절(儀節)과 저 육예(六藝)의 가르침을 삼가 행할 수가 없다. 또 《대학》을 공부하는 자가 이 경을 행하지 않으면 또한 총명함을 개발하며 덕을 진전시키고 학업을 닦아 저 명덕(明德)과 신민(新民)의 공을 이룰 수가 없게 된다."라고 하였습니다. 그렇다면 격물(格物)·치지(致知)와 성의(誠意)·정심(正心), 수신(修身)·제가(齊家)와 치국(治國)·평천하(平天下)가 모두 경을 필요로 하여, '함양 조존'하는 공부가 또한 있지 않은 곳이 없는 것입니다.

제가 감히 존심양성(存心養性)의 일단의 공부가 이 장에는 전혀 없다고 말하는 것은 아닙니다. 그러나 만약 '경이직지'와 '조존'의 말이 다만 이 장에만 보인다고 해서 너무 과하게 주장해서 편벽되이 정(靜) 쪽에 소속시켜, 마치 《중용》의 계구(戒懼)와 주자(周子)의 주정(主靜)[51]과 같게 한다면, 비록 의리가 특별히 정밀하더라도 끝내 전(傳)을 지은 이의 본지(本旨)가 아닐 듯합니다. 혹 주자가 말씀하신 "자기 생

51 주자(周子)의 주정(主靜) : 주자는 염계(濂溪) 주돈이(周敦頤)를 이르고, 주정은 도덕(道德)의 수양(修養) 방법으로 마음을 고요한 상태로 유지하여 외물에 의해 동요되지 않게 함을 이른다. 주돈이의 《태극도설(太極圖說)》에 "성인(聖人)은 중(中)·정(正)·인(仁)·의(義)로 정하되, 정(靜)을 주장하여 사람의 표준을 세우셨다."라고 보인다.

각으로 도리를 말한다."는 것에 가깝지 않겠습니까. 이는 구구한 이 몸의 독창적인 의견이 아니고, 선형(先兄)께 들은 것이 이와 같습니다.

조국진과 심자순에게 줌

與趙國珍 沈子純

한 번 내린 비가 석 달 동안 이어지는 것은 나이 많은 노인들 또한 드물게 보는 일이라고 합니다. 이때에 두 분의 체후가 모두 좋으신지 모르겠습니다. 멀리서 바라보고 그리워하는 마음이 잊히지 않습니다. 강의(講義)의 여러 조항은 다시 생각할 만한 것이 있기에 찌를 붙여 간략히 저의 소견을 적어 놓았습니다.

스스로 보기에 저는 학문이 천박하고 비루하니, 어찌 이 모든 소견이 틀리지 않았음을 알겠습니까? 오직 고명(高明)의 밝은 거울로 취사선택하심에 달려 있을 뿐입니다. 저는 형제의 상(喪)에 곡한 뒤로부터는 오랫동안 강론하는 일을 하지 않았고, 자질구레한 식견도 태반을 잊어버렸으며 사색하는 길 또한 따라서 띠 풀로 막혀버렸습니다.

근간에는 어진 그대들의 논란(論難)과 질문에 힘입어 옛날 생각을 찾아 정리하게 되니, 은혜 받은 것이 참으로 많습니다. 이는 매우 다행한 일이고 매우 다행한 일입니다. 그러나 본령(本領)이 확립되지 못하고 이치를 살피는 것이 미숙하여 도리어 이것에 얽매이고 구애되어 마음이 수고스럽고 번잡해져서, 옛 사람이 말한 한적하고 고요한 가운데 조용히 마음속으로 이해하고, 또 글과 말과 뜻과 형상(刑象)의 밖에서 초연히 스스로 터득한다는 것에 다시는 가까워지지 못할 것이니, 이와 같은데도 실제의 유익함이 있기를 바랄 수 있겠습니까.

여동래(呂東萊)의 "함양이 강론보다 좋다.〔涵養多於講論.〕"는 한 구절의 말[52]에 참으로 종사하고자 합니다. 먼저 내면을 향해 수렴하여 근기(根基)를 견고하게 만들고 또 일간에 어버이를 섬기고 형을 따르는 일을 어디에서든 체행(體行)하고 궁구(窮究)하고자 하니. 이렇게 하면 거의 도리를 성숙하게 알게 될 것입니다. 두 분은 어떻게 생각하는지 모르겠습니다. 이만 줄입니다.

52 여동래(呂東萊)의……말 : 여동래는 남송(南宋)의 사상가인 여조겸(呂祖謙, 1137~1181)으로 동래는 그의 호이고, 자는 백공(伯恭)이다. 주자와 육상산(陸象山)의 아호사(鵝湖寺) 회합을 주선하기도 하는 등, 이들과 함께 강학(講學)에 힘써 대학자가 되었으며, 주자와 함께 《근사록(近思錄)》을 편찬하였다. 여동래의 말은 《동래집(東萊集)》 외집(外集) 권6 〈여섭시랑(與葉侍郎)〉에 보이는데, 원문의 '강론(講論)'이 원작에는 강설(講說)로 되어 있다.

심자순에게 답함

答沈子純

지난번 대면하여 말을 나눌 적에, 그대가 이르기를 "포은(圃隱 정몽주(鄭夢周)의 호)은 끝내 미진한 부분이 있어서 《동유사우록(東儒師友錄)》[53]에 들어갈 수 없었다."라고 하였는데, 제 생각으로는 매우 이해하지 못할 바였습니다. 그러나 그날 분주하여 저의 소견을 다 말하지 못하였는데, 특별히 그 생각이 마음속에 잊히지 않았습니다. 그런데 이번에 긴 편지를 보내와 이에 대해 물으시니, 이로 인하여 다시 반복하여 논하여도 괜찮겠습니까?

보내온 편지에 이르기를 "포은이 경서(經書)를 말하고 예(禮)를 논한 것은 주자를 종주(宗主)로 삼았고, 오랑캐를 물리치고 중화(中華)를 높인 것은 《춘추》를 본받았으며, 마음과 몸을 다 바쳐 나랏일에 힘쓴 것은 제갈무후(諸葛武侯 제갈량(諸葛亮))와 같았으며 충절(忠節)에 죽은 것은 문산(文山)[54]과 같았다."라고 하였는데, 이 몇 구절은 포은의

53 동유사우록(東儒師友錄) : 조선 후기의 학자 박세채(朴世采)가 신라시대부터 조선의 선조(宣祖) 때까지 유학자들의 학문이 어떻게 전수되고 교류되어 왔는가를 밝힌 책이다.

54 문산(文山) : 문천상(文天祥, 1236~1282)으로, 문산은 그의 호이며 자는 송서(宋瑞)이다. 남송의 승상(丞相)이 되어 나라를 부흥시키려 온 힘을 다하였으나, 끝내 나라는 원(元)나라에 패망하고 자신은 사로잡혔다. 원나라 세조(世祖)의 끊임없는 회유가 있었으나 끝까지 굴하지 않고 〈정기가(正氣歌)〉를 지어 호연한 정기를 천하에 떨치며 당당하게 사형을 당하였다.

본말과 시종을 다 말해서 거의 미진한 것이 없으니, 유자(儒者)의 일은 또한 이와 같을 뿐입니다.

이외에 어찌 별도로 다른 도(道)가 있어서 유(儒)라고 칭할 만한 것이 있겠습니까. 벼슬길에 나아가고 물러난 의리로 말하면, 보내온 편지에 이른바 '겉에 드러내지 않고 참으며 일을 하고자 함이 있었다'라고 한 것이 이 노인의 심사(心事)를 얻었다고 이를 만하니, 가령 옛날 성현(聖賢)이 이 시대에 태어나 이런 기회를 만났다고 하더라도 이 의리를 바꾸지 않았을 듯합니다.

신우(辛禑)에 대처한 일[55]로 말하면 후인의 의혹이 없지 못하나, 이 노인의 평생의 자취를 살펴보면, 어찌 때에 따라 영합하여 거취(去就)의 사이에서 구차한 짓을 하였겠습니까. 여기에는 그 사이에 반드시 정밀한 의리가 있었을 것입니다. 그러나 그때의 일을 자세히 알 수가 없고 또한 감히 자세히 말할 수도 없습니다. 그렇다면 다만 마땅히 그의 마음이 지성(至誠)스럽고 간절했음을 알아야 할 것이요, 그 자취에 대해서는 논하지 말고 전의(傳疑)[56]하여 후세를 기다리는 것이 옳을 것입니다.

55 신우(辛禑)에 대처한 일 : 포은이 이성계(李成桂) 세력과 힘을 합하여 고려 제32대 임금 우왕(禑王)을 폐하고 창왕(昌王)을 세운 일을 이른다. 신우는 우왕을 가리킨 것으로 신돈(辛旽)의 비첩 반야(般若)의 소생이라고 《고려사(高麗史)》에 기록되어 있으므로 이렇게 부른 것이다.

56 전의(傳疑) : 의심스러운 사항을 단정하지 않고 그대로 전함을 이른다. 《춘추곡량전(春秋穀梁傳)》 환공(桓公) 5년 조(條)에 "《춘추》의 사건을 기록하는 원칙은, 확실한 일은 확실하게 기록하고, 의심스러운 일은 의심스러운 그대로 전하는 것이다.〔疑以傳疑.〕"라고 한 데에서 온 말이다.

학문에 정진한 공부에 이르러는 문헌이 사라져 좇아 고찰할 데가 없으니, 과연 박문(博文)과 약례(約禮)[57]에 모두 극진하고 체(體)와 용(用)을 완전히 구비했는지는 알지 못하겠습니다. 그러나 우리 조선조 초기에 포은을 직접 보고 아신 여러 공들이 추대하여 유종(儒宗)으로 삼지 않는 분이 없었으며, 심지어는 "강론에 있어 횡설수설(橫說竪說)이 이치에 맞지 않은 것이 없다."[58]라고까지 말한 분이 있었으니, 평소에 유도(儒道)로써 자임한 것을 알 수 있지만, 다만 그 서론(緖論)이 전해지지 못했을 뿐입니다.

그러나 고려 말의 혼란한 뒤를 잘 관리하여 오랑캐에서 중화(中華)로 변하고 도(道)를 창도하여 이단을 물리쳤으니, 우리 조선조의 밝은 인문(人文)과 훌륭한 연원(淵源)은 실로 이 노인으로부터 비롯되었습니다. 그렇다면 높은 산처럼 우러르고 큰길처럼 따라야 하니, 그 공을 또 어찌 속일 수가 있겠습니까.

만일 도(道)를 대성(大成)하지 못했다고 해서 유자(儒者)라고 말할 수 없다고 한다면 이는 잘못입니다. 저는 삼가 우리 조선조 선정(先正)의 여러 현자 중에 오직 정암(靜菴), 퇴계(退溪), 율곡(栗谷), 우암(尤菴) 등이 가장 훌륭한 분들인데, 비록 감히 함부로 누구를 높이고 낮출 수는 없으나 적이 자품과 기상, 규모와 역량을 가지고 송(宋)나라의

57 박문(博文)과 약례(約禮) : 박문은 글을 널리 배움을, 약례는 예로써 행실을 요약함을 말한다. 《논어》 〈안연(顏淵)〉에 보인다.

58 강론에……없다 : 이 내용은 목은(牧隱) 이색(李穡)이 한 말로, 《동문선(東文選)》 제93권 〈서(序)〉에 실린 '포은집 서문〔圃隱集序〕'에 보이는데 이 글은 권채(權採)의 작품이다. 횡설수설(橫說竪說)은 사람을 깨우치기 위해 직설(直說)하기도 하고 우회해 말하기도 하는 것을 이른다.

여러 현자들과 비교하면 그래도 손색이 없지 못하다고 여깁니다. 그러므로 저는 일찍이 "우리 조선조의 선정을 송나라의 여러 현자들과 견주는 것은, 송나라의 여러 현자들을 공자 문하의 여러 현철(賢哲)들과 견주는 것과 같아서, 대소(大小)와 수량(銖兩)[59]의 구분을 숨길 수가 없다."라고 생각하였습니다.

지금 만약 포은 노인을 이락(伊洛)[60]의 연원의 반열에 두어서 주자(周子 주돈이(周敦頤))와 정자(程子 정호(程顥)와 정이(程頤) 형제), 장자(張子 장재(張載))와 주자(朱子 주희(朱熹))와 서로 견준다면 저는 진실로 감히 알지 못하겠습니다. 그러나 포은을 동유사우(東儒師友)의 가운데 두어서 정암과 퇴계, 율곡과 우암과 나란히 놓는다면 어찌 지나치다는 비난이 있을 수 있겠습니까.

동중서(董仲舒)와 제갈무후(諸葛武侯)와 한문공(韓文公 한유(韓愈))이 비록 도(道)를 전한 공(功)에는 나열되지 못했으나, 혹은 언어(言語)로, 혹은 기상(氣像)으로 유자(儒者)라고 칭해집니다.

더구나 이 노인은 우리 조선조에 있어 실로 지나간 성인(聖人)을 잇고 후학들을 열어준 공(功)이 있으니, 그렇다면 율곡 어른께서 논한 것[61]은 바로 현자(賢者)에게 완전무결하기를 요구한 뜻인데, 후세의

59 수량(銖兩) : 1수와 1량으로 아주 적은 분량을 가리킨다. 1근의 1/16이 1량이고, 1량의 1/24이 1수이다.

60 이락(伊洛) : 이락관민(伊洛關閩)을 줄여 말한 것으로, 이락은 송(宋)나라 때의 정호(程顥)와 정이(程頤)가 강학하던 이수(伊水)와 낙수(洛水)를, 관은 장재(張載)가 강학하던 관중(關中)을, 민은 주희(朱熹)가 강학하던 민중(閩中)을 가리킨다.

61 율곡……것 : 이 내용은 율곡이 "정포은(鄭圃隱)은 이학(理學)의 원조로 불리지만, 내가 보기에는 그는 사직(社稷)을 편안하게 한 신하이지 유자(儒者)는 아니다."라

유자(儒者)들이 허물이 없는 자리에서[62] 혹 가혹하게 논함이 있으니, 이는 참으로 놀랄 만합니다. 지금 만약 우리 동방의 제현들을 서열을 세우되 근원을 찾아 거슬러 올라가서 이 노인에게 미치지 않는다면, 이는 두터운 은혜를 받고도 그 공(功)을 없애는 것이니, 어찌 옳겠습니까.

박남계(朴南溪 박세채(朴世采))가 편집한 《동유사우록》은, 버리고 취함이 전혀 제대로 되어 있지 않고 체재(體裁)를 이루지 못하여 후세에 전할 만하지 못합니다. 그러나 고명이 여기에서 본 것이 있어서 아주 정밀하고 엄격함을 주장하고자 하여 이러한 의론이 있게 되었음을 알겠습니다. 그러나 이것은 너무 지나치게 단정하는 잘못을 면치 못하니, 단지 교왕과직(矯枉過直)[63]일 뿐이 아닙니다.

만약 번거로움을 덜어내고 간략함으로 나아가고자 한다면, 마땅히 설총(薛聰)과 최치원(崔致遠), 안향(安珦)과 우탁(禹倬) 등의 제공(諸公)을 버리고 단연(斷然)히 포은으로 시작을 삼아, 실마리를 열어주고 관건(關鍵)을 풀어 준 공이 분명하게 이 어른에게 있음을 드러냈다면 체단(體段 사물의 형상(形象))을 얻었을 것이니, 비로소 이 책에 유감이 없을 수 있을 것입니다. 고견은 어떠신지 모르겠습니다. 부디 다시 가르침을 주시기 바랍니다.

고 한 말을 가리켜 말한 것이다.《栗谷先生全書 卷31 語錄上 金振綱所錄》

62 허물이 없는 자리에서 : 이 내용은《예기》〈예운(禮運)〉의 "임금이란 허물이 없는 곳〔無過之地〕에 서는 자이다.〕"라고 한 구절을 원용한 것이다.

63 교왕과직(矯枉過直) : 구부러진 것을 바로 잡으려다가 너무 곧게 만든다는 의미로 즉 잘못된 것을 바로 잡으려다가 너무 과해서 오히려 나쁘게 됨을 비유한다.

심자순에게 줌

與沈子純

관직의 거취(去就)는 어떻게 하실 계획인지 모르겠습니다. 생각하건대 이미 결정한 계획이 있을 터인데 자세히 알지 못하니 자못 근심스럽고 답답합니다. 우리들이 문을 닫고 웅크린 채 칩거하여 백분(白紛)[64]에 이르렀다가 하루아침에 세상에 나가 벼슬길에서 채찍질하며 달리고자 하면, 스스로의 의사(意思)가 영락(零落)해지고 주선함이 어긋나서 사람들의 비웃음과 꾸짖음을 기다리지 않고도 이미 스스로 움츠러들게 됩니다.

그러나 좌하(座下)는 또한 대대로 녹(祿)을 받는 집안의 후예입니다. 비록 봉격(奉檄)[65]의 입장은 아니나 이미 사양할 만한 의리가 없다면 다만 마땅히 한 번 나아가 가(可)한지 시험해 볼 것이요, 만일 끝내 억지로 할 수 없는 점이 있으면 어려움을 보고 그만 두는 것 또한 한 방도입니다.

64 백분(白紛) : 어려서부터 학문을 하여 백발에 이르렀는데도 학문을 성취하지 못하고 분란스럽기만 하다는 뜻으로, 양웅(揚雄)이 지은 《법언(法言)》에 "아이 때부터 학문을 익혔지만 백발이 되도록 분란스럽기만 하다.〔白紛如也.〕"라고 보인다.

65 봉격(奉檄) : 격서(檄書)를 받들어 벼슬에 나아간다는 뜻인데, 어버이를 봉양하기 위해 벼슬함을 이른다. 후한(後漢)의 모의(毛義)가 집이 가난하고 어머니가 연로하였는데, 수령으로 삼는다는 격서가 오자 매우 기뻐하며 벼슬에 나아가니 사람들이 모두 천하게 여겼다. 그러나 어머니가 세상을 떠난 뒤에는 천거되어도 나아가지 않자, 비로소 사람들은 그가 벼슬길에 나아간 것이 어머니를 위해서였음을 알았다는 고사에서 왔다. 《後漢書 卷39 劉平等列傳》

제가 처음 벼슬한 것으로 말하면 좌하와 달라서 생원도 진사도 아니면서 외람되이 세마(洗馬)에 올랐습니다. 처음 벼슬하는 자는 격외(格外)라고 하지마는 이 일이 천목(薦目)[66]에 연유했을 터이니, 그렇다면 결코 어리석은 제 분수에 편안한 바가 아닙니다.

비록 조정에서 심히 재촉하였으나 처벌을 무릅쓰고 스스로 한계를 지었는데, 그 후 나약하게 다시 출사한 것은 모두 부득이함에 연유한 것으로 실로 처음의 뜻이 아니었습니다. 그러므로 그 뒤에 관직이 비록 바뀌었으나, 매번 스스로 마음에 유쾌하지 못함이 있었습니다.

또 녹사(祿仕)라는 것은 부모의 봉양과 가난 때문에 하는 것인데, 저의 집안은 대부(大夫)의 녹봉을 받아서 부모 봉양과 가난의 의리에 있어 해당되는 바가 없으니, 이 때문에 스스로 그대로 있을 수가 없어 벼슬을 버리기로 결정한 것입니다.

불초가 벼슬을 버린 것이 그다지 근거가 없지 않음이 이와 같았는데도 오히려 뜻밖의 비난이 시끄럽게 일어나는 것을 어쩌지 못했습니다. 더구나 좌하는 의리에 있어 반드시 사양해야 할 만한 것이 없으며 가난으로 벼슬할 만한데도 갑자기 벼슬을 버린다면, 온 세상의 비난이 사방에서 이르게 될 것이니, 이를 또 밖에서 가해진 것이라고 하여 반성하지 않으면 안 될 것입니다.

지난번에 얼굴을 마주하고 논할 때에 이미 평소의 뜻이 어디에 있는지를 알았는데 근간에 전해지는 말들을 들으니 제가 알고 있는 것과 달랐습니다. 혹자는 불초가 일찍이 벼슬을 버렸기 때문에 좌하에게

66 천목(薦目) : 관원으로 추천 받을 때 필요한 조건으로 이치(吏治)·문학(文學)·효렴(孝廉)·재능 따위의 명목이 있다.

벼슬하지 말기를 권했다는 말을 하고들 있습니다. 불초와 좌하는 비록 취미가 크게 다르지 않으나, 관직의 거취에 있어서는 마땅히 어떠한 입장에 처해있는 지를 살펴야 하니, 어찌 구차히 똑같게 할 것이 있겠습니까.

떠들썩하게 말들이 많아 시호(市虎)[67]의 의혹이 없지 못하기에 애오라지 이처럼 여쭈어 보는 것입니다. 알지 못하겠습니다. 혹 거취에 대해 다시 상량(商量)하는 뜻이 있어서 이처럼 주변 사람들의 점검(點檢)을 초래하고 있는 것입니까?

이번 일로 인하여 생각해보니, 청송(聽松)[68] 어른이 관직에 제수되면 항상 나아가 사은숙배하고 사은숙배를 마치고는 항상 벼슬을 버렸습니다. 사은숙배한 것은 임금의 은혜에 절한 것이요, 벼슬을 버린 것은 자신의 뜻을 지킨 것입니다. 이분의 출처(出處)가 온화하고 급박하지 않아서 '자신을 깨끗하게 하고자 인륜(人倫)을 어지럽히지 않았고,[69] 절개를 곧게 지키면서도 세속을 끊어 내지 않았다'[70]고 참으로

67 시호(市虎) : 근거 없는 유언비어도 많은 사람이 전하면 진짜로 믿게 된다는 뜻이다. 저잣거리에 호랑이가 출몰할 수 없음을 뻔히 알면서도, 사람들이 호랑이가 나타났다고 떠들어 대는 일이 세 번에 미치면 모두가 믿게 된다는 삼인성호(三人成虎)의 고사에서 나왔다. 《戰國策 魏策2》

68 청송(聽松) : 성수침(成守琛, 1493~1564)으로, 청송은 그의 호이이고 자는 중옥(仲玉), 본관은 창녕(昌寧)으로 우계 성혼(成渾)의 아버지이다. 조광조(趙光祖)의 문인으로 1519년(중종14)에 현량과(賢良科)에 천거되었으나, 기묘사화가 일어나 조광조가 처형되고 사림들이 화를 입자, 벼슬을 포기하고 파주의 우계(牛溪)에 은둔한 채 학문에 전념하였다.

69 자신을……않았고 : 이 내용은 자로(子路)가 세상을 버리고 은거하는 노인에 대해 "출사하지 않는 것은 의리가 아니니, 장유(長幼)의 예절도 없애서는 안 되는데 군신(君

이를 만하니, 백세의 세월 뒤에도 저로 하여금 감탄하게 합니다. 좌하는 일찍이 이 노인의 출처에 대해 어떻게 여기셨는지 모르겠습니다.

臣)의 의리를 어떻게 없앨 수 있겠는가? 자신을 깨끗이 하고자 하여 큰 윤상(倫常)을 어지럽히는 짓이다.〔欲潔其身, 而亂大倫.〕"라고 한 말을 원용한 것이다. 《論語 微子》

70 절개를……않았다 : 후한(後漢)의 명사(名士)인 범방(范滂)이 곽태(郭泰)를 두고 평가한 말로, 혹자가 범방에게 곽태가 어떠한 인물인지를 묻자 범방이 "세상을 피해 숨어도 어버이의 뜻을 어기지 않고, 절개를 곧게 지키면서도 세속을 끊어 내지 않았다.〔貞不絶俗.〕"라고 대답한 말을 원용한 것이다.

심자순에게 줌

與沈子純

삼가 생각하건대, 정자(程子)의 책은 글이 간략하면서도 뜻이 깊고 주자(朱子)의 책은 말이 통달하면서도 뜻이 충분하니, 만일 주(注)를 내어 해석하고자 한다면 정자의 책이 마땅히 주자의 책보다 먼저가 되어야 합니다. 그런데 주자의 책의 주석은 퇴계(退溪)의 《주자서절요기의(朱子書節要記疑)》로부터 처음 시작되어 지금에 이르기까지 거의 십 수 명의 주석이 나왔으나, 정자의 책에 주석을 단 분이 있다는 말을 선배들로부터 듣지 못했으니, 무슨 연고인지 모르겠습니다.

이는 주자가 정자보다 뒤에 태어났으니, 만일 주자 책의 의리에 대해 환연(煥然)히 이해하면 정자의 책에 별도로 주를 낼 필요가 없어서 그런 것이 아니겠습니까? 주자가 경전(經傳)의 해석에 큰 공(功)이 있어 은택이 만세(萬世)에 미치니, 선배들이 주자의 책에 주를 내는데 정성을 다한 것은, 또한 덕을 높이고 공로에 보답하려는 뜻에서 나온 것일 것입니다.

예전에 조국진(趙國珍)과 함께 정자의 책을 강론할 적에 서로 함께 이 일을 이야기 하고 마침내 각각 의심스러운 것을 적어 장차 참고하여 서로 교정하고 이를 모아 한 권의 책으로 만들어, 사방의 여러 친구들과 모두 함께할 수는 없더라도, 이 책을 보관하여 우리들이 말년에 글 뜻을 찾아 연구하는 자료로 삼고자 하였습니다.

그런데 공교롭게도 질병으로 어쩔 수 없이 뜻을 빼앗겨 억지로 진행하다가 원고가 절반쯤 되기에 이르러 그만두게 되었습니다. 이에 좌하에게 오류를 수정하고 빠진 부분을 보충하여 저희를 이어 일을 이루어 주기를 부탁하였습니다.

그 후 십 수 년 사이에 국진은 벼슬살이로 지방에 있는 날이 많았고, 좌하와 저는 초상(初喪)과 우환이 거듭 이어졌습니다. 그리고 저는 또 일찍이 어버이를 시봉(侍奉)하기 위해 영해(嶺海)의 사이를 왕래하느라 뜻과 생각이 사그라들어 다시는 예전처럼 서로 모여 강론하고 토론하지 못했으니, 이 일이 또한 따라서 마음속에 잊혀진지가 오래되었습니다.

지난번 좌하와 대화하던 사이에 이것을 언급해서 비로소 그 초고(草藁)가 아직도 좌하의 책상에 남아 있음을 알았으니, 머리를 돌려 회상함에 자못 망연(茫然)해 집니다. 옛날 간절하게 마음을 썼던 일이라 다시 그 면목(面目)을 보고 싶으니, 심부름 시킨 인편에 보내 주시는 것이 어떻겠습니까.

이번 일로 인하여 아뢰고 싶은 것이 있습니다. 정자와 주자의 책은 지난 성인(聖人)을 잇고 후학들을 열어주어 천지간에 세워도 어긋나지 않고 귀신에게 질정(質正)하여도 의혹되지 않으니, 배우는 자들이 높여서 믿고 받들어 지키기를 진실로 마땅히 육경(六經)과 차이가 없어야 합니다. 그러나 다만 그 자구(字句)를 해석함에 있어 육경의 전주(箋註)와 같이 하고자 한다면 체단(體段 체제(體制))이 똑같지 않음이 있게 될 것입니다.

퇴계(退溪) 어른의 《주자서절요기의》는 본문이 이미 소략하고, 또 주석을 단 것이 《주자서절요》에만 그쳤습니다. 그런데 우암(尤菴) 어른의 《주자대전차의(朱子大全箚疑)》는 《주자대전》을 다 들어 긴요한 것과 느슨한 것, 정밀한 것과 거친 것을 막론하고 곳곳마다 주석을 달아서 지극히 번다(繁多)하니, 삼가 혹 정도가 지나치지 않을까 염려됩니다.

게다가 《주자대전차의》를 이어 책을 낸 분들이 두주(頭註) 위에 두주를 달고 각주(脚註)에 각주를 달아 책이 더 나올수록 주가 더욱 많아져 지루하고 한만(汗漫)합니다. 이 분들이 힘을 쓴 것이 대체로 모두 문자의 출처와 고거(攷據)의 잘잘못에만 있어서, 필경 많은 식견을 자랑하고 박학(博學)에 힘쓰는 것을 이루었을 뿐 박실(朴實)한 공부에는 전혀 도움이 안 되니, 도대체 무슨 유익함이 있겠습니까.

이에 대해 삼가 생각해 본 적이 있는데, 굳이 이와 같이 글을 따라 안배하고 예(例)를 갖추어 설명할 필요가 없다고 여겨집니다. 다만 대의(大義)에 관계되는 것들과 주장이 은미하여 아직 천명(闡明)되지 않은 것들을 선별해서 침잠(沈潛)하고 반복하여 연구하고 강명(講明)해서 완벽히 부합하여 말이 없어도 이해함에 이르러야 합니다. 이런 뒤에야 비로소 문자를 가지고 그 긴요한 뜻을 발명하여 그 대의가 어두워지고 실추되지 않게 할 수 있을 뿐입니다.

또 굳이 철저하게 함의(含意)를 다 파헤칠 필요가 없으니, 후래(後來)의 독자(讀者)들로 하여금 이해하기 위해 심혈을 기울일 자리가 있게 하여야 합니다. 그리하여야 스스로 신고(辛苦)를 무릅쓰고 가계(家計)[71]로 삼을 수 있을 것입니다.

71 가계(家計) : 공부를 이른 말이다. 주자가 여백공(呂伯恭)에게 답한 편지에 "사서(史書)는 혼잡하고 경서(經書)는 냉담하니, 후생들은 마음과 뜻이 아직 안정되지 않아서 외면으로 향하지 않는 이가 적다."라고 하였는데, 퇴계 이황이 말하기를 "배우는 사람은 먼저 모름지기 심신을 수렴하여 냉담(冷淡)한 가계(家計)로써 고되고 힘든 공부를 해야 한다. 이에 연찬하고 되씹되 오래도록 그만두지 않아야 바야흐로 그 맛이

또 예로부터 성현(聖賢)의 언어는 모두 부득이해서 말씀한 것이기 때문에 간략하고 많지 않습니다. 그러나 순(舜)임금의 말씀이 요(堯)임금보다 많고 맹자의 말씀이 공자보다 많고, 또 내려와서 정자와 주자로부터는 그 말씀들이 간책(簡冊)에 가득 차 넘쳐서 또 공자와 맹자의 말씀보다 더 많을 뿐만이 아닙니다.

세상의 수준이 점점 낮아짐에 도학(道學)이 쉽게 잘못되니, 후현(後賢)의 말이 전성(前聖)보다 더욱 많아지는 것은 시대가 그렇게 만드는 것으로 이 또한 부득이한 것입니다. 그러므로 후세의 학자가 도(道)를 밝히려는 뜻이 있으면 무릇 강론하고 해설할 즈음에 부득이한 뜻을 깊이 체득해서 모름지기 말은 항상 부족하여도 뜻은 항상 유여(有餘)하게 하여, 후인들로 하여금 뒤를 이을 수 있게 하여야 합니다.

《예기》〈학기(學記)〉에 이르기를 "노래를 잘하는 자는 사람들로 하여금 그 소리를 잇게 하고 가르치기를 잘하는 자는 사람들로 하여금 그 뜻을 잇게 한다.〔善歌者使人繼其聲, 善教者使人繼其志.〕"라고 하였는데, 참으로 좋은 말입니다. 지금 좌하가 정자의 책에 주를 다는 일에 있어 끝내 초고(草藁)를 완성하고자 하시거든 그 이치와 의미가 정밀하고 심오한 곳에 먼저 주의를 기울이고 소소한 자구(字句)의 글 뜻에 대해서는 생략하여도 괜찮습니다.

저의 누추한 견해는 이와 같은데, 고견은 어떠하신지 모르겠습니다.

좋은 줄을 참으로 알아 힘을 얻게 될 것이다."라고 하였다.《朱子大全 卷33 答呂伯恭》

《退溪集 卷19 答黃仲擧 別紙》

심자순에게 답함

答沈子純

지난번 보내주신 편지를 보니, 그대는 농암(農巖)의 〈사단칠정설(四端七情說)〉 중의 "보통 사람 이하는 그 기(氣)가 탁한 사람이 많고 맑은 사람이 적다. 완고하고 어리석음이 심한 사람의 경우는 마음속〔方寸之內〕에 탁기(濁氣)가 가득 차 있다. 어찌 다시 1푼이나마 맑고 밝은 기가 있겠는가."[72]라는 몇 단락의 말씀이, 실로 이 마음의 본래 밝은 체(體)를 가로막는 말이라고 깊이 의심하였습니다.

삼가 생각하건대 고명(高明)은 아마도 농암이 말씀하신 뜻을 미처 자세히 살피지 못해서 이런 의심을 가지신 듯합니다. 여기의 기(氣)는 바로 혼백(魂魄)과 오장(五臟)과 백체(百體)의 기(氣)를 가리킨 것으로, 바로 주자가 말씀하신 "그 통함에 있어 청(淸)과 탁(濁)의 차이가 없지 못하고, 그 바름에 있어 좋고 나쁜 차이가 없지 못하다.〔其通也不能無淸濁之異, 其正也不能無美惡之殊.〕"는 것이니, 이것이 곧바로 기(氣)의 본체로 성인(聖人)과 범인(凡人)이 일치하는 곳을 가리킨 것은 아닙니다.

율곡 어른의 "선(善)이란 청기(淸氣)가 발(發)한 것이요, 악(惡)이란 탁기(濁氣)가 발한 것이다."라는 말씀은 또한 이 기(氣)를 가리킨 것이니, 모두 '기의 기틀〔氣機〕'이 발동하는 곳에 나아가 그 똑같지

72 보통……있겠는가 : 이 내용은 〈사단칠정설(四端七情說)〉에 보이는데 하나로 이어진 문장이 아니다. 《農巖集 續集 卷下 說 四端七情說》

않은 단서를 본 것입니다. 어찌 유독 농암에 대해서만 의심합니까?

만약 '마음속〔方寸之內〕'이란 네 글자를 가지고 의심할 만하다고 여기신다면, 이는 또 옳지 않은 점이 있습니다. 완고하고 어리석은 자가 평소 하는 바가 무도(無道)해서 기질에 구애되고 욕심에 가려지는 것이 반복되어 서로 이어져 탁기가 날로 더욱 깊어지고 고착화 되니, 다시 1푼의 청기가 없다는 것은, 이 또한 발(發)한 뒤를 따라 말씀한 것입니다. 비록 마음이 본체와 상관이 없다고 말했으나, 어찌 이것이 본체를 가리킨 것이라고 대번에 의심하십니까?

그러므로 제가 일찍이 말하기를 "사람의 혼백과 오장과 백해(百骸)의 몸은 이 기가 있으면 이 기의 본체가 있는 것이니, 바로 《중용》에서 '사물의 근간이 되어 빠뜨릴 수 없다.'는 것이 이것입니다."라고 한 것입니다. 그러나 오직 통합하는 강기(綱紀)는 오로지 마음의 텅 비어 통하는 자리에 있습니다. 그러므로 이 기(氣)의 본체의 온전함을 바로 마음에서 볼 수 있다는 것이지, 곧바로 마음을 본체라고 여겨서는 안 됩니다.

지금 마음의 안과 밖을 가지고 본체와 기질을 구별하고자 하는 것은 끝내 형체에 얽매임이 되지 않을까 두려운데, 이 기(氣)의 본연(本然)의 묘함은 아직도 허다하게 밝혀지지 못한 점이 있으니, 여기에서 만일 체인(體認)해 낼 수 있다면 말하지 않아도 저절로 깨우칠 수 있을 것입니다.

대저 퇴도(退陶 이황(李滉))께서는 사단칠정(四端七情)을 너무 지나치게 분석(分析)해서, 마침내 이(理)와 기가 두 갈래가 되는 병통을 이루었습니다. 이에 율곡께서 기발이승(氣發理乘)을 가지고 사단칠정을 통괄하여 말하여 한 길로 만들었는데, 이것이 직절(直截)하고 매우 밝게 알았다고 이를 만합니다.

다만 율곡께서 "선이란 청기가 발한 것이요, 악이란 탁기가 발한 것이다."라고 말씀한 것은 다만 선과 악의 큰 구분을 따라 말씀하다 보니 조금 소략함을 면치 못하였습니다. 그런데 농암이 여기에서 본 것이 있어 말씀하기를 "대개 인심(人心)에 있어 선악의 구분이 모두 기에서 연유하는데 그 단서가 세 가지가 있다. 본래 품부 받은 것〔本來稟賦〕이 첫 번째이고, 때에 따라 맑거나 흐린 것〔隨時淸濁〕이 두 번째이고, 감응하는 바의 정도〔所感輕重〕가 세 번째이다. 이 세 가지를 서로 참고하여 상세히 통찰하면 그 뜻을 다 알 수 있다."라고 한 것입니다.

제가 생각하건대 농암의 이 말씀은 율곡의 말씀 밖의 뜻을 발명함이 있으며 보다 더 정밀합니다. 그러나 '본래 품부 받은 것'의 청탁(淸濁)은 분수가 정해진 것이고, '때에 따라 맑거나 흐린 것'은 기의 기틀이 발하여 동(動)하는 것입니다. 비록 정해진 분수를 말했으나, 진실로 잘 살펴본다면 거의 두 가지를 포함할 수 있는데, 약간의 흠이 되는 것은 '감응하는 바의 정도'의 뜻일 뿐입니다.

저의 비루한 견해는 이와 같으니, 만약 이치에 합당하지 않음이 있다고 여기거든, 아끼지 마시고 열어 보여주기를 바랍니다.

심자순에게 답함

答沈子純

한 성(城)안에 살 때에도 소식이 막히면 또한 그리워하였는데, 어느덧 관하(關河 변방(邊方))로 떠나 헤어진지가 이미 해를 넘겼습니다. 매번 그대가 생각나면 항상 "이제 함께 노쇠해졌으니 다시는 이별할 수 있는 시절이 아니리로다.〔及此同衰暮, 非復別離時.〕"[73]라는 시구(詩句)를 외게 되니, 이 때문에 마음이 암담해지고 기분이 나빠집니다. 그런데 뜻밖에 편지를 먼저 보내주셔서 근래의 따뜻한 날씨에 정무(政務)를 살피시는 체후가 길(吉)하고 여유로움을 알았으니, 위로되고 기쁜 마음이 지극해서 마치 훌륭한 모습을 직접 뵙는 듯합니다.

현자는 독서하는 분이니, 어찌 현(縣) 하나를 다스리는 일을 근심하겠습니까. 부임하신지가 이미 오래되었으니, 알지 못하겠습니다만 민(民)과 관(官)이 점차 서로 믿음을 가져 '이치와 일의 일치〔理事一致〕'를 징험할 만한 일이 있지 않겠습니까.

다만 도움을 바란다고 말씀하셨는데, 돌아보건대 이 몸은 평소 문을 닫고 칩거하고 있기 때문에 일체의 세상일에 익숙하지 못하여 간곡한 뜻에 우러러 부응할 수 없는 것이 부끄럽습니다. 어찌 이것을 국진(國珍)처럼 여러 가지 일을 겪어 보신 분에게 자문하지 않습니까?

그러나 제가 일찍이 삼가 교제하고 편안히 담소하는 사이에서 살펴

73 이제……아니로다 : 이 내용은 남북조시대 양(梁)나라의 시인 심약(沈約, 441~513)이 지은 시 〈범 안성과 이별하며〔別范安成〕〉 중의 구절이다.

보았는데, 그대는 온화하고 후덕하고 인자롭고 진실한 뜻은 뛰어나나, 굳세고 과단성 있는 점에 있어서는 분수(分數 비율(比率))가 부족합니다. 이러한 성품으로 정사를 편다면, 혹 은혜는 유여(有餘)하나 위엄이 부족해지지 않겠습니까. 생각하건대 이러한 문제에 대해 고명께서는 이미 잘못을 반성하고 깨달아서 힘써 바로잡음이 있을 것이니, 저처럼 미치지 못하는 사람의 말을 필요로 하지는 않을 듯합니다. 그러나 사랑하여 도와주고 싶은 마음이 간절해서 부질없이 이 어리석은 생각을 피력하는 것입니다.

저는 성묘하고 돌아오는 중에 추위를 무릅써서 감기가 더치고 묵은 병이 틈을 타 악화되어 현재 신음하면서 죽어가고 있습니다. 이에 심상(尋常)한 독서조차 마음을 쓸 수 없어서 끝내 스스로 편안히 지낼 수가 없습니다.

나머지는 짧은 편지로 다 말할 수 있는 것이 아니니, 오직 바라건대 시절에 따라 몸을 진중히 보호하십시오.

심자순에게 답함

答沈子純

녹문(鹿門)이 이치를 논한 여러 설(說)들은 모두 정밀한 의리에 관계되는 것이니, 실로 우매한 제가 미칠 수 있는 것이 아닙니다. 그러나 평소 의심이 없지 못하였기에 망령되이 이를 회통(會通 서로 다른 설을 모아 조화롭게 함)할 수 있는 설(說)을 생각해 보았으나, 이를 얻지 못하여 애태우고 안달하는 마음을 이기지 못하고 있습니다. 지난번에 얼굴을 마주하고 논할 적에 서로 간에 발명해 줌이 있음을 삼가 기뻐하였는데 이번에 또다시 거듭 물으시니, 감히 저의 생각을 피력해서 가르침을 구하지 않을 수 있겠습니까.

녹문의 말에 이르기를 "분수(分殊)를 기질지성(氣質之性)이라고 한다면, 이른바 일원(一原)이 본연(本然)이 된다는 것은 공허하여 따를 수 없다."라고 하였고, 또 말하기를 "만약 분수를 '따를 수 있는 성〔可率之性〕'이라고 한다면, 기질지성 또한 따를 수 있는 것인가?" 하였습니다.

삼가 이 말을 자세히 살펴보면, 이는 다만 기질이 의당 '발(發)한 뒤'에 속하는 것만을 알고 분수 역시 '발한 뒤'에 속할 수 있다는 것을 알지 못한 것이며, 다만 일원이 본연이 되는 것만 알고 기질 중에 이(理)를 따르는 것 또한 본연이라고 말할 수 있음을 알지 못한 것입니다.

일원과 분수, 본연과 기질이란 것은 다만 하나의 성(性)이니, 체(體)가 하나〔一〕인 입장에서 말하면 일원이라고 이르고, 용(用)이 나뉘는〔分〕 입장에서 말하면 분수라고 이르며, 정(靜)의 참됨〔眞〕에서 말하면 본연이라고 이르고, 동(動)의 변하는〔變〕 입장에서 말하면 기질이라고 이르는 것이니, 정과 체가 똑같은 지점(地點)이고, 동과 용이 똑같은 지점입니다.

일(一)과 진(眞)은 이(理)를 위주로 말한 것이고, 분(分)과 변(變)은 기를 위주로 말한 것이니, 정의 체의 자리에 일찍이 기가 없은 적은 없으나, 기가 아직 용사(用事)하지 않기 때문에 이(理)를 위주로 하는 것이요, 동의 용의 자리에 일찍이 이(理)가 없은 적은 없으나, 발용(發用)한 것은 기이므로 기를 위주로 하는 것입니다.

그러나 발용하는 것은 비록 기이지만 기가 진실로 능히 이(理)를 따른다면, 또한 어찌 천명(天命)의 본연이 아니겠습니까. 그러므로 이른바 '솔성(率性)의 도(道)'라는 것은 바로 이것을 가리켜 말하여 도가 성(性)에 근본한다는 것을 밝힌 것일 뿐입니다.

주자께서 일찍이 "솔(率) 자는 힘을 쓴다는 뜻의 글자가 아니다.〔率不是用力字.〕"[74]라고 말씀하신 것은 실로 이 뜻을 발명하신 것인데, 지금 녹문이 "공허하여 따를 수 없다."라고 말하니, 이는 아마도 주자의 말씀을 상고하지 못하고 솔(率) 자를 너무 경직되게 보아서 이러한 의문을 가진 것일 뿐일 것입니다.

대저 성(性)이 명(命)과 상대가 되면 성이 분수가 되고 명이 일원이 되며, 도(道)가 성과 상대가 되면 도가 분수가 되고 성이 일원이 되며, 교(敎)가 도와 상대가 되면 교가 분수가 되고 도가 일원이 되니,[75] 이는

74 솔(率)……아니다 : 이 구절은 《주자어류(朱子語類)》 권62 〈중용(中庸) 1〉에 보인다.

75 성(性)이……되니 : 이는 《중용장구》 제1장에 "하늘이 명(命)하신 것을 성(性)이

바로 '자연의 작용〔自然之機〕'으로, 바뀌지 않는 이치입니다.

녹문은 드러내 놓고 기를 위주로 하여 이(理)를 말하였습니다. 그러므로 사람과 물건이 도가 다르다는 것에 항상 한 꺼풀의 막힘이 있어서 분수를 너무 무겁게 보아 매번 도의 분수를 가지고 성(性)의 분수를 검증하여 서로 다름을 증명하고자 하였는데, 어찌하여 성의 일원을 가지고 도(道)의 일원을 검증하여 서로 같음을 증명하지는 않는단 말입니까?

요컨대 명과 성과 도가 비록 하늘에 있을 때와 물건에 있을 때에 동과 정, 체와 용의 차이가 있으나 그 이(理)가 됨은 똑같은데 기가 또 그 안에서 뒤섞이고 씨줄과 날줄이 되어 경우에 따라 나뉘고 모여서 이(理)는 통하고 기는 국한되는 실정을 볼 수 있는 것입니다. 만일 수많은 안배(安排)를 일소(一掃)하고 오직 동정(動靜) 두 글자를 가지고 마음속에 생각하고 헤아려 체득해 낼 수 있다면 성리(性理)의 원두(原頭 근원)를 거의 미루어 알 수 있을 것이니, 저 옛날부터 성현(聖賢)들께서 허다히 성(性)을 논한 뜻 또한 이로 말미암아 회통할 수 있을 것입니다.

그러나 이 일은 실로 어렴풋하게 견득(見得)했다고 해서 쉽게 말해서는 안 되니, 농암의 이른바 "1, 2십 년 마음을 씻는 공력을 쌓아야 알 수 있다.〔積一二十年洗心之功而得之.〕"[76]는 것이 참으로 생각할 만

라 이르고, 성을 따름을 도(道)라 이르고, 도를 조목조목 정리해 놓음을 교(敎)라 이른다.〔天命之謂性, 率性之謂道, 修道之謂敎.〕"라고 한 구절을 근거하여 말한 것으로, '천명지위성(天命之謂性)'에서는 천명이 체(體), 성이 용(用)이며, '솔성지위도(率性之謂道)'에서는 성(性)이 체, 도(道)가 용이며, '수도지위교(修道之謂敎)'에서는 도(道)가 체, 교(敎)가 용이 되므로 말한 것이다.

한 말입니다.

76 일이……얻는다 :《농암집(農巖集)》 원작에는 '세심지공(洗心之功)'이 체인지공(體認之功)으로 되어 있다.《農巖集 卷之三十二 雜識 內篇二》

심자순에게 답함
答沈子純

문 어떤 사람이 정실(正室)에게는 자식이 없고 첩(妾)에게는 두 아들이 있어서 그 첫 번째 아들을 세워 적통(嫡統)을 이으려고 합니다. 그 첩이 죽으면 장차 적통을 이을 자는 진실로 마땅히 시마복(緦麻服)을 입어야 하는데, 그 아우는 무슨 복을 입어야 합니까? 적모(嫡母)가 살아계시면 또한 마땅히 압굴(壓屈)[77]해야 할 듯한데, 어떨지 모르겠습니다.

답 《의례(儀禮)》〈상복〉 시마장(緦麻章)에 "서자(庶子)로써 아버지의 후사(後嗣)가 된 자가 자신의 어머니를 위해서 입는다."라고 하였는데, 소(疏)에 이르기를 "아버지가 죽으면 서자가 후사를 이어 자신의 어머니를 위하여 시마복을 입는다." 하였고, 전(傳)에 또 이르기를 "궁중(宮中)에서 죽은 자가 있으면 그를 위하여 3개월 동안 제사를 지내지 않으니, 이로 인하여 3개월의 시마복을 입는 것이다."라고 하였습니다.

이 말들을 가지고 살펴보면 아버지가 죽은 뒤에 적통(嫡統)을 이어 종묘(宗廟)의 주인이 되어야 비로소 자신의 어머니를 위해 시마복을 입을 수 있는 것입니다. 아버지가 살아계시면 아버지의 후사를 잇지 못하니, 어찌 장차 적통을 잇는다고 하여 갑자기 시마복을 입을 수

77 압굴(壓屈) : 존자(尊者)에게 눌려서 정해진 예법보다 등급을 낮추어 행하는 것을 말한다.

있겠습니까.

첩의 아들이 자신의 어머니를 위해 상을 입을 때에 아버지가 살아계시면 이미 압굴함에 이르니, 비록 적모가 살아 있다고 하더라도 집안에 두 높은 분이 있을 수 없어서 두 번 압굴할 수가 없는 것입니다. 첫 번째 아들과 두 번째 아들을 막론하고 모두 부재모상(父在母喪 아버지가 살아 있을 때에 어머니가 죽은 상사(喪事))의 기년복을 입는 것이 올바른 예(禮)가 될 듯합니다.

〈상복기(喪服記)〉에 "공자(公子)가 자신의 어머니를 위해서 연관(練冠)을 쓰고 삼베옷을 입고 붉은 색 동정을 하고 장례가 끝나면 그 복을 벗는다."라고 한 것과 같은 것은, 바로 제후(諸侯)의 첩의 아들을 위해 임시방편으로 이 복을 제정한 것을 가리킨 것이니, 이를 여기에 견주어 준례(準例)로 삼을 수는 없을 듯합니다.

심자순에게 답함
答沈子純

깨우쳐 주신 남당(南塘)의 잘못들은, 다만 《경의기문록(經義記聞錄)》[78]에 있을 뿐이 아니요, 《주자언론동이고(朱子言論同異考)》[79]는 더욱 심한 듯합니다. 《기문록》은 다만 스승의 말에 가탁한 것일 뿐이지만, 《주자언론동이고》는 그 뜻이 주자의 설을 끌어다가 자신의 견해를 세우고자 한 것입니다. 이에 주자의 초년과 말년의 동이(同異)와 득실(得失)을 논하는 즈음에 원래의 뜻을 거슬러 임의로 고친 것이 많은데, 숨길 수 없는 곳이 있어서 안목을 갖춘 사람의 눈길을 피할 수가 없으니, 지극히 사람으로 하여금 두렵게 합니다.

그러나 이 어른이 어찌 갑자기 이런 마음을 가졌겠습니까. 다만 성현(聖賢)이 글을 써서 가르침을 남긴 것은 바로 공천하(公天下 천하를 만민과 함께함)의 마음인데, 애당초 이 마음을 깊이 체득하지 못하고 한결같이 사사로운 마음으로 구해서 마침내 여기에 이르면서도 스스로

78 경의기문록(經義記聞錄) : 남당(南塘) 한원진(韓元震)이 1715년(숙종41) 생질(甥姪) 강규환(姜奎煥)의 청에 따라 권상하(權尙夏)에게 배운 경전의 뜻을 구술(口述)하고, 1717년 권상하에게 질정을 받아 1722년(경종2) 스스로 서(序)와 발(跋)을 붙여 완성한 책으로 1741년(영조17)에 간행되었다.

79 주자언론동이고(朱子言論同異攷) : 한원진이 주자의 초년설(初年說)과 만년설(晩年說)의 차이와 각 문헌에서의 차이를 정리한 연구서이다. 《주자대전》과 《주자어류》를 검토하고, 성리학의 주요 개념들을 문목(門目)으로 설정하여 각 문헌에서 발견되는 차이점을 최종적으로 정리하여 1724년(경종4)에 완성시켰다.

알지 못했을 뿐입니다. 무릇 이 일에 뜻을 두고 자신의 설을 편벽되이 고집하여 의리의 편안한 바를 찾지 않는 자들은 이 일을 거울로 삼을 만합니다.

일찍이 듣자하니, 복주(福州 안동)의 침랑(寢郎) 강시환(姜時煥)이 주자의 책에 대해 전문적인 공부가 있어서 일찍이 이 《주자언론동이고》를 취하여 단락마다 논변하고 바로잡아 지극히 자세하게 살펴 한 질(帙)의 책을 이루었다는데, 이것을 얻어 보지 못한 것이 한스럽습니다.

김성보[80] 종선 에게 답함
答金城甫 宗善

지난번 편지를 받고 그대가 심중(深重)하게 여기는 일이 막 책을 엮는 데 있음을 알았습니다. 애연(藹然)히 도움을 구하는 뜻이 저처럼 공허하고 엉성한 자에게까지 미쳤으나, 제가 어찌 이것을 할 수 있겠습니까. 이는 거의 귀먹은 자에게 청력을 빌림에 가깝지 않겠습니까? 한갓 아껴주시는 후의를 욕되게 할 뿐인지라 지극한 뜻을 우러러 받들 수가 없으니, 송구하고 무안한 마음 이길 수가 없습니다.

다만 생각하건대, 이 책은 처음 현석(玄石 박세채(朴世采))이 편록(編錄)한 것으로, 지난번에 저 또한 한번 펴보았는데, 참으로 우리나라 문헌에 빠져서는 안 될 것이었습니다. 그러나 스승과 벗을 서열(序列)한 것이 전혀 사리(事理)에 맞지 않고 문자를 기재한 것 또한 체요(體要)가 없어 다만 초고(草稿)일 뿐으로, 바꿀 수 없는 완성된 책이 될 수 없을 듯하여 한스러웠습니다. 그리고 속편에 기재된 것으로 말하면 또 그 문인(門人)의 손에서 나와서 더욱 혼란스러워 이것을 후세에 남겨 보여줄 수가 없다고 여겨집니다.

지금 고명께서 진실로 이번 일로 인하여 잘 교정하고 윤색(潤色)해

80 김성보(金城甫) : 김종선(金宗善, 1766~1810)으로, 성보는 그의 자이며 호는 송재(松齋), 본관은 청풍(淸風)이다. 근재(近齋) 박윤원(朴胤源)의 문인이며 정조의 비인 효의왕후(孝懿王后)의 조카로 척신(戚臣)의 자격으로 등용되어 벼슬이 형조 참판에 이르렀다.

서 능히 완성된 책을 만들어 우리 동방 여러 유현(儒賢)들의 덕(德)과 공(功)을 질서정연하게 검증할 수 있게 한다면 어찌 이 책의 다행이 아니겠습니까. 그러나 책을 엮는다는 것은 바로 전술(傳述)하는 일이나, 그 어려움이 책을 짓는 일의 아래에 있지 않으니, 실로 급하게 서둘러서는 안 됩니다. 그리고 또 홀로 자신의 견해에 맡겨서는 안 되니, 도(道)가 있는 분에게 자문하여 점차적으로 닦아 성취해서 후회함에 이르지 않으시기를 원하니, 이것이 구구한 이 몸의 바람입니다.

이 일에 제가 비록 우러러 도울 만한 것이 없으나, 삼가 일찍이 가슴 속에 잊지 못하는 것이 있기에 이렇게 누누이 말하고 절제하지 못하니, 자못 송구하고 송구합니다.

김성보에게 답함
答金城甫

지난번 편지에 제가 고루하고 과분해서 이 일에 참여할 수 없음을 다 드러내 보였는데, 여전히 양찰해주지 않고 또 손수 편지를 보내어 밝히신 뜻이 더욱 정중하고 간곡하시니, 제가 감히 스스로 외면할 수가 없어서 저의 어리석은 견해를 간략히 고하여 재량하여 채택하심에 대비합니다.

삼가 헤아려 보건대, 이 책은 마땅히 근원과 흐름의 구별이 있어야 하니, 스승의 도(道)가 있는 곳으로 말하면 마땅히 그 근원이 되어야 할 것이요, 문생(門生)들과 교유(交遊)하신 분들은 그 흐름이 되어야 할 것입니다. 그 흐름에 있어서는 혹 넘치도록 널리 기재할 수 있지마는 그 근원에 대해서는 조심하고 조심하여 지극히 신중하게 하지 않으면 안 됩니다. 이것이 바로 이 책의 체제(體裁)가 되니, 여기에서 한 번 잘못되면 일이 끝날 수 있습니다.

옛날 주부자(朱夫子)께서 《이락연원록(伊洛淵源錄)》[81]을 기술할 적에 제자의 무리에 있어서는 형서(邢恕)[82]와 같이 패려(悖戾)한 인물까

81 이락연원록(伊洛淵源錄) : 주자가 편찬한 책으로 송(宋)나라의 철학자인 명도(明道) 정호(程顥), 이천(伊川) 정이(程頤), 염계(濂溪) 주돈이(周敦頤), 횡거(橫渠) 장재(張載), 강절(康節) 소옹(邵雍)과 정명도, 정이천 형제의 제자들의 언행을 기록하여 이들 형제의 도통(道統)을 드러내고, 송대 도학의 연원과 전승을 밝힌 책이다. 이락은 낙양(洛陽)을 흐르는 이수(伊水)와 낙수(洛水)로, 명도와 이천 형제를 가리킨다.

82 형서(邢恕) : 1069~1077. 북송(北宋) 때의 문신으로 자는 화숙(和叔)인데 명도

지도 수록해서 감계(鑑戒)하는 뜻을 부쳤고, 네 분 선생[83]의 반열에 이르러는, 소강절(邵康節)처럼 세상에 명성 드높은 유학자도 오히려 그 사이에 자리할 수가 없었습니다. 이는 그의 문로(門路)와 덕학(德學)이 아직도 네 분 선생과 간격이 있었기 때문이었으니, 선택하는 것에 이와 같이 엄함이 있었습니다.

이 책을 만드는 자가 주자의 이 책에서 법(法)을 취하면 유감이 없을 수 있을 것인데 만약 한결같이 문묘(文廟)에 종사된 제현들을 그냥 나열하게 되면 실로 과도하다는 근심이 있고, 만약 그 사이에 누구를 취하고 버리고자 하면 이는 또 후생 말학(後生末學)이 대번에 할 수 있는 것이 아니니, 제가 말씀드린 '어려운 중에서도 어려운 일〔難莫難〕'이란 것이 이것입니다.

그러나 진실로 이에 대한 점검(點檢)에 마땅함을 얻을 수 있다면, 문자로 기록하여 싣는 것이 번잡해지는 것과, 문인들과 교유하신 분들에 관계된 바가 실제(實際)를 잃는 문제에 이르러는, 저절로 점점 연마되어 실마리를 스스로 잡아 나갈 수 있을 것이니, 근심할 바가 아닙니다.

정호에게 배워 어사중승(御史中丞)이 되었으나, 천성이 번복(反覆)을 잘하여 명도를 배반하고 사마광(司馬光)의 문객(門客)이 되었다가 다시 장돈(章惇)에게 붙었으며, 또다시 장돈을 배반하고 채경(蔡京)의 심복이 되는 등, 배은망덕의 대표적 인물이었다. 《宋史 卷471 邢恕列傳》

83 네 분 선생 : 두 분 정자 형제와 이들의 스승인 염계 주돈이와 횡거 장재를 이른다.

박여현[84] 종규 에게 답함

答朴汝玄 宗圭

문 자부(子婦)의 신주(神主)를 쓸 때에 망실(亡室)과 망자(亡子)를 가지고 기준해보면 마땅히 망자부(亡子婦)라고 써야 하는데, 수암(遂庵 권상하(權尙夏))의 의론에는 망(亡) 자를 빼고 자부 모씨(某氏)라고 칭하였고, 현석(玄石 박세채(朴世采))의 의론에는 자(子) 자를 빼고 망부(亡婦)라고 칭했으니, 어떤 설이 옳은지 모르겠습니다.

답 자부의 신주를 쓸 때에 망(亡) 자를 자(子) 자에 연이어 쓰는 것을 꺼리는 것은 바로 구구한 세속의 정(情)입니다. 수암이 망(亡) 자를 빼고 다만 자부라고 칭한 것은 엄정함이 부족한 듯합니다. 현석이 자(子) 자를 빼고 다만 망부라고 칭한 것은 따를 수가 없습니다. 부(婦)는 이미 아내의 칭호이니 그렇다면 비록 옛날에 총부(冢婦 큰 며느리), 개부(介婦 작은 며느리)의 칭호가 있었다고 하나, 총(冢) 자, 개(介) 자 없이 다만 망부를 쓰는 것은 끝내 혐문(嫌文)에 관계되기 때문입니다.

그러나 이른바 '아버지가 살아계실 적에는 아버지가 상주가 된다.'는 말은, 예(禮)를 근거하면 오직 장자(長子)와 장부(長婦) 그리고 서자(庶子)와 서부(庶婦)로서 후사가 없는 자에게 해당될 뿐입니다. 지금

84 박여현(朴汝玄) : 박종규(朴宗圭)로 여현은 자로 보이고 본관은 반남이다. 다음 편지의 내용이 박종규의 아들 박호수(朴晧壽)가 1831년(순조31) 문과에 급제한 것과 일치하여 근거로 삼을 수 있다.

귀댁(貴宅)에서 만난 일은 이미 지자(支子)로서 집을 따로 사는 경우의 예(禮)이니, 굳이 시아버지가 상주가 되어야 할 것이 없고, 그 남편으로 하여금 주관하게 하는 것이 실로 예(禮)의 뜻에 부합합니다.

박여현에게 답함
答朴汝玄

문 집 아이가 외람되이 과거에 급제해서 도문(到門)[85]을 연경묘(延慶墓)[86]의 소상(小祥) 뒤에 하여야 할 듯한데, 신하들이 이미 최복(衰服)을 벗었고 온 세상이 길복(吉服)을 입고 있으니, 그렇다면 풍악을 울리는 것 또한 구애되지 않아도 되는 것입니까?

답 저궁(儲宮 세자)의 연제(練祭)를 지낸 뒤에 여러 신하들이 비록 이미 상복을 벗었으나, 예(禮)에 아버지가 복을 입고 있으면 자식은 풍악을 울리는 자리에 참여하지 않습니다. 이를 가지고 미루어보면, 임금과 어버이는 비록 은혜와 의리의 구별이 있으나, 지존(至尊)께서 아직도 참최복을 입고 계신데, 신민(臣民)들이 어찌 길복을 입었다고 하여 대번에 풍악을 울릴 수 있겠습니까.

저의 어리석은 견해는 이와 같습니다. 그러므로 어제 신은(新恩 과거에 새로 급제한 사람) 한 분이 와서 묻기에 풍악을 중지하는 것이 옳다는 것으로 대답하였습니다.

85 도문(到門) : 과거에 급제해서 홍패(紅牌)를 받아 가지고 집에 돌아오는 일, 또는 이를 축하하기 위한 잔치를 이른다.

86 연경묘(延慶墓) : 1830년(순조30)에 세상을 떠난 효명세자(孝明世子)의 묘소 이름인데, 여기서는 곧바로 효명세자를 가리켰다.

윤명여[87] 영후 에게 줌

與尹命汝 永厚

저는 인향(仁鄕 상대방이 사는 고장을 높여 부르는 말)의 사우(士友)들의 훌륭한 성예(聲譽)를 가슴속에 품은 지가 오래되었으나, 노쇠함과 질병으로 칩거(蟄居)하고 있어 만날 인연이 없었으니, 항상 이것을 한스럽게 여겼습니다. 근래 덕봉서원(德峯書院)[88]에서 강(講)하는 일로 인해 소식을 듣는 것이 더욱 가까워지니, 마치 장차 조석지간에 만날 것처럼 여기게 됩니다.

매양 한 번 몸을 이끌고 나아가 강송(講誦)하고 제사하는 사이에서 함께 주선(周旋)하고 겸하여 옛날부터 가졌던 식형(識荊)[89]의 소원을

87 윤명여(尹命汝) : 윤영후(尹永厚)로 명여는 자로 보이나 자세한 인적사항은 확인되지 않는다. 본집 권15 〈계미기행(癸未記行)〉에 덕봉서원(德峯書院)의 직월(直月)이라고 보이는바, 직월은 서원의 일을 맡아보던 직책의 하나로, 오늘날의 간사(幹事)와 같다.

88 덕봉서원(德峯書院) : 지금의 경기도 안성군(安城郡) 양성면(陽城面) 덕봉리(德峯里)에 있는 서원으로 1695년(숙종21) 양곡(陽谷) 오두인(吳斗寅 1624~1689)의 충절과 덕행을 기리기 위해 건립되었으며 건립 이후 숙종으로부터 덕봉이라는 이름을 하사 받아 사액서원이 되었다. 오두인은 오희상의 고조(高祖)로 1689년 인현왕후의 폐위를 반대하다가 의주로 유배 도중에 별세하였다.

89 식형(識荊)의 소원 : 평소 흠모하던 사람을 만나보고자 하는 소원을 말한다. 이백(李白)이 한조종(韓朝宗)에게 준 편지에, "살아서 만호후(萬戶侯)에 봉해짐은 굳이 원하지 않고 다만 한 번 한 형주를 면식하기를 바랄 뿐이다.〔但願一識韓荊州.〕"라고 하였다. 한 형주는 한조종으로, 그가 당시 형주 장사(荊州長史)로 있었기 때문에 쓴 말이다.《古文眞寶 卷2 與韓荊州書》

이루려고 하였습니다. 그러나 근래 저의 집안에 상(喪)의 우환이 거듭 혹독하여 노쇠한 창자가 찢어져 살아갈 희망이 모두 없어져서 이 계획이 이로 인해 헛되고 멀어지니, 더욱 그대의 풍모를 우러르며 개탄하고 탄식하였습니다.

그런데 뜻밖에 집사께서 욕되게 먼저 편지를 보내주셨는데, 예(禮)의 뜻이 매우 도탑고 칭찬이 지나치게 높으시니, 돌아보건대 천박하고 누추한 이 몸이 어찌 이것을 감당하겠습니까. 송구한 나머지 부끄러움과 두려움이 이어집니다. 다만 고명께서 지나치게 겸손을 고집하여 강임(講任)을 사양하시니, 저도 모르게 놀라 어찌할 바를 모르겠습니다.

아! 근래 사림(士林)의 의기가 저상되어 유풍(儒風)이 쇠퇴되고 있는데 우리 향리가 더욱 심하니, 저는 평소 한탄하여 단 하루도 이것을 가슴속에서 잊지 못하고 있습니다.

지난번에 서원의 유자(儒者)들이 외람되이 강(講)하는 일을 가지고 저에게 부탁하였습니다. 저처럼 재주 없는 자가 또한 어찌 일호 일푼이나마 남에게 미치는 인(仁)이 있으리라고 스스로 생각이나 했겠습니까. 그러나 이는 바로 우리 향리가 한번 크게 변할 수 있는 기회이니, 그렇다면 이 형세를 의지하여 이롭게 인도한다면 그래도 할 만한 일이 있을 것이라고 생각되어 망령되이 스스로를 헤아리지 못하고 부끄러움을 무릅쓰고 급하게 그 부탁을 받아들였습니다.

그러나 백리 밖 멀리서 이 일을 관리하는 것은 이미 심히 형편과 어긋나고 채찍의 그림자도 미칠 수가 없어서 학생들을 지도하여 진작시킬 방법이 없으니, 오직 같은 향리의 노성(老成)한 분께서 앞장서 창도(唱導)해서 이들을 인도하는 공로를 이루시기를 우러러 바라지 않을 수가 없었습니다.

세월이 흘러 일이 점차 진취되어 그 끝의 결과를 보는 것이 실로 구구한 이 몸이 고심하는 바이니, 그렇다면 혹시라도 동성상응(同聲相應)[90]하는 처지에 시종(始終) 기꺼이 제 말을 듣고 도와주실 것이라고 여겼습니다.

그런데 뜻밖에 아직도 제 말이 미덥지 못한 바가 있어서 집사께서 이처럼 스스로 먼저 자리를 물러나고자 하는 지경에 이르렀습니다. 한결같이 서로 다그치고자 한다면 저로서는 감히 하지 못할 바가 있고 또 대번에 우러러 뜻을 따르고자 하면 일이 따라서 불행해질 줄을 아니, 불초(不肖) 또한 장차 스스로 떠나가야 될 것입니다. 애석한 것은 오랜 세월의 뒤에 처음 행하는 일이 간신히 시작한 지 1년도 되지 못하여 또다시 흩뜨려지니, 인력으로 할 수 있는 바가 아닌 듯합니다. 어쩐단 말입니까? 어쩐단 말입니까?

엎드려 바라건대 중춘(仲春)을 맞아 기거(起居)를 보중하십시오. 저는 병이 나이를 따라 더해져서 도규(刀圭)[91]를 생명으로 삼고 있어 눈앞의 다 읽지 못한 책도 한번 덮어놓고 펴보지 못하니, 다만 스스로 돌아보건대 부끄럽고 서글플 뿐입니다. 천만(千萬) 많은 이야기는 이만 줄입니다.

90 동성상응(同聲相應) : 서로 간의 의기(意氣)가 잘 들어맞음을 표현하는 말로, 《주역》〈건괘(乾卦) 문언전(文言傳)〉에 "같은 소리끼리는 서로 응하고〔同聲相應,〕 같은 기운끼리는 서로 찾는다."라고 보인다.

91 도규(刀圭) : 약(藥)의 양(量)을 헤아리는 기구로, 모양이 규(圭)와 비슷하여 이러한 이름이 붙었는데, 약물(藥物)이나 의술(醫術)을 일컫는 말로도 쓰인다.

심천로[92] 홍모 에게 답함

答沈天老 弘模

문 《중용》에 이르기를 "희(喜)·노(怒)·애(哀)·락(樂)의 정(情)이 발하지 않은 것을 중(中)이라 이르고, 발하여 모두 절도에 맞는 것을 화(和)라 이른다.〔喜怒哀樂之未發謂之中, 發而皆中節謂之和.〕" 라고 하였습니다. 그런데 여기의 화에 굳이 개(皆) 자를 놓았으니, 그렇다면 희·노·애·락 네 가지가 모두 절도에 맞은 뒤에야 비로소 화라고 이를 수 있습니다. 그렇다면 이 중 한 가지 일이 절도에 맞는다고 하여 화라고 할 수 없으며 또 한 때에 절도에 맞는 것도 화라고 할 수 없으니, 일생(一生)에 걸쳐 절도에 맞은 뒤에야 비로소 화라고 할 수 있을 것입니다. 어리석은 제 생각으로는 한 가지 일이나 한 때에 절도에 맞는 것을, 한 가지 일의 화, 한 때의 화라고 말하는 것은 무방하다고 여깁니다. 그런데도 굳이 개 자를 놓은 것은 바꿀 수 없는 정한 이치가 있는 듯하니, 가르침을 받기를 원합니다.

답 미발(未發)의 체(體)는 진실로 득실(得失)을 말할 만한 것이 없고, 이미 발한 뒤에야 비로소 절도에 맞느냐, 맞지 않느냐를 논할 수 있습니다. 그러므로 그 사이에 개(皆) 자를 놓은 것이 아니겠습니까. 또 화(和)에는 전체의 화(和)가 있고, 또 각각의 일에 화(和)가 있으니,

92 심천로(沈天老) : 심홍모(沈弘模, 1767~1832)로, 천로는 그의 자이다. 본관은 청송(青松), 호는 간재(簡齋)로 1803년(순조3) 사마시에 합격하고, 벼슬이 예안 현감(禮安縣監)에 이르렀다.

한 가지 일과 한 때에 절도에 맞는 것을 화(和)라고 하는 것은 무방하나, 이를 전체의 화(和)라고 말해서는 안 됩니다.

비유하건대 하루에 한 번, 한 달에 한 번 인(仁)에 이르는 것을 인(仁)이라고 말하지 않을 수 없으나, 또한 전체의 인(仁)이라고 말할 수 없는 것과 같습니다. 그렇다면 희・노・애・락 네 가지가 모두 절도에 맞은 뒤에야 비로소 전체의 화(和)라고 이를 수가 있어서 천하의 큰 근본으로서의 중(中)에 상대가 될 수 있는 것이니, 개 자는 실로 이런 뜻을 말한 것일 것입니다.

문 주자께서 말씀하기를 "하숙경(何叔京)[93]이 말하기를 '자신의 마음을 보존할 수 있음을 경(敬)이라 이른다.'라고 하였는데, 나는 '오직 경만이 이 마음을 보존할 수 있는 것이다.'라고 말하였다."라고 하셨는데, 이 글은《주자대전(朱子大全) 속집(續集)》권2〈답채계통(答蔡季通)〉에 보입니다.

삼가 생각하건대 경은 거저 되는 것이 아니고, 반드시 이 마음을 보존할 수 있어야 비로소 경이 되는 것입니다. 그러므로 선유(先儒)가 경을 논하기를 "그 마음이 수렴(收斂)되어 한 가지 물건도 용납하지 않는다."라고 하였고,[94] 또 이른바 '항상 정신을 깨우는 법〔常惺惺法〕'[95]

93 하숙경(何叔京) : 주자의 제자인 하호(何鎬, 1128~1175)로 숙경은 그의 자이다. 호는 대계(臺溪)로 소무(邵武) 사람이다.

94 선유(先儒)가……하였고 : 선유는 이천(伊川) 정이(程頤)의 제자인 윤돈(尹焞 1071~1142)을 이르는데 윤돈의 이 말은《사서혹문(四書或問)》권1〈대학(大學) 경일장(經一章)〉에 보인다.

95 항상……법 : 북송(北宋)의 도학자로 이정(二程)의 제자인 사량좌(謝良佐, 1050

이란 말도 있으니, 그렇다면 하숙경의 말이 불가(不可)한 점을 볼 수가 없는데, 주자께서 도리어 이를 엄하게 배척해서 이틀 동안 논쟁함에까지 이르렀습니다.

이는 '마음을 보존하여 경을 하는 것'과 '경하여 마음을 보존하는 것' 중에 하나는 그르고 하나는 옳아서 바꿀 수 없음이 있는 것이니, 여기에 반드시 깊은 뜻이 있을 것입니다. 부디 분석하여 가르침을 주시기 바랍니다.

답 하숙경이 말한 "자신의 마음을 보존하는 것을 경이라 이른다."는 것은 바로 마음을 보존하는 것이 한 가지 일이 되고 경이 한 가지 일이 되니 마음과 경이 두 가지가 되는 것이고, 주자의 이른바 "오직 경만이 이 마음을 보존할 수 있다."라는 것은 경과 마음이 하나가 되는 것입니다. -유(惟) 자와 또 소이(所以)라는 글자를 마땅히 유의(留意)해야 합니다.- 이것이 두 말이 다른 소이인데, 인이불발(引而不發)[96]이기 때문에 논쟁한 뜻을 진실로 쉽게 이해할 수가 없습니다.

그러나 주자가 경을 논한 여러 설을 가지고 참고해 보면 거의 미루어 알 수 있습니다. 주자가 일찍이 말씀하기를 "경을 위주로 하면 안과 밖이 숙연(肅然)해져서 잊지도 않고 조장(助長)하지도 않아서 마음이 저절로 보존되지만, 경을 위주로 할 줄 모르면서 마음을 보존하고자 하면 하나의 마음을 가지고 하나의 마음을 붙잡는 것을 면치 못한다.

~1103)의 말이다. 《心經附註 卷1》

96 인이불발(引而不發) : 화살을 건 활시위만 당길 뿐 활을 쏘지는 않는다는 뜻으로, 《맹자》 〈진심 상(盡心上)〉에 보이는데, 주자의 주에 "사람을 가르침에 다만 그것을 배우는 원칙을 전수해 주고 그것을 터득하는 묘리(妙理)는 말해 주지 않는다."라고 하였다.

이에 외면에 한 가지 일이 없을 때에도 내면이 벌써 두 갈래, 세 갈래로 갈라져서 그 어지러움을 이루 다 말할 수 없게 된다. 설령 실제로 마음을 붙잡아 둘 수 있다고 하더라도 이것이 이미 큰 병통이 될 뿐인데, 하물며 반드시 참으로 붙잡아 둘 수 없는 경우에 있어서이겠는가."라고 하셨으니, 이 말씀을 보면 하숙경의 잘못된 곳을 알 수 있습니다.

또 일찍이 말씀하기를 "사람은 다만 방심(放心 잃어버린 마음)을 찾아야 하는데, 어느 것이 마음이 되는가. 다만 경일 뿐이다. 사람이 조금이라도 경하면 이 마음이 곧 몸 위에 있다." 하셨고, 또 말씀하기를 "경은 다만 이 마음이 스스로 주재(主宰)가 되는 곳이다."라고 하셨으니, 이 말씀들을 보면 오직 경이 마음을 보존한다는 뜻을 알 수 있습니다.

그리고 이른바 '그 마음이 수렴되어 한 가지 물건도 용납하지 않는다.'는 것과 '항상 정신을 깨우는 것' 또한 모두 곧바로 '경을 지키면〔主敬〕' 마음이 곧 이와 같이 됨을 가리켜 말한 것일 뿐이요, 하숙경처럼 먼저 존심(存心)에 뜻을 둔 것은 아닙니다.

대저 경이라는 한 글자는 실로 성학(聖學)의 본령(本領)이 되는데, 진(秦)・한(漢) 이후로 이 뜻을 아는 사람이 없었으니, 이 때문에 천오백 년 동안 참된 유학자가 나오지 않은 것입니다. 정자(程子) 때에 이르러 비로소 경전(經傳) 가운데에서 경을 끄집어내어 뜻을 지극하게 발휘해서 배우는 자들에게 가리켜 보여 주어 어두운 거리를 비추는 해와 별과 같게 하였습니다. 그리고 주자가 그 뒤를 이어 양단(兩端)을 다 들어[97] 더욱 자세하고 또 간절하게 말해서 '귀를 잡고 말해주고 대면

97 양단(兩端)을 다 들어 : 시작과 끝, 근본과 지엽적인 것, 위와 아래, 정밀함과 거친 것을 함께 들어 설명해 줌을 말하는바, 양단은 양쪽이라는 말이다. 《논어》 〈자한(子

하여 가르쳐 주시는 것〔耳提而面命〕'과 다름이 없게 하셨습니다.

그러나 후대의 유자(儒者)들이 아직도 그 요점을 터득하여 받아들이지 못해서 억지로 안배하고 억지로 포착하여, 얼굴빛은 점잖으나 마음은 유약하고 '효과를 미리 기대하거나 또는 억지로 조장해서〔正與助之〕'[98] 종종 추루(醜陋)하고 저열해지니, 이는 모두 경이 마음의 주인이 되어 안과 밖이 서로 떨어질 수 없음을 깊이 인식하지 못한 데서 연유합니다.

학문의 공력(工力)을 어찌 쉽게 말할 수 있겠습니까. 근래《어류(語類)》를 보다가 한 단락의 말씀을 얻었는데, 여기에 이르기를 "마음은 잡으면 보존되고 내버려 두면 잃으니, 이는 다만 잡느냐〔操〕 내버려 두느냐〔舍〕의 두 글자 사이에 있다. 요컨대 다만 한 개의 조(操) 자를 쓰기만 하면 긴요함에 이르러 허다한 문자와 언어가 전혀 필요하지 않게 된다. 이 뜻이 성숙해지면 조 자조차 또한 굳이 쓸 것이 없다."[99]라고 말씀하신 내용이 있으니, 저는 삼가 이 말씀에 깊은 맛을 느껴 볼 때마다 여러 번 반복하여 읽었습니다. 다만 이미 제 자신은 여기에 힘을 쓸 수가 없고, 애오라지 현자를 위해서 외우는 것입니다.

罕)〉에 "비루한 사람이 나에게 묻되 그가 아무리 무식하더라도 나는 그 양단을 들어서 다 말해주었다."라고 한 데서 나온 것이다.

98 효과를……조장해서 : 이 내용은 맹자가 호연지기(浩然之氣)를 기르는 방법에 대해 "반드시 호연지기를 기름에 종사하되 효과를 미리 기대하지 말아서 마음에 잊지도 말고 억지로 조장(助長)하지도 말아야 한다."라고 한 구절에서 원용한 것이다.《孟子 公孫丑上》

99 마음은……없다 : 이 내용은《주자어류》권12 〈학(學) 6 지수(持守)〉에 보인다.

문 정자가 말씀하기를 "텅 비고 고요하여 아무 조짐이 없으나 만상이 삼연하게 이미 갖추어져 있다.〔冲漠無眹, 萬象森然已具.〕"라고 하였는데, 충막(冲漠)에 대해 혹자는 "단지 정(靜) 위에 나아가 말한 것이다." 라고 하고, 혹자는 "동·정을 겸하여 말한 것이다."라고 합니다. 이 뜻을 평소 전심(專心)하여 생각해 보았으나 분명하게 밝히지 못했습니다. 일전어(一轉語)[100]를 내려 주시기 바랍니다.

답 '텅 비고 고요하여 아무 조짐이 없으나 만상(萬象)이 삼연하게 이미 갖추어져 있다'는 구절에 있어 정자께서 글을 쓰신 뜻을 자세히 살펴보면 저 용(用)이 행해지는 바가 바로 체(體)가 갖추어진 것으로써 하나의 이(理)가 관통하여 동·정과 선·후가 없음을 다만 보려고 한 것이니, 이것은 유행(流行)을 가지고 말한 것입니다.

그러나 만일 대대(對待)로 말한다면 본래 그 구분이 있으니, '텅 비고 고요함〔冲漠〕'은 정(靜)에 속하고 만상은 동(動)에 속해서 서로 섞일 수가 없습니다.

주자가 여자약(呂子約)에게 답한 편지에 충막무짐(冲漠無眹)과 만상삼연(萬象森然)을 가지고 형이상(形而上)과 형이하(形而下)에 나누어 소속시킨 것이 어찌 대대를 가지고 말한 것이 아니겠습니까. 또 말씀하기를 "모름지기 다만 이 당연(當然)의 이(理)가 '충막무짐'함을 보아야 하니, 이 이(理) 외에 별도의 한 물건이 있어 '충막무짐'한 것이 아니다."라고 하셨으니, 이는 또 동·정을 관통하는 것을 가지고 말한 것입니다.

100 일전어(一轉語) : 선가(禪家)에서 유래한 말로, 미혹에서 벗어나 깨달음을 얻을 수 있게 하는 한마디의 긴요한 말을 이른다.

예로부터 성현(聖賢)들이 이(理)를 논할 적에, 지점에 따라 가르침을 달리하고 사람에 따라 답을 달리해서 각각 정밀한 뜻이 있으나 또한 일찍이 서로 통하지 않는 것은 아니니, 반드시 먼저 글을 쓴 본래의 뜻에 유의해서 그 지점을 분변하여 융통성 있게 보아야 비로소 올바른 뜻을 잃지 않을 것입니다. 말에 집착하고 뜻을 혼동해서 한 쪽에 침체되어서도 안 되고 또 서로 차용하여 끌어 맞추어 설(說)을 이루어서도 안 됩니다.

예컨대 혹자는 정(靜) 위에만 나아간 것이라고 하고 혹자는 동·정을 겸하여 말한 것이라고 주장하여, 견해가 달라 서로 통할 수 없음에 이르는데, 이는 바로 처음에 능히 넓게 관찰하지 못한 채 각각 한쪽을 고집하여 우기기를 마지않으면서 가지를 늘리고 잎을 더하여 굴곡(屈曲)시키고 얽히게 함에 연유합니다. 이에 선현(先賢)들이 글 쓰신 뜻이 도리어 어둡고 혼란스러움에 귀결되니, 애통함을 이루 다 말할 수 있겠습니까.

심천로에게 답함

答沈天老

문 ‘이는 통하고 기는 국한된다.〔理通氣局.〕’에 대해.

“지금 저 이(理)가 기(氣) 가운데에 떨어지면 곧바로 편중되고야 만다. 예컨대 목(木)의 성(性)은 인(仁)이고 금(金)의 성(性)은 의(義)로, 목과 금은 원래 단지 하나의 성(性)을 가지지만, 다만 목과 금의 기와 분리하여 그 이(理)만을 가리키게 되면 이(理)에는 피차(彼此)가 없으니, 인 또한 하나의 태극(太極)이요 의 또한 하나의 태극이 된다.”라고 하니, 이것이 일설(一說)입니다.

“이(理)가 비록 기 가운데 떨어지더라도 성(性)은 일찍이 편중된 적이 없으니, 편중되는 것은 단지 발용처(發用處)에만 있는 것이다. 예를 들면 호랑이와 이리의 인과 벌과 개미의 의는 단지 발용 위에서만 볼 수 있는데 오상(五常)의 전체가 저절로 이 가운데에 있으니, 기를 떠나서 말할 필요가 없다.”라고 하여 이것이 또 일설이니, 알지 못하겠습니다. 어떻게 보아야 온당합니까?

답 이(理)가 비록 기 가운데 떨어지더라도 미발(未發)이어서 기가 용사(用事)하지 않으면 어떻게 그 편중됨을 보겠습니까. 다만 일원(一原)일 뿐이니 이른바 이가 통한다는 것이요, 이미 발하여 기가 용사하고 나면 각각 그 기를 따라 분수(分殊)가 드러나니, 이것이 이른바 기가 국한된다는 것입니다.

그러나 기가 국한된다고 하여 이(理)가 없는 것이 아니고, 이(理)가 통한다고 하여 기가 분리되는 것이 아닙니다. 다만 위주로 하여 말하는 것이 동과 정, 체와 용에 있어 이(理)를 위주로 하느냐, 기를 위주로 하느냐의 차이가 있을 뿐입니다.

그러므로 분수에 나아가 일원이 존재하니, 주자의 이른바 '혼연(渾然)한 태극의 온전한 체(體)가 하나의 물건 가운데에 각각 갖추어지지 않음이 없다'는 것이 이것이며 -하나의 물건의 분수는 기가 국한되는 것이고, 태극의 일원은 이(理)가 통하는 것입니다.- 일원에 나아가 분수가 갖추어지니, 정자의 이른바 '텅 비고 고요하여 아무 조짐이 없으나 만상(萬象)이 삼연하게 이미 갖추어져 있다.'는 것이 이것입니다. -텅 비고 고요함〔冲漠〕의 일원은 이(理)가 통하는 것이고 만상의 분수는 기가 국한되는 것입니다.-

이와 기는 똑같은 한 근본이어서 서로 혼융(混融)하여 간격이 없어 떨어질 수가 없지만, 혼융한 가운데에 본래 형이상(形而上)과 형이하(形而下)의 구분이 있어서 하나는 참되고 하나는 신령하여 또 섞일 수가 없습니다. '이와 기가 서로 떨어질 수도 없고 서로 섞일 수도 없다'고 하는 것은 바로 말로 하기 어려운 묘(妙)함을 형용한 것일 뿐이요, 이와 기를 나누어 둘이라고 한 것은 아닙니다.

만일 편지의 윗 단락의 설과 같다면, 이와 기가 본래 떨어질 수 있는 물건이 되고, 성(性)과 태극이 도리어 넓고 좁은 차이가 있게 되니, 예로부터 성현(聖賢)들이 성을 논한 뜻이, 어찌 이처럼 지리(支離)하고 파쇄(破碎)된 것이겠습니까. 아래 단락에서 '호랑이와 이리의 인(仁)과 벌과 개미의 의(義)는 단지 발용 위에서만 볼 수 있는데 오상(五常)의 전체가 저절로 이 가운데에 있으니, 기를 떠나서 말할 필요가 없다.'라고 말한 것이 맞을 듯합니다.

문 '기질(氣質)에 구애되고 물욕(物欲)에 가려짐〔氣拘欲蔽〕'에 대해.

제가 생각하건대 방촌(方寸 마음) 속의 허령(虛靈)하고 통철(洞澈)함이 명덕(明德)의 본색(本色)이 되는데, 기질의 탁하고 잡박함은 백체(百體)에 있습니다. 그렇다면 구애되고 가려짐은 다만 밖에서 가려 어둡게 하여 마음의 허령함이 외물(外物)에게 유인되는 것일 뿐이요, 탁하고 잡박한 기(氣)가 마음에 틈입(闖入)하여 허령한 체(體)를 어지럽혀서 체를 어둡게 하고 탁하게 하는 것이 아닙니다. 그러므로 말하기를 "본체의 밝음은 일찍이 그친 적이 없다.〔本體之明, 有未嘗息.〕"[101]라고 한 것입니다.

혹자는 말하기를 "마음 또한 기질이니 구애를 당하고 가림을 당함은 마음의 안을 탁기(濁氣)가 어지럽히는 것이지만 이른바 본체의 밝음은 하나의 신(神)일 뿐이다. 본래 혼탁한 속에 있으나 안돈(安頓)할 곳이 없음을 근심하지 않으니, 이것은 허령이 경계를 차지하여 따로 한 곳에 있는 것이 아니다."라고 하니, 이 말은 또 어떻습니까?

답 기는 하나일 뿐인데, 다만 근본과 말단의 다름이 있으니, 근본은 하나여서 신묘하고 말단은 만 가지여서 똑같지 않습니다. 대체로 모든 물건은 기 아님이 없으니, 이미 기가 있으면 곧 신(神)이 있습니다. 그렇다면 사람의 백체 또한 어찌 신이 담겨져 있는 것이 아니겠습니까. 다만 통합하여 모으고 기강이 되는 것은 오로지 심규(心竅)[102]의 텅 비어 통하는 자리에 있습니다.

101 본체의……없다 : 이 내용은《대학장구(大學章句)》경일장(經一章)의 명덕(明德)에 대한 해석에 보인다.

102 심규(心竅) : 고대 한의학에서는 심(心)을 신(神)을 간직하고 있는 장기로 보았는데, 이 신이 드나드는 구멍을 심규라 한다. 심규가 잘 통하면 정신이 분명하고, 심규가 막히면 정신이 혼미해지면서 전광(癲狂)같은 증상이 나타난다고 한다.

그러므로 그 온전한 체(體)의 묘함이 여기에서 드러나니, 허령불매(虛靈不昧)함이 이른바 명덕(明德)의 본색입니다. 만약 단지 심규를 가리켜서 말한다면 심규는 바로 오장(五臟)의 하나로 백체에 속하니 어찌 마음의 안과 밖을 가지고 허령과 기질을 구별할 수 있겠습니까.

혹자의 설에 이른바 "본체의 밝음은 하나의 신(神)일 뿐이다. 본래 혼탁한 속에 있으나 안돈(安頓)할 곳이 없음을 근심하지 않는다."라는 설명이 분명하다고 이를 만합니다.

심천로에게 답함
答沈天老

보내주신 편지에서, 제가 그동안 어진 이를 모함했다고 비난을 받은 한 가지 일[103]은 관계된 것이 매우 중하니 변론하지 않을 수 없다고 하셨는데, 제 생각에는 끝내 석연(釋然)치 못합니다. 대저 제가 어진 이를 모함했다는 그 비난이 누구로부터 나온 것인가에 대해 저는 실로 알지 못하니, 장차 어느 곳을 향하여 누구와 더불어 논변하여야 합니까?

설령 비난한 사람을 안다고 한들 무엇을 하겠습니까? 우리들이 율곡 어른의 망극한 은혜를 입어서 이 분을 높이고 친애하는 것이 거의 아버지, 할아버지와 차이가 없습니다. 지금 어떤 사람이 억울하게 자기 아버지와 할아버지를 모함하고 욕했다고 지목을 당하면, 이 사람은 장차 스스로의 효성이 남들에게 믿어지지 못한 것을 서글퍼 해서 자신에게 돌이켜 더욱 힘써야 합니까? 아니면 그 사이에 혀를 놀려서 그

103 제가……일 : 어진 이는 율곡 이이를 이른다. 일찍이 도암 이재가 간행하였던 《율곡전서(栗谷全書)》를 그의 손자인 화천(華泉) 이채(李采)가 다시 중간하려고 할 때에, 이도중(李度中 1763～?)이란 이가 이를 《이자전서(李子全書)》로 개칭하여야 한다고 주장하였다. 이에 대해 이채가 오희상에게 질문하자 오희상이 주변 사람들과 의논하여 굳이 그럴 필요가 없다는 반대의 의견을 낸 편지를 보냈는데, 이채가 이 편지를 공개하여 세상에 알려졌다. 이에 대해 이도중이 이는 율곡을 모함하는 일이라고 오희상을 신랄하게 비판을 가하였는바 이 일을 이른다. 이도중은 자가 시중(時仲), 본관이 연안(延安)이며 음직으로 세마(洗馬) 벼슬을 지냈다. 저서로는 《율곡전서(栗谷全書)》 가운데서 성리설(性理說)을 발췌하여 수록한 《이자성리서(李子性理書)》가 있다.

사람과 시끄럽게 다투어야 합니까? 이 상반된 두 가지 말에서 반복해 보면 대처할 바를 알 수 있을 것입니다.

옛날에 도암(陶菴 이재(李縡)) 어른이 《율곡전서(栗谷全書)》를 편찬할 적에 직암(直菴) 신경(申暻)[104] 공이 책의 이름을 집(集)에서 전서(全書)로 바꾼 것을 가지고, 선현께서 -바로 현석(玄石)입니다.- 정한 것을 바꾸어 어지럽혔다고 생각해서 크게 비난과 배척을 가하였습니다. 그러나 도암 어른께서 이 일을 담당함에 있어 어찌 분수에 넘어 지나치다는 혐의가 있었겠습니까. 신공(申公)이 이와 같이 말한 것은 진실로 과(過)하지만 그 당시 한천(寒泉 도암 이재)의 문하에, 신공에게 자신의 스승을 폄하하고 비방하였다는 지목을 가한 자가 있었다는 말을 듣지 못했습니다.

지금 저 사람이 도암 어른에게 견주어 과연 자신이 어떻다고 생각하기에, 한 번 자신이 말을 내면 사람들이 그 말을 어기지 않기를 바라고 한 번이라도 자신의 생각에 대해 거스르기라도 하면 근거 없이 부회(附會)하고 없는 말을 날조하여, 반드시 사람을 어진 이를 모함하는 죄의 구덩이로 밀쳐 빠뜨리고자 합니다. 여기서 세도(世道)가 더욱 낮아지고 인심이 더욱 험악해짐을 볼 수 있습니다. 크게 탄식한들 어쩌겠습니까.

104 직암(直菴) 신경(申暻) : 1696~? 직암은 호이고 자는 명윤(明允), 본관은 평산(平山)으로 현석(玄石) 박세채(朴世采)의 외손이다. 도학이 뛰어나 세자보도(世子輔導)로 천거되어 출사하고 벼슬이 호조 참의에 이르렀다.

지은이 **오희상(吳熙常)**

1763년(영조39) 5월 10일 유시에 서울 경행방(慶幸坊) 사저에서 태어나 1833년(순조33) 10월 7일 유시에 향년 71세로 별세하였다. 자는 사경(士敬), 호는 노주(老洲), 본관은 해주(海州)이며, 시호는 문원(文元)이다. 증조부 오태주(吳泰周)가 명안공주(明安公主)와 혼인함으로써 왕의 인척이 된 집안이자 재상과 문형 등을 배출한 명문가의 자제로 태어났다. 1800년(정조24) 천거로 세자익위사 세마(世子翊衛司洗馬)에 제수된 이래 평생 끊임없이 벼슬에 제수되었으나 몇 번 출사한 것을 제외하고는 번번이 사직을 청하고 학문 강학에 종사하였다. 가형인 오윤상(吳允常)에게 학문을 배워, 김창협(金昌協)에서 김원행(金元行)으로 이어지는 학맥의 전통을 잇고 이를 후대에 전한 노론 낙론의 핵심 사상가이자 문인 교육자이다. 매산(梅山) 홍직필(洪直弼), 숙재(肅齋) 조병덕(趙秉悳) 등이 그의 학문에 영향을 받았다.

옮긴이 **김창효(金昌孝)**

1956년 전남 장흥에서 태어났다. 고려대학교 행정학과를 졸업하였다. 민족문화추진회 국역연수원 연수부 및 일반연구부를 졸업하였으며, 현재 해동경사연구소 선임연구원으로 재직하고 있다. 번역서로는 《도곡집》(공역)이 있다.

옮긴이 **연석환(延錫煥)**

1977년 경북 봉화에서 태어났다. 계명대학교 한문교육과를 졸업하고 고려대학교 대학원 고전번역협동과정학과에서 석사학위와 박사학위를 취득하였다. 한국고전번역원 부설 고전번역교육원의 연수과정과 전문과정 제1과정을 마쳤다. 현재 해동경사연구소 연구원으로 재직하고 있다. 논문으로는 〈회은 남학명의 잡설 연구〉, 〈남학명의 회은집 역주〉가 있다.

※ 각 권별 옮긴이는 권5 연석환, 권6·7·8 김창효이다.

권역별거점연구소협동번역사업 연구진

연구책임자 **류준경**(성신여자대학교 한문교육과 교수)
공동연구원 **김용재**(성신여자대학교 한문교육과 교수)
신영주(성신여자대학교 한문교육과 교수)
책임연구원 **성백효**
연 구 원 **김창효 연석환**
신상후 이영준
이정은 김성은
윤 문 **윤은숙**

노주집 2

오희상 지음 | 김창효·연석환 옮김
2021년 12월 31일 초판 1쇄 발행
편집·발행 학자원
등록 2011.4.6 제2011-14호
주소 (05355) 서울시 강동구 천호대로 1121
전화 02-6403-1000 | 팩스 02-6338-1001 | 이메일 hakjaone@daum.net

값 40,000원

ISBN 979-11-6247-250-7 94810
979-11-6247-248-4 (세트)